Zu diesem Buch

Am Anfang stand die Gewißheit: Jesus hatte sich als Gottessohn offenbart. Seine Interpreten nahmen die frohe Botschaft auf – bis sie schließlich hinter tausend frommen Dogmen verschwand. José Saramago aber läßt Jesus selbst wieder zu Wort kommen.

«Das Evangelium nach Jesus Christus» hat alles, was man von einem großen Roman erwartet: eine in höchstem Maße spannende Handlung, packende Dialoge, Ironie, Tiefe, Subtilität. Saramago wagt sich auf heikles Terrain, und dabei ist sein Jesus Christus menschlicher und christlicher, als er jemals zuvor dargestellt wurde.» *(Letras)*

José Saramago, geboren am 16. November 1922 in Azinhaga, einem Dorf in der portugiesischen Provinz Ribatejo, entstammt einer Landarbeiterfamilie. Nach dem Besuch des Gymnasiums arbeitete er als Maschinenschlosser, technischer Zeichner und Angestellter. Später war er Mitarbeiter eines Verlags und Journalist bei verschiedenen Lissabonner Tageszeitungen. Ab 1966 widmete er sich verstärkt der schriftstellerischen Tätigkeit. Während der Salazar-Diktatur gehörte er zur Opposition. Sein Roman «Hoffnung im Alentejo» (rororo Nr. 12157), 1981 mit dem Preis der Stadt Lissabon ausgezeichnet, fand bei Lesern und Kritikern eine überwältigende Resonanz.

Von José Saramago erschienen außerdem in der Reihe der rororo-Taschenbücher die Romane «Das Memorial» (Nr. 13108), «Handbuch der Malerei und Kalligraphie» (Nr. 13321), «Das steinerne Floß» (Nr. 13498) und «Geschichte der Belagerung von Lissabon» (Nr. 13588) sowie im Rowohlt Verlag der Roman «Das Todesjahr des Ricardo Reis» (1988) und die Erzählungen «Der Stuhl und andere Dinge» (1995).

José Saramago

Das Evangelium nach Jesus Christus

Roman

Aus dem Portugiesischen
von Andreas Klotsch

Rowohlt

Die Originalausgabe erschien 1991 unter dem Titel
«O Evangelho segundo Jesus Cristo»
bei Editorial Caminho, Lissabon
Umschlaggestaltung Nina Rothfos

Die Übersetzung wurde gefördert vom
Instituto da Biblioteca Nacional e do Livro, Lissabon

Veröffentlicht im Rowohlt Taschenbuch Verlag GmbH,
Reinbek bei Hamburg, Dezember 1995

Redaktion Tamara Trautner
Gesamtherstellung Clausen & Bosse, Leck
Printed in Germany
1990-ISBN 3 499 13703 8

Für Pilar

Schon viele haben es unternommen, einen Bericht über all das abzufassen, was sich unter uns ereignet und erfüllt hat. Dabei hielten sie sich an die Überlieferung derer, die von Anfang an Augenzeugen und Diener des Wortes waren. Nun habe auch ich mich entschlossen, allem von Grund auf sorgfältig nachzugehen, um es für dich, hochverehrter Theophilus, der Reihe nach aufzuschreiben. So kannst du dich von der Zuverlässigkeit der Lehre überzeugen, in der du unterwiesen wurdest.

Lukas 1,1–4

Quod scripsi, scripsi.

Pilatus

Die Sonne zeigt sich in einem der oberen Winkel des Rechtecks, auf der linken Seite, vom Betrachter aus gesehen, das Königsgestirn hat das Aussehen eines Menschenkopfs, von dem im Schwall Strahlen grellen Lichts und gewundene Flammen ausgehen, als wäre sich da eine Windrose unschlüssig über die von ihr anzupeilenden Himmelsrichtungen, und dieser Kopf hat ein Antlitz, das weint, verkrampft in einem Schmerz, der nicht nachläßt, und der offene Mund preßt einen Schrei heraus, den wir nicht hören können, denn nichts von all diesen Dingen ist wirklich, was wir vor uns haben, ist Papier und Tinte, mehr nicht. Unterhalb der Sonne sehen wir einen an den Schaft eines Baumes gefesselten nackten Mann, dessen Lenden ein Tuch umschlingt und jenen Körperteil bedeckt, den wir Geschlecht oder Scham nennen, und die Füße hat er abgesetzt auf das, was von einem gekappten seitlichen Ast übrig ist, allerdings, zu besserem Halt, damit sie von dieser natürlichen Stütze nicht abgleiten, halten zwei Nägel sie fest, tief eingeschlagene. Der Miene zufolge, die verinnerlichtes Erleiden ausdrückt, und der Richtung des Blicks nach, hoch hinan, ist es gewiß der Gute Schächer. Das Haar, ganz in Kringellocken, dürfte ein weiteres untrügliches Zeichen sein, weiß man doch, daß Engel und Erzengel es so tragen, und der reuige Verbrecher ist augenscheinlich schon aufwärts unterwegs, in die Welt der Himmelsgeschöpfe. Nicht feststellen läßt sich, ob dieser Stamm noch Baum ist, nur eben durch gezielte Verstümmelung Hinrichtungsinstrument wurde, sich jedoch durch die Wurzeln weiter nährt aus der Erde, denn seinen unteren Teil verdeckt in Gänze ein Mann von langem Bart, der kostbare, weite, reich wallende Gewandung trägt und ebenfalls in die Höhe schaut, aber nicht zum Himmel auf. Die feierliche Haltung, dieses betrübte Antlitz, das kann nur Josef von Arimathäa sein, denn Simon von Zyrene, zweifellos eine andere mögliche Erwägung, hat sich nach ihm auferzwungener Müh, nachdem er dem Verurteilten beim Tragen des Kreuzes geholfen, zu seinem Tagwerk begeben, weitaus besorgter um die Folgen der Verspätung in einem verabredeten Geschäft denn um die tödlichen Bekümmernisse des zur Kreuzigung bestimmten Unglücklichen. Nun, besagter Josef von Arimathäa ist jener gütige und wohlhabende Mann, der eine ihm gehörende Grabstätte zur Verfügung stellte, damit in sie der erlesene Leib gelagert würde, doch so edle Freigebigkeit wird ihm nicht viel nutzen in der Stunde der Heiligungen, noch nicht einmal der Seligsprechungen, denn sein Haupt umhüllt nur eben ein Turban, mit dem er alle Tage ausgeht, im Gegensatz zu dieser Frau hier im Bildvordergrund, sie mit gelösten Haaren über den krumm gebeugten Schultern, aber geschmückt von der höchsten Gloriole eines Heiligenscheins, der sich bei ihr wie hausgemachte Stickerei abhebt. Mit Sicherheit heißt die da kniende Frau Maria, wußten wir doch von vornherein, daß alle hier versammelten Frauen diesen Namen tragen, nur eine, weil außerdem Magdalena geheißen, unterscheidet sich onomastisch von den anderen, allerdings wird jedweder Beobachter, sofern hinlänglich vertraut mit den elementaren Tatsachen des Lebens, schon beim ersten Hinschauen fest versichern, eben sie sei die erwähnte Magdalena, denn nur eine Person wie sie, von ausschweifender Vergangenheit, könne es gewagt haben, in der Stunde des Verhängnisses mit so offenem Dekolleté aufzutreten, und einem so straff sitzenden Mieder, daß es ihr die Rundungen der Brüste hebt und hervorkehrt, weshalb sie, unvermeidbar, den lüsternen Blick der vorbeigehenden Männer auf sich lenkt und festhält, sehr zum Schaden der Seelen, die der schändliche Leib solcherweise ins Verderben zieht. Allerdings ist ihre Miene Zerknirschung und Trauer, und des Körpers Hingabe drückt nur den Schmerz einer Seele aus, einer freilich von verführerischen Fleischmassen umhüllten, die wir zu beachten haben, wir meinen die Seele, freilich, denn diese Frau könnte gar auch splitternackt sein, gesetzt man hätte sie lieber in solchem Zustand dargestellt, und wir müßten ihr dennoch Achtung und Ehre erweisen. Maria Magdalena, sofern sie es ist, hält schirmend und offenbar zu küssen bereit, mit einer in Worten nicht ausdrückbaren Geste des Erbarmens, die Hand einer anderen Frau, die nun in der Tat zur Erde gesunken ist, wie aller Kräfte bar oder auf den Tod verwundet. Auch ihr Name ist Maria, sie die zweite im Ablauf der Vorstellung, aber, ohne Zweifel, dem Range nach die allererste, sofern die zentrale Stelle, die sie in der unteren Region der Komposition einnimmt, irgend von Belang ist. Ausgenommen das tränenüberströmte Gesicht und die schlaffen Hände, ist von ihrem Körper nichts zu sehen, da ihn die vielen Falten des Umhangs verhüllen als auch der Tunika, die ein derber Strick gürtet, wie man errät. Sie wirkt älter als die andere Maria, und das ist doch wohl ein guter, indes nicht der einzige Grund, weshalb ihre Aureole komplexere Zeichnung hat, das zumindest dürfte mutmaßen, wer, auch wenn nicht genau in Kenntnis der diese Welt regierenden Vorränge, Patente und Hierarchien, zu einem Urteil genötigt wäre. Nun aber, bedenkt man den Grad der Verbreitung, dank höherer und niederer Künste, von solchen Ikonographien, würde nur ein Bewohner von anderem Stern, sofern sich auf jenem dieses Drama nicht irgendwann wiederholte oder dem unseren voraus abspielte, würde nur dieses in Wahrheit unvorstellbare Wesen nicht wissen, daß jene schmerzvoll bekümmerte Frau die Witwe eines Josef genannten Zimmermanns ist und Mutter vieler Knaben und Mädchen, aus deren Schar sich, vom Schicksal erkoren, oder jenem, der es regiert, indes nur ein einziges ihrer Kinder fruchtbar hervortat, mittelmäßig zu Lebzeiten, mehr aber nach dem Tode. Maria, die Mutter Jesu, denn hier war soeben er gemeint, beugt sich über ihre linke Seite vor und stützt den Unterarm auf die Hüfte einer weiteren knienden Frau, die ebenfalls Maria heißt und letztlich, obwohl wir ihr Dekolleté nicht sehen noch es erahnen, vielleicht die wahre Magdalena ist. Wie die erste in der Dreiheit von Frauen hat auch sie auf die Schultern fallendes loses langes Haar, dieses nun aber wirkt sehr blond, sofern der abweichende Pinselstrich nicht reiner Zufall, leichter hier und Freiräume lassend zwischen den Strähnen, was dem Graveur, verständlicherweise, Gelegenheit gab, die Frisur im Farbton aufzuhellen. Solche Überlegungen mögen nicht zur Behauptung herhalten, Maria Magdalena sei in der Tat Blondine gewesen, wir fügen uns lediglich dem Drall der Meinungsmehrheit, die sich darauf versteift, in jenen, die blond sind, ob von Natur oder gefärbt, die wirkungsvollsten Instrumente der Sünde und der Verderbnis zu erblicken. Da Maria Magdalena, weiß man allgemein, ein so sündiges Weib war, so verderbt wie selten eine, müßte sie, den von der halben Menschheit im Guten als auch im Schlechten erworbenen Überzeugungen gerecht, blond gewesen sein. Allein, nicht weil diese dritte Maria im Vergleich mit der anderen von Antlitz und in Haarfarbe heller dünkt, wollen wir, gegen die umwerfenden Augenscheinlichkeiten eines tiefen Ausschnitts und einer anbieterisch gezeigten Brust, erwägen und vorschlagen, sie sei die Magdalena. Ein anderer, höchst überzeugender Beweis stützt und bestätigt unsere Mutmaßung, und zwar hebt besagte Frau, obschon sie mit zerstreuter Hand die hinfällig erschöpfte Mutter Jesu schirmt, hebt sie, jawohl, den Blick in die Höhe, und dieser Blick, von wahrer und inbrünstiger Liebe, schwingt sich so kraftvoll auf, daß er, meint man, den Körper in Gänze mit fortträgt, all sein fleischliches Sein, gleichsam strahlende Aureole und imstande, den Lichthof zu überstrahlen, der ihr Haupt bereits umgibt und Gedanken und Gefühle mindert. Nur eine Frau, die so heftig liebte wie unserer Vorstellung nach Maria Magdalena, wäre eines solchen Blickes fähig, womit letztendlich bewiesen ist, daß sie es ist, keine andere, und also ausgeschlossen auch jene neben ihr befindliche, vierte Maria, die in frommer Gebärde dasteht, die Hände halb erhoben, jedoch mit vagem Blick, auf dieser Seite der Gravüre einem jungen Mann Gesellschaft leistend, der kaum mehr als ein Jüngling ist und geziert das linke Bein winkelt, so, am Knie, während die geöffnete rechte Hand affektiert theatralisch auf die gegen den Boden geduckte Frauengruppe weist, der es oblag, das Dramatische des Vorgangs ins Bild zu setzen. Besagte noch so junge Person mit lockigem Haar und bebender Lippe ist Johannes. Wie

Josef von Arimathäa verdeckt er mit dem Körper den unteren Teil eines weiteren Baumstammes, der in der Höhe, da, wo sonst die Nester, ebenfalls einen nackten Mann trägt, auch er mit Nägeln angeheftet, jedoch von glattem Haar, und sein Kopf hängt herab, er schaut zur Erde, sofern er das noch vermag, und sein mageres und schmutziges Gesicht dauert einen, im Gegensatz zu dem des Räubers der anderen Seite, der uns selbst noch in den letzten Zügen, im leidensvollen Hinsterben, ein Gesicht vorzeigt, das wir uns, auch wenn hier der Farbe bar, ohne Mühe als rosig vorstellen können, denn er führte einst genüßliches Diebesleben. Dieses jämmerliche Überbleibsel aber, ausgemergelt, strähnig, sein Kopf herabgesackt, zur Erde hin, die ihn verschlingen wird, zweimal verdammt, zum Tode und zur Hölle, er kann nur der Böse Schächer sein, ein höchst aufrechter Mann gleichwohl, von genügend Bewußtheit und Schneid, um, unter dem Druck der göttlichen und der menschlichen Gesetze, nicht so zu tun, als glaubte er, eine Minute der Reue reichte aus, mit ihr ein ganzes Leben voller Schurkereien oder eine Stunde der Schwachheit wettzumachen. Über ihm, ebenfalls weinend und klagend wie die Sonne vornan, sehen wir den Mond, vom Antlitz einer Frau, der, unpassend, ein Ring das Ohr ziert, eine Kühnheit, die sich ehedem kein Künstler oder Dichter erlaubt haben mag, und wohl auch nicht danach, trotz dieses Vorbilds. Die Sonne und dieser Mond erhellen die Erde gleichermaßen, und das Licht ist raumfüllend, wirft keine Schatten, darum läßt sich so klar erkennen, was am Horizont ist, im Hintergrund, nämlich Türme und Mauern, eine Zugbrücke über einem Graben, in dem Wasser schillert, gotische Giebel auch, und dort, fern, auf der Kuppe eines letzten Hügels, die reglosen Flügel einer Windmühle. Etwas näher, dank trügerischer Perspektive, lassen vier mit Helm, Lanze und Rüstung bewehrte Ritter ihre Pferde prahlerische Kunststückchen der Hohen Schule machen, doch die Gesten erwecken den Eindruck, daß sie am Ende ihrer Vorstellung sind, gewissermaßen eine unsichtbare Zuschauerschar grüßen. Ebensolchen Eindruck von Festende vermittelt jener Infanteriesoldat, der mit erstem Schritt den Rückzug antritt, in der rechten Hand einen hängenden Gegenstand, der aus der Ferne betrachtet ein Tuch sein könnte, indes auch ein Umhang oder eine Tunika, während andere zwei, sofern auf solche Distanz aus den winzigen Gesichtern Gemütsregungen ablesbar, irgendwie Verwirrung und Verdruß bekunden, mit der Miene dessen, der spielte und verlor. Hoch über solcherlei Plattheiten von Armeeleuten und ummauerter Stadt schweben vier Engel, deren zwei, in Gänze dargestellt, weinen, aufbegehren und klagen, hingegen ein dritter, ernst und in sein Tun vertieft, einen aus des Gekreuzigten rechter Weiche spritzenden Blutstrahl bis auf den letzten Tropfen in einer Schale auffängt. An diesem Ort, Golgotha geheißen, haben viele das eine Unabwendbare erlitten, viele andere werden es noch erleiden, doch einzig diesem Manne hier, nackt, Füße und Hände an ein Kreuz genagelt, Sohn Josefs und der Maria, mit Namen Jesus, ihm allein wird die Zukunft die Ehre der Initialmajuskel einräumen, alle anderen gelangen über den Rang minderer Gekreuzigter nie hinaus. Er ist es, zu dem Josef von Arimathäa und Maria Magdalena aufschauen, seinethalben weinen Sonne und Mond, und ihn pries gerade eben noch der Gute Schächer, während der Böse ihn höhnte, weil er nicht begriff, daß es einen Unterschied zwischen dem einen und dem anderen nicht gibt, oder falls doch, so ist es nicht dieser, denn Gut und Böse bestehen nicht an und für sich, das eine ist stets nur die Abwesenheit des anderen. Über seinem Haupte prangt, gleißend vor tausend Strahlen, heller als Sonne und Mond, eine Tafel mit lateinischen Lettern, die ihn als König der Juden auspreisen, und umflochten ist sein Haupt von einer peinigenden Dornenkrone, wie sie, und zumal nicht nach außen blutend, unbewußt all jene Menschen tragen, denen es außerdem verwehrt ist, König in eigener Person zu sein. Anders als die zwei Räuber, steht Jesus nicht im Genuß einer Fußstütze, und die ganze Last seines Körpers hinge an den am Balken festgenagelten Händen, wäre in ihm nicht noch ein Funken Leben, hinlänglich viel, um sich bei durchgedrückten Knien noch aufrecht zu halten, doch bald wird es ihm zu Ende gehen, das Leben, unterdessen das Blut, wie gesagt, weiter aus der klaffenden Leibwunde schießt. Zwischen den zwei Keilen, die das Kreuz senkrecht halten, und wie dieses eingeführt in den dunklen Erdspalt, der eine so schlecht heilbare Wunde ist wie jedwedes Menschengrab, liegt ein Totenkopf, ein Beinknochen und ein Schulterblatt, doch das Wichtige für uns ist der Schädel, nämlich Golgotha heißt Schädel, es scheint ein Wort aber nicht genau dem anderen und sich selbst zu entsprechen, einen Unterschied würden wir schon feststellen, wenn wir anstatt Golgotha heißt Schädel, Schädel heißt Golgotha schrieben. Nicht bekannt ist, wer diese Knochenreste hergelegt hat und warum, ob es etwa nur ein den unglücklichen Gerichteten geltender spöttisch-makabrer Hinweis auf ihren künftigen Zustand war, ehe sie ganz zu Erde, Staub und Nichts würden. Doch da behaupten auch welche, dies sei nichts Geringeres als Adams Totenschädel, der heraufgestiegen aus der tiefsten Schwärze der vorzeitlichen Erdschichten, und nun, da er nicht mehr zurück kann, auf ewig verdammt ist, vor Augen die Erde zu haben, sein ihm einzig mögliches Paradies, weil er das andere für immer verlor. Dort hinten, auf jenem Gelände, wo die Reiter eine letzte Volte vollführen, entfernt sich ein Mann, herwärts spähend. In der linken Hand trägt er einen Eimer und einen Stab in der rechten. An der Spitze des Stabs ist wohl ein Schwamm angebracht, schwer zu erkennen von hier, und der Eimer, möchten wir fast wetten, enthält mit Essig versetztes Wasser. Dieser Mann wird eines Tages, und dann für immer, das Opfer einer Verleumdung, daß er nämlich, aus Böswilligkeit oder aus Hohn und Spott, dem ihn um Wasser anflehenden Jesus Essig zu trinken gegeben habe, sicher aber ist, er reichte ihm von der mitgeführten Mischung, Essig in Wasser gelöst, zum Durstlöschen ein höchst erfrischendes Getränk, dazumal sehr in Gebrauch. Nun eilt er fort, er bleibt nicht bis zum Ende, er tat das Mögliche, jenen drei Gerichteten den verzehrenden Durst zu lindern, und machte keinen Unterschied zwischen Jesus und den Räubern, schlicht weil dies irdische Dinge sind, die auf der Erde bleiben, und aus ihnen entsteht die einzig mögliche Geschichte.

Die Nacht wird noch lange anhalten. Die Öllampe, an einem Nagel neben der Tür hängend, brennt, doch die Flamme, einem zögerlich leuchtenden kleinen Mandelkern gleich, bebend, unstet, kommt schwer an gegen die Masse aus Schwarz, die das Haus von oben bis unten füllt, und bis in die fernsten Winkel, wo das Dunkel so dicht ist, daß es körperhaft wirkt. Josef ist aus dem Schlaf geschreckt, als habe ihn jemand jäh an der Schulter geschüttelt, doch es mochte ein flugs zerronnener Traum sein, denn in diesem Haus wohnen nur er und die Frau, die sich nicht bewegte, die schläft. Es ist nicht seine Art, mitten in der Nacht aufzuwachen, üblicherweise geschieht es erst, wenn die breite Ritze im Türblatt sich aus der Finsternis, der aschigen und kalten, abzuheben beginnt. Ungezählte Male kam ihm der Gedanke, er müßte den Spalt schließen, nichts einfacher als das für einen Zimmermann, eine schlichte Leiste, die bei der Arbeit abfällt, zurechtschneiden und annageln, doch so sehr hatte er sich daran gewöhnt, schon beim ersten Augenaufschlag jenen den neuen Tag verkündenden senkrechten Riß aus Licht zu sehen, daß er letztlich die Vorstellung hatte, ohne sich deren Unsinnigkeit bewußt zu werden, er fände, falls der fehlte, vielleicht nicht aus dem Dämmer des Schlafs, dem seines Körpers und der Welt. Der Spalt in der Tür war Bestandteil des Hauses, wie die Wände oder die Stubendecke, wie der Herd oder der Fußboden aus gestampftem Lehm. Mit leiser Stimme, damit er die schlafende Frau nicht weckte, verrichtete er das erste Gebet des Tages, das es aufzusagen gilt, wenn man aus dem geheimnisvollen Land des Schlafs zurückkehrt, Ich danke dir, Herr, unser Gott, König des Universums, daß du mir kraft deiner Gnade meine Seele lebendig und beständig wiedergibst. Vielleicht weil er noch nicht mit jedem seiner Sinne gleichermaßen wach war, sofern die Menschen in jenen fraglichen Zeiten deren nicht erst einige noch erlernen mußten oder, im Gegenteil, andere verloren hatten, die uns heute dienlich sein könnten, betrachtete Josef sich selbst in einer Weise, als verfolgte er aus gewissem Abstand, wie sein Körper langsam in Besitz genommen wurde von einer Seele, die sacht zurückkehrte, ähnlich Wasserrinnsalen, die gewunden in Bewässerungskanälen fließen, das Erdreich dann bis zu den tiefsten Wurzeln durchdringen und hernach die Nährsäfte durch die Schäfte und die Blätter befördern. Und weil er, zumal mit einem Blick auf die Frau neben ihm, spürte, wie mühevoll diese Rückkehr war, kam ihm der verwirrende Gedanke, daß sie, da schlummernd, wahrhaftig ein Körper ohne Seele war, daß die Seele dem schlafenden Leib fern ist, anderenfalls es Unsinn wäre, Gott tagtäglich dafür zu danken, daß er uns die Seele bei unserem Erwachen täglich wiedergibt, und an diesem Punkt der Überlegung fragte in seinem Innern eine Stimme, Was in uns träumt das, was wir träumen, Vielleicht sind die Träume die Erinnerungen, die unsere Seele vom Körper hat, sann er hierauf, und dies war eine Antwort. Maria bewegte sich im Schlaf, vielleicht war ihre Seele hier nahebei, schon im Hause, doch noch erwachte sie nicht, mochte nur eben in Träumen gefangen sein, und nach tiefem Seufzen, abgehackt wie Schluchzer, drängte sie an den Ehemann heran, schmiegsam, aber unbewußt, denn im wachen Zustand würde sie es nicht wagen. Josef zog das dicke, rauhe Laken zu den Schultern hoch und legte sich besser zurecht auf der Matte, ohne abzurücken. Er spürte, wie die Wärme des Frauenkörpers, von Gerüchen befrachtet nach Art einer getrocknete Kräuter bergenden Truhe, ihm ganz sacht durch das Gewebe der Tunika drang, sich zur Wärme seines Körpers einte. Dann, die Lider langsam senkend, schon ohne Gedanken, losgelöst von der Seele, fügte er sich in den wiederkehrenden Schlaf.

Erst als der Hahn krähte, erwachte er abermals. Der Spalt in der Tür gab einem ungefähren grauen Lichtstreif von der Farbe des Schmutzwassers Durchlaß. Die Zeit hatte geduldvoll gewartet, daß sich die Kräfte der Nacht erschöpften, nun rüstete sie die Fluren dem in die Welt kommenden Morgen, wie schon am Tag zuvor und stets, wahrhaftig befinden wir uns ja nicht in jenen fabelhaften Tagen, als die Sonne, der wir gar viel schon verdankten, in ihrem Tageslauf über Gibeon gütigst anhielt und Josua Gelegenheit gab, in Muße jene fünf Könige zu besiegen, die seine Stadt belagerten. Josef auf seiner Matte richtete sich empor, schob das Laken zurück, jetzt krähte der Hahn zum zweitenmal, erinnerte ihn, daß er einen Gebetsdank schuldete, die Verdienste des Hahns betreffend, die der Herrgott, als er seine Kreaturen schuf und begabte, jenem zugeeignet hatte, Gepriesen seist du, Herr, unser Gott, König des Universums, daß du dem Hahn Klugheit gabst, den Tag von der Nacht zu unterscheiden, dies sprach Josef, und der Hahn krähte ein drittes Mal. Üblich war es, daß nach dem ersten Weckruf die Hähne der Nachbarschaft einander dann wechselseitig antworteten, aber an diesem Morgen blieben sie stumm, als wäre für sie die Nacht nicht zu Ende, oder sie hätte kaum erst begonnen. Josef, überrascht, betrachtete die Frau neben ihm, ihn wunderte ihr bleierner Schlaf, erwachte sie doch sonst wie ein Vogel beim geringsten der Geräusche. Als schwebte da über Maria, oder senkte sich auf sie, eine Kraft von außen, preßte ihren Leib gegen den Boden, indes nicht so gewaltsam, daß es sie reglos starr machte, trotz des Halbdunkels war zu erkennen, wie jähe Schauer sie fluteten, als striche eine Brise über den Spiegel einer Zisterne. Sie mag sich unpäßlich fühlen, sann er, doch da meldete sich, ihn von der keimenden Sorge ablenkend, jäher Drang zum Wasserlassen, auch er ganz außer der Gewohnheit, denn diese Bedürfnisse stellten sich bei ihm, üblicherweise, erst später ein, und nie so lebhaft. Behutsam erhob er sich, die Frau sollte von seinem Ansinnen nichts merken, steht doch geschrieben, daß der Mann sich die Achtung, wie auch immer, bewahren muß, fast bis zum Äußersten, und nachdem er die knarrende Tür aufgetan hatte, trat er in den Hof. Es war die frühe Morgenstunde, da das Grau die Farben der Welt überdeckt. Er lenkte seine Schritte zu einem niederen offenen Schuppen, dem Unterstand des Esels, und dort erleichterte er sich, wobei er mit halb bewußter Befriedigung den Urinstrahl auf den strohbedeckten Boden plätschern hörte. Der Esel wandte den Kopf, im Dunkel leuchteten seine vorstehenden Augen, dann schüttelte er lebhaft die pelzigen Ohren, tauchte die Schnauze wieder in die Krippe und schnupperte mit den dicken, gefühlvollen Lefzen nach Resten von Futter. Josef trat an den Waschkrug, beugte sich vor, ließ das Wasser über die Hände rinnen, und dann, während er die Hände an der Tunika abtrocknete, pries er Gott, daß er, unendlich weise, im Menschen die ihm zum Leben nötigen Öffnungen und Gefäße gebildet und erschaffen hatte, denn wenn eines von ihnen sich, nur ja nicht, zur Unzeit schlösse oder auftäte, wäre das des Menschen Tod. Josef schaute zum Himmel auf und erstarrte bis ins Mark. Die Sonne nimmt sich Zeit mit dem Aufgehen, nirgends, am ganzen Himmelszelt nicht, das mindeste Anzeichen von Röte eines nahenden Morgens, selbst nicht der leichte Stich ins Rosa oder ins Blaß einer erst reifenden Kirsche, nichts außer, von Horizont zu Horizont, soweit die Hofmauern ihm Sicht ermöglichten, in der ganzen Ausdehnung eines riesenhaften Dachs, tief hängende Wolken, die plattgedrückten kleinen Knäueln glichen, als einzige Farbe Violett, das nun aber doch zu beben und zu leuchten beginnt, an jener einen Seite, wo die Sonne aufgehen wird, hingegen die andere Seite dunkelt und dunkelt, sich zuletzt mit dem mengt, was von der Nacht noch übrig ist. Nie in seinem Leben hat Josef einen solchen Himmel gesehen, doch war in den langen Plaudergesprächen der alten Männer nicht selten die Rede von wundersamen atmosphärischen Phänomenen, die allesamt Zeugnisse für Gottes Allmacht sind, das blaue Himmelsgewölbe zur Hälfte füllende Regenbögen, schwindelerregende Treppen, die eines Tages Firmament und Erde verbanden, vorsorgliche Regen von Manna, indes noch nie diese rätselhafte Farbe, die so sehr den Beginn wie das Ende von etwas künden konnte, schwebend und verharrend über der Welt, ein Dach aus Tausenden von Wölkchen, die einander fast berührten, verstreut in alle Richtungen, wie die Steine der Wüste. Angst befiel sein Herz, er malte sich aus, die Welt ginge zu Ende, und er, hier stehend, war der einzige Zeuge von Gottes letztem Richtspruch, jawohl, der einzige, gänzlich in Schweigen die Erde und der Himmel, kein Laut dringt aus den Nachbarhäusern, nicht die feinste Stimme, kein Kindergreinen, kein Gebet oder Fluch, nicht das Geräusch von Wind, nicht das Meckern einer Ziege, kein Bellen, Warum krähen die Hähne nicht, murmelte er, und bang wiederholte er die Frage, als berge das Krähen der Hähne letztes Hoffen auf Rettung. Dann endlich erfuhr der Himmel Verwandlung. Ganz allmählich, kaum wahrnehmbar, verfärbte sich das Violett, ließ sich, an der Unterseite der Wolkendecke, von einem bleichen Rosa durchdringen, wurde ein Rot, verschwand, war da und dann nicht mehr, und unvermittelt barst der Äther in einen Sturm aus Licht, vervielfachte sich in Lanzen aus Gold, die das Gewölk stachen, es durchbohrten, und nun waren die Wolken, ohne daß man wußte warum und wann geschehen, aufgequollen, waren riesenhalte, prächtige Schiffe, die unter glühenden Segeln an einem endlich entfesselten Himmel hintrieben. Josef, nun wieder frei von Furcht, atmete sehr erleichtert auf, seine Augen weiteten sich vor Staunen und Achtung, fürwahr ein gewaltiges Schauspiel und er der einzige Zeuge, und hervor brachte sein Mund mit lauter Stimme die geschuldeten Preisungen, lobte den Schöpfer der Dinge dieser Natur, hingegen die immerwährende Majestät der Himmel, reine Unaussprechlichkeit geworden, vom Menschen doch weiter nichts erwarten kann als schlichteste Worte, Gepriesen seist du, Herr, für dies, für das, für jenes andere. So sprach er, und in diesem Augenblick, wie von seinen Worten beschworen, oder schlicht jählings eingetreten durch eine Tür, die irgend jemand, wenig eingedenk der Folgen, ganz weit aufgetan hatte, füllte der Lärm des Lebens den bisher der Stille anheim gewesenen Raum, ließ ihr nur noch ungefähre kleine Stellen, Fleckchen, so winzige wie jene Tümpel, die das raunende Buschwerk umschließt und verbirgt. Der Morgen stieg herauf, gewann Weite, eigentlich war es ein Anblick von fast unerträglicher Schönheit, zwei riesige Hände entließen einen schillernden riesigen Paradiesvogel zum Flug in die Lüfte frei, breiteten in strahlendem Fächer das von tausend Augen übersäte Pfauenrad aus, veranlaßten nahebei einen namenlosen Vogel sein Lied anzustimmen. Eine aufgefachte Brise blies Josef ins Gesicht, bewegte ihm die Barthaare, schüttelte seine Tunika, dann quirlte sie um ihn herum wie eine durch die Wüste drehende Windhose, oder dies, was er hier spürte, war nur ein vom jähen Blutwallen erzeugter Schwindel, ein schlängelnder Schauer, der, gleichsam Feuerfinger, den Rücken ihm hinabfuhr, Anzeichen eines anderen, drängenderen Begehrs.

Als bewegte er sich inmitten der kreisenden Luftsäule, trat Josef ins Haus, schloß die Tür hinter sich, und da stand er angelehnt eine Minute lang, wartete daß sich seine Augen ans Halbdunkel gewöhnten. Neben ihm blakte das Öllämpchen, fast ohne Licht zu verstrahlen, unnütz. Maria, auf dem Rücken liegend, wach, schaute aufmerksam und gebannt auf einen Punkt vor sich, sie schien zu harren. Josef trat wortlos heran und zog das sie verhüllende Laken bedächtig fort. Sie wandte den Blick ab, zerrte den Saum ihrer Tunika ein bißchen aufwärts, und dann bis in Bauchhöhe, aber erst als er niederkauerte und in gleicher Weise verfuhr mit seiner Tunika, unterdessen sie die Beine spreizte, oder sie hatte es schon während des Traums getan und sie in dieser Stellung behalten, sei es aus unüblicher morgendlicher Trägheit oder weil ahnungsvolles Eheweib, das seine Pflichten kennt. Gott, der allenorts ist, war auch hier zugegen, doch da er ist, was er ist, rein ein Geist, konnte er nicht sehen, wie die Haut des einen die Haut des anderen berührte, wie sein Fleisch in ihr Fleisch drang, das eine wie das andere für eben dies erschaffen, und sicherlich war er schon nicht mehr zugegen, als Josefs geheiligter Same sich in das geheiligte Innen Marias ergoß, heilig beide, weil sie der Quell und der Becher des Lebens, in Wahrheit gibt es Dinge, die selbst Gott nicht versteht, auch wenn er sie erschuf. Da Gott also in den Hof hinausgetreten war, hörte er nicht den agonischen Laut, einem Röcheln gleich, der sich dem Munde des Mannes im Augenblick der Krisis entrang, noch weniger hörte er das ganz leichte Stöhnen der Frau, das diese nicht unterdrücken konnte. Eine Minute oder weniger ruhte Josef auf Marias Leib. Während sie die Tunika nach unten zog, sich mit dem Laken zudeckte und dann das Gesicht unter dem Arm verbarg, sprach er, aufrecht mitten im Hause stehend, die Hände erhoben und zum Dach emporblickend, jenes über alles schreckliche Lobpreis, das den Männern vorbehalten ist, Gepriesen seist du, Herr, unser Gott, König des Universums, daß du mich nicht Weib werden ließest. Nun aber, zu diesem Zeitpunkt mochte Gott auch schon nicht mehr im Hof sein, denn es bebten nicht die Mauern des Hauses, stürzten nicht ein, es riß die Erde nicht auf. Zu hören war lediglich, erstmals, Marias Stimme, demutvoll sprach sie, wie man es von Weiberstimme wünscht und erwartet, Gepriesen seist du, Herr, daß du mich nach deinem Willen erschufst, nun, zwischen diesen Worten und jenen anderen, den bekannten und für sehr gut befundenen, ist kein Unterschied, will heißen, Hier ist die Magd des Herrn, geschehe an mir deinen Worten gemäß, und offenkundig ist, wer dies sagte, konnte auch jenes gesagt haben. Dann erhob sich das Weib des Zimmermanns Josef von der Matte, rollte diese mit dem Ehemann ein und faltete das gemeinschaftliche Bettlaken zusammen.

Es lebten Josef und Maria in einem kleinen Ort mit Namen Nazareth, an einem Fleck von wenig und wenigen, im Lande Galiläa. Sie bewohnten ein Haus, das, fast allen anderen gleich, eher ein ungefüger Würfel aus Lehmziegeln war, armselig unter Armseligen. Baukünstlerische Erfindungen und Ausschmückungen keine, lediglich die uniforme Plattheit eines nimmermüd wiederholten Modells. In der Absicht, einiges an Material zu sparen, hatten sie das Haus gegen den Hang des Hügels gebaut, gegen die Schräge, einwärts grabend, solcherweise sie eine ganze Wand bekamen, die rückwärtige, noch mit dem Vorteil, daß man ohne Mühe auf den als Dach dienenden Söller gelangte. Schon wissen wir, daß Josef von Beruf Zimmermann war, üblich bewandert in seinem Handwerk, aber ohne Geschick zu Vollkommenerem, sofern ihm feineres Werk abverlangt wurde. Dieser Mangel möge niemanden unduldsam machen, denn Zeit und Erfahrung, und ein jegliches will Weile haben, langen noch nicht in dem Maße, daß sie, gar in der Alltagsarbeit Niederschlag findend, sichtbar Bereicherung gäben dem beruflichen Wissen und dem Kunstgespür eines Mannes, der kaum erst zwanzig Jahre alt ist und in einem Landstrich von so spärlichen Mitteln und noch geringeren Erfordernissen lebt. Allerdings sollte man eines Menschen Verdienste nicht allein mit der Elle seines beruflichen Könnens messen, es schickt sich zu sagen, daß dieser Josef, trotz seines jugendlichen Alters, in Nazareth als einer der Frömmsten und Gerechtesten gilt, pünktlich beim Besuch der Synagoge, akkurat in seinen Pflichten, und mag sein Glück auch nicht so groß sein, daß Gott ihn mit einer den gemeinen Sterblichen überragenden Beredsamkeit auszeichnete, weiß er sich dennoch auszudrücken und treffend zu äußern, vor allem wenn es dienlich ist, der Rede ein Bild oder eine Metapher aus der eigenen Berufswelt beizusteuern, etwa daß er von der Zimmerarbeit am Universum spricht. Weil ihm aber der Flügelschlag ursprünglicher Phantasie fehlte, wird er in seinem kurzen Leben nie eine des Merkens würdige Redensart hervorbringen, ein geflügeltes Wort schöpfen, das Aufhebung im Erinnern der Leute von Nazareth verdiente, zur Weitergabe an künftige Generationen, und noch weniger wartete er mit einer jener treffsicheren Entgegnungen von beispielhafter Belehrung auf, deren Worte so transparent sind und so strahlend, daß sie künftig jedweden nur möglichen Einwand abschmettern oder, im Gegenteil, so hinreichend dunkel oder zweideutig sind, daß sie morgen zum Lieblingsgericht der Gelehrten und sonstigen Spezialisten werden.

Über die Gaben der Maria indes, außer wir suchten lange, und selbst so, fänden wir lediglich, was man gerechterweise erwarten kann von einem jungen Ding, das noch nicht einmal sechzehn Jahre alt und, auch wenn bereits verheiratete Frau, nur eben ein zerbrechliches zartes Mädchen ist, sozusagen ein Hellermünzchen, die es damals nicht gab, aber andere von ähnlich geringem Wert. Zwar schwächlich von Statur, arbeitet Maria indes so tüchtig wie die anderen Frauen, sie hechelt Wolle, sie spinnt, sie webt die Hausgewänder, sie bäckt zu allen heiligen Tagen das Brot der Familie im häuslichen Ofen, geht hinab zur Quelle, schleppt das Wasser herbei, über die steilen Pfade, einen dickbäuchigen Krug auf dem Kopf, einen weiteren Krug gegen die Lende gepreßt, und später, wenn es Abend wird, schweift sie über die Wege und des Herrgotts freies Feld, liest Reisigholz auf, schneidet Stoppeln, führt auch noch einen Korb mit, in den sie den getrockneten Dung der Rinder sammelt und auch jene Disteln und Dornengewächse, die an Nazareths Steilhängen wuchern, vom besten, was Gott erfinden konnte, um ein Feuer anzuzünden und eine Krone zu flechten. Dieses ganze Arsenal ergäbe eine Ladung, die sich besser auf eines Esels Rücken heimschaffen ließe, spräche nicht ein sehr gewichtiger Grund dagegen, Josefs Tier nämlich obliegt der Transport der Hölzer. Barfuß eilt Maria zur Quelle, barfuß hinaus aufs Feld, in ihren ärmlichen Kleidern, die über der Arbeit noch fleckiger werden, noch mehr verschleißen, und immerfort gewaschen und ausgebessert werden müssen, an den Ehemann gehen die neuen Gewebe und das Mehr an Fürsorge, Frauen wie sie begnügen sich mit sonstwas. Besucht Maria die Synagoge, dann nimmt sie den Seiteneingang, wie das Gesetz es den Frauen auferlegt, und wenn sie sich da, es ist nur eine Annahme, mit dreißig Gefährtinnen einfindet, oder allen Frauen Nazareths, oder gar mit der gesamten weiblichen Bevölkerung Galiläas, so müssen sie trotzdem warten, bis mindestens zehn Männer zugegen sind, damit der Gottesdienst, dem sie selbst nur passiv beiwohnen, stattfinden kann. Im Gegensatz zu Josef, ihrem Ehemann, ist Maria nicht fromm und nicht gerecht, doch nicht sie hat schuld an diesen moralischen Makeln, schuld trägt die redende Sprache, will heißen die Männer, die diese erfunden haben, denn in ihr haben die Begriffe gerecht und fromm schlichtweg keine weibliche Entsprechung.

Nun aber, etwa vier Wochen nach jenem unvergeßlichen Frühmorgen, als sich die Himmelswolken, ganz außergewöhnlich, in violetter Tönung dargeboten hatten, geschah es eines schönen Tages, daß Josef zur Stunde des Sonnenuntergangs im Hause saß, über dem Abendessen, auf dem Fußboden sitzend und mit der Hand in den Teller langend, wie es damals Sitte war, und Maria stand aufrecht da, wartete, daß er sein Mahl beendete, damit dann sie essen könnte, und beide harrten stumm, er, weil er nichts zu vermelden hatte, sie, weil sie nicht wußte, wie sie sagen sollte, was sie innen bewegte, und da geschah es, daß ans Hoftor ein bedauernswerter Almosenbitter klopfte, was allgemein ja öfter geschieht, hierorts indes seltener in Anbetracht der Ärmlichkeit des Dorfes und der Mehrzahl seiner Bewohner, zumal die Bettler, aus Erfahrung, ja Meister im Veranschlagen von Erfolgsaussichten, die sich in diesem Falle als sehr gering darstellten. Dennoch, von den mit Zwiebeln versetzten Linsen und dem Brei aus Kichererbsen, die ihre Abendspeisung sein würden, tat Maria einen ordentlichen Schlag in einen Napf, und diesen trug sie dem Bettler hinaus, der sich dort auf den Erdboden setzte, zum Essen, jenseits der Torschwelle, die er nicht überschritten hatte. Maria hatte den Ehemann nicht erst laut um Erlaubnis bitten müssen, er selbst hatte es ihr gestattet oder sie mit einem Kopfnicken angewiesen, wissen wir ja bereits, wie überflüssig Worte waren in jenen Zeiten, als eine einfache Geste genügte, einen Menschen zu töten oder ihn vor dem Tode zu bewahren, je nachdem, welche Richtung bei den Zirkusspielen des Cäsar Daumen wies, ob nach unten oder nach oben. Ansonsten aber war dieser Sonnenuntergang ein Verzücken, dieses tausendfältige Wolkengefranse über die Weite des Himmels hin, rosig, perlmutt, lachsfarben, kirsch, in solchen Begriffen redet man, zur allgemeinen Verständigung, auf der Erde, diese Farben, und alle übrigen, rühren, soweit bekannt, nicht vom Himmel her. Der Bettler mochte seit drei Tagen nicht gegessen haben, seiner war echter Hunger, binnen Minuten war das Geschirr geleert und blankgeleckt, und da klopfte er auch schon ans Tor, um den Napf zurückzugeben und für die milde Gabe zu danken. Maria kam und öffnete, da stand der Bettler, aber von überraschend hohem Wuchs, weitaus stattlicher jetzt als es ihr zuvor geschienen, letztlich stimmt die Rede, gewaltig ist der Unterschied zwischen essen und nicht gegessen haben, bei diesem Mann, hätte man meinen können, strahlte das Gesicht und sprühten die Augen Funken, zugleich bewegte ein Wind von wer weiß woher seine alte, verschlissene Gewandung, und deren Flattern verwirrte unseren Blick in einem Maße, daß die Lumpen plötzlich kostbares, prachtvolles Gewebe dünkten, was nur glauben kann, wer es selbst erlebte. Maria streckte den Arm vor, um den irdenen Napf entgegenzunehmen, der, als Folge einer in Wahrheit verblüffenden optischen Täuschung, vielleicht bewirkt von den wechselnden Himmelsspiegelungen, mit einem Mal ein Gefäß aus reinstem Gold anmutete, und eben als das Gefäß aus seinen Händen in die ihren wechselte, sprach der Bettler mit markiger Stimme, denn sogar hierin war der Ärmste nun ein anderer, Der Herr segne dich, Frau, er schenke dir all die Söhne, die deinem Manne genehm sind, doch verhüte es derselbe Herr, daß du sie je so siehst, wie mich jetzt vor dir, denn ich, o tausendfach schmerzliches Leben, ich habe nicht, worauf ich mein Haupt betten kann. Maria hielt den Napf im Hohl ihrer Hände, Schale über Schale, so als erwartete sie, daß der Bettler etwas hineinlegte, und er, ohne eine Erklärung, tat es, er beugte sich tief hinab, griff eine Handvoll Erde vom Boden, hob den Arm dann in die Höhe, ließ die Erde langsam durch die Finger rinnen und sprach mit dumpfer, hallender Stimme, Lehm zu Lehm, Staub zu Staub, Erde zu Erde, nichts beginnt, das nicht auch enden müßte, alles Beginnende entsprießt dem Endenden. Maria, verwirrt, fragte, Was will das heißen, und der Bettler antwortete lediglich, Frau, du trägst ein Kind im Bauch, und das ist der Menschen einzige Bestimmung, zu beginnen und zu enden, zu enden und zu beginnen, Woher weißt du, daß ich schwanger bin, Noch schwillt der Bauch nicht, und schon glänzen die Kinder in den Augen der Mütter, Wenn das so ist, müßte mein Mann in meinen Augen das Kind gesehen haben, da er in mir gezeugt hat, Schaut er dich etwa nicht an, wenn du ihn anschaust, Und du, wer bist du, daß du es nicht erst aus meinem Munde hören mußtest, Ein Engel bin ich, aber sage es niemand.

Im selben Augenblick wurden die glanzvollen Kleider wieder Lumpen, was titanenhafter Riese gewesen, schrumpfte, schwand, gleichsam aufgeleckt von einer jähen Titanenzunge, und zur rechten Zeit, Gott sei Dank, hatte Verwandlung stattgefunden, und alsdann der kluge Rückzug, denn aus dem Hause kam nun schon Josef, herbeigelockt von den Stimmen, die leiser gewesen waren als bei einem erlaubten Gespräch üblich, vor allem war die

Frau übertrieben lange fortgeblieben, Was wollte der Ärmste denn noch, fragte er, und Maria, die nicht wußte, mit welchen eigenen Worten sie es ausdrücken sollte, vermochte nur zu antworten, Lehm zu Lehm, Staub zu Staub, Erde zu Erde, nichts beginnt, was nicht auch endet, nichts endet, was nicht auch beginnt, Hat er das gesagt, Ja, und auch, daß die Söhne der Männer in den Augen der Frauen glänzen, Schau mich an, Das tue ich, Mir scheint, ich sehe Glanz in deinen Augen, sprach Josef, und Maria erwiderte, Es wird dein Sohn sein. Der Abenddämmer hatte Bläue gewonnen, nahm schon die erste Farbe der Nacht an, und nun war zu erkennen, daß aus dem Napf ein gleichsam schwarzes Licht strahlte, welches Marias Gesicht bisher an ihr nie wahrgenommene Züge aufprägte, ihre Augen schienen einer weitaus älteren Person zu gehören, Bist du schwanger, fragte Josef endlich, Ja, antwortete Maria, Warum sagst du es erst jetzt, Heute solltest du es erfahren, ich wartete, daß du deine Abendmahlzeit beendetest, Und dann kam dieser Bettler, Ja, Was sagte er denn noch, es war ja wohl Zeit für mehr als nur dies, Daß der Herrgott mir alle Kinder schenken möge, die du dir wünschst, Was hast du da im Napf, es glänzt so, Erde, weiter nichts, Humus ist schwarz, Tonerde grünlich, der Sand weiß, von den dreien glänzt nur der Sand, wenn Sonne drauf fällt, jetzt aber ist dunkler Abend, Ich bin eine Frau, ich kann es nicht erklären, er griff Erde vom Boden, streute sie in den Napf und sprach seine Worte.

Josef zog das Tor auf, trat hinaus auf die Straße, schaute nach der einen Seite und nach der anderen, sagte, Ich sehe ihn nicht mehr, verschwunden ist er, Maria aber schritt gefaßt ins Haus zurück, sie wußte, der

Bettler, falls er wirklich war, was er verkündet hatte, würde sich nur nach seinem Belieben blicken lassen. Sie setzte den Napf auf die Steinbank am Herd, entnahm der Glut ein Kohlenstück, zündete die Lampe an, blies, bis eine kleine Flamme aufzüngelte. Josef trat herein, mit fragender Miene, einem verwirrten, argwöhnischen Blick, den er zu verhehlen trachtete, indem er sich erhaben und feierlich wie ein Erzvater bewegte, was ihm, da er noch so jung, gar nicht stand. Möglichst unauffällig näherte er sich dem Napf, beäugte die Glanz verstrahlende Erde drin, setzte eine zweiflerisch spöttische Miene auf, die, sofern sie Mannhaftigkeit hervorkehren wollte, sehr vergeblich war, denn Maria hielt den Blick gesenkt, wirkte wie abwesend. Josef rührte mit einem Stöckchen in der Erde, beunruhigt, denn er sah sie dunkel werden, wenn er quirlte, dann wieder Glanz gewinnen, mit Blitzegeschlängel über dem beständigen Leuchten, Begreife ich nicht, dies birgt wohl ein Geheimnis, oder er brachte die Erde mit und du meintest, er hätte sie vom Boden genommen, das sind Tricks eines Magiers, niemand hat Nazareths Erde jemals glitzern und gleißen sehen. Maria erwiderte nichts, sie aß den verbliebenen kleinen Rest an mit Zwiebeln versetzten Linsen und an Kichererbsbrei und dazu einen in Öl getauchten Kanten Brot. Als sie diesen brach, sprach sie, wie es in den Gesetzen steht, jedoch in dem einem Weibe geziemend bescheidenen Ton, Gepriesen seist du, Adonai, unser Gott, König des Universums, daß du Brot aus der Erde hervorbringst. Stumm aß sie, indessen Josef seinen Gedanken laut freien Lauf ließ, so als deutete er in der Synagoge einen Vers der Thora oder das Wort des Propheten, der Betrachtung unterzog er den aus dem Munde der Frau soeben vernommenen

Satz, den er beim Brechen des Brotes selbst gesprochen hatte, und er versuchte sich vorzustellen, von welcher Art die aus so glänzender Erde aufkeimende und Frucht treibende Gerste sein würde, was für Brot es gäbe, was an Licht wir in uns trügen, wenn wir dieses speisten, Bist du sicher, daß der Bettler die Erde vom Boden genommen hat, fragte er ein weiteres Mal, und Maria antwortete, Ja, ich bin sicher. Und vorher glänzte sie nicht, Auf dem Boden glänzte sie nicht. So viel Festigkeit müßte die eingefleischten Zweifel jedweden Mannes gegenüber den Reden und dem Tun der Weiber allgemein und des eigenen Weibes im besonderen ins Wanken bringen, Josef aber, wie damals und dort jedes beliebige Mannsbild, hing störrisch der Überzeugung an, daß ein Mann desto klüger, je besser es ihm gelänge, sich vor den Künsten und Listen des Weibes zu schützen. Wenig mit ihnen reden und noch weniger ihnen zuhören, ist der Wahlspruch all jener bedachten Männer, die des Rabbi Joschafat ben Johanans Worte beherzigen, welche zum weisesten des Weisen zählen, Dem Manne sei in der Todesstunde Rechenschaft abverlangt für jedes unnütze Wort, das er mit einem Weibe führte. Josef, hier, fragte sich, ob dieses Gespräch mit Maria ein notwendiges sei, und nachdem er in Anbetracht der Einzigartigkeit des Vorfalls zum bejahenden Schluß gelangt war, schwor er sich, die heiligen Reden des Rabbi stets zu beherzigen, also seines Namensvetters, ist doch Joschafat das gleiche wie Josef, auf daß ihm späte Gewissensbisse erspart blieben in der Stunde des Todes, der, gebe es Gott, ein friedvoller sein möge. Und zuletzt, nach der Überlegung, ob er die verdächtige Sache mit dem unbekannten Bettler und der gleißenden Erde den Ältesten der Synagoge zur Kenntnis geben solle, entschied er, daß er dies tun müsse, damit sein Gewissen rein wäre und der Friede des Heims gewahrt blieb.

Maria hat ihre Mahlzeit beendet. Sie trug die Näpfe zum Abwaschen hinaus, jedoch nicht, na klar, jenen einen, den sie selbst dem Bettler vorgesetzt hatte. Im Hause waren da nun zwei Lichter, das der gegen die plötzlich hereingebrochene Nacht mühsam ankämpfenden Öllampe, und andererseits jene strahlende Aura, bebend aber beständig, gleichsam eine Sonne, die noch hinter dem Horizont harrt. Maria, auf dem Boden sitzend, war gewärtig, daß der Ehemann weitere Worte an sie richten würde, der aber hat nichts mehr zu sagen, fügt im Geiste bereits die Sätze der Rede, mit der er sich morgen an den Ältestenrat wenden wird. Ihn verdrießt, daß er nicht genau im Bilde, was zwischen der Frau und dem Bettler vorgegangen ist, was der eine zum anderen sonst noch gesagt haben mag, doch er will sie nicht wieder fragen, weshalb er, da zusätzlich Neues von ihr gewiß nicht zu erwarten ist, die zweimal vernommene Geschichte als wahr hinnehmen muß, falls sie aber gelogen hat, wird er nicht dahinterkommen, nur sie dann weiß, daß sie lügt und gelogen hat, sie wird sich unter dem Mantel eins feixen, wird sich über ihn lustig machen, wie man denn auch gute Gründe hat zu glauben, daß Eva über Adam lachte, ganz im stillen versteht sich, denn jene damals besaß noch keinen Umhang, der ihre Blöße bedeckt hätte. An diesen Punkt der Überlegung gelangt, tat Josef den nächstfolgenden und unvermeidbaren Schritt, und siehe, nun dünkt ihm der rätselhafte Bettler ein Abgesandter des Versuchers, der, weil sich die Zeiten ja gewandelt haben und die Menschen heute klüger und erfahrener sind, nicht mehr so einfältig vorgeht, daß er etwa auch hier eine schlichte Frucht der Natur anbietet, eher stellt er verwandelte Erde in Aussicht, eine strahlende, und zu diesem Zweck bedient er sich, wie üblich, der Leichtgläubigkeit und Arglist des Weibes. Josefs Kopf lodert, doch zufrieden ist er mit sich und mit seinen Schlüssen. Maria ihrerseits, die nichts ahnt von den auf den Teufel ausgerichteten verschlungenen Überlegungen des Mannes und ebensowenig von den ihr unterschobenen Verantwortlichkeiten, versucht dieses seltsame Gefühl von Abwesenheit zu begreifen, das sie in sich spürt, seit sie dem Ehemann ihre Schwangerschaft gestand. Es ist freilich kein inneres Abhanden, denn nur zu gut weiß sie, daß sie ab jetzt, im wortwörtlichen Sinne, besetzt ist, es ist ein äußeres Fortsein, so als wäre die Welt erloschen oder hätte sich auf Abstand begeben. Ihr fällt ein, doch so, als handelte es sich um anderes Leben, daß sie nach der letzten Mahlzeit und bevor man die Matten für die Nachtruhe auslegt, stets noch irgendeine Arbeit voranzubringen trachtete, auf diese Weise die Zeit nutzend, nun aber geht ihr Gedanke dahin, daß sie sich, da auf dem Boden sitzend, nicht vom Fleck rühren sollte, solange sie das sie über den Rand des Napfs hinweg betrachtende Licht betrachtet, der Geburt des Kindes harrend. Gestehen wir, um der Wahrheit willen, daß ihre Gedanken so klar nicht waren, das Denken, letztendlich, dies wurde schon von anderen, oder von ihm selbst, zum Ausdruck gebracht, ist wie ein um sich selbst gewickeltes Fadenknäuel, schlaff an gewissen Stellen, und bis zum Ersticken oder zum Abwürgen straff an anderen, es befindet sich hier drin, im Kopf, unmöglich aber, es in seiner ganzen Ausdehnung zu erfahren, da müßte man es schon ausrollen, ausspannen und schließlich messen, doch das, so sehr einer es versucht oder zu versuchen vorgibt, dies allein vermag man nicht, da muß irgendwer eines Tages kommen und bestimmen, an welcher Stelle es die Schnur, die den Menschen mit seinem Nabel verbindet, zu kappen gilt, um das Denken an seinen Ursprung zu binden.

Am nächsten Morgen, nach schlechtem Schlaf, und nachdem er wiederholt aus einem Alptraum aufgeschreckt war, in dem er sich noch und noch in die Tiefe eines riesigen Napfs hatte fallen sehen, der einem umgestülpten Sternhimmel glich, eilte Josef zur Synagoge, um sich von den Ältesten Rat und Beistand zu holen. Obschon von ihm nicht vorstellbar bis zu welchem Punkt, da er, wissen wir ja, das beste der Geschichte, nämlich das Wesentliche, nicht kannte, war sein Fall so unüblich, so außergewöhnlich, daß er, wären Nazareths alte Männer nicht so vorzüglicher Meinung über ihn gewesen, höchst beschämt den Rückweg hätte antreten müssen, mit lodernden Ohren, denn wie dröhnendes Erz hätte des Predigers Sirach Spruch geklungen, mit dem sie ihn niedergeschmettert hätten, Wer schnell vertraut, ist leichtfertig, und er, der Ärmste, nicht geistesgegenwärtig genug, um nämlichem Sirach bezüglich des Traums, der ihn die ganze Nacht gepeinigt hatte, schlagfertig zu entgegnen, Das Traumbild ist ein Spiegel, das Abbild eines Gesichts gegenüber dem Gesicht selbst. Nachdem er also seinen Bericht geendet, wechselten die Alten Blicke, faßten alle dann Josef ins Auge, und der Älteste, die gezielte Frage in den verhaltenen Argwohn eines Rates kleidend, sprach, Ist es Wahrheit, die ganze Wahrheit und nichts als die Wahrheit, was du uns da soeben erzähltest, und der Zimmermann antwortete, Die Wahrheit, die ganze Wahrheit und nichts als die Wahrheit, Gott sei mein Zeuge. Die Alten beratschlagten lange unter sich, während Josef abseits harrte, endlich riefen sie ihn und verkündeten, sie hätten, da uneins über das zuträglichste Vorgehen, entschieden, drei Abgesandte auszuschicken, diese sollten Maria über die seltsamen Vorkommnisse von Angesicht zu Angesicht befragen und herauszufinden versuchen, wer letztlich dieser Bettler sei, den niemand sonst gesehen hatte, von welchem Äußeren, was genau er gesagt, ob er regelmäßig in Nazareth erschiene, um Almosen zu erbitten, wobei sich nebenher ergäbe, was man an Erkundigung über die geheimnisvolle Person auch noch in der Nachbarschaft einholen könne. Josef freute dies von Herzen, denn auch wenn er es sich nicht eingestehen mochte, ihn ängstigte der Gedanke, er müsse seiner Frau allein gegenübertreten, zumal sie den Blick jetzt auf ganz eigene Weise gesenkt hielt, wie es, ei freilich, die Schicklichkeit gebietet, doch auch unverhohlen herausfordernd, mit der Miene dessen, der mehr weiß, als er zu sagen gedenkt, jedoch will, daß man es merke. Wahrlich, wahrlich, ich sage euch, grenzenlos ist der Weiber Bosheit, besonders der unschuldigsten.

Die Abgesandten also machten sich auf, vornan Josef, ihnen den Weg weisend, und es waren Abiatar, Dotaim und Zachäus, sie hier namentlich genannt, um jeden Verdacht von beabsichtigter Geschichtsverfälschung auszuräumen, der im Geiste jener Leute fortschwingen könnte, die von diesen Dingen und ihren Auslegungen aus anderen Quellen Kenntnis haben, vielleicht fester auf die Überlieferung gegründete, darum aber nicht glaubwürdigere. Sind die Namen vorgebracht und die tatsächliche Existenz ihrer Träger bewiesen, verlieren die verbleibenden Zweifel viel von ihrer Kraft, indes nichts von ihrer Berechtigung. Da hier drei greise Abgesandte in nicht alltäglicher Angelegenheit auf die Straße traten, erkennbar an ihrem sehr würdevollen Schreiten, mit den Tuniken und den Bärten im Wind, waren sie bald von Gassenjungen umringt, die mit der ihrem Alter gemäßen Ausgelassenheit, unter Lachen, Gejohle, Gerenne, die Abgesandten bis zu Josefs Haus begleiteten, den der laute, Aufmerksamkeit erregende Begleitzug recht verdroß. Vom Lärm angelockt, spähten die Frauen der nächstgelegenen Häuser aus den Türen, und Neuigkeit ahnend, schickten sie ihre Kinder, sie sollten feststellen, was dieser Auflauf vor dem Tor der Nachbarin Maria bedeutete. Vergebliche Mühe, denn nur die Männer bekamen Zutritt. Das Tor wurde herrisch geschlossen, kein neugieriges Weib Nazareths erfuhr und hat bis auf den heutigen Tag erfahren, was im Hause des Zimmermanns Josef geschah. Damit ihre unbefriedigte Neugierde Nahrung hätte, mußten sie sich einiges ausdenken, und so machten sie aus dem Bettler, den sie nie gesehen, einen Dieb und Einbrecher, was sehr ungerecht, hatte doch der Engel, aber verratet niemandem, daß er ein solcher gewesen, das Verspeiste nicht gestohlen, statt dessen aber ein übernatürliches Pfand zurückgelassen. Es begab sich nämlich, daß, während die beiden älteren Greise mit Fragen in Maria drangen, der Jüngste, Zachäus, in der Nachbarschaft Erkundigungen einzog über den Bettler, der, den Angaben der Zimmermannsfrau folgend, so und so ausgesehen haben mochte, doch keine der Nachbarinnen konnte mit Einzelheiten dienen, aber nein, gestern ist hier kein Bettler vorbeigekommen, und falls doch, bei mir hat er nicht angeklopft, muß wohl ein durchziehender Dieb gewesen sein, und weil er Leute im Hause vorfand, hat er den um Almosen bittenden Bedürftigen gespielt und dann das Weite gesucht, ein alter Trick, den kennt man, seit die Welt besteht.

Zachäus fand sich ohne Neuigkeit wieder in Josefs Haus ein, gerade als Maria zum dritten- oder viertenmal wiederholte, was wir bereits wissen. Alle hockten drin im Haus, sie aber stand da, wie eines Verbrechens angeklagt, der Napf auf dem Fußboden, und drin, pulsierend wie ein Herz, bedrängend, die geheimnisvolle Erde, auf der einen Seite Josef, und ihm gegenüber die Greise, Richtern gleich, indessen Dotaim, der im Alter mittlere, Rede führte, Nicht, daß wir deine Geschichte bezweifeln möchten, aber schau, du als einzige hast den Mann gesehen, falls es einer war, dein Ehemann weiß von ihm weiter nichts, hat nur dessen Stimme gehört, und nun kommt Zachäus und sagt, keine deiner Nachbarinnen hat ihn gesehen, Ich kann es vor Gott beschwören, er weiß, daß mein Mund die Wahrheit spricht, Die Wahrheit zwar, aber wer weiß, ob die ganze Wahrheit, Ich will des Herrgotts Prüfwasser trinken, und er möge kundtun, ob ich Schuld habe, Die Bitterwasserprobe gilt für die der Untreue verdächtigten Frauen, du konntest deinem Mann nicht untreu sein, dazu reichte die Zeit nicht, Die Lüge, sagt man, ist gleichbedeutend mit Untreue, Eine andere, nicht diese, Mein Mund ist so treu wie ich selbst. Hier nun ergriff Abiatar das Wort, der älteste der drei Greise, Wir werden dich nicht weiter fragen, der Herrgott lohne dir siebenfach die Wahrheit, die du gesagt haben magst, oder strafe dich siebenfach für die Lüge, falls du mich hintergangen hast. Er unterbrach sich und fuhr nach kurzer Pause, an Zachäus und Dotaim gewandt, fort, Was tun wir mit dieser gleißenden Erde, hier darf sie nicht bleiben, rät uns die Vorsicht, es könnte ja sehr wohl Teufelswerk sein, Möge sie, sprach Dotaim, an ihren Ursprung zurückkehren, möge sie wieder dunkle Erde werden. Zachäus sagte, Wir wissen nicht, wer der Bettler war, und weder warum er nur von Maria gesehen werden wollte, noch was das Geglitzer einer Handvoll Erde auf dem Grund eines Napfs bedeutet. Fort mit ihr in die Wüste, sprach Dotaim, streuen wir sie dort aus, fern den Menschenblicken, damit der Wind sie in die Weite bläst und der Regen den Glanz löscht. Zachäus sagte, Wenn diese Erde ein Gutes ist, soll sie nicht sonstwohin geraten, und ist sie ein Böses, mögen nur jene ihr ausgesetzt sein, die zu ihrer Entgegennahme erwählt wurden. Abiatar fragte, Was also schlägst du vor, und Zachäus antwortete, Daß hier ein Loch gegraben und der Napf da hinein versenkt wird, denn so vermischt sich dies nicht mit der natürlichen Erde, ein Gut, auch wenn vergraben, geht nicht verloren, ein Böses aber, wenn den Blicken entzogen, übt weniger Gewalt, Was ist denn deine Meinung, Dotaim, fragte Abiatar, und dieser fand, Der Vorschlag von Zachäus ist trefflich, befolgen wir ihn. Hierauf Abiatar zu Maria, Entferne dich, laß uns tun, Wohin soll ich gehen, fragte Maria, und Josef, aufgeregt, Falls wir den Napf vergraben, dann aber nicht im Haus, ich mag nicht über einem verscharrten Licht schlafen. Abiatar sprach, Es geschehe wie du sagst, und an Maria gewandt, Du bleib hier. Die Männer traten in den Hof hinaus, Zachäus trug den Napf. Bald waren Geräusche der Grabhacke zu hören, wiederholte, harte. Josef war es, der grub, nach einigen Minuten dann Abiatars Stimme, Das langt, es ist tief genug. Maria spähte durch den Spalt in der Tür, sie sah

Josef den Napf, mit darübergestülpten Krugscherben, ins Loch versenken, so tief, daß sein ganzer Arm drin verschwand, dann stand er auf, griff wieder zur Hacke, zog das Erdreich ins Loch, trat es sodann fest.

Die Männer verharrten noch eine Weile im Hof, sprachen miteinander, schauten auf den Fleck aus frischer Erde, als hätten sie soeben einen Schatz vergraben, und wollten sich die Stelle genau merken. Doch gewiß nicht hierüber redeten sie, denn plötzlich war die Stimme des Zachäus lauter zu hören, im Ton einer spaßigen Zurechtweisung, Sag mal, Josef, was bist du mir für ein Zimmermann, kannst nicht mal ein Bett schreinern, jetzt, da deine Frau schwanger ist. Die anderen lachten, und Josef mit ihnen, recht beifällig, wie ein uneingeständig Ertappter. Maria sah jene zum Tor schreiten und hinaustreten, sie aber, nun auf der Steinbank am Herd sitzend, ließ den Blick durch den Raum schweifen, suchte nach dem geeigneten Stellplatz für das Bett, falls der Mann sich entschlösse, eines zu zimmern. An den irdenen Napf und den gleißenden Inhalt mochte sie nicht denken, auch nicht daran, ob der Bettler wahrhaftig ein Engel gewesen war oder ein Schalk, der sie nur zum Narren gehalten hatte. Eine Frau, der man ein Bett in Aussicht stellt, hat zu überlegen, wo es dann am besten steht.

Im Übergang vom Monat Tammus zu den Tagen des Monats Ab, während in den Weinbergen Lese gehalten wurde und die ersten reifen Feigen sich aus dem dunklen Grün der rauhen Blätter abhoben, waren all jene Dinge vorgefallen, geläufig und üblich die einen, etwa daß ein Mann sich fleischlich zu seinem Weib einte und sie entsprechend später dann zu ihm sprach, Ich bin schwanger von dir, wahrlich außergewöhnlich hingegen anderes, beispielsweise daß es einem vorbeikommenden Bettler zufiel, die Verkündigung zu tun, er aber, nach aller Vernunft, ursächlich ohne Beziehung zu dem Fall, lediglich der Vollbringer des bislang ungeklärten Wunders in Gestalt der Licht verstrahlenden Erde, die Josefs Mißtrauen und die kluge Vorsicht der Greise dem Zugriff und der Erforschbarkeit entzogen haben. Folgen wird die sengende Hitze, die Felder dann kahl, nur Stoppeln und Trockenheit, Nazareth ist ein von Schweigen und Einsamkeit umgebenes graues Dorf in den erstickend heißen Stunden des Tages, harrend der gestirnten Nacht, wenn dann endlich das Atmen der im Dunkel verharrenden Landschaft spürbar und vernehmlich die Musik der sich aneinander reibenden Himmelssphären. Nach dem Abendessen pflegte Josef sich in den Hof zu setzen, rechts von der Haustür, um die Frische der Luft zu genießen, gern ließ er sich über Gesicht und Bart den ersten kühlenden Hauch des Abends streichen. Wenn es schon ganz dunkel war, kam auch Maria, und sie setzte sich, ihrem Manne gleich, auf den Erdboden, wählte jedoch die andere Seite der Tür, und da saßen die zwei, stumm, lauschten den häuslichen Geräuschen von nebenan, des Lebens in Familie, die sie noch nicht waren, da noch ohne Kinder, Wolle Gott, daß es ein Junge wird, sann Josef tagsüber hin und wieder, und Marias Gedanke war, Wolle Gott, daß es ein Junge wird, ihr Grund indes ein anderer. Marias Bauch schwoll ohne Eile, Wochen und Monate verstrichen, bevor ihr Zustand augenscheinlich wurde, und da sie, weil so bescheiden und zurückhaltend, wenig Umgang mit den Nachbarinnen pflegte, überraschte ihre Fülle dann desto mehr, als wäre sie über Nacht zum Ballon geworden. Vielleicht hatte Marias Schweigen einen anderen, viel geheimeren Grund, daß nämlich ja kein Zusammenhang erkennbar würde zwischen ihrer Schwangerschaft und dem Auftauchen des geheimnisvollen Bettlers, eine Vorkehrung, die wir, da in die Dinge eingeweiht, nur eben für absurd halten würden, käme es nicht vor, daß Maria sich, in Stunden der körperlichen Ermattung und des ungebundenen geistigen Abschweifens, fragt, Aber wieso, heiliger Gott, zugleich erschrokken über die Unvernunft des Zweifels und erfaßt von einem inneren Beben, bei der Frage, wer denn nun, wirklich und wahrhaftig, der Vater des Kindes ist, das in ihr heranwächst. Bekannt ist, daß Frauen in diesem ihrem interessanten Zustand zu Gelüsten und Hirngespinsten neigen, und mitunter weitaus Schlimmerem als der Sache hier, die wir geheim halten werden, damit der gute Ruf der künftigen Mutter nicht Befleckung erfahre.

Die Tage verstrichen, ein träger Monat folgte dem anderen, es verging der wie Backofen glühende Elul mit seinem Wind aus den Sandwüsten, der verbrennend die Lüfte blies, zu der Zeit, da die Datteln und Feigen Honigsüße gewinnen, es verging der Monat Tischri, wenn dann die ersten Herbstregen die Erde aufweichen und den Pflug zur Bereitung des Saatbeetes rufen, und im folgenden Monat, dem Marcheschwan, der Zeit der Olivenernte, und bei schon kühlen Tagen, entschloß sich Josef, ein Bett zu zimmern, ein ländlich derbes, denn zu einer ihres Namens würdigen Bettstatt, wissen wir bereits, reicht sein handwerkliches Können nicht, ein Lager sollte es werden, auf dem Maria, nach so langem Warten, ihrem lastend schweren und unbequemen Bauch Ruhe gewähren könnte. In den letzten Tagen des Kislew und fast den ganzen Monat Tebet fielen die heftigen Regen, da war das Werken im Hof nicht möglich, Josef nutzte allenfalls die kurzen Aufheiterungen, um sperrige Stücke zu bearbeiten, ansonsten hantierte er meist im Hause, angewiesen auf das durch die geöffnete Tür hereinfallende Licht, und da hobelte und raspelte er die grob vorgefertigten Joche, bedeckte den Fußboden ringsum mit Sägemehl und Spänen, die Maria hernach zusammenkehrte und auf den Hof warf.

Im Monat Schebat hatten die Mandelbäume geblüht, und schon war man, nach dem Purimfest, in den Monat Adar getreten, da erschienen in Nazareth römische Soldaten, deren etliche, die durch Galiläa zogen, von Dorf zu Stadt, von Stadt zu Dorf, und andere durch die übrigen Landstriche in des Herodes Königreich, den Einwohnern kundtuend, daß laut Edikt des Cäsar Augustus all jene Familien, deren Heimatort in den von Landpfleger Publius Sulpicius Quirinius regierten Provinzen läge, sich zur Eintragung in die Steuerlisten schätzen lassen müßten, und daß diese Schätzung, wie andere auch, dem Zwecke diene, Roms Abgabenkataster auf den neuen Stand zu bringen, und sie habe ausnahmslos am Ort der Herkunft zu erfolgen. Die meisten all jener, die sich auf dem Dorfplatz eingefunden hatten, um dem Ausrufer zuzuhören, scherte die kaiserliche Bekanntmachung wenig, sie würden sich, weil hier geboren und seit Generationen hier verwurzelt, in Nazareth schätzen lassen. Einige aber, die aus entfernteren Regionen des Königreichs stammten, aus Gaulanitis oder Samaria, aus Judäa, Peräa oder Idumäa, von da, von dort, von nah, von fern, machten sich sogleich Gedanken über ihr Leben und die bevorstehende Reise, es murrten die einen samt den anderen über Roms Launen und Begehrlichkeiten, man erwog die Störungen, die der Abzug der Arbeitskräfte zur Folge haben werde, nun es den Lein und die Gerste zu ernten galt. Und wer eine große Familie hatte, mit Kleinkindern oder hinfälligen Eltern und Großeltern, aber Mangel an geeigneten Transportmitteln, der überlegte schon, von wem er sich leihweise oder zu vertretbarem Mietpreis den Esel oder die Esel beschaffen könnte, sonderlich wenn die Reise lang und beschwerlich würde, mit entsprechend viel Wegzehr, und mit Wasserschläuchen, sofern es die Wüste zu durchqueren gälte, mit Matten und Decken zum Schlafen, Koch- und Eßgeschirr, irgendeinem zusätzlichen Wetterumhang, denn noch war es nicht ganz vorbei mit Regengüssen und Kälte, gelegentlich würde man im Freien nächtigen müssen.

Josef erfuhr von dem Edikt erst, als die Soldaten schon fort waren, die gute Nachricht anderwärts trugen, ein Nachbar von nebenan, Hananias mit Namen, brachte ihm, aufgeregt, die Neuigkeit. Hananias war einer derer, die Nazareth zur Schätzung nicht verlassen müßten, gut davongekommen war er, zumal er, der Ernte wegen, Jerusalem in diesem Jahr zum Pesachfest nicht aufsuchen wollte, sich also von der Reise entbunden hatte und der anderen nicht verpflichtet war. Da kommt Hananias nun zu seinem Nachbarn, will ihn gebührlich unterrichten, und zufrieden kommt er, mit, dein Anschein nach, übertriebener Freudenmiene im Gesicht, wolle Gott, daß er keine unangenehme Nachricht bringt, sind ja selbst die besten Menschen schlimmsten Widersprüchen untertan, und diesen Hananias kennen wir nicht gut genug, um zu wissen, ob es sich hier um einen Rückfall in übliches Verhalten handelt, oder ob er der bösen Versuchung eines Engels des Satans erlegen ist, der im Augenblick nichts Wichtigeres zu tun hatte. Und so also kam Hananias, klopfte ans Tor und rief Josef, der zunächst nichts hörte, da er laut mit Hammer und Nägeln werkte. Maria hatte ein feineres Gehör, doch gewünscht wurde der Ehemann, warum sollte da sie ihn am Ärmel der Tunika zupfen und sagen, Bist du taub, hörst du nicht, du wirst gerufen. Noch lauter rief Hananias, das Gehämmer setzte aus, Josef kam, um den Nachbarn nach seinem Begehr zu fragen. Hananias trat ein, und nach erfolgter Begrüßung fragte er im Tone dessen, der Bestätigung will, Du, Josef, woher stammst du, und Josef, ohne Ahnung, worum es ging, sagte, Ich bin aus Bethlehem in Judäa, Das sich in der Nähe Jerusalems befindet, Ja, recht nah, Und reist du dieses Jahr zum Pesachfest nach Jerusalem, fragte Hananias, Nein, dieses Jahr will ich es bleiben lassen, meine Frau ist hochschwanger, erwiderte Josef, Ah, Und du, warum fragst du, Hier nun warf Hananias die Arme in die Höhe, setzte eine Miene untröstlichen Bedauerns auf, Ach du Ärmster, was dich für Plackereien erwarten, welche Ermüdung, welch unverdiente Erschöpfung, du hier den Pflichten deines Berufs ergeben, und nun mußt du alles beiseite legen und jene Wege ziehen, so weit fort, gelobt sei der Herr, der alles vergilt und Abhilfe schafft. Josef mochte in Frömmigkeitsbezeugungen nicht zurückstehen, und ohne erst nach dem Grund für Nachbars Klagen zu forschen, sprach er, So es dem Herrgott gefällt, wird er auch mir helfen, und Hananias, ohne die Stimme zu senken, Ja, nichts ist Gott unmöglich, alles kennt er und alles vollbringt er, auf Erden und in den Himmeln, gepriesen sei er in alle Ewigkeit, doch in diesem einen Falle jetzt, er möge mir verzeihen, weiß ich nicht, ob er dir helfen kann, denn du bist in der Gewalt Cäsars, Was willst du damit sagen, Hier waren römische Soldaten und verkündeten, bis zum letzten des Monats Nisan müsse sich jede Familie Israels schätzen lassen, an ihrem Ursprungsort, und du, Ärmster, bist von so weit her.

Nun, noch bevor Josef etwas erwidern konnte, trat die Frau des Hananias in den Hof, Schua ihr Name, stracks zu auf Maria, die neugierig in der Haustür stand, und eiferte los wie ihr Mann, Ach Ärmste, Ärmste, so zart, und was wird aus dir, nah am Gebären, und mußt wer weiß wohin, Nach Bethlehem in Judäa beschied Josef, Ui, das ist weit fort, rief Schua, und es war nicht nur Eifern um des Eiferns willen, sie selbst war während einer Pilgerreise nach Jerusalem bis zum nahebei gelegenen Bethlehem gezogen, um dort an Rahels Grab zu beten. Maria erwiderte nichts, sie wartete, daß zuvor der Ehemann spräche, Josef aber war erzürnt, eine so wichtige Meldung der eigenen Frau überbringen, das hätte zuvörderst ihm angestanden, Mitteilung aus erster Hand, in angemessenen Worten und vor allem im rechten Ton, nicht auf diese wilde Art, von Nachbarn, die einem zeternd ins Haus fallen. Um seinen Groll zu verhehlen, setzte er gefaßte, ernste Miene auf und sagte, Sicher ist, Gott will nicht immer können, was Cäsar will, doch Cäsar vermag nichts, wo Gott allein kann. Er legte eine Pause ein, als müsse er sich erst einmal durchdringen lassen vom tiefen Sinn dieser seiner Worte, dann fügte er hinzu, Das Pesachfest feiere ich zu Hause, wie schon beschlossen, nach Bethlehem aber gehe ich, sofern es sein muß, und falls Gott es erlaubt, sind wir rechtzeitig zu Marias Niederkunft wieder daheim, sollte der Herrgott es aber nicht wollen, dann kommt mein Sohn im Lande seiner Väter zur Welt, Falls nicht unterwegs, murmelte Schua, immerhin so laut, daß Josef es noch hörte, Viele Kinder Israels wurden unterwegs geboren, meins wird eines mehr sein, erwiderte er. Der Spruch war gewaltig, unabweislich, und so auch begriffen es Hananias und die Frau, ihnen blieben die Worte weg. Gekommen waren sie, um die Nachbarn über das Mißgeschick einer ihnen aufgenötigten Reise hinwegzutrösten und sich in der eigenen Güte zu gefallen, nun fühlten sie sich auf die Straße gesetzt, ohne Umschweife. Hier aber trat Maria zu Schua und bat sie ins Haus, sie wünsche von ihr Rat über Wolle, die sie zu hecheln hatte, und Josef, zur Ausgleich für seine harsche Rede, sagte, an Hananias gewandt, Dich als guten Nachbarn bitte ich, in meiner Abwesenheit auf mein Haus achtzuhaben, denn auch falls alles zum besten geht, bin ich länger als einen Monat fort, sofern man die Zeit der Reise rechnet, dazu die sieben Tage währende Absonderung der Frau, vielleicht gar auch was es obendrein sein muß, falls sie eine Tochter gebärt, was Gott verhüten möge. Hananias versicherte, er könne ganz beruhigt sein, das Haus wolle er ihm hüten wie sein eigenes, und, ein jäher Einfall, unüberlegt fragte er, Möchtest du mir, Josef, zum Pesachfest die Ehre deines Besuchs erweisen und dich meinen Freunden und Verwandten zugesellen, da du ja keine Angehörigen hast in Nazareth, ebensowenig deine Frau, nachdem ihre Eltern gestorben sind, waren die bei Marias Geburt ja schon so alt, daß sich die Leute noch heute fragen, wie es möglich war, daß Joachim in Ana eine Tochter zeugen konnte. Josef, mit einem tadelnden Lächeln, erwiderte, Aber, Hananias, erinnere dich, wie Abraham, als Gott ihm Nachkommenschaft verhieß, sich ungläubig in den Bart murmelte, ob ein hundertjähriger Mann noch zu zeugen imstande sei und ob ein Weib von neunzig Jahren noch Kinder haben könne, Joachim und Ana aber waren viel jünger als Abraham und Sara, desto leichter mag es für Gott gewesen sein, zumal er alles vermag, erst recht aus meinen Schwiegereltern einen Schößling aufkeimen zu lassen. Der Nachbar hielt dagegen, Das damals waren andere Zeiten, Gott bekundete sich tagtäglich offen, nicht lediglich durch seine Werke, und Josef, stark in Glaubensüberlegungen, erwiderte, Gott selbst ist die Zeit, Nachbar Hananias, für Gott ist die Zeit in Gänze eins, und Hananias wußte hierauf keine Antwort, auch war dies jetzt nicht der Augenblick, ins Gespräch Widerrede einzubringen und den nie gelösten Streit bezüglich der, ganz gleich ob persönlich oder vertretungsweise, seitens Gott und seitens Cäsar ausgeübten Macht. Trotz all dieser Selbsthervorkehrung in praktischer Theologie hatte Josef des Hananias unverhoffte Einladung, mit ihm und den

Seinen das Pesachfest zu feiern, nicht vergessen, er wollte beim Jasagen nur eben nicht zuviel Eile an den Tag legen, obwohl er prompt entschieden hatte, ist es doch ein Zeichen für Gesittung und gute Kinderstube, wenn wir Gunsterweisungen dankbar annehmen, tunlichst aber ohne Jubelausbruch, damit der andere nicht meint, wir erwarteten gar noch mehr. Nun allerdings dankte er ihm, pries seine Hochherzigkeit und seine nachbarlichen Gefühle, unterdessen Schua aus dem Haus trat, mit Maria, zu der sie sagte, Hast eine geschickte Hand zum Wollkämmen, Frau, und Maria errötete sehr, wie eine junge Maid, weil man sie in Gegenwart ihres Mannes lobte.

Daß Maria die Speisen nicht mit zubereiten und die Männer diesmal nicht bedienen mußte, sollte später eine der schönsten Erinnerungen an dieses löbliche Pesachfest sein. All das ersparten ihr die hilfsbereiten Frauen, Schone dich, kannst ja kaum noch, sagten sie zu ihr, und sie mußten es wissen, denn fast alle hatten Kinder geboren. Sie beschränkte sich, mehr oder weniger, darauf, den eigenen Mann zu bedienen, der da auf dem Erdboden saß wie die anderen Männer, sie beugte sich vor, füllte ihm den Becher, servierte ihm die ländlichen Speisen, ungesäuertes Brot, Hammelfleisch, Bitterkräuter, auch eine Sorte Gebäck aus zerkleinerten getrockneten Heuschrecken, ein Leckerbissen, den Hananias sehr schätzte, weil nach altem Familienrezept hergestellt, vor dem mancher Gast aber, mit schlecht verhehltem Abscheu, die Nase rümpfte, allerdings auch beschämt, fühlte er sich doch zuinnerst gestraft vom erbaulichen Beispiel all jener Propheten, die in der Wüste aus der Not eine Tugend und die Heuschrecken zu ihrem Manna gemacht hatten. Gegen Ende des Mahls saß Maria, die Ärmste, nun schon abseits, ihren fülligen Bauch auf den Schenkeln, in Schweiß, sie hatte kaum ein Ohr für das Lachen, die Reden, die Geschichten und die fortgesetzten Zitate aus den Schriften, ihr war, als müßte sie die Welt endgültig verlassen, als hinge sie an einem dünnen Faden, der ihr letzter Gedanke war, ein reiner Gedanke, gegenstandslos und der Worte bar, lediglich Wissen, das denkt, ohne zu wissen woran und zu welchem Zweck. Sie schrak auf, denn im Schlummer, aus tieferem Dunkel, kam ihr das Gesicht des Bettlers entgegen, und dann in Lumpen dessen riesiger Leib. Unangekündigt war der Engel, sofern ein Engel, in ihren Traum getreten, jählings, und da stand er, musterte sie mit verinnerlichtem Blick, vielleicht auch einem Anflug von fragender Neugierde, oder nicht einmal das, denn der Moment, dies festzustellen, war gekommen und verflogen, Marias Herz nun pochte wie das eines erschrockenen Vögelchens, sie konnte nicht sagen, ob es Angst war, oder ob jemand ihr etwas Unerwartetes und Peinigendes ins Ohr geflüstert hatte. Die Männer und die jungen Burschen saßen weiterhin da, auf der Erde, und die Frauen, in Eifer, gingen und kamen, boten letzte Happen an, doch schon machte Sattheit sich bemerkbar, lediglich die vom Wein belebten Gespräche nun lauter, geräuschvoller.

Maria erhob sich, unbeachtet. Finstere Nacht war es, das Licht der Sterne am blanken mondlosen Himmel gleichsam ein Widerhall, irgendwie nicht mehr vernehmbares Summen, das Josefs Frau aber auf der Haut spürte, auch in den Knochen, recht unerklärbar, als sanften anhaltenden Krampf, aus Wollust. Maria schritt über den Hof und spähte zum Tor hinaus. Kein Mensch zu sehen. Das Tor ihres Hauses, nebenan, war verschlossen, so wie sie es zurückgelassen hatten, doch die Luft bewegte sich, als wäre hier gerade jemand vorbeigekommen, im Lauf oder im Flug, und hätte, vorbeihuschend, allenfalls ein flüchtiges Zeichen hinterlassen, das andere nicht zu deuten wüßten.

Drei Tage später, als er sich mit seinen Kunden geeinigt, deren Aufträge er erst nach seiner Rückkehr ausführen würde, und als er sich in der Synagoge verabschiedet und das Haus und die in ihm sichtbaren Güter Nachbar Hananias anvertraut hatte, verließ Zimmermann Josef mit seinem Weibe Nazareth, nahm er den Weg nach Bethlehem, zur Schätzung, und ebenso sie, Roms Anweisung Folge leistend. Sollte, etwa durch Verzug in der Nachrichtengebung oder einen Fehler beim simultanen Übersetzen, besagte Anweisung noch nicht in den Himmel gelangt sein, müßte Gott sich wundern, wie gründlich verändert Israels Landschaft nun anmutet. Leute in Scharen ziehen hierhin, dorthin, in alle Richtungen, und hätten sich doch jetzt, so unmittelbar nach dem Pesachfest, üblich und natürlicherweise, außer berechtigte Ausnahmen, sozusagen zentrifugal zu bewegen, heimwärts, von einem einzigen Kernpunkt fort, der irdischen Sonne oder dem lichtvollen Nabel, von Jerusalem sprechen wir, versteht sich. Die Macht der Gewohnheit, obzwar fehlbar, und der göttliche Scharfsinn, dieser allerdings unübertrefflich, werden das Erkennen und Auseinanderhalten dennoch leicht machen, selbst von so hoch her, hie der langsame Marsch der Pilger heim in ihre Städte und Dörfer, und da, das Auge zu täuschen imstande, die Tatsache, daß die altvertrauten Routen sich jetzt aber mit neuen kreuzen, die willkürlich anmuten, indes, nicht mehr und nicht weniger, jener Leute Wege sind, die, mögen sie das Pesachfest des Herrn in Jerusalem gefeiert haben oder nicht, nun dem profanen Befehl des Cäsar gehorchen, wiewohl sich, eher billig, auch die Gegenbehauptung stützen läßt, daß Cäsar Augustus, ohne es zu ahnen, letztlich dem Wollen Gottes gehorcht, sofern Gott, aus Gründen, die nur er kennt, Josef und dessen Frau an diesem Punkt ihres Lebens vorbestimmte, nach Bethlehem zu reisen. Wie unangebracht und abwegig diese Erwägungen auf den ersten Blick auch scheinen mögen, sie haben doch als höchst begründet zu gelten, ermöglichen ja eigens sie uns die objektive Entkräftigung dessen, was einige Geister hier gar zu gern vorfinden möchten, zum Beispiel, daß sie sich vorstellten, unsere Reisenden querten jene abweisenden Landstriche, jene beängstigenden Gefilde, für sich allein, ohne eine nahe und brüderliche Seele zur Seite, einzig der Gnade Gottes und dem Schutze der Engel anheim. Aber nein, gleich ausgangs von Nazareth erkennt man, daß dies so nicht sein wird, denn mit Josef und Maria reisen weitere zwei Familien, von vielen Häuptern, alles in allem, an Alten, Erwachsenen und Kindern, gegen zwanzig Personen, fast ein Stamm. Freilich, ihr Ziel ist nicht Bethlehem, die eine Familie strebt einen Ort auf halbem Wege an, nahe Ramallah gelegen, die andere will viel weiter südwärts, bis Beerscheba, doch selbst wenn man sich vorzeitig trennen sollte, weil die einen, was ja stets möglich, schneller marschieren als andere, bleibt keiner allein, da sich doch auch immer neue Reisende zugesellen, nicht mitgerechnet die Entgegenkommenden, die sich, wer weiß, vielleicht in Nazareth schätzen lassen wollen, von wo diese hier aufbrechen. Die Männer schreiten voran, in einer Gruppe für sich, und mit ihnen die jungen Burschen ab dem dreizehnten Lebensjahr, während die Frauen, die Mädchen und die Greisinnen, das Weibervolk jeglichen Alters, eine weitere, kunterbunte Gruppe da hinten bilden, bei ihnen auch noch die Kleinkinder. Die Männer, im Augenblick, als sie den Fuß auf die Landstraße setzten, erhoben in feierlichem Chor die Stimmen zu ihren dem Umstande gemäßen Lobpreisungen, diese von den Frauen diskret, fast leise matt wiederholt, als von einem, der gelernt hat, daß mit lautem Rufen nichts gewinnt, wer ohnehin in geringer Hoffnung, überhaupt gehört zu werden, selbst wenn er nicht bat noch bitten wird, sondern nur höchsten Lob und Preis singt.

So hoch schwanger unter all den Frauen ist lediglich Maria, und dermaßen groß sind ihre Beschwernisse, daß, hätte die göttliche Vorsehung die von ihr erschaffenen Esel nicht mit unendlicher Geduld und ebensoviel Zähheit versehen, jene andere bemitleidenswerte Kreatur schon nach wenigen Schritten den Mut verloren und darum gebeten hätte, sie am Straßenrand zurückzulassen, ihrer Stunde harrend, die, das wissen wir, nahe ist, rate einer wo und wann, diese Leute allerdings sind keine Zocker, etwa daß sie sich hier auf Wetten einließen, wann und wo der Sohn des Josef das Licht der Welt erblickt, ein kluger Glaube, der diesem Volk das Spiel mit dem Zufall verbietet. Solange die Stunde noch nicht da ist, für die ganze Dauer ihres Erleidens und Harrens, kann die Schwangere, mehr als mit den geringen und oberflächlichen Aufmerksamkeiten Josefs, da mitten im unterhaltsamen Geplauder der Mannsbilder, kann die Schwangere, sagten wir, auf die erprobte Sanftheit und die fügsamen Lenden des Esels rechnen, der, falls er den Unterschied an lebender und an gegenständlicher Fracht wahrzunehmen vermag, selbst überrascht sein wird, daß diesmal die Gertenstreiche ausbleiben, und vor allem daß er gemächlich schreiten darf, seinen natürlichen Gang, seinen und den seinesgleichen, denn da trappeln noch etliche Artgenossen mehr. Dieses Unterschieds wegen gerät die Gruppe der Frauen hin und wieder in Verzug, und dann jedesmal legen die Männer da vorn Halt ein, sie warten, daß jene näher kommen, nicht aber so nahe, daß beide Gruppen sich vereinen, die Männer gar tun, als hätten sie zum eigenen Verschnaufen angehalten, ohne Zweifel, die Straße ist für alle da, aber man weiß ja, wo Hähne krähen, ist für Hühner noch längst kein Gackern, allenfalls nach dem Eierlegen, so gebietet und verkündet es die gute Ordnung der Welt, in der zu leben uns beschieden ist. Da also wiegt Maria hin, zum sanften Gang ihres Reittiers, Königin unter den Frauen, denn nur sie reitet, die restliche Eselei schleppt übliche Lasten. Und damit nicht alles nur Opfer sei, hat Maria auf dem Schoß mal dieses, mal jenes, insgesamt drei Kleinkinder aus der Schar, so daß die jeweilige Mutter sich etwas entspannen kann, Maria sich aber an die sie erwartende Last gewöhnt.

Am ersten Reisetag war die Strecke, da die Beine noch nicht ans Marschieren gewöhnt, nicht übermäßig lang, zumal in der Gesellschaft ja auch Alte und Kinder sind, die einen haben in ihrem langen Leben ihre Kräfte verbraucht und können nun nicht mehr tun, als seien sie noch in deren Besitz, die anderen wußten die erst sprießenden Kräfte nicht einzuteilen, sie erschöpften diese binnen zwei Stunden mit unsinnigem Gerenne, als ginge die Welt zu Ende und es gälte, deren letzten Augenblicke noch weidlich zu nutzen. Man legte Halt ein in einem großen Ort, Jesreel geheißen, in einer Karawanserei, die wegen des schon erwähnten regen Verkehrs dieser Tage ein brodelndes Durcheinander von wüstem Lärm war, der Lärm in Wahrheit ärger als das Durcheinander, weshalb man nach einiger Zeit, als Auge und Ohr sich an die Umstände gewöhnt hatten, zunächst erahnen und dann klar erkennen konnte, daß in dieser Ansammlung von Menschen und von Tieren, die innerhalb der vier Mauern unablässig in Bewegung waren, unbewußt und ungelenkt Ordnung herrschte, wie in einem Haufen aufgeschreckter Ameisen, die einander inmitten der eigenen Verwirrung zu erkennen und sich wieder in eins zu fügen trachten. Wie auch immer, die drei Familien hatten das Glück, unter einer Bogenwölbung Schutz zu finden, die Männer auf der einen und die Frauen auf der anderen Seite lagernd, doch dies erst später, als es dann finstere Nacht war und die Karawanserei, Tiere wie Menschen, sich dem Schlaf ergab. Ehedem hatten die Frauen das Abendessen bereiten und am Brunnen die Wasserschläuche füllen müssen, während die Männer die Esel von ihren Lasten befreiten und zur Tränke führten, allerdings als dort keine Kamele waren, weil die in gewaltigen zwei Zügen den Trog leersoffen und man diesen ungezählte Male füllen mußte, bevor sie sich zufriedengaben. Zuletzt wurden die Esel vor die Krippe gestellt, und dann setzten sich die Reisenden zum Mahle, erst die Männer, denn die Frauen, wissen wir, sind in allem zweitrangig, einmal mehr, und nicht das letzte Mal, sei daran erinnert, daß Eva nach Adam erschaffen wurde, aus einer seiner Rippen, wahrhaftig, wann endlich lernen wir, daß manche

Dinge nur zu begreifen sind, wenn wir uns willig den Ursprüngen zuwenden.

Nun, nachdem die Männer gespeist hatten und die Frauen sich, dort in ihrem Winkel, von den Resten nährten, geschah es, daß ein Greis unter Greisen, Simeon mit Namen, der in Nazareth lebte, jedoch zur Steuerliste nach Ramallah strebte, die seinem Alter zustehende Autorität und die hiervon vermeintlich stracks herrührende Weisheit nutzend, Josef fragte, was er denn zu unternehmen gedächte, falls, wie es ja wohl sehr möglich, Maria, die er allerdings nicht beim Namen nannte, erst nach dem als letzten Tag der Schätzung vorgegebenen Termin gebären würde. Eine offenkundig akademische Frage, sofern dieser Ausdruck jener Zeit und jenem Ort angemessen war, denn lediglich die mit den prozessualen Feinheiten des römischen Rechts vertrauten Schätzer könnten über so höchst kritische Fälle wie diesen entscheiden, daß sich da ein Weib mit vollem Bauch zur Schätzung einfindet, Wir sind gekommen, uns einzuschreiben, und es ist nicht möglich, in loco zu ergründen, ob sie drin einen Knaben oder ein Mädchen trägt, geschweige die nicht auszuschließende Möglichkeit eines Zwillingspärchens gleichen oder unterschiedlichen Geschlechts. Zimmermann Josef, als vollkommener Jude, der zu sein er meinte in Theorie und Praxis, verfiele allerdings nie darauf, mit schlichter abendländischer Logik zu erwidern, daß es dem, der das Gesetz erleidet, nicht obliege, die an jenem eventuell entdeckten Mängel auch noch selber auszubügeln, und falls Rom diese oder andere Möglichkeiten nicht vorauszusehen vermochte, so weil dessen Gesetzgeber und Hermeneuten ihm schlecht dienten. Josef folglich, vor diese schwierige Frage gestellt, überlegte eine Weile, suchte in seinem Kopf nach der feinsten Art, Antwort zu geben, eine Erwiderung, die vor den um das Feuer Gescharten seine Argumentierfähigkeiten bezeugen würde und im Ausdruck zugleich brillant wäre. Er überlegte angestrengt, dann hob er bedächtig den Blick, der starr auf den schlängelnd lodernden Flammen geruht hatte, und sprach, Sollte mein Sohn am letzten Tag der Schätzung noch nicht geboren sein, dann gewiß, weil Gott nicht möchte, daß die Römer von seiner Existenz erfahren und ihn auf ihre Liste setzen. Simeon erwiderte, Groß ist dein Dünkel, daß du dir zu wissen anmaßt, was Gott will oder nicht will. Josef sprach, Gott schaut auf des Menschen Wege, alle seine Schritte sieht er, und diese Worte des Zimmermanns, die sich im Buch Hiob nachlesen lassen, besagen, im Zusammenhang der Rede, daß Josef hier, vor Zeugenschaft und ohne Ausschluß der Abwesenden, seinen Gehorsam gegen Gott bekundete und nachhaltig versicherte, gleichermaßen Demut, Gefühle jedenfalls, die, wie auch immer, in Abrede stellten die von Simeon angedeutete teuflische Absicht, Gottes unerforschliche Schlüsse bloßlegen zu wollen. So mochte es der Alte verstanden haben, denn er blieb stumm und harrend, für Josef gute Gelegenheit, in der Rede fortzufahren, Tag der Geburt und Todestag eines jeden Menschen sind besiegelt und von den Engeln verwahrt seit Anbeginn der Welt, Gott nur hebt, nach seinem Belieben, den einen auf und dann den anderen, oft beide zugleich, mit seiner rechten Hand und seiner linken, bei manchen aber nimmt er sich so viel Zeit, den Tod zu entsiegeln, daß man glauben könnte, er habe diesen Lebenden vergessen. Er unterbrach sich, zögerte etwas, dann, mit boshaftem Lächeln, fuhr er fort, Wolle

Gott, daß diese Worte ihn nicht an dich erinnern. Die Lauscher ringsum lachten, hinter vorgehaltener Hand, was beweist, daß der Zimmermann die einem betagten Menschen geschuldete Achtung, selbst wenn Klugheit und Bedacht, altersbedingt, dessen Verstand nur noch mäßig gegeben sind, nicht in Gänze zu wahren gewußt hatte. Der alte Simeon machte eine Geste des Unmuts, zupfte an der Tunika, erwiderte, Vielleicht hat Gott das Siegel deiner Geburt eh der Zeit gebrochen, daß du noch nicht auf der Welt sein dürftest und du deshalb so hochfahrend frech gegen die Alten bist, die länger gelebt haben und in allen Dingen mehr wissen als du, Aber Simeon, rief Josef, du fragtest, was ich zu tun gedächte, falls mein Sohn erst nach Schließung der Steuerlisten geboren würde, und Antwort auf die Frage konnte ich dir nicht geben, denn ich kenne die Gesetze der Römer nicht, kenne sie so wenig wie du wohl auch, Ich kenne sie nicht, Und dann sagte ich, Ich weiß, was du sagtest, bemühe dich nicht, es mir zu wiederholen, Du warst es, der mir mit der Unterstellung kam, als du fragtest, für wen ich mich denn hielte, daß ich mir einbildete, Gottes Wollen zu kennen, noch bevor es sich kundtut, und falls ich dich dann beleidigte, bitte ich dich, mir zu verzeihen, aber die erste Beleidigung kam von dir, bedenke, du als alter Mensch, und darum mein Lehrer, darfst nicht mit schlechtem Beispiel vorangehen. Rings um das Feuer verhaltenes, beifälliges Gemurmel, Zimmermann Josef hatte im Wortstreit eindeutig die Oberhand, mal hören, wie sich Simeon hier herauswindet, wie seine Entgegnung lauten wird. Und siehe, er tat es bar an Geist und Phantasie, Weil du mir Achtung schuldest, hättest du nur eben auf meine Frage antworten sollen, und Josef sagte, Hätte ich nach deinem Begehr getan, wäre das eitel Nichtige deiner Frage offenkundig gewesen, also mußt du, so schwer es dir auch fallen mag, einräumen, daß ich dir weit mehr Achtung zollte, indem ich, was du indes nicht zur Kenntnis nehmen möchtest, dir Gelegenheit gab, über etwas zu reden, das uns alle interessiert, nämlich ob es Gott hin und wieder angelegen ist oder möglich, sein Volk vor den Augen des Feindes zu verbergen, Nun sprichst du vom Volke Gottes, als wäre es dein noch nicht geborener Sohn, Leg mir nicht in den Mund, Simeon, was ich nicht gesagt habe noch sagen werde, höre du, was in der einen Weise verstanden werden will oder was es in der anderen Weise zu verstehen gilt. Auf diese Tirade antwortete Simeon schon nicht mehr, er wandte sich fort aus dem Kreis, ging und setzte sich in den finstersten Winkel, begleitet von den Männern der Familie, die blutsbedingt Solidarität zu üben hatten, innerlich aber bekümmert waren, daß ihr Oberhaupt im Wortgefecht klägliche Figur abgegeben hatte. Das Rumoren und Tun der sich zur Nachtruhe anschikkenden Karawanserei übertönend, waren nun abermals die dumpfen Murmelgespräche zu hören, und dazwischen die lauteren Ausrufe, das Schnauben und Prusten der Tiere und, in Abständen, das lachhaft rauhe Gewieher irgendeines brünstigen Kamels. Hier nun, ihre Aufsagungen rhythmisch in eins bringend, stimmten die Reisenden aus Nazareth, jüngsten Haders schon uneingedenk, da ihrer so viele geräuschvoll die letzte und längste all der Preisungen Gottes an, die im Laufe des Tages fällig sind, und diese lautete, Gelobt seist du, Herr, unser Gott, König des Universums, der du die Fesseln des Schlafs mir auf die Augen senkst, und Starre auf meine Lider, und der du meinen Pupillen das Licht nicht nimmst. Gib, mein Herrgott, daß ich mich in Frieden nun hinbette und morgen wieder erwache zu glückhaft friedvollem Leben, gib, daß ich mich der Erfüllung deiner Gebote befleißige und mir keine Übertretung zu eigen mache. Gib, daß ich der Sünde, der Versuchung oder der Schande nicht verfalle. Laß in mir die guten Neigungen siegen, auf daß die bösen nicht Gewalt über mich gewinnen. Halte fern von mir abträgliche Gelüste und tödliche Erkrankung, mögen mich nicht verwirren üble Träume und böses Sinnen, laß nicht vom Tod mich träumen. Wenige Minuten später, und die Gerechtesten, wenn nicht die Müdesten, schliefen bereits, einige schnarchten ganz prosaisch, bald schliefen alle, da lagen sie, die meisten lediglich unter ihren Tuniken geborgen, nur die Alten und die Kleinkinder, empfindlich die einen wie die anderen, genossen die Behaglichkeit eines doppelt gefalteten dicken Lakens oder eines kargen Umhangs. Das Feuer, ohne Nahrung, erstarb, ohnmächtige Flämmchen tanzten über dem zu diesem nützlichen Zweck unterwegs aufgelesenen letzten Holzstück. Unter dem Bogen, der die Leute aus Nazareth beherbergte, schliefen alle. Alle, außer Maria. Da sie sich nicht lang hinstrecken konnte, wegen des fülligen Bauchs, der nach Augenschein eher einen Riesen zu beherbergen schien, saß sie gegen die Packsäcke gelehnt, Stützung suchend ihren gemarterten Lenden. Wie all die anderen hatte sie dem Streitgespräch zwischen Josef und dem alten Simeon gelauscht und sich am Sieg ihres Mannes gefreut, wie es jedem Eheweib gute Pflicht, auch im unblutigen Gefecht, wie hier. Doch schon war ihrem Gedächtnis entwichen, worüber sie gestritten hatten, es war abgetaucht in die Empfindungen, die drin in ihrem Herzen hin- und herfluteten wie die

Wellen des großen Meeres, das sie nie gesehen hatte, von dem sie manchmal aber hatte erzählen hören, Wellen hin- und herwogend, zwischen dem bang wahrgenommenen Anprall in Gestalt ihres Kindes, das sich bewegte, jedoch einzigartig, als ob es sich, da drin, die Mutter samt ihrer Schwere auf seine Schultern heben wolle. Nur Marias Augen waren geöffnet, funkelten im Halbdunkel, funkelten auch, als die Feuersglut ganz erloschen war, doch das ist nicht verwunderlich, es widerfährt allen Müttern seit Anbeginn der Welt, dennoch erfuhren wir es erst, als der Frau des Zimmermanns Josef ein Engel erschien, der nach eigener Erklärung ein solcher war, obwohl er in Gestalt eines wandelnden Bettlers kam.

Auch in der Karawanserei krähten Hähne zur frischen Morgenfrühe, doch die Reisenden, Händler, Eseltreiber und Kamelführer, von ihren Pflichten gedrängt, warteten den ersten Gesang kaum ab, schon waren sie mitten in den Vorbereitungen, beluden die Tiere mit ihrem Hab und Gut oder den Verkaufswaren, ein Tumult dies, der den Augen, eher noch den Ohren, übler zusetzte als das Durcheinander vom vergangenen Abend. Wenn die hier fort sind, genießt die Karawanserei einige Stunden leidlicher Ruhe, gleich einer in der Sonne hechelnden grauen Eidechse, denn zurückbleiben werden nur jene Gäste, die beschlossen haben, einen ganzen Tag zu ruhen, bis gegen Abend der neue Schub an Reisenden eintrifft, die einen staubiger als die anderen, alle müde, und doch mit heilen und kraftvollen Stimmbändern, denn kaum sind sie da, schreien sie auch schon wie von Teufeln besessen, unberufen. Daß der Trupp aus Nazareth hier Zuwachs erfuhr, darf niemand verwundern, ein Dutzend Leute hat sich ihm angeschlossen, gewaltig irrt, wer da meint, dieses Land sei eine Wüste, zumal in dieser, wie bereits erklärt, hohen Zeit der Eintragung in die Steuerlisten und des Pesachfestes.

Josef erachtete es für sich im stillen als seine Pflicht, mit dem alten Simeon Frieden zu schließen, nicht etwa daß über Nacht seine Gründe an Kraft und Überzeugung eingebüßt hätten, sondern weil ihm Achtung vor den Älteren anerzogen worden war, und sonderlich vor den Greisen, jene Ärmsten hatten ein langes Leben gelebt, hatten hierüber an Geist und Verstehen eingebüßt und erfuhren von seiten der jungen Schnösel nicht selten Schmähung. Also trat er zu ihm und sprach gemessen und demutvoll, Verzeih, falls ich dir gestern abend frech und aufgeblasen kam, nie und nimmer wollte ich dir die Achtung versagen, aber du weißt ja, ein Wort gibt das andere, die guten zerren die bösen hervor, immer haben wir am Ende mehr gesagt als beabsichtigt. Simeon hörte, lauschte mit gesenktem Haupt, schließlich sagte er, Es ist dir vergeben. Josef hatte als Gegenleistung für seine generöse Anwandlung freilich eine freundlichere Antwort vom störrischen Alten erwartet, und noch mit der Hoffnung, geziemende Worte zu vernehmen, schritt er eine Weile und ein gutes Stück Wegs neben dem Alten her. Aber Simeon, den Blick auf den Straßenstaub geheftet, tat nichts dergleichen, bis der Zimmermann, zu Recht erbost, Rückzugsgebärde machte. Da erst, als habe er sich jäh besonnen, tat Simeon einen hastigen Schritt auf ihn zu, faßte ihn an der Tunika, Warte, sagte er. Josef wandte sich überrascht um. Simeon, stehengeblieben, wiederholte, Warte. Die anderen Männer schritten weiter, und nun standen diese zwei mitten auf dem Weg, wie im Niemandsland zwischen dem Trupp der Männer, die sich entfernten, und dem der Frauen, hinten, die näher und näher kamen. Über deren Häuptern war Marias Gestalt zu sehen, sich wiegend im Schrittmaß des Esels.

Das Tal von Jesreel lag hinter ihnen. Die Straße, Felsgewirr säumend, überwand den ersten Hang, bevor sie in Samarias Berge tauchen würde, auf Westseite, längs der rauhen Ketten, hinter denen, nach dem Jordan abfallend und südwärts ihren glühenden Schaber zerrend, die Wüste Juda die uralte Narbe eines Landstrichs brannte und wieder verbrannte, der, so vielen schon versprochen, nie recht wüßte, wem er sich übereignen sollte, Warte, sagte Simeon, und der Zimmermann gehorchte, nun aber beunruhigt, irgendwie in Furcht. Schon waren die Frauen nahe heran. Da schritt der Alte weiter, er hängte sich an Josefs Tunika, als verließen ihn die Kräfte, und sprach, Gestern, nach dem Schlafengehen, hatte ich eine Erscheinung, Erscheinung, Ja, aber nicht daß ich Dinge gesehen hätte, wie es sonst geschieht, eher meinte ich zu erkennen, was sich hinter den Worten verbirgt, den von dir geäußerten, du sagtest, sollte dein Sohn bis zum letzten Tag der Schätzung nicht geboren sein, dann bestimmt, weil Gott wünsche, daß die Römer von ihm nicht erführen und ihn nicht in ihre Listen setzten, Ja, das sagte ich, aber du, was hast du gesehen, Ich sah nicht Dinge, spürte aber, es sei wohl besser, die Römer wüßten von der Existenz deines Sohnes nichts, daß möglichst niemand von ihm erfahren solle, und daß er, falls er nicht umhin kann, auf diese Welt zu kommen, in ihr doch wenigstens frei von Leid und Ruhm leben möge, wie diese Männer da vor uns, und jene Frauen hinter uns, allesamt nicht wahrgenommen bis zur Stunde ihres Todes, und erst recht nicht danach, Da ich Nichts ihm Vater sein werde, ein Zimmermann aus Nazareth, ist meinem Sohn das Leben, das du ihm wünschst, noch am gewissesten, Ja, alle Macht ruht in Gott, er ist das, was er weiß, So war es stets, und dieses glauben wir, Aber sprich mir von meinem Sohn, was hast du über ihn erfahren, Nichts als jene deine Worte, die, wie blitzartige Erleuchtung, einen anderen Sinn anzunehmen schienen, wie wenn ich beim Anblick eines Eies jäh die Vorstellung von dem drin befindlichen Küken habe, Gott wollte, was er vollbracht hat, und hat getan, was sein Begehr, in seinen Händen ist mein Sohn, ich vermag da nichts, Wahrhaftig, so ist es, doch sind dies die Tage, in denen Gott den Besitz am Kinde noch mit dem Weib teilt, Später, falls es ein Knabe, gehört der mir und dem Herrgott, Oder Gott allein, Wie wir alle, Nicht alle, manch einen teilen sich Gott und der Teufel, Wer weiß, Auferlegte das Gesetz den Frauen nicht für alles und allzeit Schweigen, könnten vielleicht sie, weil sie jene erste Sünde erfanden, die alle übrigen gebar, uns verraten, was uns an Wissen fehlt, Und das wäre, Welche Anteile an göttlicher und an teuflischer Natur sie in sich vereinen, welche Art Menschsein, Ich verstehe nicht, ich meinte, du sprächest von meinem Sohn, Nicht von deinem Sohn, von den Frauen sprach ich und wie sie jene Wesen zeugen, die wir sind, ob es nicht ihrem Willen gemäß geschieht, ob ihnen bewußt ist, daß ein jeder von uns dieses bißchen und dieses Viel ist, diese Güte und dieses Bös, dieser Friede und dieser Krieg, Aufbegehren und Sanftheit.

Josef schaute zurück, dort kam Maria auf ihrem Esel, mit einem kleinen Jungen vor sich auf dem Sattel, er breitbeinig reitend wie ein Mann, und einen Augenblick lang malte Josef sich aus, es sei sein Sohn, und Maria, umringt von der inzwischen angewachsenen Frauenschar, sah er so hinterdrein, als wäre es das erste Mal. Noch hallten in seinen Ohren Simeons befremdliche Worte, ihm widerstrebte es, dem Weibe so viel Bedeutung einzuräumen, zumindest hatte dieses, seins, nie, und sei es durch ein sehr bescheidenes Zeichen, erkennen lassen, daß es mehr wert war als der Durchschnitt der Frauen. Nun aber, schon wieder nach vorn schauend, fiel ihm die Sache mit dem Bettler und der gleißenden Erde ein. Es durchfuhr ihn von Kopf bis Fuß, die Haare stiegen ihm zu Berge, er spürte Gänsehaut, und gar erst, als er sich wieder nach Maria umwandte, denn da sah er, eindeutig klar, an Marias Seite einen hochgewachsenen Mann schreiten, so groß, daß dessen Schultern die Köpfe der Frauen bei weitem überragten, und diesen Zeichen nach war es jener Bettler, den er nie gesehen hatte. Wieder schaute er, fürwahr eine ungewöhnliche Erscheinung und gänzlich fehl dort, kein menschlich vernünftiger Grund, daß er, ein Mannsbild, unter Weibern schritt. Josef wollte Simeon bitten, ebenfalls zu schauen und ihm dies Unmöglich zu bestätigen, doch der war vorausgeeilt, gesagt hatte er, was er zu sagen gehabt, nun schloß er sich den Männern seiner Familie an, um die schlichte Rolle des Ältesten wahrzunehmen, die stets am kürzesten währt. Hierauf wandte sich der Zimmermann ohne Zeugen abermals nach seiner Frau um. Der Mann war nicht mehr da.

Sie hatten auf dem Wege südwärts das ganze Land Samaria durchquert, hatten es in anstrengenden Märschen getan, ein Auge wachsam auf die Straße gerichtet, während das andere, unruhig, die nähere Umgebung absuchte, in Angst vor den feindlichen, oder treffender gesagt den ablehnenden Gefühlen der Bewohner dieser Landstriche, die in Schandtaten Abkömmlinge und in Ketzereien Erblinge der einstigen assyrischen Kolonien waren, die Salmanassar, der Herrscher von Ninive, hier einst hatte ansiedeln lassen, nach der Vertreibung und Zerstreuung der Zwölf Stämme, und die, mit etwas jüdischem Blut in den Adern, aber zum überwiegenden Teil Heiden, die Fünf Bücher Mose als heiliges Gesetz kaum anerkennen und lebhaft einwenden, Gott habe sich als Stätte für seinen Tempel nicht Jerusalem erkoren, sondern, denk einer, den Berg Garizim, der sich auf ihrem Gebiet befindet. Die Galiläer also sputeten sich im Marschieren, doch selbst so mußten sie zweimal auf feindlichen Fluren nächtigen, unter freiem Himmel, mit Wachen ringsum, damit die Schurken nicht hinterhältig über sie herfielen, sind sie doch übelster Dinge fähig, in einem Maße, daß sie sogar einem dem Verdursten nahen Hebräer reinsten Stammes den Schluck Wasser verwehren, da taugt es nicht, mit irgendeiner bekannten Ausnahme aufzuwarten, weil es eben nur das ist, eine

Ausnahme. Und so groß war ihre Furcht auf dem Durchmarsch, daß sich die Männer, wider Gepflogenheit, in zwei Gruppen teilten, die eine marschierte den Frauen und Kindern voraus und die andere als Nachhut hinterdrein, um Schimpf oder gar Schlimmeres abzuwehren. Nun, die Leute von Samaria mochten in diesen Tagen friedvollen Gemüts sein, außer jenen gleichfalls unterwegs auf Reisen befindlichen, die ihrem Groll gegen die Galiläer mit strafenden Blicken und gelegentlichen Kraftausdrücken Genüge taten, war da nichts an organisierter Bande, was sich von den Hängen her auf die erschrockene und unbewaffnete Schar gestürzt oder sie aus dem Hinterhalt mit Steinen beworfen hätte.

Kurz vor Ankunft in Ramallah, wo die eifervollsten Gläubigen oder jene vom feinsten Nasengespür schon Jerusalems allerheiligsten Duft zu riechen meinten, verließ der alte Simeon mit den Seinen die Gruppe, zur Schätzung, wie schon gesagt, in einem Ort dieses Landstrichs. Da, mitten auf dem Wege, in einem Schwall von Segnungen, verabschiedete man sich voneinander, die Mütter der Familien, sie allesamt Töchter der Erfahrung, gaben Maria an guten Ratschlägen eintausendundeinen mit, und dort zogen sie dann, die einen hinab ins Tal, wo sie bald von einem vier Tage währenden Marsch ausruhen könnten, andere Ramallah entgegen, in dessen Karawanserei sie die anstehende Nacht verbrächten, und in Jerusalem dann eine weitere Trennung jener aus Nazareth, der größere Teil zieht nach Beerscheba, mit noch zwei Tagesreisen vor sich, der Zimmermann aber und seine Frau werden nahebei, in Bethlehem, einkehren. Mitten im Durcheinander der Umarmungen und Verabschiedungen nahm Josef den alten Simeon beiseite und fragte ihn achtungsvoll, ob ihm seine Vision betreffend in der Zwischenzeit noch irgend etwas eingefallen sei, Das war keine Vision, sagte ich dir schon, Was auch immer, wissen möchte ich, welches Schicksal mein Sohn haben wird. Kannst nicht einmal dein eigenes Schicksal ergründen, der du, lebend und redend, hier vor mir stehst, begehrst aber Auskunft über etwas, das noch nicht existiert, Die Augen des Geistes vermögen weiter zu schauen, darum meinte ich, daß deine, von Gott vielleicht begnadet, ergründet haben könnten, was den meinen bares Dunkel ist, Vielleicht bleibt dir das Schicksal deines Sohnes für immer verborgen, oder vielleicht erfüllt sich dein eigenes Schicksal in Bälde, frage nicht, Mann, begehre nicht zu wissen, leb deine Tage. Simeon legte Josef die rechte Hand auf das Haupt, murmelte einen niemand verständlichen Segen und gesellte sich zu den Seinen, die auf ihn warteten. Einen sich schlängelnden Weg zogen sie im Gänsemarsch zu Tal, wo unten, am gegenüberliegenden Hang, fast vermengt mit den wie erschöpfte Gebeine aus der Erde vorstechenden Steinen, Simeons Dorf lag. Josef erhielt über ihn keine Kunde mehr, außer, viel später, daß er, noch bevor er sich hatte schätzen lassen, gestorben war.

Nach den letzten zwei Nächten, die sie unter dem Sternenzelt, in der Kälte des freien Feldes, verbracht hatten, aus Angst vor einem Überfall gar ohne Lagerfeuer, tat es denen aus Nazareth gut, sich endlich wieder in den Schutz der Mauern und Bögen einer Karawanserei begeben zu können. Die Frauen halfen Maria vom Esel, sagten teilnahmsvoll, Frau, bald ist es soweit, und die Ärmste murmelte, ja, es müsse an dem sein, äußeres Anzeichen, allen offenkundig, ja das plötzliche, so jedenfalls schien es, Schwellen des Bauches. Sie richteten ihr, so gut es ihnen möglich, ein Plätzchen in einem abgeschiedenen Winkel her, bereiteten das längst fällige Abendessen zu, das man gemeinsam einnahm. Zur Nacht gab es keine Plauderei, keine Sprüche, am Lagerfeuer wurden keine Geschichten erzählt, so als nötige Jerusalems Nähe ihnen Schweigen auf, jeder schaute in sein Inneres und fragte sich, Wer bist du, der du mir ähnelst, den ich indes nicht zu erkennen vermag, und nicht, daß sie es tatsächlich gesagt hätten, denn die Menschen führen nicht so mir nichts dir nichts Selbstgespräche, sie dachten es noch nicht einmal bewußt, sicher aber ist, wenn wir stumm in die offenen Flammen eines Feuers starren und ein Schweigen wie dieses in Worten ausdrücken möchten, gibt es hierfür nur diese, und sie besagen alles. Josef, von seinem Fleck aus, sah Maria im Profil, von der Flamme angestrahlt, der gerötete Widerschein erhellte ihre eine Gesichtshälfte vor einem Halbschatten, ihre Umrisse in Licht und Gegenlicht zeichnend, und er fand, überrascht von diesem seinem Gedanken, daß Maria eine hübsche Frau war, sofern bereits Frau zu nennen, bei jenem Jungmädchengesicht, ihr Leib freilich ist jetzt unförmig, doch in Erinnerung hat er ein anderes Bild von ihr, sieht sie rank und graziös, bald wird sie es wieder sein, nach der Geburt des Kindes. Dies Josefs Überlegung, und plötzlich war ihm irgendwie bewußt, daß während all der Monate an auferzwungener Keuschheit vage fleischliche Gelüste sich in ihm aufgelehnt hatten, ein Begehren weckten, das ihm das Blut anfachte, in Wellen ausstrahlte, ihn zu peinigen begann, bis es, kraftvoller werdend und von der Vorstellung zum Glühen gebracht, letztlich dann wieder in sich zusammensackte. Er hörte Maria einen Seufzer tun, trat aber nicht zu ihr. Er erinnerte sich, und dieser Gedanke, wie ein Schwall kalten Wassers, schreckte die soeben empfundenen wollüstigen Regungen ab, er erinnerte sich an jenen Mann, den er vor zwei Tagen, ganz kurz, neben der Frau hatte einhergehen sehen, jener Bettler fiel ihm ein, der sie beide, seit Maria ihre Schwangerschaft offenbart hatte, verfolgte, und nun hatte Josef keinen Zweifel mehr, jene geheimnisvolle Person, selbst wenn sie bis zu dem Tag, an dem er sie erstmals gewahrte, fortgeblieben war, hatte Marias Gedanken all die neun Monate ihrer Schwangerschaft beschäftigt. Er hatte die Frau nicht zu fragen gewagt, wer jener Mann gewesen und ob sie wisse, wohin er sich begeben habe, da er so plötzlich verschwunden war, ihre Erwiderung mochte er nicht hören, fürchtete er doch, sie würde baß fragen, Ein Mann, was für ein Mann, und sollte er beharren, würde sie bestimmt die anderen Frauen als Zeuginnen anrufen, Ihr, habt etwa ihr einen Mann gesehen, lief irgendein Mann unter uns Frauen, und sie würden kopfschüttelnd verneinen, mit einem Anflug von Unmut, vielleicht gar sagte eine, von loserer Zunge, Der Mann, der nicht aus leiblichem Bedürfnis zu den Frauen drängt und bei ihnen bleibt, muß erst noch geboren werden. Nicht ahnen könnte Josef, daß Marias Überraschtheit wahrhaftig bar an Arg wäre, sie hatte den Bettler wirklich nicht gesehen, ob Mann von Fleisch und Blut, ob Geistererscheinung, Aber ich sah ihn doch an deiner Seite schreiten, mit diesen meinen Augen, würde Josef einwenden, und Maria, fest überzeugt, würde erwidern, In allem, so lehrte man mich, steht es im Gesetz, schulde das Weib dem Manne Achtung und Gehorsam, deshalb will ich nicht beharren, daß jener Mann nicht neben mir lief, denn du behauptest das Gegenteil, ich versichere nur, ich habe ihn nicht gesehen, Es war der Bettler, Wie kannst du es wissen, du hast ihn an jenem Tag, als er auftauchte, nicht gesehen, Er muß es gewesen sein, Eher war es einer, der seinen Weg ging, und da er langsamer war als wir und wir ihn überholten, zunächst die Männer, dann die Frauen, war er vielleicht gerade auf meiner Höhe, als du zurückschautest, so war es und nicht anders, Also bestätigst du es, Nein, ich suche nach einer Erklärung, die dich zufriedenstellt, wie es der braven Frau Pflicht ist. Mit halb geschlossenen Augen, dem Einschlafen nahe, versucht Josef, in Marias Gesicht noch irgendeine Wahrheit zu ergründen, doch ihr Antlitz ist nun schwarz wie die andere Seite des Mondes, das Profil lediglich eine Linie, die sich scharf abhebt von der schwindelnden Helle der letzten Aschenglut. Josef ließ den Kopf hängen, als habe er es endgültig aufgegeben zu begreifen, mit hinüber in den Schlaf nahm er einen gänzlich irren Gedanken, daß jener Mann das Ebenbild seines dereinst erwachsenen Sohnes sei, aus der Zukunft auf ihn zugekommen, um ihm zu sagen, So sehe ich eines Tages aus, du aber wirst mich so nie sehen. Josef schlief, mit einem ergebenen Lächeln auf den Lippen, aber gar traurig, als hörte er Maria sagen, Wolle es Gott nicht geben, doch ich bin gewiß, dieser Mann hat keinen Fleck, worauf er sein Haupt betten kann. Wahrlich, wahrlich, ich sage euch, viele Dinge dieser Welt ließen sich erfahren, ehe andere Dinge in deren Folge geschähen, wenn es Sitte wäre, daß der eine mit dem anderen, Mann und Frau wie Mann und Frau zueinander redeten.

Tags darauf, in aller Frühe, brachen viele derer, die in der Karawanserei genächtigt hatten, nach Jerusalem auf, doch die Wandergruppen formierten sich zufällig, in einer Weise, daß Josef, obzwar im Blickfeld seiner nach Beerscheba strebenden Landsleute, diesmal seine Frau begleitete, neben ihr einherschritt, am Steigbügel sozusagen, ganz wie tags zuvor der Bettler, wer immer er gewesen sein mochte. Josef aber mag jetzt nicht an jene geheimnisvolle Person denken. Er ist innerlich und zutiefst gewiß, eine einzigartige Gunst des Herrgotts erfahren zu haben, daß er seinen Sohn noch vor dessen Geburt sehen durfte, nicht als in Leinenstücke und Windeln gewickeltes schwaches Kleinkind, nicht als unfertiges winziges Wesen, riechend und plärrend, sondern als ganzen Mann, eine Handspanne größer als der eigene Vater und als ein üblicher dieser Rasse. Glücklich schreitet Josef hin, da er jetzt den Fleck seines Sohnes einnimmt, er fühlt sich Vater und Sohn in einem, und so überwältigend ist dieses Gefühl, daß mit einem Mal jener an Sinn verliert, der wahrhaftig sein Sohn ist, jene Kreatur, die hier, noch im Bauch der Mutter, unterwegs ist nach Jerusalem.

Jerusalem, Jerusalem, rufen die frommen Reisenden beim Anblick der Stadt, die unverhofft, wie eine Erscheinung, auf der Kuppe des gegenüberliegenden Berges emporragt, jenseits des Tals, wahrhaft Himmelsstadt, Mittelpunkt der Welt, nun tausendfach Funken sprühend in alle Richtungen, im kraftvollen Licht des Mittags, gleichsam eine Krone aus Kristall, die aber, wissen wir, lauteres Gold ist, wenn die Strahlen der sinkenden Sonne sie berühren, und weiß sein wird im Mondschein, Jerusalem, o Jerusalem. Der Tempel taucht auf, als hätte Gott ihn eben hingestellt, und der plötzliche Hauch in den Lüften, der den Pilgern und Reisenden über das Gesicht, die Haare, die Kleider streicht, rührt vielleicht her von der schwungvollen Körperbewegung des Herrgotts, denn wenn wir die Himmelswolken genau betrachten, erkennen wir die riesige Hand, die sich zurückzieht, die vom Lehm befleckten langen Finger, die Handfläche, in die alle Linien des Lebens und des Todes der Menschen eingezeichnet sind und aller anderen Geschöpfe dieser Welt, jedoch auch, an der Zeit, es zu erfahren, die Lebenslinie und die Todeslinie des Herrgotts selbst. Die Reisenden werfen die vor Gemütserregung bebenden Arme empor, die Lobpreisungen hallen, unbändig, nun schon nicht mehr im Chor, ein jeglicher seiner Begeisterung hingegeben, einige, von Natur gefaßter in ihren mystischen Bekundungen, stehen beinahe starr da, schauen zum Himmel auf, sprechen ihre Worte irgendwie markig, als dürften sie jetzt eben mit ihrem Gott von gleich zu gleich reden. Die Straße führt steil hinab, und während die Reisenden zu Tal steigen, ehe sie dann den gegenüberliegenden Hang nehmen, jenem Stadttor entgegen, scheint der Tempel sich mehr und mehr zu heben und, eine Wirkung der Perspektive, die verabscheute Burg Antonia zu verbergen, wo selbst auf diese Entfernung die Gestalten der aus der Höhe her wachenden römischen Soldaten zu erkennen sind und das blitzartige Funkeln ihrer Waffen. Hier verabschieden sich die anderen aus Nazareth, Maria ist erschöpft, sie ertrüge den steifen Trab ihres Reittiers hangabwärts nicht, gleichauf mit dem Eilschritt, dem fast überhasteten Laufen, das nun, beim Anblick der Mauern der Stadt, all diese Leute erfaßt hat.

So blieben denn Josef und Maria allein auf der Straße zurück, sie bemüht, Kräfte zu sammeln, und er, wegen des Verweilens, recht ungeduldig, nun sie dem Ziel schon so nahe sind. Die Sonne fällt lotrecht herab auf das sie umgebende Schweigen. Aber da, unbezwingbar, ein dumpfes Stöhnen aus Marias Mund. Josef gerät in Unruhe, er fragt, Beginnen die Wehen, und sie antwortet, Ja. Sie sagt es mit einem Anflug von Ungläubigkeit im Gesicht, als wäre sie auf etwas gestoßen, das ihr Verstehen übersteigt, sie hat den Schmerz nicht in ihrem Körper gespürt, gespürt hat sie ihn, aber so, als hätte ein anderer ihn erlitten, wer denn, das Kind in ihr, wie kann solches geschehen, daß ein Körper einen Schmerz wahrnimmt, der nicht ihm eigen, obendrein er es weiß und ihn dann dennoch wie etwas eigenes spürt, vielmehr nicht genau so und in diesen Worten, eher wie ein Echo, das man, in seltsamer Verkehrung des akustischen Phänomens, lauter hört als es der auslösende Ton war. Zaudernd, es lieber nicht wissen wollend, fragt Josef, Hält der Schmerz an, und sie weiß nicht, was sie ihm antworten soll, lügen wird sie, falls sie verneint, und lügen auch, falls sie bejaht, also bleibt sie stumm, doch der Schmerz ist da, sie spürt ihn, doch es ist auch, als beobachtete sie ihn lediglich, unfähig Abhilfe zu treffen, drin im Bauch peinigen sie die Schmerzen ihres Sohnes, und sie kann ihm nicht helfen, so weit sind sie voneinander fort. Kein Treiberruf erscholl, und Josef schwang nicht die Gerte, der Esel aber schritt nun schneller, ganz aus eigenem Antrieb, den steilen Hang hinan, Jerusalem entgegen, leichtfüßig, als harrten seiner dort eine volle Krippe und ein wohliges Ruhelager, er ahnt nicht, daß er noch ein gutes Stück Wegs zu trippeln hat, bevor sie Bethlehem erreichen, und wenn sie dort eintreffen, wird er feststellen, daß die Dinge überhaupt nicht so einfach sind, wie es scheinen wollte, schön wäre es, verkünden zu können, Veni, vidi, vici, das tat Julius Cäsar in den Tagen seines Ruhms, und dann kam, was man halt erlebte, unter den Händen des eigenen Sohnes starb er, für den allenfalls die Entschuldigung sprach, daß er eigentlich nur Adoptivsohn gewesen. Von fern her kommt er und verspricht kein Ende zu haben, der Krieg zwischen Vätern und Söhnen, die ererbte Schuld, die Zurückweisung des Bluts, die Opferung der Unschuld.

Als sie nun schon durch das Stadttor kamen, entfuhr Maria ein Schmerzensschrei, ein gellender diesmal, als hätte eine Lanze sie durchbohrt. Nur Josef hörte es, denn groß war der Lärm der Menschen, jener der Tiere nun weitaus geringer, doch alles zusammen ein so lautes Marktgetümmel, daß man den Nebenmann kaum verstand. Josef wollte vernünftig sein, In deinem Zustand kannst du nicht weiter, besser wir suchen hier Unterkunft, und morgen gehe ich allein nach Bethlehem zur Schätzung, ich werde sagen, du bist am Entbinden und wirst dich später selbst hinbegeben, falls nötig, denn ich kenne die Gesetze der Römer nicht näher, vielleicht langt es, wenn das Familienoberhaupt dort erscheint, vor allem in einem Fall wie diesem, und Maria erwiderte, Ich spüre keine Schmerzen mehr, und so war es, jene Lanze, die sie zum Aufschrei veranlaßt hatte, war nun nur noch der Stich eines Dorns, unablässig zwar, aber erträglich, etwas, das sich lediglich wie ein Büßerhemd in Erinnerung hält. Josef war da denkbar erleichtert, denn bang stimmte ihn die Aussicht, daß er Schutz suchen müßte im Gewirr von Jerusalems Gassen, unter so peinigenden Umständen, die Frau qualvoll am Gebären, und er, wie jedweder andere Mann, erschrocken ob der Verantwortung, ohne es sich eingestehen zu wollen. Wenn ich nach Bethlehem gelange, so seine Überlegung, das in Größe und Wichtigkeit wohl mit Nazareth vergleichbar, sind die Dinge sicherlich einfacher, weiß man doch, daß in kleinen Orten, wo jeder jeden kennt, Hilfsbereitschaft kein gar zu vergebliches Wort ist. Maria klagt schon nicht mehr, sei es, daß die Schmerzen verflogen sind, sei es, daß sie sich daran gewöhnt hat, wie auch immer, nun hurtig ab nach Bethlehem. Der Esel faßt von flacher Hand einen Klaps auf das Hinterteil, was recht besehen weniger eine Aufforderung ist, sich gefälligst zu sputen, da dies ihm ohnehin schwer möglich bei dem unbeschreiblichen Verkehrsgewühl, in das sie hineingeraten sind, es war eher eine liebevolle Geste, mit der Josef seine Erleichterung ausdrückt. Die Verkaufsläden quetschen sich in den engen Gassen, es ist ein Gedränge an Menschen aller Rassen und Sprachen, und durchlässiger, leichter begehbar wird die Straße wundersam immer erst, wenn an ihrem Ende eine römische Patrouille auftaucht oder eine Kamelkarawane, dann ist es, als teilten sich die Wasser des Roten Meeres. Mit Geschick und Geduld brachten die zwei aus Nazareth und ihr Esel diesen gebärdenreich eifernden und pressenden Basar bald hinter sich, diese Menge nichtsahnender und unaufmerksamer Leute, denen man ganz vergeblich zugerufen hätte, Den ihr dort seht, das ist Josef, und die vom Bauch bis zum Munde schwangere Frau, ja, sie heißt Maria, die zwei sind nach Bethlehem unterwegs, wollen sich in die Steuerliste eintragen lassen, und wenn unsere gutgemeinte Verkündung wahrhaftig nichts fruchtete, so weil dies ein Land mit so vielen von der Vorsehung gezeichneten Namen ist, daß man hier mit Leichtigkeit Josefs und Marias jeglichen Alters und Standes findet, sozusagen an jeder Ecke, und vergessen wir nicht, diese, die wir kennen, erwarten wohl nicht als einzige ihres Namens gerade eben ein Kind, auch, gesagt sei nur alles, sollte es uns nicht sehr wundern, wenn zu dieser Stunde und hier nahebei, gleichzeitig und nur durch eine Straße oder ein Weizenfeld getrennt, zwei Kinder des einen Geschlechts geboren würden, Knaben, so Gott will, die aber mit Sicherheit unterschiedliche Schicksale haben werden, sogar wenn wir, letzter Versuch, den ursprünglichen Astrologien dieses fernen Zeitalters Substanz zu verleihen, den beiden selbigen Namen gäben, Jeschua, was so viel heißt wie Jesus. Und sage keiner, wir griffen den Dingen vor, benamten ein noch nicht geborenes Kind, die Schuld trägt der Zimmermann, er in seinem Kopf hat längst entschieden, daß sein Erstgeborener Jesus heißen wird.

Die Reisenden zogen zum südlichen Tor hinaus, nahmen die Straße nach Bethlehem, leichten Sinns nun, da ihrem Ziel so nahe, sie werden ausruhen können von den langen und harten Tagesmärschen, mag auch noch eine weitere und nicht kleine Plackerei der armen Maria harren, denn sie, und sie allein, wird die Mühe haben, das Kind zu gebären, weiß der Herrgott wo und wie. Zwar ist Bethlehem den Schriften zufolge Sitz und Wiege des Hauses und Geschlechtes Davids, dem Josef anzugehören behauptet, doch mit der Zeit sind die Verwandten hier ausgestorben, oder, falls noch vorhanden, weiß der Zimmermann von ihnen nichts, ein mißlicher Umstand, der, noch während wir auf der Straße ziehen, die nicht geringen Schwierigkeiten bei der Beherbergung des Paares erahnen läßt, in der Tat kann Josef bei seiner Ankunft nicht an ein beliebiges Tor klopfen und sagen, Hier bringe ich mein Kind, das geboren werden will, und daß die Hausherrin dann lachend daherkommt und freudestrahlend ausruft, Herein, nur herein, Herr Josef, das Wasser ist schon heiß, die Matte ausgebreitet, das Wikkelleinen bereitgelegt, fühle dich wie zu Hause. So mag es im Goldenen Zeitalter gewesen sein, als der Wolf, nur um das Lamm nicht zu töten, wilde Gräser fraß, dieses Zeitalter heute ist hart und von Eisen, vorbei die Zeit der Wunder, oder sie kommt erst, im übrigen, ein Wunder, sogar ein Wunder, wie sehr man uns auch das Gegenteil versichern mag, ist keine gute Sache, wenn erst, um die Dinge zu bessern, deren Logik und Vernunft verdreht werden muß. Fast möchte Josef den Schritt verlangsamen, um desto später bei den ihn erwartenden Problemen einzutreffen, doch bewußt wird ihm, daß alles sich noch verschlimmert, falls das Kind mitten unterwegs zur Welt kommt, also treibt er das Tier an, armer Esel, so ergeben und so erschöpft, er allein mag wissen, wie er das noch aushält, denn Gott, falls er etwas weiß, dann von den Menschen, und selbst da nicht von allen, denn ohne Zahl sind jene, die den Eseln gleich leben oder schlimmer, und Gott hat sich nicht bemüht, es zu ergründen und abzuändern. Einer der Weggefährten hatte Josef angedeutet, in Bethlehem gäbe es eine Karawanserei, eine soziale Vorkehr, die auf den ersten Blick das Problem Beherbergung, von uns im einzelnen schon dargelegt, lösen wird, doch selbst einem grobgehobelten Zimmermann ist Schamgefühl erlaubt, denk einer, welche Schande für ihn, wenn er sein Weib den krankhaft lüsternen Gaffern preisgegeben sähe, eine ganze Karawanserei Gemeinheiten wispernd, zumal Eseltreiber und Kamelführer so roh sind wie die Tiere ihres Umgangs, vergleichsweise noch schlimmer, da sie die göttliche Gabe der Rede haben, die Tiere hingegen nicht. Josef beschließt, Rat und Hilfe bei den Ältesten der Synagoge einzuholen, und im Innersten überrascht es ihn, daß dieser Gedanke ihm nicht viel früher gekommen ist. Nun, das Herz weniger verdüstert von Sorge, meinte er, Maria nach dem Befinden fragen zu sollen, was die Schmerzen machten, doch er sprach es nicht aus, erinnern wir uns, daß ja all dies als schmutzig und unrein gilt, von der Schwängerung bis zur Geburt, das schauderliche Geschlecht des Weibes, Schlund und Abgrund, Sitz aller Übel der Welt, das labyrinthische Innere, das Blut und die Säfte, die Ausflüsse, das Platzen der Fruchtblase, die eklige Nachgeburt, mein Gott, warum beharrtest du, daß deine bevorzugten Kinder, die Mannsbilder, aus diesem Unrat kämen, wäre es doch besser, für dich und für uns, du hättest sie durchscheinend und aus eitel Licht gemacht, gestern, heute und morgen, den ersten, den mittleren und den letzten, und so in gleicher Weise alle, unterschiedslos Edle und Plebejer, König und Zimmermann, und daß du lediglich jene mit einem Schreckenszeichen versähest, die, heranwachsend, unrettbar vorbestimmt wären, Schmutzlinge zu werden. Von soviel innerer Peinigung bedrängt, stellte Josef die Frage letztlich in halb gleichgültigem Ton, als sei er mit höchst wichtigen Dingen befaßt und ließe sich nur eben herab, von Geringfügigem Kenntnis zu nehmen, Wie fühlst du dich, sagte er, und gerade eben bot sich Gelegenheit, eine neue Erwiderung zu hören, denn Maria hatte Augenblicke zuvor im Tenor der Schmerzen erstmals einen Unterschied wahrgenommen, erprüft, treffliches Wort dies, allerdings in der Verkehrung, denn gleichermaßen zutreffend ließe sich sagen, daß die Schmerzen letztlich Maria erprüften.

Inzwischen waren sie schon über eine Stunde unterwegs, Bethlehem konnte nicht mehr fern sein. Nun aber, ohne daß erkennbar gewesen wäre wieso, die Dinge liefern die Erklärung ihrer selbst nicht immer mit, zeigte sich die Straße, seit sie die Stadt verlassen hatten, menschenleer, was der Verwunderung würdig, denn da Bethlehem so nah an Jerusalem, wäre ein fortwährendes Hin und Her von Menschen und Tieren da das natürlichste gewesen. Ab der Stelle, wo sich wenige Stadien außerhalb der Stadt die Straße gabelte, eine Abzweigung nach Beerscheba und diese hier nach Bethlehem führte, war es, als hätte die Welt sich zurückgezogen, wäre in sich geschrumpft, oder eine Person, die, sagen wir, die Augen mit dem Umhang verdeckt und lediglich den Schritten der Reisenden lauscht, wie wenn wir dem Gesang von Vögeln zuhören, die wir nicht sehen, weil das Gezweig sie uns verbirgt, uns ihnen aber auch, denn diese Vorstellung haben von uns die im Blattwerk versteckten Vögel. Josef, Maria und der Esel hatten die Wüste durchquert, denn Wüste ist, außer was man sich gemeinhin darunter vorstellt, alles, wo Menschen abwesend sind, und bedenken wir, Wüsten und tödliche Trockenheiten findet man nicht selten gar auch mitten im Menschengewühl. Zur Rechten ist das Grabmahl der Rahel, des Weibes, das Jakob erst nach vierzehn Jahren Harrens freien durfte, denn nach sieben Jahren Dienst gaben sie ihm Lea und erst nach weiteren sieben die geliebte Frau, die in Bethlehem sterben sollte, während der Geburt jenes Kindes, dem Jakob den Namen Benjamin gab, was Sohn meines Glücks heißt, das sie selbst aber, ehe sie starb, zu Recht Ben-Oni nannte, Kind meines Unheils, wolle Gott, daß dies kein böses Vorzeichen sei. Nun sind schon die ersten Häuser von Bethlehem zu sehen, erdfarben wie jene in

Nazareth, diese aber scheinen Gelb und Grau mit einzumengen, wirken fahl in der Sonne. Maria ist einer Ohnmacht nahe, ihr Körper da auf dem Sattel verliert immerzu das Gleichgewicht, Josef muß sie stützen, und sie, zu besserem Halt, hat einen Arm über seine Schulter gelegt, Schade, daß wir in der Wüste sind und niemand hier, um dieses unübliche, traute Bild zu sehen. So halten sie Einzug in Bethlehem.

Josef, trotz allem, erkundigte sich nach der Karawanserei, vielleicht, daß sie für den Rest des Tages dort ruhen könnten, und auch während der Nacht, sofern es, obwohl Maria weiter über Schmerzen klagte, nicht den Anschein hatte, daß die Geburt wirklich einsetzte. Doch die Karawanserei, am anderen Ende des Ortes gelegen, schmutzig und laut, halb Basar und halb Stall wie alle, hatte, obwohl nicht voll, da es noch zeitig, keinen schicklichen Fleck mehr frei, und zu Abend würde das noch weitaus schlimmer, wenn erst die Kamelführer und Eseltreiber einträfen. Sie machten kehrt, Josef ließ Maria auf einem kleinen Platz zurück, zwischen Häusermauern, im Schatten eines Feigenbaumes, und begab sich, wie ursprünglich erwogen, auf die Suche nach den Ältesten. In der Synagoge fand er einen schlichten Wächter vor, der konnte einen da umhertollenden Knaben rufen und ihn mit dem Fremden zu einem Alten schicken, der hoffentlich Hilfe wüßte. Es wollte es das gütige Geschick, das die Unschuldigen schirmt, sofern es sich ihrer erinnert, daß Josef bei diesem neuen Gang über jenen Platz mußte, auf dem seine Frau harrte, und dies rettete Maria, denn der verderbliche Schatten des Feigenbaums hätte sie fast umgebracht, aus unverzeihlichem Mangel an Aufmerksamkeit, des einen wie des anderen, und solches in einem

Land, wo es von diesen Bäumen reichlich viele gibt, und das ja wissen müßte, was es von jenen an Schlechtem und an Gutem erwarten kann. Von hier begaben sich alle wie Verurteilte auf die Suche nach dem Alten, der, erwies es sich dann, auf dem Feld war und, so beschied man Josef, gewiß erst spät zurückkehrte. Da nahm der Zimmermann all seinen Mut zusammen und fragte mit lauter Stimme, ob in diesem Haus, oder einem anderen, sofern sie mich anhören, irgendwer, im Namen des Herrgotts, der alles sieht, seiner Frau schützende Aufnahme gewähren wolle, sie ist am Entbinden, sicherlich gibt es hier irgendeinen stillen Winkel, die Matten brächte er ja mit, Und wo auch in diesem Dorf finde ich eine Hebamme, die bei der Geburt hilft, der arme Josef sagte diese gewaltigen und intimen Dinge verschämt, und noch beschämter, da er sich hierüber erröten fühlte. Die Sklavin, die am Tor erschienen war, ging ins Haus zurück, mit der Botschaft, der Bitte und dem Protest, es dauerte eine Weile, dann brachte sie den Bescheid, hier könnten sie nicht bleiben, sie sollten sich ein anderes Haus suchen, würden wohl aber keines finden, weshalb die Herrin sagen ließe, noch das beste wäre, sie richteten sich in einer der vielen Höhlen ein, die es da an diesen Hängen gab, Und die Hebamme, fragte Josef, worauf die Sklavin erwiderte, falls ihre Herrschaften als auch er einwilligten, könnte sie selbst helfen, habe sie doch all die vielen Jahre im Hause Gelegenheit gehabt zu sehen und zu lernen. Wahrhaftig, sehr harte Zeiten dies, und nun bestätigte es sich, daß eine Gebärende hilfesuchend an unser Tor klopfte, wir ihr das Vordach in unserem Hof verwehrten und sie zum Austragen in eine Höhle schickten, als wäre sie eine Bärin oder Wölfin. Dann aber schlug uns doch das Gewissen, wir erhoben uns von unserem Fleck, begaben uns zum Tor, um zu sehen, wer da Obdach begehrte, aus so dringlichem, unüblichem Grund, und als wir die schmerzliche Miene der unglücklichen Kreatur gewahrten, erbarmte sich unser Frauenherz, und in wohlgesetzten Worten rechtfertigten wir die Zurückweisung, wir hätten das Haus voll, So viele Söhne und Töchter in diesem Haus, die Enkeltöchter und Enkelsöhne, die Schwiegersöhne und die Schwiegertöchter, darum ist für euch kein Platz hier, aber die Sklavin führt euch in eine uns gehörende Grotte, die als Stall diente, da seid ihr bequem untergebracht, Tiere sind dort jetzt keine, und als wir dies gesagt und die Dankesworte der armen Leute entgegengenommen hatten, zogen wir uns zurück in den Schutz unseres Heims, und spürten tief in der Seele die unaussprechliche Stärkung, die einem das gute Gewissen verleiht.

Über all diesem Hin und Her, diesem Eilen und diesem Harren, diesem Bitten und Fragen, verblich das kräftige Blau des Himmels, und bald auch wird die Sonne hinter jenen Berg dort tauchen. Die Sklavin Zelomi, denn dies ist ihr Name, geht voran, weist den Weg, sie trägt ein Gefäß mit Glut für das Feuer, eine tönerne Schüssel zum Erhitzen von Wasser, Salz auch, um das Neugeborene damit einzureiben, auf daß es sich ja keine Infektion zuziehe. Und da Maria mit Windelleinen eingedeckt ist, und Josef das Messer, mit dem es die Nabelschnur zu durchtrennen gilt, in seinem Reisesack mitführt, sofern Zelomi dies nicht mit ihren Zähnen besorgt, kann das Kind nun kommen, letztlich dient ein Stall so gut wie ein Haus, und nur wer noch nie das Glück hatte, in einer Futterkrippe zu schlafen, weiß nicht, daß nichts auf der Welt einer Wiege mehr ähnelt. Zumindest der Esel wird keinen Unterschied finden, Stroh ist Stroh, im Himmel wie auf der Erde. Um die dritte Stunde erreichten sie die Grotte, als das Abendrot, schwebend, die Hügel noch vergoldete, und nicht wegen der Entfernung hatte es so lange gedauert, sondern weil sich Maria, nun ihr die Unterkunft sicher war, ihrem Leid endlich voll ergeben konnte und bei allen Engeln darum bat, ganz behutsam hingeführt zu werden, denn sooft der Esel mit den Hufen auf den Steinen ausglitt, meinte sie zu sterben. In der Grotte war es finster, das schwach gewordene Tageslicht erhellte lediglich den Eingang, doch schon hatte die Sklavin eine Handvoll Stroh auf die Glut geworfen, bereitliegendes trocknes Holz zugesetzt und pustend ein Feuer angefacht, das wie Morgenröte strahlte. Dann zündete sie die an einem Mauervorsprung hängende Öllampe an, und nachdem sie Maria hingebettet hatte, holte sie Wasser, vom nahen Brunnen Salomos. Als sie zurückkam, gebärdete sich Josef kopflos, war außer sich, doch wir wollen ihn nicht schelten, den Männern wird nicht beigebracht, wie sie sich in Situationen wie dieser dienlich zu verhalten haben, noch möchten sie selbst es wissen, bestenfalls sind sie imstande, der leidenden Frau die Hand zu halten und zu warten, daß alles gut ende. Maria aber ist allein, die Welt ginge vor Entsetzen unter, wenn ein Jude dieser Zeiten dieses kleine bißchen wagen würde. Die Sklavin kam herein, sagte ein aufmunterndes Wort, Nur Mut, dann kniete sie hin, zwischen die gespreizten Beine Marias, denn abgespreizt zu sein haben die Beine des Weibes für das, was eintritt, und für das, was austritt. Zelomi hat längst aufgehört, die von ihr erlebten Geburten zu zählen, und das Leiden dieser armen Frau gleicht dem aller anderen Frauen, wie es der Herrgott bestimmte, als Eva durch Ungehorsam Sünde beging, Viel Mühe bereite ich dir, sooft du schwanger wirst, unter Schmerzen sollst du gebären, und selbst heute, nach so vielen Jahrhunderten, und soviel angesammeltem Schmerz, gibt Gott sich nicht zufrieden, das Büßen dauert fort. Josef ist schon nicht mehr zugegen, floh aus der Grotte, entfloh, um die Schreie nicht zu hören, doch die Schreie eilen ihm hinterdrein, es ist, als brüllte die Erde, brüllte so laut, daß drei Hirten, die nahebei ihre Schafe hüteten, zu Josef kamen und ihn fragten, Was ist das, man könnte meinen, die Erde schreit, und Josef antwortete, Es ist meine Frau, sie entbindet in der Höhle dort, und die Hirten sprachen, Du bist nicht aus dieser Gegend, wir kennen dich nicht, Aus Nazareth in Galiläa sind wir, sind zur Schätzung gekommen, und als wir eintrafen, begannen die Wehen, jetzt gebärt sie. Im Abenddämmer waren die Gesichter der vier Männer kaum zu erkennen, bald würden in ihnen alle Züge verlöschen, doch die Stimmen redeten weiter, Hast du Essen, fragte einer der Hirten, Wenig, sagte Josef, und dieselbe Stimme, Wenn es vorüber ist, sage mir Bescheid, ich bringe dir dann Milch von meinen Schafen, und eine zweite Stimme, Ich gebe dir Käse. Dann ein langes, ungeklärtes Schweigen, ehe sich der dritte meldete. Mit einer Stimme, die ebenfalls aus dem Erdinnern zu kommen schien, sprach er, endlich, Und ich werde ihr Brot bringen.

Der Sohn des Josef und der Maria kam auf die Welt wie alle Menschenkinder, besudelt vom Blut der Mutter, klebrig von ihren Klebrigkeiten und in stummem Leiden. Er weinte, weil sie ihn zum Weinen brachten, und weinen wird er aus diesem einzigen Grunde. In Leinen gewikkelt, ruht er in der Krippe, in Esels Nähe, doch ist nicht Gefahr, daß der ihn bisse, denn das Tier ist kurz angebunden. Zelomi war hinausgetreten, um die Nachgeburt zu vergraben, indessen Josef nun herbeikommt. Sie wartet, daß er eintritt, harrt weiter draußen, atmet die frische Brise der einfallenden Nacht, erschöpft ist sie, als hätte sie selbst geboren, dies stellt sie sich vor, denn eigene Kinder hat sie nie gehabt.

Den Hang herab nahen drei Männer. Es sind die Hirten. Sie treten in die Grotte, Maria hat sich lang hingelegt und die Augen geschlossen. Josef, auf einem Stein sitzend und den Arm auf den Rand der Krippe gestützt, scheint das Kind zu bewachen. Der erste Hirte trat vor und sagte, Mit diesen meinen Händen habe ich meine Schafe gemolken und ihre Milch eingesammelt. Maria schlug die Augen auf und lächelte. Es trat der zweite Hirte vor und sagte, Mit diesen meinen Händen habe ich die Milch zubereitet, habe Käse daraus gemacht. Maria nickte und lächelte wieder. Dann trat der dritte Hirte vor, einen Augenblick schien es, er mit seiner großen Statur fülle die Höhle aus, und er sprach, doch ohne den Vater und die Mutter des Neugeborenen anzuschauen, Mit diesen meinen Händen habe ich dieses Brot geknetet, das ich dir bringe, und mit jenem Feuer, das es nur drin in der Erde gibt, habe ich es gebacken. Da wußte Maria, wer er war.

Wie stets, seit die Welt Welt ist, ist da für jeden, der geboren wird, einer, der stirbt. Der von jetzt, wir meinen den Hinsterbenden, ist König Herodes, er leidet, mehr und schlimmer als es sich sagen läßt, an einem gräßlichen Jucken, das ihn fast zum Wahnsinn treibt, es ist, als nagten ihm die winzigen wilden Kiefer von einhunderttausend nimmermüden Ameisen am Körper. Nachdem die Leibärzte, ohne irgendeine Besserung, alle bis heute auf der ganzen bekannten Welt gebräuchlichen Balsame probiert hatten, einschließlich jener Ägyptens und Indiens, warfen sie sich, schon kopflos, oder, um es genauer zu sagen, in Angst, jenen zu verlieren, auf das wahllose Zusammenbrauen von Bädern und Suden, mengten in Wasser oder Öl sonstwelche Gräser und Pulver, die sonstwann gepriesen worden sein mochten, selbst wenn dies allen Anweisungen des Arzneimittelbuchs zuwiderlief. Der König, außer sich vor Schmerz und Grimm, mit Schaum vor dem Mund, als habe ihn ein tollwütiger Hund gebissen, droht, er wolle sie allesamt kreuzigen lassen, falls sie nicht schleunigst ein wirksames Mittel gegen seine Leiden finden, die sich nicht auf das schon erwähnte unerträgliche Brennen der Haut beschränken, und auf Konvulsionen, die ihn oft erfassen, ihn zu Boden werfen, aus ihm ein verwickeltes Knäuel machen, dem Sterben nahe, wobei ihm die Augäpfel aus den Höhlen quellen, indessen er mit den Händen seine Gewänder zerreißt, unter denen die Ameisen, sich vervielfachend, ihr verwüstendes Werk treiben. Das schlimmste, wahrlich schlimmste, ist der Brand, der sich in den letzten Tagen kundtat, und auch jener namenlose unerklärliche Schrecken, von dem man sich insgeheim im Palast erzählt, will heißen, die Würmer, die das Geschlechtsorgan des Königs befallen haben und diesen, nun ja, bei lebendigem Leibe aufzehren. Die Schreie des Herodes hallen wie Donner durch die Säle und Galerien des Palastes, seine Leibeunuchen tun kein Auge zu, kennen keine Ruhe mehr, die Sklaven niederer Dienste fliehen, wenn er ihre Wege kreuzt. Herodes schleppt einen nach Fäulnis stinkenden Körper mit sich, nichts hilft es da, die Gewänder mit Duftwässern zu tränken und die gefärbten Haare mit Pomaden zu bestreichen, einzig die berserkerische Wut erhält ihn am Leben. Umgeben von Ärzten und Wachsoldaten, läßt er sich in einer Sänfte durch den Palast tragen, von einem Ende zum anderen, auf der Suche nach Verrätern, die er seit langem überall sieht oder ahnt, und sein Finger weist unvermittelt auf einen Obereunuchen, der im Begriff war, zuviel Einfluß zu erlangen, oder auf einen widerborstigen Pharisäer, der gegen jene wettert, die das Gesetz mißachten, obwohl allen voran sie es wahren müßten, in dem Falle braucht kein Name genannt zu werden, man weiß, wer gemeint ist, nicht ausgeschlossen sogar des Herodes Söhne Alexander und Aristobul, die er einsperren und von einem eigens hierfür zusammengerufenen Tribunal aus Edelleuten zum Tode verurteilen ließ, nun, was sonst auch hätte dieser arme König tun sollen, der in seinen irren Träumen erlebte, daß diese mißratenen Söhne mit blankem Schwert auf ihn eindrangen, und der, im abscheulichsten seiner Alpträume, den eigenen abgeschlagenen Kopf wie in einem Spiegel betrachtete. Vor dem schrecklichen Ende konnte er sich bewahren, nun darf er in aller Ruhe die Leichen jener betrachten, die eine Minute zuvor noch Erben seines Thrones waren, seine eigenen Söhne, diese der Verschwörung, des Machtmißbrauchs und des Hochmuts beschuldigt und durch Erdrosseln zu Tode gebracht.

Jetzt aber martert ihn ein wiederkehrender Traum, aus den düstersten Tiefen des Hirns herrührend, unter Aufschreien fährt er jedesmal aus dem kurzen, unruhigen Schlaf, in den er, gänzlich erschöpft, abgetaucht war, sein verwirrter Geist läßt vor ihm den Propheten Micha erscheinen, jenen, der zu Zeiten des Jesaja lebte, Zeuge entsetzlicher Kriege, mit denen die Assyrer Samaria und Judäa überzogen, und da erscheint Micha und wettert gegen die Reichen und die Mächtigen, wie es einem Propheten ansteht, und der Sache gerecht. Micha, mit dem Staub der Schlachten bedeckt, die Tunika von frischem Blut befleckt, bricht in den Traum ein, mit einem Tosen, das nicht von dieser Welt sein kann, so, als stießen seine blitzenden Hände riesige Bronzetore auf, und mit Donnerstimme verkündet er, Seht, der Herr verläßt seinen erhabenen Ort, er steigt herab und schreitet dahin über die Höhen der Erde. Weh denen, die auf ihrem Lager Unheil planen und Böses ersinnen. Wenn es Tag wird, führen sie es aus, denn sie haben die Macht dazu. Sie wollen die Felder haben und reißen sie an sich, sie wollen Häuser haben und bringen sie in ihren Besitz. Sie wenden Gewalt an gegen den Mann und sein Haus, gegen den Besitzer und sein Eigentum. Und dann, in jeder Nacht, und jedesmal, nachdem er dies gesagt hat, wie auf ein Zeichen, das nur Herodes vernehmlich, entschwindet Micha, löst sich gleichsam in Luft auf. Was Herodes entsetzt und schweißgebadet aus dem Schlaf auffahren läßt, ist nicht so sehr das Erschrecken über die prophetischen Ausrufe, sondern der beängstigende Eindruck, daß sich sein nächtlicher Besucher immer genau in dem Augenblick zurückzieht, wenn er, an der Armgebärde oder an dem sich öffnenden Mund erkennbar, noch etwas hinzufügen möchte, es aber auf das nächste Mal vertagt. Nun, ein jeder weiß, daß König Herodes kein Mann ist, der sich von Drohungen einschüchtern läßt, peinigen ihn trotz seiner vielen Morde noch nicht einmal Gewissensbisse. Erinnern wir uns, er ließ den Bruder Mariamnes, seiner Lieblingsfrau, ersäufen, befahl ihren Großvater zu erdrosseln und zuletzt sie selbst, nachdem er sie des Ehebruchs angeklagt hatte. Wahr ist, daß er anschließend in eine Art Wahnsinn verfiel und mittendrin nach Mariamne rief, als wäre sie noch am Leben, doch er genas davon, zeitig genug, um dahinterzukommen, daß die Schwiegermutter, treibende Seele anderer früherer Machenschaften, Verschwörung betrieb, ihn zu stürzen gedachte. Ehe ein Credo gesprochen ist, befand sich auch die gefährliche Intrigantin im Pantheon jener Familie, mit der Herodes sich in abträglicher Stunde zum Schaden beider Seiten verbunden hatte. Dem König blieben als Thronerben seine drei Söhne, nämlich Alexander und Aristobul, von deren unglücklichem Ende wir bereits Kenntnis haben, und Antipater, den bald das gleiche Schicksal ereilte. Und schon jetzt, da ja nicht alles im Leben Tragödie und Schrecken ist, erwähnen wir, daß, dem Körper zu Stärkung und Trost, Herodes zehn in leiblichen Gaben prächtige Gemahlinnen hatte, doch ist gewiß, daß sie ihm zu diesem Zeitpunkt schon wenig nutze waren und er ihnen überhaupt nicht. Daß da nun aber ein Prophet als zornvolle Geistererscheinung auf den Plan tritt, um den mächtigen König von Judäa und Samaria, Peräa und Idumäa, Galiläa und Gaulanitis, Trachonitis, Auranitis und Batanäa nachts in Schrecken zu versetzen, den großartigen Monarchen, der über all dies verfügt und all das vollbracht hat, dies wäre ebensowenig von Belang, gäbe es nicht die rätselhafte Drohung, in die jeder seiner Träume ausmündet, jenen Augenblick, da in Aussicht gestellt und dann nicht eingehalten wurde, und weil nicht eingehalten, die Inaussichtstellung als Bedrohung ungeschmälert fortwirkt, indes welche, wie und für wann.

In eben dieser Zeit, dort im nahen Bethlehem, sozusagen Wand an Wand mit dem Palast des Herodes, hausten Josef und seine Familie in der Grotte, war doch ihr Aufenthalt dort für nur kurze Zeit veranschlagt, lohnte es nicht, eine andere Bleibe zu suchen, zumal schon damals Unterkunft ein echtes Problem, mit der zusätzlichen Erschwernis, daß der soziale wie auch der wucherische Vorteil der Zimmervermietung noch nicht erfunden war. Am achten Tage nach der Geburt trug Josef seinen Erstgeborenen in die Synagoge zur Beschneidung, und da also schnitt der Priester mit einem steinernen Messer und dem Geschick des Praktikers geübt die Vorhaut des plärrenden Kindes ein, deren Schicksal, von der Vorhaut reden wir, allein schon einen Roman ergäbe, erzählt ab diesem Augenblick, da sie nur erst ein kaum blutender blasser Hautring ist, bis zu ihrer ruhmvollen Heiligsprechung durch Papst Paschalis I. im neunten Jahrhundert unserer Zeitrechnung. Wen es drängt, jenen Gegenstand heute zu besichtigen, der suche nur eben die Parochialkirche von Calcata, nahe der italienischen Stadt Viterbo, auf, wo diese Reliquie gezeigt wird, den eifervollen Gläubigen zur Erbauung und den gottlosen Gaffern zur Wonne. Jesus solle sein Sohn heißen, sagte Josef, und so wurde er eingetragen in die Kataster des Herrgotts, nachdem er schon in die Register des Cäsar Einzug gehalten hatte. Der Knabe nahm die am Leib erlittene Verminderung nicht ohne vernehmliche Geistesäußerung hin, er weinte die ganze heilige Wegstrecke über, bis zur Grotte, wo die bängliche Mutter seiner harrte, was nicht verwunderlich, da er ihr erster ist, Mein Ärmster, ach, mein armer Kleiner, sagte sie, öffnete gleich das Gewand und gab ihm die Brust, zuerst die linke, vielleicht, weil sie dem Herzen am nächsten. Jesus, doch er kann noch nicht wissen, daß dies sein Name ist, solange er nur eben ein kleines Wesen, nicht anders als ein Küchlein, ein Welpe, ein Lämmchen, Jesus, sagten wir, ächzte selig zufrieden, spürte gegen das Gesicht die sanfte Fülle des Busens, die Feuchte der Haut beim Berühren einer anderen Haut. Der Mund füllte sich ihm mit dem süßlichen Geschmack der Muttermilch, und die tätliche Beleidigung zwischen den Schenkeln, zunächst unerträglich, spürte er kaum noch, sie löste sich in einer Art Genuß, der aufwallte und doch nicht ganz, als hielte eine Schwelle ihn zurück, eine verschlossene Tür oder ein Verbot. Während er wächst, werden ihm diese ursprünglichen Empfindungen abhanden kommen, in einem Maße, daß er sich später nicht vorstellen kann, sie je gehabt zu haben, so ergeht es uns allen, wo immer wir geboren wurden, von einem Weib allemal, und welches Schicksal auch immer unser harrt. Wagten wir, Josef eine solche Frage zu stellen, und bewahre Gott uns vor solcher

Unschicklichkeit, dann würde er erwidern, ein Familienoberhaupt habe andere und ernstere Sorgen, er fortan müsse strampeln, um zwei Münder zu ernähren, was sich eher leicht hersagt, wenn man den Sohn so unmittelbar an der Mutter saugen sieht, aber dennoch nichts an Kraft und Triftigkeit verliert. In der Tat hat Josef Grund zu Besorgnis, da ist die Frage, wovon die Familie leben wird, bis sie nach Nazareth zurückkehren können, denn die Geburt hat Maria geschwächt, sie wäre nicht in der Verfassung, die lange Reise anzutreten, auch gilt es zu warten, daß die Zeit ihrer Unreinheit verstreicht, dreiunddreißig Tage muß sie der Läuterung ihres Bluts harren, gerechnet von eben diesem Tage an, dem der Beschneidung. Das von Nazareth mitgebrachte, ohnehin kärgliche Geld geht zur Neige, und Josef kann seinen Zimmermannsberuf hier nicht ausüben, da ihm das Werkzeug fehlt, außerdem das zum Holzkauf benötigte Zusatzgeld, das Leben der armen Leute schon dazumal schwer, und Gott konnte nicht für alles Vorsorge treffen. Aus der Grotte hallte ein kurzer, unartikulierter Klagelaut, der jäh abbrach, ein Zeichen, daß Maria den Sohn von der linken Brust zur rechten gewechselt hatte, und daß dem einen Augenblick lang Mangel spürenden Knaben der Schmerz an der beleidigten Stelle wieder bewußt war. Bald aber, wohlgesättigt, schläft er im Schoß der Mutter ein, und nicht aufwachen wird er, als sie ihn in die schirmende Krippe legt, so äußerst behutsam, als vertraute sie ihn einer liebevollen treuen Amme an. Josef, am Eingang der Höhle sitzend, wälzt weiter seine Gedanken, überdenkt die Lebensumstände, schon weiß er, daß Bethlehem ihm keine Möglichkeit bietet, noch nicht einmal als Tagelöhner, denn das hat er schon versucht, ohne Erfolg, außer acht die üblichen Reden, Sollte ich eine Hilfskraft benötigen, lasse ich dich rufen, solche Versprechungen füllen den Magen nicht, obwohl dieses Volk seit seinem Aufkommen von ihnen lebt.

Tausendfach hat die Erfahrung, selbst bei dem Überlegen nicht sonderlich zugetanen Menschen, bewiesen, daß sich ein guter Einfall am ehesten dann einstellt, wenn man dem Gedanken nach dessen Belieben und Neigungen freien Lauf läßt, bei zerstreut tuender Aufmerksamkeit, so als dächte man an etwas ganz anderes, plötzlich aber wirft man sich auf das ungewärtigt Gefundene wie ein Tiger auf die Beute. Solcherweise brachten die falschen Versprechungen von Bethlehems Schreinern Josef dahin, über Gott nachzudenken und dessen Versprechungen, wahre Versprechungen, von da kam sein Gedanke auf Jerusalems Tempel und die dort im Gange befindlichen Bauarbeiten, nun, weiß ist es und von der Henne gelegt, und das kennt man ja, wo ein Werk im Gange, da werden in der Regel Arbeiter benötigt, allem voran Maurer und Steinmetze, aber auch Zimmerleute, und sei es, um Balken zu behauen und Bretter zu hobeln, derbe Tätigkeiten, die Josef beherrscht. Einziger Nachteil dieser Lösung, sofern sie ihn einstellen, der Arbeitsplatz ist weit fort, vor sich hätte er gut anderthalb Stunden Fußmarsch oder mehr, bei tapferem Ausschreiten, denn von hier bis hin sind es lauter Steigungen, ohne daß ihm ein heiliger Alpinist zu Diensten, außer er führte den Esel mit, doch dann steht für Josef die ernste Frage, wo dem Esel einen sicheren Stellplatz finden, denn mag jener Fleck, allen anderen voraus, Gottes Vorzug genießen, so ist er doch nicht frei von Dieben, erinnern wir uns lediglich daran, was Prophet Micha Nacht für Nacht sagt.

Über diesen vertrackten Fragen grübelte Josef, als Maria aus der Grotte trat, gerade eben hatte sie den Sohn gestillt und ihn dann in die Krippe gelegt, Wie geht es Jesus, fragte der Vater, sich der Lächerlichkeit einer so gestellten Frage reichlich bewußt, doch größer war sein Stolz, einen Sohn zu haben und ihn beim Namen zu nennen, Dem Jungen geht es gut, sagte Maria, für die der Name das Nebensächlichste auf der Welt, sie könnte ihn ihr ganzes Leben lang Junge nennen, wäre sie nicht gewiß, daß ihm, unabwendbar, weitere Söhne folgen werden, sie alle Junge nennen, ergäbe eine Verwirrung wie die zu Babel. Josef, die Worte in einer Weise sprechend, als dächte er nur eben laut, um nicht zu viel Vertraulichkeit aufkommen zu lassen, sprach, Ich muß mich für die Dauer unseres Hierseins nach einem Verdienst umschauen, Bethlehem hat keine rechte Arbeit für mich. Maria erwiderte nichts, hatte nichts zu erwidern, sie war nur zum Hören da, und selbst so erwies ihr der Mann hohe Gunst. Josef schaute zur Sonne auf, veranschlagte, wie lange er wohl für den Hin- und Rückweg benötigte, holte aus der Höhle Umhang und Ranzen, kam und verkündete, Mit Gott gehe ich und auf Gott baue ich, daß er mir Arbeit gebe in seinem Haus, falls er einer so großen Gnade jenen für würdig erachtet, der in ihn alle Hoffnung setzt und ein ehrbarer Handwerker ist. Er warf den rechten Schoß des Umhangs über die linke Schulter, hängte sich den Ranzen über und eilte ohne ein weiteres Wort davon.

Es gibt in Wahrheit glückliche Stunden. Obwohl die Arbeiten am Tempel schon weit gediehen waren, bot sich für neue Bewerber durchaus Arbeit, vor allem, wenn sie sich beim Aushandeln des Lohns nicht zu anspruchsvoll zeigten. Ohne weiteres bestand Josef die Eignungsprüfung, der ein Vorarbeiter der Zimmerleute ihn oberflächlich unterzog, ein überraschendes Ergebnis, das uns zum Überlegen veranlassen sollte, ob wir in unseren seit Beginn dieses Evangeliums bezüglich der beruflichen Fähigkeiten von Jesu Vater gemachten abfälligen Bemerkungen nicht etwas ungerecht waren. Fort begab sich der neu eingestellte Tempelarbeiter, dem Herrgott vielfach Dank gebend, hin und wieder hielt er seinen Weg kreuzende Reisende an und bat sie, in seine Lobpreisungen Gottes einzustimmen, und diese, gütig, taten ihm Genüge, mit breitem Lächeln, denn in diesem Volk war die Freude des einzelnen fast stets auch die Freude aller, wir reden, freilich, von kleinen Leuten wie diesen. Als Josef vor Rahels Grab gelangte, hatte er, eher den Eingeweiden denn dem Hirn entsprossen, den Gedanken, diese Frau, die sich so innig ein zweites Kind wünschte, war, mit Verlaub der Ausdruck, von eben dessen Händen umgebracht worden, sie hatte noch nicht einmal Zeit gehabt, es irgendwie kennenzulernen, kein einziges Wort, kein Blick, ein Körper, der sich von einem anderen trennt, gleichgültig wie eine Frucht, die sich vom Baume löst. Dann kam ihm ein noch traurigerer Gedanke, daß den Tod der Kinder stets die Eltern verschulden, die sie zeugten, und die Mutter, die sie in die Welt setzt, und leid tat ihm da sein Sohn, daß der, eigener Schuld bar, zum Tode verurteilt war. Zimmermann Josef, bekümmert und verwirrt, da vor dem Grab der Lieblingsfrau Jakobs, ließ die Arme und den Kopf hängen, seinen Körper in Gänze badete kalter Schweiß, und auf der Straße, jetzt, kam niemand daher, den er um Beistand hätte anrufen können. Erstmals in seinem Leben, so wurde ihm bewußt, zweifelte er an der Vernünftigkeit der Welt, und wie einer, der auch die letzte Hoffnung fahren läßt, sprach er laut, Hier werde ich sterben. Vielleicht könnten diese Worte, in anderen Fällen, sofern wir imstande, sie mit aller Kraft und Überzeugung auszusprechen, wie es vermutlich den Selbstmördern möglich, vielleicht könnten diese Worte uns ohne Schmerzen und Tränen, ganz von sich, jenes Tor auftun, das aus der Welt der Lebenden hinausführt, doch die meisten Menschen sind wankend, eine sich türmende Wolke lenkt sie ab, eine ihr Netz webende Spinne, der einen Schmetterling jagende Hund, eine scharrende und glucksend ihre Küklein rufende Henne, oder etwas noch Mindereres, am eigenen Leib, etwa ein Jucken im Gesicht, dem ein Kratzen folgt, und dann die Frage, Woran dachte ich soeben. So auch wurde Rahels Grab im Handumdrehen das, was es war, ein getünchter kleiner Bau, fensterlos, gleichsam verlorener Würfel, vergessen, weil zum Spiel nicht benötigt, der Stein, der den Eingang verschließt, fleckig vom Schweiß und Schmutz der Hände der Pilger, die seit Urzeiten herkommen, und ringsum Ölbäume, die vielleicht schon damals alt waren, als Jakob diesen Fleck der beklagenswerten Mutter zur letzten Wohnstätte erkor und so viele der Bäume rodete wie für den freien Fleck erforderlich, schließlich kann man sehr wohl behaupten, das Schicksal existiert, das Schicksal eines jeden liegt in den Händen der anderen. Hierauf entfernte sich Josef, indes nicht ohne zuvor ein Gebet gesprochen zu haben, das ihm für die Gelegenheit und den Ort am treffendsten schien, er sprach, Gepriesen seist du, Herr, unser Gott, und Gott unserer Väter, Gott Abrahams, Gott Isaaks und Gott Jakobs, großer machtvoller, wunderbarer Gott, gepriesen seist du. Als Josef später die Grotte betrat, eilte er, noch bevor er der Frau verkündete, daß er Arbeit gefunden hatte, hin vor die Krippe, um den schlafenden Sohn zu sehen. Ihn durchfuhr der Gedanke, sterben, sterben muß er, und das Herz tat ihm weh, doch dann fiel ihm ein, daß nach der natürlichen Ordnung der Dinge zuerst er stürbe, und dieser sein Tod, dem Kreis der Lebenden ihn enthebend, ihn abwesend machend, verlieh dem Sohn irgendwie, wie soll man es ausdrücken, begrenzte Ewigkeit, mit Verlaub der Widerspruch, Ewigkeit jedenfalls, die noch für ein Weilchen anhält, wenn jene, die wir kannten und liebten, schon nicht mehr sind.

Josef hatte dem Vorarbeiter seiner Gruppe nicht gesagt, daß er nur wenige Wochen hier zu bleiben gedächte, mit Sicherheit nicht mehr als fünf Wochen, bis er den Sohn in den Tempel tragen könnte, die Mutter sich gereinigt hätte und die Koffer gepackt wären. Verschwiegen hatte er es aus Angst, sie würden ihn sonst nicht nehmen, eine Einzelheit, die beweist, daß der Zimmermann aus Nazareth nicht recht in Kenntnis der Beschäftigungsverhältnisse seines Landes ist, vielleicht, weil er sich als ein Werksmann betrachtet, der auf eigene Rechnung arbeitet, und in der Tat, ein solcher ist er, und demnach nicht im Bilde über die Gegebenheiten der Arbeitswelt, die zu jenen Zeiten fast ausschließlich aus Tagelöhnern bestand. Aufmerksam zählte er die noch ausstehenden Tage, vierundzwanzig, dreiundzwanzig, zweiundzwanzig, und um nicht zu irren, richtete er an einer der Grottenwände einen Behelfskalender ein, neunzehn, mittels Strichen, die er nacheinander tilgte, sechzehn, Marias respektvolle Verwunderung genießend, vierzehn, dreizehn, die dem Herrgott dankte, daß er ihr, neun, acht, sieben, sechs, einen in allem so fähigen Ehemann beschert hatte. Zu ihr hatte Josef gesagt, Gleich nach unserem Tempelbesuch reisen wir, denn schon vermissen mich Nazareth und die Kunden, die ich dort zurückgelassen habe, und sie, sanft, damit es nicht schien, sie verbessere ihn, Aber zuvor müssen wir der Besitzerin der Grotte danken, und der Sklavin, die mir geholfen hat und fast täglich kommt und sich nach dem Befinden des Kindes erkundigt. Josef sagte hierauf nichts, nie würde er eingestehen, daß er an eine so elementare Geste nicht gedacht hatte, der Beweis hierfür war, daß er den Esel schon bepackt mitnehmen, ihn während der Riten in Obhut hatte lassen wollen, und dann ab nach Nazareth, ohne Zeit zu verlieren mit Danksagungen und Verabschiedungen. Recht hatte Maria, platte Gemeinheit wäre es, sie verdrückten sich ohne ein Wort, doch wenn sich die Ärmste gegen ihn in allem durchsetzte, müßte er denn auch eingestehen, daß er in Sachen Benimm gewaltige Mängel aufwies. Eine Stunde lang, des eigenen Fehlers wegen, grollte er seiner Frau, die übliche Reaktion zur Abwehr von Gewissensbeschuldigung. Sie würden also zwei oder drei Tage länger bleiben, würden gut und geziemend Abschied nehmen unter solcherart und so vielen Verbeugungen, daß da nicht Zweifel und nicht Schulden blieben, und dann, jawohl, könnten sie aufbrechen und hinterließen in den Bethlehemern die glückliche Erinnerung an eine Familie frommer, wohlerzogener und pflichttreuer Galiläer, was allerdings eine bemerkliche Ausnahme, wenn man bedenkt, eine wie wenig gute Meinung Jerusalem und Umgebung gemeinhin von den Leuten aus Galiläa hat.

Es kam, endlich, der denkwürdige Tag, da der Knabe Jesus zum Tempel gebracht wurde, in den Armen der

Mutter, die den geduldigen Esel ritt, der von Beginn an diese Familie begleitet und ihr beisteht. Josef führt den Esel am Halfter, er ist in Eile, möchte, auch wenn so knapp vor der Abreise, nicht einen ganzen Arbeitstag verlieren. Darum auch waren sie frühzeitig aufgebrochen, als der frische Morgen mit seinen aurorahaften Händen letzte Schatten der Nacht fortwischte. Schon liegt Rahels Grab hinter ihnen, als sie daran vorbeizogen, hatte loderndes Granatrot dessen Stirnseite erhellt, es schien nicht mehr selbige Mauer, die im nächtlichen Dunkel so bleich wirkt und der ein hoch stehender Mond die bedrohliche Weiße von Gebeinen verleiht oder sie, beim Aufgehen, gleichsam mit Blut überzieht. Mittlerweile ist der Knabe Jesus aufgewacht, nun aber zeigt er sich tapfer, denn beim vorigen Mal, als seine Mutter ihn für die Reise einwindelte, schlug er die Augen auf, und schon bettelte er mit seiner greinenden Stimme, seiner bisher einzigen, um Nahrung. Dereinst wird er, wie ein jeder von uns, andere Stimmen erlernen, mit denen er anderen Arten von Hunger und anderen Tränen dann Ausdruck gibt.

Jerusalem schon nahe, am steilen Hang ging die Familie in der Menge der Pilger und Händler auf, die der Stadt zustrebte, jeder schien dort als erster eintreffen zu wollen, mäßigte aber zur Vorsicht den Schritt und dämpfte die Erregung beim Anblick der römischen Soldaten, die paarweise die Menschenansammlungen überwachten, oder wenn hier und da ein Trupp auftauchte aus des Herodes Söldnerarmee, in der alles vertreten war, zwangsverpflichtete Juden freilich, aber auch Idumäer, Galater und Thraker, Germanen und Gallier, und sogar Babylonier, die als äußerst geschickte Bogenschützen galten. Josef, Zimmermann und Mann des Friedens, Kämpfer mit jenen friedvollen Waffen, die da heißen Hobel und Krummhaue, Schlegel und Hammer oder Nägel und Bolzen, er betrachtet diese Aufschneider mit gemischten Gefühlen, da ist viel Furcht, aber auch etwas Verachtung, was ihm seine Natürlichkeit raubt, selbst in der Art zu schauen. Also geht er gesenkten Blicks vorüber, und Maria ist es, die stets im Hause Hockende, die in den letzten Wochen noch strenger Verwahrte, in eine Höhle Gesperrte, wo nur eine Sklavin sie aufsuchte, Maria ist es, die ringsum alles in Augenschein nimmt, neugierig, das Kinn erhoben in begreiflichem Stolz, sie, die ein schwaches Weib, aber, wie hier zu sehen, sehr fähig, dem Herrgott und ihrem Manne Kinder zu schenken. So sehr strahlt sie in ihrem Glück, daß einige rohe und gemeine gallische Söldner, Blondlinge mit gewaltigen hängenden Schnurrbärten, bewaffnet, jedoch, kann man vermuten, von weichem Herzen angesichts dieser erneuerten Welt in Gestalt einer jungen Mutter und ihres Erstgeborenen, daß also diese hartgesottenen Krieger, als die Familie vorüberzieht, ein Lächeln aufsetzen, dabei faule Zähne entblößen, ei gewiß, doch was zählt, ist die gute Absicht.

Da der Tempel. Aus der Nähe betrachtet, von der unteren Ebene, auf der wir uns befinden, mutet er ein schwindelerregender Bau an, ist er ein Gebirge übereinandergetürmter Steine, deren einige so gewaltig groß, daß man meint, keine Macht der Welt könnte sie zurüsten, heben, schichten, schlichten, trotzdem sind sie da, vereint kraft ihres Gewichts, ohne Mörtel, so einfach, als wäre alles hier ein gestapeltes Werk, bis hinauf zu den höchsten Zinnen, die, von unten gesehen, den Himmel zu streifen scheinen, gleichsam zweiter und anders gearteter Turm zu Babel, den Gottes Hand dennoch nicht wird schirmen und retten können, denn ihn erwartet ein ähnliches Schicksal, Zerstörung und Verwirrung, vergossenes Blut, Stimmen die Tausende Male dann fragen, Warum, warum nur, meinend, daß es eine Antwort gibt, und die früher oder später dann verstummen, denn das einzig Gewisse ist das Schweigen. Josef stellte den Esel in einer Tierkarawanserei ein, wo sich zur Pesachzeit oder zu sonstigen Festen bei der drangvollen Enge ein Kamel noch nicht einmal die Fliegen mit dem Schwanz hätte verscheuchen können, doch in diesen Tagen, nun die zur Eintragung in die Steuerlisten angesetzte Frist verstrichen und die Reisenden heimgekehrt waren, hatten diese nur übliche Belegung, und jetzt eben übrigens eine weit geringere, weil es Morgen war. Im Vorhof der Heiden indes, der innerhalb des großen Arkadenrechtecks das eigentliche Tempelgelände umgab, herrschte schon ein rechtes Menschengewühl, da waren Wechsler, Verkäufer von Tauben, Lämmern und Zicklein, Pilger, die aus diesem oder jenem Grunde kamen, auch viele Ausländer, die Neugierde hierher trieb, den von König Herodes befohlenen Tempelbau, von dem man in der ganzen Welt spricht, in Augenschein zu nehmen. Doch da der Vorhof so riesig groß war, mochte, wer an der fernen Gegenseite war, sich klein wie ein winziges Insekt vorkommen, als gedächten die Baumeister des Herodes, Gottes Blick für sich beanspruchend, die Nichtigkeit des Menschen im Angesicht des Allmächtigen zu unterstreichen, sonderlich, wenn es sich um Heiden handelte. Denn die Juden, sofern sie nicht zu müßigem Spazieren herkamen, strebten die Mitte des Hofes an, den Mittelpunkt der Welt, den Nabel der Nabel, das Heilige alles Heiligen. Dorthin begeben sich Zimmermann Josef und sein Weib, dorthin wird Jesus getragen, doch zuvor hat sein Vater zwei Tauben gekauft, bei einem Tempelkommissar, sofern diese Bezeichnung zutrifft auf einen, der für sich das Monopol dieses heiligen Handels in Anspruch nimmt. Die armen Vögelchen ahnen nicht, was ihnen bevorsteht, obwohl der Geruch nach verbranntem Fleisch und verschmorten Federn, der in den Lüften hängt, niemand täuschen sollte, geschweige die noch kräftigeren Gerüche, wie der nach Blut oder nach den Dungfladen der zur Schlachtbank gezerrten Opferstiere, die sich in ahnungsvoller Angst leidigerweise bekleckern. Josef trägt die Tauben, hält sie gut verwahrt im Hohl seiner Zimmermannspranken, und sie, getäuscht, picken ihm, rein aus Wonne, zart die in Form eines Käfigs gebogenen Finger, als wollten sie ihrem neuen Herrn kundtun, Gut, daß du uns gekauft hast, bei dir möchten wir bleiben. Maria achtet auf nichts, sie hat jetzt Augen nur für ihren Sohn, Josefs Haut aber ist zu zäh, als daß er die gemorste liebliche Botschaft des Taubenpärchens wahrnehmen und entschlüsseln könnte.

Sie werden durch das Holztor eintreten, einen der dreizehn Zugänge in den Tempel, der wie alle anderen mit einer Hinweistafel aus Stein versehen ist, auf der, in Griechisch und Latein eingemeißelt, zu lesen steht, Verbot für jeden Fremden, die Absperrung zu überschreiten und in den Bezirk des Heiligtums einzutreten. Jeder Übertreter, der ergriffen wird, trägt die Verantwortung für sein eigenes Todesurteil. Josef und Maria treten ein, auch Jesus, von ihnen getragen, und später werden sie dies hier heil verlassen, die Tauben aber, wußten wir bereits, sterben, so will es das Gesetz, auf daß Marias Reinigung Anerkennung und Bestätigung erfahre. Ein voltairianischer Geist, spöttisch und respektlos, aber keineswegs originell, würde es sich nicht verkneifen, zu bemerken, daß die Welt allem Anschein nach zur Erlangung ihrer Reinheit unschuldiger Tiere bedarf, ob dies nun Tauben oder Lämmer. Josef und Maria steigen die vierzehn Stufen hinan, die nun endlich Zugang geben zur Terrasse, auf der sich der Tempel erhebt. Von da gelangen sie in den Vorhof der Frauen, linkerhand befindet sich das Lager mit dem Öl und dem Wein, die zur Liturgie verwendet werden, rechts ist der Aufenthaltsraum der Nasiräer, das sind Priester, die nicht dem Stamm der Leviten angehören und denen es verboten ist, sich die Haare zu schneiden, Wein zu trinken und sich einem Leichnam zu nähern. Auf der gegenüberliegenden Seite, links und rechts des dortigen Tores, befindet sich hie der Raum, in dem die sich geheilt wähnenden Aussätzigen warten, daß die Priester sie in Augenschein nehmen, und da das Lager mit dem Holz, dem täglich gesichteten, denn das Altarfeuer darf nicht mit morschem oder wurmstichigem Holz gespeist werden. Für Maria sind es nun nur noch wenige Schritte. Sie wird noch die fünfzehn Stufen zum Nikanor-Tor, auch Kostbares Tor genannt, hinansteigen, da aber stehenbleiben, denn den Frauen ist der Eintritt in den Vorhof der Israeliten, dorthin jener Eingang führt, nicht gestattet. Da harren die Leviten jener Gläubigen, die Opfergaben bringen, doch an diesem Ort mutet die Stimmung alles andere als weihevoll fromm an, es sei denn Frommheit damals wäre anders verstanden worden, hier ist es Qualm von Brutzelfett, Geruch nach frischem Blut und nach Weihrauch, obendrein lautes Eifern von Menschen, Geblöke, Mää und Meckern der zur Schlachtung anstehenden Tiere und das letzte Krächzen eines Vogels, der einst zu singen wußte. Maria sagt zum Leviten, der sie bediente, sie sei zur Reinigung gekommen, und Josef überreicht die Tauben. Maria legt die Hände auf die Vögelchen, ganz kurz, es ist ihre einzige Geste, dann entfernen sich der Levit und der Ehemann, verschwinden durch das Tor hinein. Maria wird sich nicht vom Fleck rühren, bis Josef wieder erscheint, sie tritt nur etwas zur Seite, um den Verkehr nicht zu behindern, und mit dem Kind im Arm wartet sie.

Dort drin ein Loderfeuer, ein Hackklotz und eine Schlachtbank. Auf zwei geräumigen Steintischen werden die größeren Opfertiere vorbereitet, die Stiere und die Kälber, doch auch Hammel und Lämmer, Ziegen und Ziegenböcke. In der Nähe der Tische befinden sich steinerne Pfeiler, wo an eingelassenen Haken die Rindshälften aufgehängt werden, und da sieht man, wild geschäftig zu Werke, das gesamte Metzgerarsenal, Stichmesser, Schneidemesser, Hackbeile, Sägen, die Luft ist stickig vom Rauch brennenden Holzes und der verbrannten Felle, vom dampfenden Blut und vom Schweiß, eine beliebige Seele, noch längst keine heilige, eine gemeine, wird schwerlich verstehen, wie sich der Herrgott glücklich fühlen kann in dieser wüsten Schlächterei, ist er doch, wie man sagt, der gemeinsame Vater der Menschen und der Tiere. Josef muß außerhalb der Absperrung bleiben, die den Vorhof der Israeliten von dem der Priester trennt, doch ganz ungehindert kann er von da aus den Großen Altar betrachten, der in der Höhe mehr als das Vierfache eines Menschen mißt, und im Hintergrund ist der Tempel, also nun endlich der wahrhaftige, denn dies hier gleicht jenen ineinandergesteckten Schachteln, die China schon zu dieser Zeit herstellte, eine in der anderen verwahrt, wir sehen das Heiligtum von fern und sagen,

Der Tempel, und in den Vorhof der Heiden getreten, sagen wir abermals, Der Tempel, und nun lehnt Zimmermann Josef an der Absperrung, schaut und sagt, Der Tempel, und recht hat er, da ist die breite Fassade mit ihren in die Wand eingelassenen vier Säulen, mit ihren von Bärenklaublättern gezierten Kapitellen, nach griechischer Mode, und da ist der riesig hohe Portalrahmen, ohne gegenständliches Portal, doch wollte einer in des Herrgotts Wohnung vordringen, also in den Tempel der Tempel, müßte er alle Verbote übertreten, es gälte den Heiligen Ort, Hereal genannt, zu durchqueren und, endlich, den Debir zu betreten, die letzte, wirklich letzte Schachtel, das Allerheiligste, jene schreckliche Kammer aus Stein, die leer ist wie das Universum, ohne Fenster, dorthin das Licht des Tages nie vordrang und nie hingelangen wird, außer wenn die Stunde der Zerstörung und des Untergangs schlägt und alle Steine dann einander gleichen werden. Gott ist desto mehr Gott, je unerreichbarer, und Josef ist lediglich der Vater eines jüdischen Knaben unter jüdischen Knaben, der zwei unschuldige Tauben sterben sieht, der Vater, nicht der Sohn, letzterer, unschuldig auch er, blieb in den Armen der Mutter zurück, mit der Vorstellung, sofern er eine hat, daß die Welt immer so sein wird.

Am Altar, dem aus großen ungefügen Steinen, die kein metallisches Werkzeug berührte, seit sie, dem Steinbruch entrissen, hergelangten, um ihren Platz einzunehmen in diesem gigantischen Bauwerk, wartet ein in eine Leinentunika gekleideter barfüßiger Priester, daß der Levit ihm die Tauben überreicht. Er nimmt die erste entgegen, trägt sie zu einer Ecke des Altars und dort, ruckartig, reißt er ihr den Kopf ab. Das Blut spritzt. Der Priester besprüht mit dem Blut den unteren Teil des Altars, dann geht er und legt den kopflosen Vogel über einen Abfluß, damit das Tier ausblutet, und von dort holt er es, wenn sein Dienst zu Ende, denn nun ist es sein. Die andere Taube erfährt die würdevolle Ehre, im ganzen geopfert zu werden, will heißen, sie wird verbrannt. Der Priester steigt die zum Altar führende Rampe empor, hinauf zum heiligen Feuer, und über dem Gesims, in der anderen Ecke dieser Seite, der südöstlichen, da südwestlich die erste, reißt er der Taube den Kopf ab, besprüht mit dem Blut die Plattform, in deren Ecken Verzierungen in Gestalt von Rindshörnern aufragen, dann fetzt er ihr die Eingeweide heraus. Niemand achtet so recht der Vorgänge, es ist ja nur ein minderes Sterben. Josef, den Blick erhoben, möchte zwischen dem allgemeinen Rauch und den allgemeinen Gerüchen den Rauch und den Geruch seiner Opfergabe herauserkennen, wenn der Priester, nachdem er Kopf und Rumpf des Vogels mit Salz bestreut hat, diese dann in die Flamme wirft. Wenig Gewißheit gewinnt Josef. Da, zwischen den wirren Flammen brennend, angefacht vom Fett, füllt der aufgerissene schmächtige Leib des Täubchens noch nicht einmal den Hohlzahn des Herrgotts. Und unten, am Fuße der Rampe, harren bereits die nächsten Priester. Ein Ochsenkalb fällt unter dem Schlag der Keule, gleichsam vom Blitz getroffen, mein Gott, mein Gott, wie zerbrechlich hast du uns gemacht, und wie leicht man stirbt. Für Josef hier ist nun alles getan, er hat den Rückzug anzutreten und Frau und Kind mitzunehmen. Maria ist wieder rein, von wahrhaftiger Reinheit freilich keine Rede, die vermögen menschliche Wesen allgemein und die Frauen im besonderen nicht zu erlangen. Tatsache war, daß dank Zeit und Enthaltsamkeit ihre Ausflüsse und Säfte sich normalisierten, alles ist nun wieder wie früher, außer daß die Welt zwei Tauben weniger hat, und ein Kind mehr, das deren Tod bewirkte. Den Tempel verließen sie durch das Tor, das sie hereinwärts durchschritten hatten, Josef holte den Esel, und während Maria, sich eines großen Steins bedienend, auf dem Eselsrücken bequem Platz nahm, hielt der Vater den Sohn im Arm, das war schon etliche Male geschehen, nun aber, vielleicht jener Taube wegen, der man in seiner Gegenwart die Eingeweide herausgerissen hatte, zögerte er, ihn der Mutter zu geben, als glaubte er ihn in seinen Armen am besten geschützt. Er begleitete die Familie bis zum Stadttor, denn kehrte er zum Tempel zurück, zur Arbeit. Auch morgen wird er kommen, um die Woche vollzumachen, aber dann gepriesen ewiglich die Kraft des Herrn, kein Augenblick mehr vertan, sie werden nach Nazareth zurückkehren.

In dieser Nacht endlich verriet Prophet Micha, was er bisher verschwiegen hatte. Als König Herodes in seinem agonischen, aber schon fügsamen Traum darauf gefaßt war, daß sich die Erscheinung fortscherte, nach dem üblichen Gezeter, an das er sich gewöhnt hatte und das, weil oft wiederholt, nun harmlos dünkte, als er gewärtigte, daß sie verschwände, einmal mehr im letzten Augenblick mit der nicht ausgesprochenen Drohung auf den Lippen, da, unversehens, warf sich die mächtige Gestalt auf, verkündete, Aber du, Bethlehem-Efrata, so klein unter den Städten Judas, aus dir ist mir einer hervorgegangen, der über Israel herrschen soll. Hier erwachte der König. Wie der Klang der längsten Harfensaite schwangen die neuen Worte des Propheten im Schlafgemach fort. Herodes lag mit offenen Augen da, er versuchte den tieferen Sinn dieser Offenbarung zu ergründen, sofern es ihn gab, und so angestrengt war sein Grübeln, daß er die ihn unter der Haut benagenden Ameisen und die über seinen letzten inneren Fibern geifernden und diese verderbenden Würmer kaum wahrnahm. Die Prophezeiung barg nichts Neues, sie war ihm vertraut wie jedwedem Juden, und der Propheten Verkündigungen hatten ihn noch nie geschert, er war hinlänglich beschäftigt mit den Verschwörungen im Familienschoß. Dies nun aber verwirrte ihn doch, eine seltsame Unruhe erfaßte ihn, das Gefühl, vor etwas beängstigend Fremden zu stehen, so, als wären die vernommenen Worte sie selbst und doch andere, etwa daß sie in einer kurzen Silbe, einer schlichten Partikel, einem vorbeihuschenden Laut, irgendeine drängende und furchterregende Bedrohung enthielten. Er versuchte diese Zwangsvorstellung abzustreifen, wollte weiterschlafen, doch der Körper verweigerte sich dem, tat sich den Schmerzen auf, gespalten bis ins Mark. Denken war da gleichsam Schutzvorkehrung. König Herodes starrte zu den Deckenbalken auf, deren Ornamente das Licht zweier von Brandschirmen gedämpfter Duftfackeln zu bewegen schien, er suchte nach einer Antwort und fand sie nicht. Da rief er laut nach dem Hauptmann der seinen Schlaf beschützenden Eunuchengarde, befahl ihn zu sich, rief, Einen Tempelpriester her, sofort, und er soll das Buch des Propheten Micha mitbringen.

Über dem Hin und Her, vom Palast zum Tempel, vom Tempel zum Palast, verging fast eine Stunde. Schon zog die Morgenhelle herauf, als der Priester das Gemach betrat, Lies, befahl ihm der König, und jener hob an, Das Wort des Herrn, das an Micha aus Moreschet erging in der Zeit, als Jotam, Ahas und Hiskija Könige von Juda waren. Er fuhr im Lesen fort, bis Herodes sagte, Weiter vor, und der Priester, verwirrt, nicht verstehend, warum man ihn gerufen hatte, sprang auf eine andere Passage über, Wehe denen, die auf ihrem Lager Unheil planen und Böses ersinnen, hier aber unterbrach er sich, erschrocken ob seiner Unbedachtheit, und haspelnd, als wollte er das Gesagte vergessen machen, fuhr er fort, Am Ende der Tage wird es geschehen, der Berg mit dem Haus des Herrn steht fest gegründet als höchster der Berge, er überragt alle Hügel, Weiter vor, knurrte Herodes, es drängte ihn eilig zu der ihn bewegenden Passage, und endlich las der Priester, Aber du, Bethlehem-Efrata, so klein unter den Städten Judas, aus dir wird einer hervorgehen, der über Israel herrschen soll. Herodes hob die Hand, Wiederhole, befahl er, und der Priester gehorchte, Nochmals, und wieder las der Priester, Das langt, sagte der König, und nach langem Schweigen, Das langt, geh. Nun erklärte sich alles, das Buch kündigte eine Geburt an, mehr nicht, der ihm im Traum erschienene Micha aber meldete, die Geburt habe schon stattgefunden, Du sagst es, sehr klare Worte, wie alle Prophetenworte, selbst wenn wir sie falsch deuten. Herodes überlegte, seine Miene verfinsterte sich mehr und mehr, zum Fürchten erschreckend, er bestellte den Hauptmann der Wache zu sich und erteilte ihm einen Befehl, der unverzüglich auszuführen sei. Als der Hauptmann zurückkehrte, Auftrag erfüllt, bekam er einen weiteren Befehl, der aber sei erst am Tage auszuführen, in etlichen Stunden. Wir werden also nicht lange warten müssen, um zu erfahren, worum es sich handelt, fest steht allerdings, daß der Priester dieses Wenig nicht mehr erlebte, denn noch ehe er den Tempel erreichte, brachte rohes Soldatenvolk ihn um. Es besteht genügend Veranlassung zu glauben, daß eben dies der erste der beiden Befehle beinhaltete, so nahe beieinander sind die vermutete Ursache und die zwangsläufige Wirkung. Das Buch des Micha aber verschwand, und man ermesse den Verlust, wenn dies das einzige Exemplar gewesen wäre.

Josef, Zimmermann unter Zimmerleuten, hatte soeben seinen Mundvorrat aufgegessen, noch blieb ihm etwas Zeit, ihm und den Gefährten, bevor der Aufseher das Zeichen zum Weiterarbeiten gäbe, noch konnte er sitzen oder sich gar langlegen, die Augen schließen, genüßlich sinnen, etwa daß er sich vorstellte, er zöge über die Landstraße, in Samarias Bergen, oder, viel schöner, er gewahrte von einer Anhöhe sein Dorf Nazareth, nach dem er sich so sehnte. Welch ein Jubel in der Seele, und tief im Innern sagte er sich, dies nun sei, endlich, der letzte Tag des langen Fernseins, denn am Morgen, zu sehr früher Stunde, wenn die Sterne nach letztem Blinken erloschen sind und am Himmel nur noch der Bärenhüter strahlt, wird er sich auf den Marsch begeben, Lobpreis singend dem Herrn, der uns das Heim bewacht und unsere Schritte lenkt. Jäh schlug er die Augen auf, erschrocken, er glaubte eingeschlafen zu sein und das Zeichen zum Arbeitsbeginn nicht gehört zu haben, doch er war nur kurz eingenickt, dort hockten die Gefährten, alle, plaudernd die einen, dösend andere, und der Aufseher tat nichts dergleichen, als hätte er entschieden, seinen Arbeitern einen Ferientag zu gönnen und wollte seine Großmut nicht bereuen. Die Sonne steht im Zenit, eine Brise, in kurzen Böen, bläst den Rauch der Opferfeuer nach der anderen Seite, und her, in diese Senke, die zur

Baustelle am Hippodrom führt, hallt noch nicht einmal das Stimmengewirr der feilschenden Händler, es ist, als wäre die Zeitmaschine stehengeblieben, als wartete sie auf den Befehl des großen Aufsehers der Zeitläufte und der Räume des Universums. Plötzlich fühlte sich Josef von Unruhe befallen, nach all dem Glück soeben. Er schaute in die Runde, da war der Bauplatz, der übliche, vertraute Anblick, an den er sich in diesen Wochen gewöhnt hatte, waren die Steine und die Hölzer, war der weiße und rauhe Staub der Steinmetze, war das sogar in der Sonne nie ganz trocknende Sägemehl, und getaucht in die Verwirrung einer so unvermittelten und bedrükkenden Angst, suchte er nach einer Erklärung für die jähe Niedergeschlagenheit und kam zum Schluß, es könnte dies das natürliche Empfinden dessen sein, der seine Arbeit mittendrin aufgeben muß, selbst wenn es nicht sein Beruf ist und er zum Fortziehen so gute Gründe hat. Er erhob sich, überschlug, wieviel freie Zeit ihm noch bleiben mochte, der Aufseher würdigte ihn keines Blickes, und er entschloß sich zu einem raschen Gang vorbei an jenen Stellen, wo er gewerkt hatte, gewissermaßen um den von ihm gehobelten Brettern und von ihm behauenen Querriegeln Lebewohl zu sagen, nach Art der Biene, sofern dieser Vergleich angebracht, die da sagen kann, Diesen Honig habe ich gemacht.

Bei Ende des kurzen Rundgangs, schon hin zur Arbeit, verhielt er kurz, um die Stadt zu betrachten, die sich am gegenüberliegenden Hang erhob, in Gänze stufenförmig gebaut und von der Farbe gebräunten Steins, die auch die Farbe des Brots, bestimmt hatte der Aufseher schon gerufen, doch nun spürte Josef keine Eile, er weilte in der Betrachtung der Stadt und wartete auf weiß einer was. Zeit verstrich, und nichts geschah, Josef murmelte im Tone dessen, der sich von etwas abwendet, Nun, ich muß gehen, und eben da vernahm er Stimmen, von einem Weg unterhalb seines Flecks, er beugte sich über die Steinbrüstung vor, die ihn von jenen trennte, und gewahrte da drei Soldaten. Sicherlich waren die auf diesem Weg gekommen, jetzt standen sie da, zwei hatten den Lanzenschaft auf die Erde abgesetzt und lauschten dem dritten, der älter war und wahrscheinlich höheren Dienstgrades als sie, obschon dies nicht leicht feststellbar für jemand, der keine Ahnung hat von Zeichnung, Zahl und Anordnung der Rangzeichen, in üblicher Gestalt von Sternen, Streifen und Winkel. Die wirr unverständlich an Josefs Ohr schlagenden Worte mochten irgendeine Frage gewesen sein, etwa, Und zu welcher Stunde soll es geschehen, hierauf der Vorgesetzte nun deutlich vernehmbar und im Tone einer Erwiderung sagte, Zu Beginn der dritten Stunde, wenn alle sich bereits zurückgezogen haben, und einer der zwei anderen fragte, Wie viele werden wir sein, Weiß ich noch nicht, jedenfalls genügend viele, um das Dorf zu umstellen, Und der Befehl also lautet, sie alle zu töten, Alle nicht, nur die unter drei Jahren, Zwischen dem zweiten und dem vierten Jahr läßt sich das genaue Alter doch aber schwer bestimmen, Und wie viele werden es sein, wollte der zweite Soldat wissen, Der Steuererfassung nach, sagte der Anführer, etwa fünfundzwanzig. Josef riß die Augen weit auf, als begriffe er den Sinn des Gesagten erst so vollends, mehr und besser als mit den Ohren. Ein Schauer lief ihm über den ganzen Körper, einhellig und klar war hier, daß diese Soldaten Menschen töten sollten, was für Menschen, fragte Josef sich verwirrt und beklommen, nein, nicht Menschen schlechthin, sondern Kinder. Jene, die jünger als drei Jahre waren, hatte der Gefreite gesagt, oder vielleicht war er Sergeant oder Furier, und wo, wo soll dies geschehen, Josef konnte sich nicht über die Mauer vorbeugen und fragen, He, Jungs, wo findet der Krieg statt, nun war er in Schweiß gebadet, die Beine zitterten ihm, und hier nun vernahm er wieder die Stimme des Anführers, und der Ton wirkte ernst und zugleich erleichtert, Ein Glück für unsere Kinder und uns, daß wir nicht in Bethlehem wohnen, Und ist schon bekannt, warum wir Bethlehems Kinder umbringen sollen, fragte einer der Soldaten, Hat mir der Chef nicht gesagt, er weiß es wohl selbst nicht, ein Befehl des Königs, und basta. Der andere Soldat, mit dem Lanzenschaft die Erde kratzend, gleichsam das teilende und wieder teilende Schicksal, bemerkte, Sehr übel dran sind wir, daß wir an Bösem nicht nur tun, was uns von Natur eigen ist, wir haben auch noch der böse Arm anderer zu sein und ihrer Macht. Diese Worte hörte Josef schon nicht mehr, zurückgewichen war er von seiner vorseherischen Tribüne, behutsam, Schritt um Schritt, dann war er wie irre gerannt, war wie ein Böcklein über die Steine gesprungen, in Angst, und deshalb, da er als Zeuge ausfällt, erlauben wir uns, an der Echtheit jener philosophischen Überlegung zu zweifeln, den Inhalt und auch die Form betreffend, so man den mehr als offenkundigen Widerspruch bedenkt zwischen der beachtenswerten Eigentümlichkeit der Auffassung und dem niederen sozialen Grund jenes Soldaten, der sie aussprach.

Kopflos rennt Josef hin, rennt über den Haufen, was ihm in den Weg gerät, reißt Warenstände um und Vogelkäfige, sogar den Tisch eines Geldwechslers, hat kein Ohr für die zornigen Aufschreie der Händler am Tempel, ihn bewegt ein einziger Gedanke, sie wollen ihm den Sohn töten, und er weiß nicht warum, eine so dramatische Situation, dieser Mann gab einem Kind das Leben, und ein anderer will es ihm nehmen, ein Begehr wiegt da das andere auf, fügen und zerstören, verknüpfen und aufbinden, erschaffen und vertilgen. Jäh hält er inne, bewußt wird ihm, wie gefährlich es ist, weiter so närrisch dahinzurennen, die Tempelwächter merken sonst auf, werden ihn schnappen, seltsam, daß sie den Tumult noch nicht gewahrt haben. Hierauf er sich möglichst gut versteckte, wie Laus in der Kleidernaht, mitten durch die Menge schlängelte, und schon war er ein Niemand, nur daß er ein bißchen schneller ging als die anderen, doch das fiel in dem Gewimmel kaum auf. Er weiß, hasten darf er erst, wenn er das Stadttor hinter sich hat, doch ihn ängstigt der Gedanke, die Soldaten könnten schon unterwegs sein, gräßlich bewehrt mit Lanze, Dolch und grundlosem Haß, und falls zu allem Unglück gar beritten, daß die Pferde straßabwärts traben, wie Spazierritt, dann sind sie uneinholbar, wenn ich dort eintreffe, ist mein Sohn tot, bejammernswertes Kind, Jesus mein Augapfel, eben aber, in dieser ärgsten Bekümmernis, hat Josef einen dummen Einfall, der wie ein Schimpf sein Hirn heimsucht, der Lohn, der Wochenlohn, durchfährt es ihn, er wird ihn zwangsläufig verlieren, und so gewaltig ist die Kraft dieser schändlich gemeinen materiellen Dinge, daß er zwar nicht stehenbleibt, seinen Schritt aber etwas verlangsamt, als wollte er dem Geist Zeit geben zu überlegen, wie sich beide Vorteile in eins bringen ließen, sozusagen Geldbörse und Leben. Der abscheuliche Gedanke leuchtete verschwindend kurz auf wie blitzartiges Licht, hinterließ kein drängendes festes Bild, so daß Josef noch nicht einmal Scham überkam, jenes Empfinden, das uns manches Mal, wenn auch nicht genügend oft, der wirksamste Schutzengel ist.

Endlich tritt Josef aus der Stadt hinaus, auf der Straße da vor ihm kein Soldat, so weit das Auge reicht, und an diesem Tor auch kein Anzeichen von Volksauflauf, wie wohl zu erwarten bei soeben stattgehabtem Militäraufzug, doch verläßlichster Beweis sind ihm die Kinder, die ihre unschuldhaften Spiele treiben, bar kriegerischer Erregung, die sie doch allemal erfaßt, wenn Fahne, Trommel und Horn vorbeiziehen, wobei sie dann, wie seit jeher, die Truppe begleiten, also wären die Soldaten hier vorbei, sähe man keinen einzigen Knaben, die liefen mindestens bis zur nächsten Wegbiegung mit, manch einer, von stärkerer militärischer Berufung, gar bis zum Einsatzort, und würde so erleben, was ihn in Zukunft erwartet, das Töten und Getötetwerden. Nun darf Josef wieder rennen, er rennt, prescht hin, nutzt das Straßengefälle, so gut es ihm die bis zu den Knien geraffte hinderlich enge Tunika erlaubt, rennt hin mit dem bangen Gefühl, wie in einem Traum, daß die Unterschenkel den Schwung des Oberteils nicht mithalten können, von Rumpf, Herz, Kopf, Augen, und den schützend vorgreifenden, aber langsamen Händen. Manch einer da bleibt stehen und begafft, empört, das wahrhaftig schockierende Gerenne, denn dieses Volk, allgemein, hält auf Würde in Ausdruck und äußerer Erscheinung, entschuldbar für Josef wäre allenfalls nicht, daß er eilends seinen Sohn retten möchte, sondern daß er Galiläer ist, einer von jenen, wie schon wiederholt gesagt, platten Leuten, bar guter Erziehung. Schon kommt er an Rahels Grab vorbei, nie würde diese Frau geahnt haben, daß es soviel Grund geben könnte, Kinder zu beweinen, die grauen Hügel ringsum mit Schrei und Wehklag zu bedecken, sich das Antlitz zu zerkratzen, oder dessen Knochen, sich die Haare zu raufen oder den blanken Schädel zu schrammen. Nun, noch vor Bethlehems ersten Häusern, verläßt Josef die Straße, rennt querfeldein, Ich wähle den kürzesten Weg, würde er sagen, wenn man ihn nach dem Grund für dieses ausgefallene Tun fragte, und vielleicht ist es wirklich der kürzeste Weg, ganz gewiß aber nicht der bequemste. Auf dem Feld arbeitende Leute meidend und an Felsgeröll entlang, damit die Hirten ihn nicht sähen, mußte er einen langen Umweg machen, um in die Grotte zu gelangen, wo die Frau ihn nicht gewärtigt zu dieser Stunde, und der Sohn nicht zu dieser noch sonstwann, denn er schläft. Mitten am Hang des letzten Hügels, vor Augen schon den Eingangsspalt der Höhle, befällt Josef ein entsetzlicher Gedanke, daß sich die Frau im Dorf aufhält, samt Sohn, nur zu verständlich, wie Frauen nun einmal sind, daß sie allein war, nutzte sie, um sich in aller Ruhe von Zelomi und einigen Familienmüttern zu verabschieden, mit denen sie in den letzten Wochen regeren Umgang hatte, Josef obläge es, den Besitzern der Grotte förmlichen Dank abzustatten. Einen Augenblick lang sah er sich durch die Gassen des Dorfes eilen und an die Türen klopfen, Ist meine Frau hier, lächerlich wäre es, er sagte, Ist mein Sohn hier, und seiner Pein ansichtig, würde er gefragt, zum Beispiel von einer Frau mit Kind auf dem Arm, Gibt es etwas Besonderes, und er, Aber nein, nichts Besonderes, wir wollen morgen zeitig abreisen und müssen noch Koffer packen. Von hier aus, mit seinen gleich aussehenden Häusern und den flachen Söllern, ähnelt das Dorf dem Tempelbauplatz, verstreut liegenden Steinen gleich, die darauf warten, daß Handwerker sie übereinanderschichten, mit ihnen einen Wachturm bauen, einen Triumphobelisken, eine Klagemauer. In der Ferne bellt ein Hund, andere antworteten ihm, doch noch hängt das warme Schweigen der letzten Nachmittagsstunde über dem Dorf, als vergessene Segnung, fast schon bar ihrer Kraft, wie zerrinnender Wolkenfetzen.

Er verhielt kaum länger, als es sich sagen läßt. Mit letztem Spurt gelangte der Zimmermann vor den Grotteneingang, er rief, Maria, bist du hier, und sie antwortete ihm von drinnen. Jetzt erst merkte Josef, wie ihm die Beine zitterten, vor Anstrengung zweifellos, nun aber auch, weil er schlagende Gewißheit hat, daß sein Sohn lebt. Drin schnitt Maria Grünzeug zurecht für das Abendessen, der Knabe schlief in der Krippe. Josef, am Ende der Kräfte, sackte zu Boden, erhob sich sofort wieder, sagte, Gehen wir, laß uns verschwinden, Maria aber stutzte, Fortgehen jetzt, fragte sie, und er, Ja, auf der Stelle, Ja, aber du sagtest doch, Schweig, pack die Sachen zusammen, ich unterdessen sattle den Esel, Wollen wir nicht erst zu Abend essen, Wir essen unterwegs, Es kommt dann bald die Nacht, wir werden uns verirren, doch da, mit einem Aufschrei, rief Josef, Schweig, tu was ich sage. Maria drängten die Tränen hervor, es war das erste Mal, daß ihr Mann sie angebrüllt hatte. Ohne ein weiteres Wort begann sie die spärliche Habe einzusammeln und zu packen, Schnell, schnell, rief er, während er dem Tier den Sattel auflegte und den Bauchgurt festzurrte, dann, wild drauflos, füllte er die Körbe mit allem, was ihm in die Hände geriet. Maria schaute entsetzt, erkannte ihren Mann nicht wieder. Schon waren sie reisefertig, nun nur noch die Feuerglut mit Erde zugedeckt, Josef bedeutete der Frau mit einem Wink da zu bleiben, er näherte sich dem Ausgang, spähte ins Freie. Grauer Abenddämmer mengte Himmel und Erde. Noch war die Sonne nicht untergegangen, doch dichter Nebel, so hoch, daß er den Blick hinaus ins Gelände nicht beeinträchtigte, schirmte das Licht gleichwohl fort. Josef lauschte, tat einige Schritte vor, mit einemmal standen ihm vor Entsetzen die Haare zu Berge, im Dorf hatte jemand geschrieen, ein gellender Schrei war es gewesen, gar nicht wie Menschenstimme, und dann, noch schienen die Echos von Hügel zu Hügel zu hallen, brandete durch die Lüfte wirres Geschrei und Gejammer, und nicht Engel waren es, die da der Menschen Unglück beklagten, sondern unter einem leeren Himmel den Verstand verlierende Menschen. Ganz vorsichtig, als fürchtete er, gehört zu werden, wich Josef in den Höhleneingang zurück, prallte gegen Maria, die seine Anweisungen mißachtet hatte. Sie zitterte am ganzen Leib, Was sind das für Schreie, fragte sie, doch der Ehemann antwortete nicht, er stieß sie in das Innere der Grotte, scharrte hastig Erde über die Feuerstelle, Was waren das für Schreie, fragte Maria im Dunkel, unsichtbar. Josef antwortete, nach kurzem Schweigen, Sie töten Menschen, und nach weiterem Schweigen, geheimnishaft, Sie töten Kinder, auf Befehl des Herodes, und seine Stimme barst in einem trocknen Schluchzer, Darum wollte ich, daß wir verschwänden. Ein Rascheln von Leinen und von Stroh, Maria nahm den Sohn aus der Krippe auf, preßte ihn an sich, Jesus, sie wollen dich töten, das letzte Wort erstickten die Tränen, Sei still, mach keinen Krach, sagte Josef, vielleicht kommen die Soldaten nicht her, Woher weißt du es, Ich hörte es im Tempel, deshalb bin ich hergeeilt, Was tun wir jetzt,

Wir befinden uns außerhalb des Dorfes, es ist wohl nicht zu befürchten, daß die Soldaten alle diese Höhlen durchstöbern, ihr Befehl wird nur den Häusern gelten, wenn uns niemand verrät, sind wir gerettet. Wieder spähte er hinaus, gut verdeckt, nun waren keine Schreie mehr zu hören, lediglich ein Chor aus Weinen, der allmählich leiser wurde, das Abschlachten der Unschuldsopfer war zu Ende gebracht. Der Himmel weiter bedeckt, die anbrechende Nacht und der Hochnebel verhüllten Bethlehem dem Blick der Himmelsbewohner. Josef sprach in die Grotte hinein, Bleib drin, ich gehe bis zur Straße vor, will nachschauen, ob die Soldaten schon fort sind, Sieh dich vor, sagte Maria, nicht bewußt war ihr, daß ihm ja keine Gefahr drohte, der Tod galt den Kindern unter drei Jahren, außer es hätte sich irgendwer in gleicher Absicht auf die Straße gewagt und würde ihn mit den Worten bezichtigen, Dies ist Zimmermann Josef, Vater eines noch nicht zwei Monate alten Knaben, der Jesus heißt und vielleicht die vom Propheten vorausgesagte Person ist, von unseren Söhnen jedenfalls lasen oder hörten wir nie, daß sie zu königlichen Würden bestimmt seien, und nun desto weniger, als sie tot sind.

Drinnen in der Grotte war die Schwärze zu greifen. Maria ängstigte sich vor dem Dunkel, seit jeher war sie an beständiges Licht im Hause gewöhnt, sei es Herdfeuer oder Öllampe oder beides, und die Furcht, daß, zumal hier im Erdinnern, Finger der Düsternis ihren Mund berührten, entsetzte sie. Weder wollte sie dem Ehemann den Gehorsam versagen, noch, falls sie die Höhle verließ, den Sohn der Todesgefahr aussetzen, doch von Sekunde zu Sekunde wuchs in ihr die Angst und würde die dünnen Vernunftsfesseln bald sprengen, nichts fruchtete die

Überlegung, Es bestand keine Gefahr, als das Feuer brannte, und darum jetzt erst recht nicht, aber irgendwie war es doch nützlich, dies gedacht zu haben, tastend legte sie den Sohn in die Krippe, und dann, kauernd und äußerst behutsam, suchte sie die Feuerstelle, mit einem Scheit strich sie die Erde beiseite, bis etwas von der noch nicht erloschenen Glut zum Vorschein kam, und nun wich aus ihr alle Angst, ihr fiel die im Napf gleißende Erde ein, es war das gleiche zitternde, bebende, von Blikken durchzuckte Licht gewesen, so als huschte eine Fakkel über den Kamm eines Berges. Vor ihr erstand bildhaft der Bettler und verschwand wieder, abgedrängt von dem eiligen Bedürfnis, in dieser schrecklichen Höhle genügend viel Licht anzufachen. Maria tastete sich zur Krippe vor, griff eine Handvoll Stroh, kehrte zurück, geleitet vom spärlichen Licht auf dem Boden, und bald, in einem von draußen nicht einsehbaren schützenden Winkel, erhellte die Öllampe die nahen Wände der Höhle mit einer matten Aura, einer verschwimmenden, aber beruhigenden. Maria trat zum Kind, das schlief, nichts wußte von Angst, Aufregung, Gewalttat und Mord, und sie setzte sich unter die Lampe, harrend, das Kind im Schoß. Eine Weile später erwachte der Sohn, hielt die Augen halb geöffnet, plötzlich zog er eine weinerliche Schnute, dem Maria, die schon wissende Mutter, mit einer schlichten Geste begegnete, sie tat ihre Tunika auf und bot dem begierigen Mund des Kleinen die Brust. Hierüber waren die zwei, als draußen Schritte hallten. Maria stockte das Herz, Die Soldaten, war ihr erster Gedanke, doch es waren Schritte eines einzelnen, Soldaten kämen zu mehreren, mindestens paarweise, wie Brauch und Taktik, und desto eher, wenn auf Spürgang, der eine den anderen deckend,

Überrumpelungen vorbeugend, Es ist Josef, sann sie und war auf Schelte gefaßt, weil sie die Lampe angezündet hatte. Die Schritte kamen langsam näher, nun trat Josef herein, aber nein, ein Schauer überflog Maria, dieser schwere, harte Gang, das war nicht Josef, vielleicht ist es ein Bettler, der schützende Bleibe für die Nacht sucht, wie schon zweimal geschehen, und in solchem Falle empfand Maria keine Angst, undenkbar, daß ein Mann, wie verbittert und schändlich im Herzen er auch sein mochte, es wagte, einer Frau mit Kind im Arm Leids anzutun, sie bedachte nicht, daß eben erst Bethlehems Kinder umgebracht worden waren, einige, wer weiß, in den Armen der Mutter, so wie Jesus jetzt in ihren, unschuldvoll die Milch des Lebens saugend, und da durchstach die Klinge seine zarte Haut, drang ins zarte Fleisch, doch es waren Soldaten gewesen, diese Mörder, nicht beliebige Landstreicher, das macht den Unterschied, einen erheblichen. Nicht Josef kam, nicht irgendein Soldat, auf kriegerische Tat aus, die er mit niemand teilen müßte, und kein Landstreicher ohne Obdach und Arbeit, es kam, neuerlich als Hirte, jener eine, der ihr schon in Bettlergestalt erschienen war und sich als Engel ausgegeben hatte, indes ohne zu verraten, welchen Himmel oder welcher Hölle. An ihn hatte Maria zunächst gar nicht gedacht, jetzt aber begriff sie, nur er konnte es sein.

Der Engel sagte, Friede sei mit dir, Frau des Josef, und Friede auch mit deinem Sohn, von Glück bedacht er und du, daß ihr diese Höhle bewohnt, anderenfalls einer von euch nun in Stücke gehauen und tot wäre, der andere am Leben und dennoch auch in Stücke. Maria sagte, Ich habe die Schreie gehört. Der Engel sagte, Ja, lediglich gehört, eines Tages aber werden die Schreie, die du nicht ausstießest, um deinetwillen ausgestoßen werden, und ebenso wirst du noch weit vor jenem Tag an deiner Seite tausendmal schreien hören. Maria sagte, Mein Mann ist auf die Straße hinaus, um nachzuschauen, ob die Soldaten fort sind, es wäre besser, er fände dich nicht hier, Keine Bange, ich werde fort sein, noch bevor er zurück ist, sagte der Engel, ich kam nur, um dir zu melden, daß du mich so bald nicht wieder siehst, was geschehen mußte, ist nun geschehen, es fehlten noch diese Morde, und es fehlte dem voraus Josefs Verbrechen. Maria sagte, Josefs Verbrechen, mein Mann hat kein Verbrechen begangen, er ist ein guter Mensch. Der Engel sagte, Ein guter Mensch, der ein Verbrechen begangen hat, du ahnst nicht, wie viele vor ihm ebenfalls Verbrechen begingen, denn zahllos sind die Verbrechen der guten Menschen, und entgegen landläufiger Meinung erfahren diese als einzige nicht Vergebung. Maria sagte, Worin besteht die Untat meines Mannes. Der Engel sagte, Du weißt es, gebärde dich nicht so sträflich wie er. Maria sagte, Ehrlich, ich schwöre, Schwöre nicht, sagte der Engel, oder von mir aus schwöre, ein von dir getaner Schwur ist wie ein Windhauch, der nicht weiß, wohin er weht, Was haben wir getan, sagte Maria. Der Engel sagte, Herodes in seiner Grausamkeit zückte die Stichmesser, eure Selbstsucht und eure Feigheit aber waren die Stricke, die den Opfern die Füße und die Hände fesselten. Maria sagte, Was hätte denn ich tun können, Du nichts, sagte der Engel, du erfuhrst es zu spät, der Zimmermann aber hätte die Leute im Dorf warnen sollen, daß da Soldaten anrückten, um die Kinder zu töten, noch hatten deren Eltern Zeit, sie fortzuschaffen, zu fliehen, sich beispielsweise in der Wüste zu verstecken oder nach Ägypten zu entweichen, um dort zu warten, daß Herodes stürbe, was bald geschieht. Maria sagte, Daran hat er nicht gedacht, Nein hat er nicht, sagte der Engel, doch das entschuldigt ihn nicht. Maria sagte weinend, Du, der du ein guter Engel bist, vergib ihm. Der Engel sagte, Ich bin kein verzeihender Engel. Maria sagte, Vergib ihm, Ich sagte dir schon, dieses Verbrechen kennt nicht Vergebung, sagte der Engel, eher würde Herodes verziehen denn deinem Mann, ein Verräter findet eher Vergebung als der Abtrünnige. Maria sagte, Was sollen wir tun. Der Engel sagte, Leben und leiden werdet ihr wie alle Menschen. Maria sagte, Und das Kind. Der Engel sagte, Die Schuld der Väter fällt stets den Kindern auf das Haupt, schon umdüstert der Schatten von Josefs Schuld die Stirn deines Kindes, Ach, wir Unglücklichen, sagte Maria, So ist es, sagte der Engel, und ihr werdet keine Abhilfe haben. Maria senkte das Haupt, preßte das Kind fester an sich, wie um es zu schirmen gegen die vorausgesagten Unglücke, und als sie wieder aufschaute, war der Engel entschwunden, lautlosen Schritts, ganz anders als wie er gekommen. Fortgeflogen ist er, war Marias Gedanke. Sie stand auf, eilte zum Grottenausgang, vielleicht sähe sie vom Engel noch eine Spur in den Lüften, oder daß Josef schon nahte. Der Nebel hatte sich aufgelöst, metallisch blinkten die ersten Sterne, vom Dorf her hallten unvermindert die Klagen. Und hier nun kam, schwindelerregend und die düsteren Warnungen des Engels überdeckend, in Marias Kopf ein Gedanke von grenzenlosem Dünkel und vielleicht sündhaftem Stolz auf, sie erwog, ob die Rettung ihres Sohnes nicht am Ende ein Zeichen Gottes war, zwangsläufig besagt das etwas, wenn einer dem harten Tod entgeht, während gleich nebenan viele andere sterben müssen, rettungslos, allenfalls irgendwann mit der Gelegenheit, selbigen Gott fragen zu können, Warum hast du uns getötet, und sich mit welcher Antwort auch immer begnügen müssen. Marias Wahn währte kurz, denn schon malte sie sich aus, sie wiegte in den Armen ein totes Kind, wie jetzt sicherlich die Mütter in Bethlehem, und zum Guten ihres Geistes und ihre Seele rettend, drängten wieder Tränen in ihre Augen, flossen wie ein Quell. Da saß sie, als Josef eintraf, sie hörte ihn kommen, blieb aber sitzen, sie wollte ihm keinen Grund geben zu schelten, nun weinte Maria mit den anderen Frauen, die alle in der Runde saßen, eine jede ihr Kind im Arm, seiner Auferstehung harrend. Josef sah sie weinen, er verstand, und er schwieg.

Daß in der Grotte die Öllampe brannte, fiel ihm nicht auf. Die Feuerglut am Boden war von feiner Ascheschicht überzogen, zwischen den Kohlestücken aber pulste noch, Kräfte suchend, die Wurzel der Flamme. Josef, während er den Esel entlud, sagte, Keine Gefahr mehr, die Soldaten sind fort, wir verbringen die Nacht am besten hier, morgen brechen wir vor Tau und Tag auf, wir wählen Abkürzungspfade, und wo keine vorhanden, da eben quer durch. Maria murmelte, So viele tote Kinder, und Josef, unvermittelt, Woher weißt du das, warst du draußen und hast sie gezählt, Sie sind mir noch in Erinnerung, einige jedenfalls, Danke du lieber Gott, daß dein Sohn am Leben ist, Das werde ich tun, Und schau mich nicht an, als hätte ich Böses getan, Ich habe dich nicht angeschaut, Und red nicht in diesem vorwurfsvollen Ton mit mir, Ich werde stumm sein, falls du es möchtest, Ja, besser du schweigst, Josef band den Esel vor die Krippe, in der noch etwas Stroh lag, der wird wenig Hunger verspüren, er hatte hier in der Tat ein Bombenleben gehabt, vollen Futtersack und Sonnenbäder, möge er sich nun aber rüsten, bald muß er wieder schwere Lasten schleppen, muß arbeiten. Maria legte das Kind beiseite, Ich werde das Feuer wieder anfachen, sagte sie, Wozu, Um das Abendessen zu bereiten, Ich will hier keine Feuer, die mir Leute anlocken, es könnte jemand aus dem Dorf vorbeikommen, wir essen, was da ist und wie es da ist. Das taten sie. Das Öllicht beleuchtete geisterhaft die vier Höhlenbewohner, der Esel, reglos wie eine Statue, mit den Lefzen über dem Stroh, ohne es zu berühren, der Knabe nur eben schlafend, während der Mann und die Frau mit einigen wenigen getrockneten Feigen den Hunger täuschten. Maria rollte die Matten auf dem sandigen Boden aus, breitete die Laken darüber, und wie alle Tage wartete sie, daß sich der Mann hinlegte. Vorher spähte Josef ein letztes Mal in die Nacht hinaus, Friede herrschte auf der Erde und am Himmel, aus dem Dorf keine Schreie und kein Klagen mehr, Rahels Kräfte waren erschöpft, es langte nur noch zum Stöhnen und Seufzen drin in den Häusern, bei verschlossenen Türen und Seelen. Josef streckte sich auf seiner Matte aus, jäh so ausgelaugt wie nie zuvor im Leben, vom vielen Rennen und der vielen Angst, und konnte noch nicht einmal behaupten, daß der Sohn das Überleben seinem Einsatz verdankte, denn die Soldaten hatten sich streng an ihren Befehl gehalten, Bethlehems Kleinkinder zu töten, ohne sich persönlicher Beigaben zum militärischen Einsatz zu befleißigen, etwa daß sie in den Höhlen der Umgebung gesucht hätten nach dort vielleicht versteckten Flüchtigen, oder, in solchem Falle es dann aber höchst tadelnswerte taktische Unterlassung gewesen wäre, wenn in den Höhlen angestammterweise ganze Familien wohnen würden.

In der Regel störte es Josef nicht, daß sich Maria immer erst hinlegte, wenn er schon eingeschlafen war, dieses Mal aber war ihm der Gedanke lästig, im Schlaf liegend, wehrlos nackten Gesichts, den wachen, gnadenlos ihn musternden Augen der Frau ausgesetzt zu sein. Er sagte, Ich mag es nicht, daß du so dasitzt, komm, leg dich hin. Maria gehorchte, zunächst schaute sie nach, wie stets, ob der Esel fest angebunden war, und dann, mit einem Seufzer, streckte sie sich auf der Matte aus, schloß die Augen, gewaltsam, mochte der Schlaf wann auch immer kommen, sie jedenfalls hatte das Sehen aufgegeben. Josef aber hatte, mitten in der Nacht, einen Traum. Er ritt eine abschüssige Straße hin, einem Dorf entgegen, dessen erste Häuser schon zu sehen waren, er ritt in Uniform und gerüstet, bewaffnet mit Schwert, Lanze und Dolch, Soldat unter Soldaten, und der Hauptmann fragte ihn, Wohin reitest du, Zimmermann, und er antwortete gar stolz, da er den ihm erteilten Auftrag so gut kannte, Nach Bethlehem, meinen Sohn töten, und eben hier schreckte er, mit gräßlichem Schnaufer, aus dem Schlaf, sein Körper starr, gekrümmt vor Entsetzen, Was hast du, fragte ihn Maria, was ist geschehen, er aber, am ganzen Leib zitternd, stammelte, Nein, nein, nein, und seine Beklemmung barst jäh in ein krampfhaftes Weinen, in Schluchzer, die ihm die Brust zerrissen. Maria stand auf, holte die Öllampe, leuchtete ihm ins Gesicht, Geh weg damit, Frau, im selben Augenblick, noch schluchzend, erhob er sich von der Matte, hastete zur Krippe, schaute nach dem Kind, Alles in Ordnung, Herr Josef, keine Sorge, wahrlich ein Kleinkind, das nicht die geringste Mühe bereitet, ein Bravchen, eine Friedseele, ein Iß-und-schlaf, da ruht es, so gelassen still, als wäre es nicht eben wundersam dem schrecklichen Tod entronnen, denk einer, unter den Händen des eigenen Vaters enden, der ihm das Leben gab, wir wissen zwar, daß sich diesem Schicksal keiner entziehen kann, doch es gibt solche und solche Möglichkeiten. Josef, in Angst, daß sich der Traum wiederholen könnte, kehrte nicht auf seine Matte zurück, er hüllte sich in einen Umhang und hockte sich eingangs der Grotte hin, unter einen schützenden Felsvorsprung nach Art eines natürlichen Wetterdachs, der, da der Mond hoch stand, auf die Schwelle einen pechschwarzen Schatten warf, den das bleiche Licht der Öllampe, drinnen, noch nicht einmal berührte. Und käme Herodes vorbei, von den Sklaven getragen, und in Begleitung seiner blutrünstigen Barbarenlegionäre, er würde gelassen sagen, Müht euch hier nicht mit Suchen ab, ziehen wir weiter, dies ist Stein und Schatten von Stein, wir suchen nach frischem Fleisch und frisch begonnenem Leben. Josef schauderte es bei dem Gedanken an den Traum, was wohl mochte dessen tiefere Bedeutung sein, lag doch die Wahrheit für die alles erspähenden Himmel offen zutage, wie ein Irrer herbeigerannt war Josef über diese Straße, nur er wußte, wie sehr sie ihm eine via dolorosa, er war über Steine und Mauern gesprungen, war als guter Vater herbeigeeilt, seinen Sohn zu verteidigen, doch im Traum hatte er sich vom Antlitz und von den Gelüsten eines Henkers gezeigt, zu Recht heißt es, unberechenbar sind die Träume, Dies hier war eine Sache des Teufels, sann er, und machte ein Beschwörungszeichen. Durch die Lüfte schwang ein Pfeiflaut, wie aus der Kehle eines unsichtbaren Vogels, es hätte auch der Pfiff eines Schäfers sein können, zu anderer Tagesstunde, denn jetzt schlafen alle Herdentiere, und nur die Hunde wachen. Die Nacht indes, friedvoll still und weit, fern dem Leben und den Dingen, von jenem äußersten Gleichmut, den wir dem Universum unterstellen, oder jenem anderen, absoluten, der übriggebliebenen Leere, falls Leere an sich etwas sein kann, wenn die letzte Bestimmung von allem sich erfüllt haben wird, nichts wußte die Nacht vom Sinn und der vernunftvollen Ordnung, die diese Welt zu regieren scheint in jenen Stunden, da wir noch glauben, daß sie erschaffen sei, um uns aufzunehmen und unserer Verrücktheit zu dienen. In Josefs Erinnerung wurde der schreckliche Traum bald etwas Unwirkliches, Unsinniges, in Abrede stellten ihn diese Nacht und dieser Mondschein, in Abrede auch das in der Krippe schlafende Kind, vor allem aber der wache Mann, der er war, Herr seiner selbst und, so gut eben möglich, Herr seiner Gedanken, der jetzt milden und friedfertigen, indes auch fähig, ein Monster hervorzubringen, so sehr wie Gott Dankbarkeit dafür zu bezeigen, daß die Soldaten ihm den geliebten Sohn am Leben gelassen hatten, aus Nichtwissen und Nachlässigkeit freilich, sie, die ihrer so viele umgebracht hatten. Selbige Nacht umhüllt den Zimmermann Josef und die Mütter der Kinder von Bethlehem, von den Vätern reden wir nicht, auch nicht von Maria, sie bleiben ausgeschlossen, auch wenn wir den Grund hierfür nicht erkennen können. Die Stunden verstrichen ruhig, und als der frühe Morgen sein erstes Zeichen setzte, stand Josef auf, belud den Esel, und binnen kurzem, noch den letzten Mondschein nutzend, ehe der Himmel aufhellte, zog die vollständige Familie, zogen Jesus, Maria und Josef, von dannen, heim nach Galiläa.

Sklavin Zelomi verließ am Morgen für eine Stunde das Haus ihrer Herrschaft, in dem zwei Kinder getötet worden waren, und begab sich zur Grotte, mit der Gewißheit, daß dem Knaben, dem sie auf die Welt verholfen hatte, das gleiche widerfahren sei. Sie fand die Grotte verlassen, da waren nur Fußspuren und Eindrücke von Eselshufen, unter der Feuerasche glomm noch spärlichste Glut, an vergossenem Blut nichts. Er ist schon fort, sagte sie, diesem ersten Tod ist er entkommen.

Schon waren acht Monate vergangen seit dem glücklichen Tag, da Josef mit seiner Familie in Nazareth eintraf, gesund und heil die Menschenkinder, trotz der vielen Gefahren, weniger glimpflich der Esel, weil mit dem rechten Vorderhuf etwas hinkend, und nun kam die Nachricht, Herodes sei in Jericho gestorben, in einem seiner Paläste, wohin sich der Sterbende bei den ersten Regengüssen zurückgezogen hatte, um dem grausamen Winter zu entfliehen, der in Jerusalem kranken und schwächlichen Menschen hart zusetzt. Auch hieß es, das verwaiste Reich des so großen Herrschers sei unter die ihm nach den Verwüstungen im Familienschoß verbliebenen drei Söhne aufgeteilt worden, Herodes Philippus nämlich soll die Länder östlich von Galiläa regieren, Herodes Antipas schwingt das Zepter in Galiläa und Peräa, und Archelaos fällt Judäa, Samaria und Idumäa zu. In jenen Tagen irgendwann wird ein durchreisender Händler, einer von jenen, die gern Geschichten erzählen, wahre so sehr wie erfundene, den Leuten von Nazareth das Leichenbegängnis des Herodes schildern, dem er, schwört er, als Augenzeuge beigewohnt habe. Der Tote, in einem mit schillernden Edelsteinen besetzten goldenen Sarg, wurde auf von zwei weißen Ochsen gezogenen Karren gefahren, auch dieser vergoldet und mit purpurnen Tüchern bedeckt, und von Herodes, er ebenfalls in

Purpur gehüllt, waren nur das Gesicht zu sehen und eine Krone auf dem Haupte, und die hinterdrein folgenden, Querpfeife blasenden Musiker, und anschließend die Klageweiber, mußten den Leichengestank atmen, der ihnen voll in die Nase schlug, mir am Straßenrand drehte es fast den Magen um, und dann kamen die Wachen des Königs, zu Pferd, führten die mit Lanze, Schwert und Dolch bewaffneten Soldaten an, als ginge es in den Krieg, der Vorbeimarsch nahm kein Ende, das glich einer Schlange, von der wir den Kopf und den Schwanz nicht sehen, die daherkriecht und kein Ende zu nehmen scheint, daß man es mit der Angst kriegt, so wirkten diese Truppen, dort einem Toten hinterdrein, aber auch ihrem eigenen Tod entgegen, der keinen ausspart, der, auch wenn er zu säumen scheint, irgendwann doch an unsere Tür klopft, Es ist soweit, sagt er dann, pünktlich, und hält es unterschiedslos mit allen gleich, ob Könige oder Sklaven, der eine, den Zug anführend, ist totes und verdorbenes Fleisch, andere hintan in der Prozession, den Staub einer ganzen Armee schluckend, noch am Leben, aber schon auf Suche, sie alle, nach dem Ort ihres ewiglichen Verbleibs. Dieser Händler würde sich, offenkundig, besser zum Peripatetiker eignen, zum Wandeln unter korinthischen Kapitellen einer Akademie, denn daß er Esel über Israels Straßen triebe und in übelriechenden Karawansereien schliefe oder kleinen Landleuten Geschichten erzählte, wie diesen hier in Nazareth.

Unter den Zuhörern auf dem Synagogenvorplatz befand sich auch Josef, zufällig da vorbeigekommen und stehengeblieben, um zu lauschen, im Grunde hatte er der eindringlichen Schilderung des Leichenzugs nicht viel Aufmerksamkeit gewidmet, allenfalls einigen Einzelheiten, dann war es ihm langweilig geworden, als der Sänger vollends ins schwelgerische Ausmalen geriet, wahrlich, der Zimmermann hatte triftige Gründe, sich mehr denn jeder andere der Harfensaite des nüchternen Alltags zu widmen. Man brauchte ihn sich im übrigen nur anzuschauen, dieses Gesicht täuschte nicht, eine Sache war sein Gepräge von alther, die Gemessenheit und Nachdenklichkeit, mit denen er seine Jugend zu überspielen suchte, eine andere, weitaus andere und schlimme Sache ist dieser Ausdruck von Verbitterung, der ihm vorzeitig Falten in die Mundwinkel furcht, tief wie nicht vernarbte Schnitte. Doch das eigentlich Beunruhigende in Josefs Gesicht, das ist der Ausdruck seiner Augen, besser wohl der Mangel an Ausdruck in seinen Augen, denn tot muten sie an, wie von feiner Ascheschicht bedeckt, unter der, will es scheinen, wie unauslöschliche Glut, eine von Schlaflosigkeit gezeugte Röte loht. In der Tat, Josef schläft kaum. Der Schlaf ist ihm der Feind aller Nächte, wider ihn hat er zu ringen wie um das eigene Leben, und es ist ein Kampf, den er, auch wenn er manche Schlacht gewinnt, stets verliert, denn unausweichlich kommt der Zeitpunkt, da sich der erschöpfte Körper hergibt und der Mann einschläft, doch schon sieht er, auf der Straße, einen Trupp Soldaten nahen, in deren Mitte Josef reitet, manchmal das Schwert über seinem Kopf wild schwenkend, und da geschieht es dann, wenn sich das Entsetzen schon in die bewußte Abwehr des Unglücklichen zu wandeln beginnt, daß der Anführer des Unternehmens ihn fragt, Du, Zimmermann, wohin strebst du, und der Ärmste will nicht antworten, er wehrt sich mit den ihm verbliebenen spärlichen Kräften, den geistigen, denn der Leib ist bereits unterlegen, doch der Traum ist stärker, er reißt ihm wie mit Eisenpranken den Mund auf, und er, schon schluchzend und nah am Aufwachen, muß die entsetzliche Antwort von sich geben, die immer eine, Ich reite nach Bethlehem, um meinen Sohn zu töten. Fragen wir Josef nicht, ob er sich erinnert, wie viele Ochsen den Karren des toten Herodes zogen und ob sie weiß oder scheckig waren, jetzt, auf dem Weg nach Hause, hat er im Kopf nur die abschließenden Worte des erzählenden Händlers, als dieser sinngemäß sagte, daß jenes Meer von Menschen, da im Leichenzug unterwegs, Sklaven, Soldaten, königliche Wachen, Klageweiber, Querflötenspieler, Statthalter, Prinzen, künftige Könige, und wir alle, wo immer und wer immer wir sein mögen, zeitlebens nichts anderes tun, als den Ort suchen, wo wir für immer bleiben werden. Nicht in allen Fällen ist das so, sagte sich Josef grüblerisch und dermaßen verbittert, daß da nichts von jenem Sichdreinfügen zu spüren war, das selbst die größten Schmerzen mildert, er konnte sich lediglich in die verzichtsvolle Entsagung dessen kleiden, der an kein Heilmittel mehr glaubt, Nicht in allen Fällen ist das so, wiederholte er, viele haben den Ort ihrer Geburt nie verlassen, und dort hat der Tod sie geholt, was folglich beweist, das einzig wahrhaft Sichere, Gewisse ist das Schicksal, heiliger Gott, es langt zu warten, daß alles, was das Leben ausmacht, sich erfüllt, und schon können wir sagen, Es war das Schicksal, Herodes war es vorbestimmt, in Jericho zu sterben und mittels Karren in jene Zitadelle verbracht zu werden, in die Festung Herodium, Bethlehems Kleinkindern aber ersparte der Tod jegliches Reisen. Und jene Reise Josefs, die anfänglich, so man die Dinge optimistisch betrachtet, Teil eines transzendentalen Plans schien, nämlich die Rettung der schuldlosen

Kreaturen, hatte letztlich nichts gefruchtet, weil unser Zimmermann gehört und geschwiegen hatte, gerannt war er, um den eigenen Sohn zu retten, die Kinder der anderen hatte er, fürwahr der treffendste Ausdruck dies, dem Verhängnis überlassen. Aus diesem Grunde schläft Josef nicht, oder doch, er schläft und wacht in Ängsten auf, einer Wirklichkeit ausgesetzt, die ihn den Traum nicht vergessen läßt, in einem Maße nicht, daß er, könnte man sagen, aufgewacht den Traum seines Schlafs träumt und im Schlaf, unterdessen er ihm verzweifelt zu entfliehen sucht, bereits weiß, daß er ihm wiederbegegnen wird, einmal und immer, dieser Traum ist ein auf der Türschwelle sitzendes Gespenst, das zwischen Schlafen und Wachen harrt, beim Eintreten und Heraustreten muß Josef sich ihm stellen. Die treffende Bezeichnung für dieses Knäuel, haben wir bereits verstanden, lautet Gewissensbiß, doch Erfahrung und Praxis der Mitteilung, im Verlaufe der Zeiten, haben den Beweis erbracht, daß die Synthese nicht über eine Illusion hinausgeht, es ist, o ja, gleichsam ein Unvermögen, sich auszudrücken, indes nicht daß man Liebe sagen möchte, und die Zunge versagt einem, die Zunge ist vorhanden, doch man wird der Liebe nicht gerecht.

Maria ist zum zweitenmal schwanger. Kein Engel im Lumpengewand des Bettlers klopfte an ihr Tor, um ihr dieses Kind zu verkündigen, kein jäher Wind strich über Nazareths Höhen, keine Glitzererde wurde nächst der anderen vergraben, Maria tat es Josef nur eben im barsten Worte kund, Ich bin schwanger, sie sagte nicht etwa, Schau mir in die Augen, sieh wie in ihnen unser zweites Kind glänzt, und er erwiderte nicht, Denk ja nicht, ich hätte es nicht gemerkt, ich wartete lediglich, daß du es mir sagen würdest, er nahm es stumm hin, sagte nur, Ah, und strich den Hobel weiter über das Brett, kraftvoll aber gleichmütig, denn wo er mit seinen Gedanken ist, wissen wir. Auch Maria weiß es, seit der Ehemann in einer noch qualvolleren Nacht das bis dahin gut gehütete Geheimnis entschlüpfen ließ, und sie war noch nicht einmal überrascht gewesen, hatte es doch so kommen müssen, erinnern wir uns an des Engels Worte dort in der Grotte, Tausendmal wirst du an deiner Seite schreien hören. Ein gutes Weib würde seinem Manne einschärfen, Vergiß, was du getan hast, es ist nun mal geschehen, deine erste Pflicht war, das eigene Kind zu retten, anderen schuldest du nichts, doch in diesem gemeinen Sinne ist Maria nicht mehr das gute Weib, als das sie sich einst bewies, vielleicht weil sie aus dem Munde des Engels jene anderen und gestrengen Worte vernahm, die dem Tone nach niemanden ausschließen wollten, Ich bin kein verzeihender Engel. Dürfte Maria mit Josef über diese erzgeheimen Dinge reden, würde er, der mit den Schriften so Vertraute, vielleicht nachsinnen über die Natur eines Engels, der, weiß einer woher gekommen, erklärt, kein verzeihender Engel zu sein, eine dem Anschein nach bedeutungslose Mitteilung, gilt doch als bekannt, daß Engelsgeschöpfe nicht die Macht der Vergebung haben, das vermag nur Gott. Sagt ein Engel, daß er kein Engel der Vergebung ist, so bedeutet das nichts, oder zuviel, etwa daß er, nur eine Annahme, Engel der Verdammungen ist und gleichsam ausriefe, Vergeben, ich, welch törichter Gedanke, ich vergebe nicht, ich strafe. Jedoch die Engel, von der Definition her, abzüglich jener Cherubim mit flammendem Schwert, die der Herr als Wächter auf den zum Baum des Lebens führenden Pfad setzte, damit unsere

Urväter nicht wieder an die Früchte gingen, oder deren Nachkommen, also wir, die Engel, sagten wir, sind keine Polizisten, übernehmen nicht die schmutzigen wiewohl gesellschaftlich notwendigen Pflichten der Repression, die Engel sind da, um uns das Leben zu erleichtern, sie bewahren uns davor, in den Brunnen zu fallen, sie helfen uns, den gefährlichen Steg über den Abgrund zu nehmen, sie reißen uns von der Fahrbahn zurück, wenn eine ungezügelte Quadriga oder ein bremsenloses Auto uns zu überrollen droht. Ein seiner Bezeichnung wirklich würdiger Engel hätte dem armen Josef denn auch all diese Tode ersparen können, wäre er nur eben den Vätern der Kinder von Bethlehem im Traum erschienen und hätte jeden einzelnen angewiesen, Steh auf, nimm das Kind und seine Mutter, flieh nach Ägypten und bleibe dort, bis ich dir Kunde gebe, denn Herodes hat es auf dein Kind abgesehen, will es töten, und so wären sie allesamt gerettet worden, Jesus verborgen in der Höhle mit seinen lieben Eltern, und die anderen unterwegs nach Ägypten, dorther sie erst zurückkehrten, wenn selbiger Engel den Vätern abermals erschiene und sagte, Steh auf, nimm dein Kind und seine Mutter und ziehe ins Land Israel, denn gestorben sind jene, die dem Kinde nach dem Leben trachteten. Durch diese dem Anschein nach gutgemeinte und beschützerische Aufforderung würde der Engel die kleinen Kinder an Orte, welche auch immer, zurückbringen, wo sie zu gegebener Zeit allerdings doch dem Tod begegneten, die Engel, auch wenn sie, wie gesehen, viel vermögen, bewegen sich in den Begrenzungen der Geburt, hierin wie Gott, sie können den Tod nicht abwenden. Nach langem Überlegen würde Josef vielleicht zum Schluß gelangen, daß der Engel der Grotte letztlich ein Abgesandter der Höllenmächte war, Teufel diesmal in Gestalt eines Hirten, somit einmal mehr bewiesen wäre die natürliche Schwachheit der Frauen, als auch ihr lasterhafter Hang, Vorschub zu leisten, wenn von irgendeinem gefallenen Engel überrumpelt. Spräche Maria, wäre Maria nicht diese verschlossene Truhe, bewahrte sie nicht ganz für sich die so außergewöhnlichen Überraschungen der an sie ergangenen Verkündigung, dann würde Josef ein anderer Hahn krähen, würden andere Argumente seine These untermauern, hierbei das wichtigste dann wohl die Tatsache, daß der vorgebliche Engel nicht erklärt hatte, Ich bin ein Engel des Herrn, oder, Ich komme in Herrgotts Namen, er hatte lediglich gesagt, Ich bin ein Engel, und auffordernd hinzugefügt, Aber sage es niemand, als bangte ihm davor, daß es bekannt würde. Schon mag hier mancher einwenden wollen, daß solche exegetischen Nebensächlichkeiten in nichts zum Verstehen einer eigentlich sattsam bekannten Geschichte beitragen, dem Erzähler dieses Evangeliums ist es wohl aber was die Vergangenheit betrifft und auch die Zukunft betreffen wird nicht einerlei, ob der Verkünder ein Engel des Himmels oder ein Engel der Hölle, es sind nicht lediglich Unterschiede der Form, sie betreffen die Essenz, die Substanz, den Inhalt, wahr ist zwar, wer die einen Engel schuf, der auch die anderen, jedoch mit veränderter Hand.

Maria, wie auch ihr Ehemann, er allerdings, so wissen wir, aus einem anderen Grund, zeigt sich bisweilen irgendwie in Gedanken versunken, sie wirkt abwesend, ihre Hände halten mitten in der Arbeit inne, die Geste ist unterbrochen, der Blick fern, all das eigentlich nicht verwunderlich bei einer Frau in ihrem Zustand, wären da nicht jene Gedanken, die sie beschäftigen, sie alle faßlich, wiewohl unendlich variierbar, in der folgenden Frage, Warum hat mir der Engel Jesu Geburt angekündigt und unterläßt es bei diesem Kinde. Maria mustert ihren Erstling, der da auf allen vieren kriecht, wie es die Menschenkinder seines Alters tun, sie betrachtet ihn, forscht nach irgend etwas Besonderem an ihm, nach einem Zeichen, das ihn heraushebt, etwa einem Stern auf der Stirn, einem sechsten Finger an der Hand, und sie sieht ein Kind, das allen anderen gleicht, es geifert, macht in die Windeln, weint wie jene, nur eben daß es ihr Sohn ist, seine Haare sind schwarz wie die des Vaters und der Mutter, seine Iris verliert schon jenes Weißlich, das wir, unzutreffend, milchfarben nennen, sie nimmt ihre natürliche Tönung an, die des unmittelbaren genetischen Erbes, ein sehr dunkles Braun, das bald, im Maße es von den Pupillen abrückt, ein schattiges Grün wird, sofern ein bestimmter Farbton so benennbar, doch dies sind nicht die einzigen Merkmale, und wirklich von Belang nur, wenn es unser Kind ist oder, weil hier von ihr die Rede, das der Maria. In wenigen Wochen wird der Knabe seine ersten Steh- und Gehversuche machen, er wird sich ungezählt oft mit den Händen auf den Fußboden abstützen, den Kopf unter Mühen erhoben und nach vorn spähend, zum aufmunternden Ruf der Mutter, Komm, komm mein Junge, und dann spürt er den Drang zum Sprechen, wenn sich in seiner Kehle vereinzelte neue Laute formen, erst wird er nicht wissen, was damit anfangen, er wird sie durcheinanderbringen mit anderen, die er schon kannte und nutzt, die des Schreiens und des Weinens, merkt aber bald, daß er sie sehr anders zu artikulieren hat, überzeugender, nachahmend und sich helfend mit den Lippenbewegungen von Vater und Mutter, bis er das erste Wort spricht, welches es gewesen sein mag, wissen wir nicht, vielleicht Papa, o ja, vielleicht Papa, vielleicht Mama, allerdings wissen wir, daß der Knabe Jesus nun nicht mehr mit dem Zeigefinger der rechten Hand gegen die Handfläche der linken tippt, wenn die Mutter und die Nachbarinnen ihn fragen, Wohin legt die Puttputt das Ei, es ist unwürdig, mit einem Menschen so umzugehen, ihn wie ein dressiertes Hündchen zu behandeln, das auf ein akustisches Signal reagiert, auf Stimme, Pfiff oder Peitschenknall. Nun kann Jesus erwidern, die Henne möge ihr Ei sonstwo ablegen, Hauptsache nicht ihm auf die Handfläche. Maria betrachtet den Knaben, seufzt, bedauert, daß der Engel nicht zurückkehren wird, Wirst mich nicht so bald wiedersehen, hatte jener gesagt, käme er jetzt, wäre sie nicht so verängstigt wie die anderen Male, sie würde ihn mit Fragen bestürmen, bis sie ihn erschöpfte, eine Frau mit einem Kind draußen und einem weiteren kurz vorm Geborenwerden ist in nichts ein Unschuldslamm, sie hat reichlich selbst erfahren, was Schmerzen sind, Gefahren, Bekümmernisse, und mit solchen Gewichten in ihrer Waagschale vermag sie jedes Zünglein nach ihrer Seite hin ausschlagen zu lassen. Da müßte der Engel mehr sagen als nur, Gebe Gott, daß du dein Kind nicht so siehst wie jetzt mich, denn ich habe nichts, worauf ich mein Haupt betten kann, zuallererst müßte er erklären, wer der Herr, in dessen Namen er offenbar sprach, zweitens ob er wirklich kein Plätzchen hatte, worauf er das Haupt betten konnte, schwer begreiflich dies, da er doch ein Engel, oder ob er es nur sagte, um seiner Bettlerrolle gerecht zu werden. Zum vierten, welche Zukunft ihrem Kinde seine finster bedrohlichen Reden verheißen, und schließlich, was es auf sich hatte mit jener geheimnisvoll glänzenden Erde, der neben der Eingangstür vergrabenen, wo nach ihrer Rückkehr aus Bethlehem eine merkwürdige Pflanze aufgesprossen war, nur Stengel und Blätter, die sie schon nicht mehr stutzten, nach vergeblichem Mühen, sie samt Wurzel auszureißen, denn sie wuchs immer nach, und jedesmal kräftiger. Es erschienen zwei Synagogenälteste, Zachäus und Dotaim, um sich die Sache zu besehen, und obzwar wenig bewandert in botanischen Wissenschaften, kamen sie überein, der Same müsse in jener Erde gelegen haben und sei zu gegebener Zeit aufgegangen, Nach dem Gesetz des Herrn des Lebens, hatte Zachäus geurteilt. Maria war den Anblick der eigensinnigen Pflanze schon gewohnt, fand sie sogar hübsch plaziert da am Tor, Josef hingegen, dem dies neuer, handgreiflicher Grund war, alte Verdächtigungen zu nähren, stellte seine Hobelbank an einen anderen Fleck im Hof und tat, als sähe er die verabscheute Pflanze nicht. Ehedem hatte er Beil und Handsäge aufgeboten, siedendes Wasser auch, hatte gar einen Ring glühender Kohlen um den Schaft gelegt, es aber aus irgendwie abergläubischem Respekt nie gewagt, die Grabhacke einzusetzen und alles aufzuscharren bis zur vermeintlichen Wurzel des Übels, dem Napf mit der gleißenden Erde drin. Dies der Stand der Dinge, als der zweite Sohn zur Welt kam, der den Namen Jakob erhielt.

Während einiger Jahre gab es keine Veränderungen in der Familie, außer daß weitere Knaben geboren wurden, abgesehen von zwei Mädchen, und daß die Eltern hierüber das letzte ihrer Jugendlaster einbüßten. Bei Maria mochte es nicht verwundern, weiß man doch, daß Schwangerschaften, zumal so viele, eine Frau zuschanden machen, bald verliert sie, sofern je vorhanden gewesen, ihre Anmut und Frische, es welken traurig hin Antlitz und Körper, denn siehe, nach Jakob kam Lysia, nach Lysia dann Josef, nach Josef kam Judas, nach Judas ein Simon, dann Lydia, dann Justus, dann Samuel, und falls sonst noch einer, ging es dann doch zu Ende, ohne daß wir uns Zeit nähmen, es zu vermerken. Kinder sind der Eltern Freude, sagt man, und Maria tat alles, um den Eindruck von zufrieden zu erwecken, doch da sie Monate und Monate im erschöpften Leib so viele ihre Kräfte gefräßig verzehrende Keimlinge tragen mußte, erfaßte ihre Seele mitunter Ungeduld, ein Unmut, der nach Gründen suchte, doch da die Zeit war, wie sie war, mochte sie nicht Josef die Schuld geben, noch weniger jenem obersten Gott, der über Leben und Tod seiner Kreaturen entschied, der Beweis ist, daß selbst ein Kopfhaar uns nicht ausfällt, wenn dies nicht sein Wille ist. Josef verstand wenig vom Wie und Wieso der Kinderzeugung, will heißen, er besaß die kargen empirischen Erfahrungen des Praktikers, allerdings führte die gesellschaftliche Lektion, das Schauspiel Welt, all die Rätsel auf eine einzige Augenscheinlichkeit zurück, daß Mann und Frau sich da vereinten, er also sie erkannte, mit der ziemlich hohen Wahrscheinlichkeit, daß der Mann in der Frau ein Kind zeugte, das nach neun Monaten, selten sieben, fertig zur Welt kam. Der in den Bauch des Weibes gespritzte Same des Mannes barg, winzig und unsichtbar, das neue Wesen, das der Herrgott ausgewählt hatte, der von ihm erschaffenen Menschenwelt Fortsetzung zu geben, was aber nicht immer geschah, die Unerforschlichkeit der göttlichen Pläne, sofern die eines Beweises bedurften, drückte sich darin aus, daß die Einspritzung des Mannessamens in das natürliche Innen der Frau zwecks Zeugung eines Kindes nicht hinreichende, aber doch unumgängliche Bedingung war. Ließ man den Samen zur Erde fallen, wie es der unglückliche Onan getan, den der Herrgott sodann mit dem Tode strafte, weil er keine Kinder zeugen mochte in der Witwe seines Bruders, war es sicher und garantiert, daß die Frau nicht schwanger wurde, doch gar oft, wie da einer sagte, geht das Wasser zum Krug, und drei mal neun ergibt siebenundzwanzig. Bewiesen ist allerdings, daß Gott es war, der Abrahams spärlichem Saft den Isaak beigab und ihn Sara in den Bauch stieß, die nicht einmal mehr die Regel hatte. Betrachtet man die, sagen wir, theogenetische Angelegenheit aus diesem Blickwinkel, läßt sich folgern, ohne Verkehrung der Logik, die in dieser und der anderen Welt ja allem vorstehen muß, daß Gott persönlich Josef so geschäftig anregte und stimulierte, Maria aufzusuchen, er ihn solcherweise zu seinem Instrument machte, damit er, durch zahlenmäßigen Ausgleich, die Gewissensbisse abbaute, die er spürte, seit er den Tod der unschuldigen Kinder von Bethlehem zugelassen oder gewollt hatte, ohne die Folgen recht zu bedenken. Doch noch am seltsamsten und ein Beweis dafür, wie verwirrend und unerforschlich Gottes Pläne sind, ist der Umstand, daß Josef in dumpfer, noch nicht recht auf die Ebene von Bewußtheit gelangter Weise vermeinte, aus eigenem Antrieb zu handeln und gar, glaube dies, wer will, auch in Gottes Absicht, also daß er, sofern angestrengt auf Zeugung bedacht, der Welt wenn nicht buchstäblich, so doch zahlenmäßig die toten Kinder rückerstattete, so daß es zur nächstfolgenden Schätzung dann keine Differenz mehr gäbe. Die Gewissensbisse Gottes und die Josefs waren eins, und wenn es schon dazumal hieß, Gott schläft nicht, so sind wir heute in der guten Verfassung zu wissen, darum nicht. Er schläft nicht, weil er einen Fehler beging, der noch nicht einmal dem Menschen verzeihlich. Bei jedem Kinde, das Josef zeugte, hob Gott das Haupt ein klein wenig mehr, wird es aber nie ganz in ursprüngliche Höhe bekommen, weil die in Bethlehem getöteten Kinder ihrer fünfundzwanzig gewesen, Josef aber nicht hinreichend lange leben wird, um eine so stattliche Menge in einer einzigen Frau zu zeugen, noch konnte Maria, schon so erschöpft, so zermartert in Seele und Leib, all das ertragen. Haus und Hof des Zimmermanns waren voll von Kindern und dünkten dennoch leer.

Als Josefs Sohn fünf Jahre alt war, begann er, die Schule zu besuchen. Morgen für Morgen, in aller Frühe, führte die Mutter ihn zum Wärter der Synagoge, der, da es sich um Grundunterweisung handelte, hierzu Genüge war, und in der als Unterrichtsraum dienenden Synagoge befolgten er und die anderen Knaben Nazareths bis zum Alter von zehn Jahren den Spruch des Weisen, Ziehe das Kind in der Thora auf wie das Rind im Pferch. Der Unterricht endete zur sechsten Stunde, die unserem heutigen Mittag entspricht, Maria erwartete ihren Sohn zurück und durfte sich, die Ärmste, nicht nach seinen Lernerfolgen erkundigen, noch nicht einmal das steht ihr zu, sagt doch des Gelehrten maßgeblicher Spruch, Besser das Gesetz verende in Flammen denn daß es an die Weiber gerät, möglich aber auch, daß der Sohn, schon recht im Bilde über den wahren Platz des Weibes in der Welt, und also auch der Mütter, ihr mit patziger Antwort käme, einer von jenen, die einen Menschen in ein Nichts herabmindern können, jedermann sein eigenes Nichts, siehe

Herodes, er so mächtig und so groß, sähen wir ihn aber jetzt, dort, stimmte noch nicht einmal der Vers, Tot liegt er und modert, denn nun ist er nur Stickigkeit, Staub, wirres Gebein und schmutzige Lumpen. Trat Jesus ins Haus, fragte ihn der Vater, Was hast du denn heute gelernt, und der Junge, von vorzüglichem Gedächtnis, wiederholte in kleinsten Einzelheiten genau, was der Lehrer ihm beigebracht hatte, zunächst die Buchstaben des Alphabets, dann waren es die ersten Hauptwörter und später ganze Sätze der Thora, ganze Abschnitte endlich, die Josef mit rhythmischen Bewegungen seiner rechten Hand begleitete, bedächtig mit dem Kopf nickend. Maria, abseits, erfuhr auf diese Weise das, was sie nicht erfragen konnte, eine Methode seit alters her, von den Frauen geübt und vervollkommnet durch die Jahrhunderte und Jahrtausende, denn ist es ihnen nicht gestattet zu fragen, so sind sie doch ganz Ohr, bald wissen sie alles, und es gelingt ihnen gar, ein Gipfel der Gelehrtheit, das Falsche vom Wahren zu unterscheiden. Allerdings wußte Maria nicht, oder nicht hinreichend genug, um die seltsam enge Bindung zwischen ihrem Mann und dem Sohn, obwohl selbst einem Fremden Josefs Mienenspiel, zwischen Süße und Bekümmernis, nicht entgangen wäre, wann immer er von seinem Erstgeborenen sprach, denn dann war es, als dächte er, Dieser Sohn, den ich liebe, ist meine Marter. Maria wußte nur, daß jene Alpträume, gleichsam Seelenkrätze, nicht abließen von Josef, doch diese nächtlichen Peinigungen, da so oft wiederkehrend, waren ihm irgendwie zur Gewohnheit geworden, wie wenn einer lieber auf der rechten Seite schläft oder vor Durst mitten in der Nacht aufwacht. Und mochte sich Maria als brave, ehrbare Frau auch weiter sorgen um den

Ehemann, das Wichtigste für sie war, daß sie den Sohn lebend und heil sah, ein Zeichen dies, daß die Schuld nicht gar so groß sein mochte, sonst hätte Gott längst Strafe walten lassen, ohne Knüppel und ohne Stein, nach seiner Art, siehe Hiob, der, bettelarm und aussätzig, dennoch ein rechtschaffener, aufrechter Mensch gewesen, gottesfürchtig, aber mit dem Pech, daß er ungewollt zum Streitgegenstand zwischen Satan und Gott wurde, wobei ein jeder seine Vorstellungen und Vorrechte verteidigte. Da wundere sich niemand, wenn einen Menschen Verzweiflung befällt und er ausruft, Ausgelöscht sei der Tag, an dem ich geboren bin, und die Nacht, die sprach, Ein Mann ist empfangen. Finsternis werde jener Tag, er reihe sich nicht in die Tage des Jahres, füge sich nicht zu der Zahl der Monde, und die Nacht sei unfruchtbar, kein Jubel komme auf in ihr. Wahr allerdings ist, daß der Herrgott es Hiob lohnte, ihm doppelt gab, was er ihm einfach genommen hatte, doch den übrigen Menschen, in deren Namen nie ein Buch zustande kam, wird nur alles genommen und nichts gegeben, wird versprochen, was dann nicht gehalten. In diesem Hause des Zimmermanns verlief das Leben trotz allem friedvoll, und auf dem Tisch, dem zwar nicht reich gedeckten, fehlte es nie am täglichen Brot und entsprechenden Beigaben, was die Seele instandsetzt, sich am Körper festzuhalten. Einzig vergleichbar unter Josefs und Hiobs Gütern war die Vielzahl an Kindern, sieben Söhne und drei Töchter nannte Hiob sein eigen, und sieben Söhne und zwei Töchter hatte Zimmermann Josef, er mit dem Vorteil, eine Tochter weniger gezeugt zu haben, Hiob aber hatte, noch bevor der Herrgott ihm seinen Besitz verdoppelte, siebentausend Stück Kleinvieh, dreitausend Kamele, fünfhundert Joch

Rinder und fünfhundert Esel, dazu zahlreiches Gesinde, Josef hingegen den einen Esel, den wir kennen, sonst nichts. Wahrlich, es ist schon ein Unterschied, ob einer lediglich zum Unterhalt zweier Menschen arbeitet und dann eines dritten, wobei dieser im ersten Jahr mittelbar ernährt wird, oder ob einer sich von einer großen Schar Kinder umgeben sieht, die, körperlich wachsend und in den Ansprüchen, herzhafte Speise einfordern, zeitgerecht. Und da die geringen Einkünfte Josefs nicht langten, um Arbeitskräfte anzudingen, waren die Söhne der natürliche Rückgriff, sozusagen bei säender Hand, und auch barer Elternpflicht halber, verlangt doch schon der Talmud, So sehr es Pflicht ist, die Söhne zu ernähren, gilt es, ihnen auch einen Brotberuf beizubringen, auf daß sie nicht Straßendiebe werden. Und bedenken wir, daß die Rabbis lehren, Der Handwerker braucht sich vor dem größten Doktor nicht zu verbeugen, dann können wir erahnen, mit welchem beruflichen Stolz Josef seine ältesten Söhne zu unterrichten begann, einen nach dem anderen, sobald sie das entsprechende Alter erreichten, zunächst Jesus, dann Jakob, dann Judas, zu unterrichten begann in den Geheimnissen der Zimmermannskunst, auch er dem alten Spruch gerecht, der da lautet, Wenig ein Knabe verrichtet, dumm aber, wer darauf verzichtet, es war das, was man später Kinderarbeit nannte. Wenn Vater Josef nach der Abendspeisung an die Arbeit zurückkehrte, halfen ihm die Söhne, ein echtes Beispiel von Ersparnis im Familienkreis, das vorzügliche Früchte hätte geben können bis auf den heutigen Tag, vielleicht gar ein Geschlecht von Zimmerleuten, hätte Gott, der weiß, was er will, nicht etwas anderes bezweckt.

Als langte es dem Imperium in seinem ruchlosen Hochmut nicht, daß es das Volk der Hebräer seit über siebzig Jahren knechtete, verfügte Rom, die Aufteilung des Königreichs von Herodes zum Vorwand nehmend, eine neuerliche Schätzung, doch war es den Männern dieses Mal erspart, sich in die Orte ihrer Geburt verfügen zu müssen, und somit waren abgewendet die Störungen in Landwirtschaft und Handel und etliche Nebenfolgen, wie im Falle des Zimmermanns Josef und seiner Familie erlebt. Nach der neuen Methode ziehen die Schätzer von Siedlung zu Siedlung, von Dorf zu Dorf, von Stadt zu Stadt, sie bestellen die Männer des Ortes auf den Hauptplatz oder auf freies Gelände, ob Familienoberhaupt oder nicht, und unter dem Schutze der Wache tragen sie, den Kalmus in der Hand, in die Finanzrollen Namen, Beruf und versteuerbare Güter ein. Gesagt sei, daß solches Vorgehen schlecht angesehen ist in diesem Teil der Welt, und das seit alters her, es langt der Verweis auf die Heilige Schrift und sonderlich auf König Davids unglücklichen Einfall, als er Joab, den Obersten seines Heeres, in Israel und Juda eine Volkszählung vornehmen hieß und also sprach, Durchstreift alle Stämme Israels, von Dan bis Beerscheba, und mustert das Volk, damit ich weiß, wie viele es sind, und da des Königs Wort königlich, behielt Joab seine Einwände für sich, er rief das Heer zusammen, und sie setzten die Füße auf den Weg und die Hände an die Arbeit. Als sie wieder in Jerusalem eintrafen, waren neun Monate und zwanzig Tage vergangen, Joab aber brachte die Zähllisten, fertig und zusammengestellt, Israel zählte achthunderttausend Krieger, die mit dem Schwert kämpfen konnten, und in Juda waren es fünfhunderttausend. Nun aber, bekannt ist, daß es dem Herrgott mißfällt, wenn irgendwer an seiner statt Zählung vornimmt, schon gar bei diesem Volk, das, erwähltermaßen seines, nie einen anderen denn ihn zum Herrn und Besitzer haben kann, weitaus weniger Rom, das, wie wir wissen, von falschen Göttern und falschen Männern regiert ist, denn in Wahrheit gibt es diese Götter gar nicht, und zum zweiten, weil sie dennoch irgendwie vorhanden sind, als Ausdruck eines Kultes ohne echten Sinn, ist es just die Hoffart des Kultes, die jener Männer Falschheit unterstreicht. Wenden wir uns jedoch von Rom ab und König David wieder zu, dem, als er gerade den Bericht des Heerführers vernahm, plötzlich das Gewissen schlug, zu spät, nichts nutzte es ihm, reuig zu gestehen, Ich habe schwer gesündigt, weil ich das getan habe, doch vergib deinem Knecht seine Schuld, Herr, denn ich habe sehr unvernünftig gehandelt. Der Fall nun aber war, daß ein Prophet mit Namen Gad, cin Seher in des Königs Diensten und sozusagen sein Mittelsmann im Umgang mit dem Allmächtigen, am Morgen des folgenden Tages, als er sich vom Lager erhob, zu ihm kam und sprach, Der Herr heißt mich fragen, was soll über dich kommen, sieben Jahre Hungersnot in deinem Land, oder drei Monate, in denen dich deine Feinde verfolgen und du vor ihnen fliehen mußt, oder soll drei Tage lang die Pest in deinem Lande wüten. David fragte sich, wie viele Menschen in jedem einzelnen Falle sterben müßten, er veranschlagte, daß in drei Tagen, selbst der Pest, allemal weniger Menschen stürben als in drei Monaten Krieg oder einer sieben Jahre währenden Hungersnot. Dein Wille geschehe, Herr, es komme die Pest, sprach er. Da sandte Gott die Pest, und es starben siebzigtausend Männer des Volkes, nicht gerechnet Frauen und Kinder, die der Sitte gemäß aus dem Register fortblieben. Letztendlich willigte der Herr ein, die Pest wieder an sich zu nehmen, im Tausch gegen einen Altar, aber die Toten blieben tot, sei es, daß Gott sich ihrer nicht entsann, sei es, daß Auferstehung jetzt unpassend war, weil, wie zu erahnen, längst schon über Erbschaften geredet und über viele Teilungen gestritten wurde, will doch ein Volk, das sich als unmittelbar Gott zugehörig ausweist, darum dennoch nicht auf die Güter dieser Welt verzichten, im übrigen rechtmäßige, da im Schweiße des Angesichts erworben, oder durch Krieg, was sich gleichbleibt, denn am Ende zählt das Ergebnis.

Und außerdem in Rechnung zu setzen ist, auf die Trefflichkeit der Urteile abzielend, die es über die menschlichen und die göttlichen Handlungen zu fällen gilt, daß Gott, der Davids Verfehlung emsig geschwind und mit schwerer Hand strafte, jetzt allerdings, scheint es, ungerührt zuschaut, wie Rom seine liebsten Kinder peinigt, und, höchst erstaunlich, ihn schert die Mißachtung seines Namens und seiner Macht nicht. Nun, wenn solches geschieht, also wenn sich erweist, daß Gott nicht so hurtig kommt noch den Anschein erweckt, bleibt dem Menschen nichts übrig, als die Sache selbst in die Hand zu nehmen, aus dem Hause zu gehen und Ordnung in der beleidigten Welt zu schaffen, aus dem ihm gehörenden

Haus in die Welt, die Gott gehört. Da zogen, wie gesagt, die Schätzer umher, trugen die Frechheit dessen zur Schau, der über alles befiehlt, noch dazu auf die heißen Lenden der sie begleitenden Soldaten bauend, eine ausdrucksstarke, wiewohl zweideutige Metapher, die nur eben besagen will, daß die Soldaten sie vor Schimpf und Angriff schützen würden, doch da nun flammte Widerspruch auf in Galiläa und in Judäa, zunächst dumpf unter der Hand, als wollte einer zunächst nur seine Kräfte anfachen, sie verdrücken, sie wägen, dann aber, bald, folgten Bekundungen einzelner, verzweiflungsvolle, ein Handwerker tritt vor den Tisch des Schätzers und erklärt mit lauter Stimme, daß sie ihm noch nicht einmal den Namen entreißen werden, ein Händler schließt sich in seinen Laden sein, samt Familie, und droht, er werde alle Gefäße zerschlagen und alle Tuche zerreißen, ein Landmann hat sein Kornfeld angezündet, bringt einen Korb voll Asche und sagt, Mit dieser Münze zahlt Israel dem, der es beleidigt. Sie alle wurden auf der Stelle festgenommen, in den Kerker gesteckt, gezüchtigt und gedemütigt, und weil des Menschen Widerstandskraft ihre engen Grenzen hat, sind wir doch so schwach, nur Nerven und Zerbrechlichkeit, hielt der Mut nicht lange vor, der Handwerker verriet ohne Scham seine intimsten Geheimnisse, der Händler bot eine Tochter oder zwei als Beigabe zur Steuer, der Landmann streute sich die Asche aufs Haupt und bot sich als Sklave an. Es gab auch jene, wenige, die standhielten und darum starben, und andere hatten die beste Lehre gezogen, daß ein guter Besatzer eigens und am besten der tote Besatzer ist, weshalb sie zu den Waffen griffen und in die Berge gingen, Waffen sagt man, und es waren Steine, Schleudern, Knüppel, Totschläger und Keulen, etliche Bögen mit Pfeilen, nicht sehr tauglich, um damit die Intifada zu beginnen, und etwas später ein paar Schwerter und Lanzen, in raschen Scharmützeln gewonnen, die ihnen aber, wenn es darauf ankam, wenig nutzten, denn seit David bäuerisch befangen, waren sie gutmütige Hirten und nicht überzeugte Krieger. Doch ein Mann, ob Jude oder nicht, gewöhnt sich an den Krieg eher und besser als an den Frieden, besonders, wenn er einen Anführer gefunden hat und mehr noch als an jenen an das glaubt, was jener glaubt. Dieser Anführer eines Aufstandes gegen die Römer, der ausbrach, als Josefs Ältester etwa elf Jahre alt war, hieß Judas und war Galiläer, weshalb er, nach der Gepflogenheit jener Zeit, Judas der Galiläer oder Judas von Galiläa genannt wurde. Wahrlich nicht verwundern dürfen uns so primitive Kennzeichnungen, die im übrigen gang und gäbe waren, ohne weiteres begegnet man da, zum Beispiel, einem Josef von Arimathäa, einem Simon von Zyrene oder Simon Zyrenäus, einer Maria Magdalena oder aus Magdala, und falls der Sohn des Josef fortlebt und gedeiht, wird man ihn, hegen wir da keinen Zweifel, schlicht Jesus von Nazareth nennen, oder Jesus Nazarenus, oder, noch schlichter, Nazarener, denn nie weiß man, wie weit die Identifikation einer Person mit dem Ort ihrer Geburt gedeiht, oder, in diesem Fall, wo die betreffende Person zum Mann oder aber zur Frau wird. Dies sind in die Zukunft greifende Vorwegnahmen, das Schicksal indes, wie oft wird das noch gesagt werden müssen, ist eine einzigartige Truhe, ist offen und zugleich verschlossen, wir schauen hinein und können sehen, was sich schon vollzogen hat, was gewesenes Leben und erfülltes Schicksal ist, doch von dem, was sein wird, haben wir nur Vorgefühle, vermutungsvolle Ahnungen, wie im Falle dieses Evangeliums, das nicht geschrieben würde, gäbe es nicht jene außerordentlichen, vielleicht bezeichnend erscheinenden Hinweise auf ein aus dem Rahmen schlichten Lebens herausragendes Schicksal. Doch zurück zum eigentlichen Faden, der Aufruhr lag der Familie des Judas Galiläus im Blut, schon dessen Vater, der alte Ezechiel, hatte mit seinen Leuten nach dem Tod des Herodes in den gegen dessen vermutliche Erben ausgebrochenen Volksaufständen gefochten, ehe Rom dann die Aufteilung des Königreiches und die Herrschaft der neuen Tetrarchen als rechtens bestätigte. Das sind Dinge, die sich nicht recht erklären lassen, wie da Menschen aus dem gleichen erzmenschlichen Stoff, gleich in Fleisch, Gebein, Blut und Haut, von gleichem Lachen, gleichem Schweiß und gleicher Träne, doch so unterschiedlich ausarten, feige dann die einen und mutig die anderen, kriegerisch gesonnen der eine und friedvoll der andere, woraus ein Josef entstanden, dem war auch ein Judas entsprossen, aber während letzterer, Sohn seines Vaters und Vater seiner Söhne, dem Beispiel des einen folgte und jenen ein Beispiel gab, sich seiner Geruhsamkeit entriß und in den Kampf zog, die Gesetze Gottes zu verteidigen, blieb Zimmermann Josef daheim, bei seinen neun kleinen Kindern und deren Mutter, klammerte sich an die Hobelbank und an die Notwendigkeit, das Brot von heute zu verdienen, denn wem der morgige Tag gehört, das weiß keiner, manche sagen dem Herrgott, eine Vermutung, die so treffend wie jene andere, daß er niemand gehört, und daß all dies, das Gestern, Heut und Morgen, nur unterschiedlich benamte Selbsttäuschung ist.

Doch aus diesem Dorfe Nazareth hatten sich einige der

Männer, vor allem jüngere, dem Bandenkampf des Judas Galiläus angeschlossen, meist verschwanden sie unauffällig, tauchten sozusagen von einer Stunde zur anderen unter, alles blieb strengstes Familiengeheimnis, und so bestimmend war das Gebot der Verschwiegenheit, daß niemandem auch nur entfernt der Gedanke gekommen wäre, zu fragen, Wo ist Nathanaël, ich habe ihn seit Tagen nicht gesehen, wenn Nathanaël der Synagoge fernblieb, oder die Reihe der Schnitter auf dem Felde um einen Mann kürzer war, dann benahmen sich die anderen, als habe es Nathanaël nie gegeben, allerdings wußte man, daß er gelegentlich ins Dorf kam, allein und in finsterer Nacht, und vor Tau und Tag war er wieder verschwunden, dieses Herein und Hinaus verriet sich lediglich in der Lächelmiene von Nathanaëls Frau, doch es gibt auch ein Lächeln, das alles ausdrückt, eine Frau da starrt verlorenen Blicks ins Leere, zum Horizont, oder nur auf die Wand vor sich, doch dann erscheint ein Lächeln in ihrem Gesicht, ein bedächtiges, nachdenkliches, als tauchte ein Bild aus dem Wasser hervor, irrlichternd auf der unruhigen Oberfläche, nur ein Blinder, weil zu sehen nicht fähig, würde meinen, Nathanaëls Frau habe eine weitere Nacht ohne ihren Mann verbracht. Und, merkwürdig ist der Menschen Herz, einige der Frauen, die ihre Männer stets bei sich hatten, seufzten beim Gedanken an jene Begegnungen und eifervoll umschwärmten sie Nathanaëls Frau, wie Bienen eine an Pollen überquellende Blüte. Dies galt nicht für Maria mit ihren neun Kindern und einem Mann, der fast jede Nacht im Schlaf stöhnte und schrie, vor Angst und vor Entsetzen, so laut, daß die Kinder aufwachten und selber zu weinen anfingen. Mit der Zeit, einer besseren oder nicht gar so guten, gewöhnten sie sich dran, doch der Älteste, weil irgend etwas, indes noch nicht ein Traum, ihn mitten in seinem Schlaf schreckte, er wachte immer auf, anfangs fragte er die Mutter noch, Was hat Vater, und sie antwortete wie jemand, der dem keine Bedeutung beimißt, Sicherlich böse Träume, konnte sie doch zu ihrem Sohn nicht sagen, Deinem Vater träumte gerade, er ritte mit den Soldaten des Herodes die Straße nach Bethlehem, Was denn für ein Herodes, Der Vater von dem, der uns regiert, Und darum hat er gestöhnt und geschrien, Darum, Wieso hat einer, der Soldat des nun toten Königs war, üble Träume, Dein Vater war nie Soldat des Herodes, er war immer Zimmermann, Warum dann diese Träume, Der Mensch sucht sich seine Träume nicht aus, Dann wohl die Träume den Menschen. Das höre ich zum erstenmal, doch es könnte so sein, Warum die Schreie, Mutter, warum das Stöhnen, Weil dein Vater Nacht für Nacht träumt, er bringe dich um, so weit kann Maria freilich nicht gehen, daß sie den wahren Grund für den Alptraum ihres Mannes gerade dem erzählt, dem wie Isaak, Abrahams Sohn, die Rolle des Opfers zukommt, das jener nie geworden, obwohl unausweichlich dazu verurteilt. Eines Tages, als Jesus dem Vater beim Zusammenfügen eines Tores half, erkühnte er sich, ihn zu fragen, der Vater aber, nach langem Schweigen und ohne den Blick zu heben, sagte lediglich, Mein Sohn, du kennst bereits deine Pflichten, erfülle sie getreu, und du wirst Rechtfertigung finden vor Gott, forsche aber auch in deiner Seele, was es sonst noch an Pflichten gibt, die dir nicht beigebracht wurden, Ist dies dein Traum, Vater, Nein, das ist lediglich der Grund dafür, eines Tages vergaß ich eine Pflicht, oder schlimmer, Schlimmer wie, Ich handelte unüberlegt, Und der Traum, Der Traum ist der zur Unzeit gedachte Gedanke, den habe ich nun Nacht für Nacht in mir, unauslöschlich. Und was hättest du denken sollen, Du kannst mir nicht alle Fragen stellen und ich dir nicht alle Antworten geben. Sie arbeiteten auf dem Hof, im Schatten, weil es Sommer war und die Sonne brannte. Nahebei spielten Jesu Geschwister, ausgenommen der Jüngste, den die Mutter drin im Haus gerade stillte. Jakob hatte mitgeholfen, war aber ermüdet oder der Sache überdrüssig geworden, was nicht verwundert, ein Jahr Unterschied, das macht in diesem Alter gewaltig viel aus, Jesus hat in der Kenntnis der Glaubensdinge nun fast Reife erlangt, die Grundausbildung ist abgeschlossen, außer der Thora, dem geschriebenen Gesetz, wird er sich mit dem mündlichen Recht befassen, das viel schwieriger und komplexer ist. So leuchtet es eher ein, daß er, noch so jung, mit dem Vater ein so ernstes Gespräch führen konnte, treffend im Wort und überlegt und folgerecht in den Schlüssen. Jesus ist fast zwölf Jahre alt, bald wird er ein Mann sein, dann vielleicht kehrt er zu dem hier in Schwebe gelassenen Gespräch zurück. Sofern Josef bereit ist, sich vor dem eigenen Sohn zur Schuld zu bekennen, was Abraham vor seinem Sohn Isaak ebensowenig tat, denn an jenem Tag war alles ein Anerkennen und Preisen von Gottes Macht. Wahr ist allerdings, daß des Herrgotts gerader Schriftzug wenig gemein hat mit den krummen Linien der Menschen, siehe den erwähnten Fall Abraham, dem der Engel im äußersten Augenblick in den Arm fiel, mit den Worten, Streck deine Hand nicht gegen den Knaben aus, und siehe auch den Fall Josef, dem setzte Gott statt des Engels einen Gefreiten und zwei geschwätzige Soldaten vor, Josef aber nutzte die verfügbare Zeit nicht, unterließ es, Bethlehems Kinder vor dem Tod zu retten. Falls sich Jesu gute Ansätze im Wandel der Jahre jedoch nicht verlieren, wird er irgendwann vielleicht fragen, warum Gott den Isaak rettete, nicht aber beklagenswerte Kinder, die, so frei von Sünde wie Abrahams Sohn, vor dem Thron des Herrn keine Gnade fanden. Und also wird Jesus zu seinem Erzeuger sagen können, Vater, du brauchst dich nicht mit all der Schuld abzuschleppen, und tief im Herzen wagt er vielleicht die Frage, Wann, Herr, kommt der Tag, daß du dich uns zuwendest und vor den Menschen dein Irren eingestehst.

Während hinter den Türen, des Hauses als auch der Seele, Zimmermann Josef und sein Sohn Jesus, zwischen Gesagtem und Verschwiegenem, diese hohen Fragen erörterten, währte der Krieg gegen die Römer fort. Schon länger als zwei Jahre war er im Gange, und Nazareth erreichten düstere Nachrichten, Efraim gestorben, Abieser tot, Naftali tot, Eleaser tot, doch man wußte nicht mit Sicherheit, wo ihre Leichen lagen, zwischen zwei Steinblöcken im Gebirge, auf dem Grunde einer Schlucht, von der Flußströmung fortgetragen, im nutzlosen Schatten eines Baumes. Sehr wohl können sich die in Nazareth Verbliebenen die Hände waschen und dann sagen, zumal daran gehindert, jenen Toten Bestattung zu geben, Unsere Hände haben dieses Blut nicht vergossen, und unsere Augen es nicht gesehen, doch traf auch die Nachricht von großen Siegen ein, die Römer aus Sepphoris verjagt, der nahen, von Nazareth nur zwei Stunden Fußmarsch entfernten Stadt, in weite Teile Judäas und Galiläas wagte sich die feindliche Armee nicht hinein. Und selbst in Josefs Dorf hat seit über einem Jahr kein römischer Soldat den Fuß gesetzt. Vielleicht darum war des Zimmermanns Nachbar, der neugierige und dienstbare Hananias, über den zu reden wir keinen Grund mehr hatten, eines Tages in den Hof getreten und hatte mit geheimnisvoller Miene gesagt, Begleitest du mich hinaus, und sehr zu Recht seine Bitte, denn in den Anwesen des Dorfes, da sie so klein, ist Verschwiegenheit nicht möglich, wo einer ist, sind alle, zur Nacht, wenn geschlafen wird, und tagsüber, wie auch immer die Umstände, ein Vorteil dies für den Herrgott, so erkennt er leichter all jene, die am Tage des Jüngsten Gerichts dann ihm gehören. Josef wunderte die Bitte nicht, selbst als Hananias verschwörisch hinzufügte, Gehen wir in die Wüste, nun, wir wissen bereits, Wüste ist nicht lediglich das, was unsere Vorstellung uns üblich eingibt, sobald wir jenes Wort hören oder lesen, eine riesige weite Sandfläche, ein Meer aus lodernden Dünen, Wüste, wie man sie hier ebenfalls versteht, die gibt es sogar im grünen Galiläa, es sind die nicht bebauten Landstriche, Fluren, in denen keine Menschen wohnen, ohne Zeichen ihres fleißigen Tuns. Wüste sagen, heißt sagen, Sie ist es nicht mehr, wenn wir dort sind. Da hier nur aber zwei Männer über das Feld gehen, noch in Sichtweite Nazareths, hin zu den drei großen Steinen oben auf dem Hügel, kann von Besiedlung freilich nicht die Rede sein, die Wüste wird wieder Wüste, wenn diese beiden zurückkehren. Hananias setzte sich auf die Erde und Josef sich neben ihn, der Altersunterschied zwischen ihnen ist geblieben, klar, die Zeit ist für alle gleich, jedoch nicht in den Wirkungen, weshalb Hananias, der, als wir ihn kennenlernten, für sein Alter passabel wirkte, heute eher alt aussieht, obwohl die Zeit ja auch Josef nicht verschont hat. Hananias scheint irgendwie zu zaudern, die Entschlossenheit, die er beim Betreten von Josefs Haus zeigte, hat sich unterwegs aus seinem Gesicht verflüchtigt, nun muß der Zimmermann ihn mit einer kleinen Bemerkung aufmuntern, die sich möglichst nicht nach Frage anhört, etwa, Weit sind wir gegangen, dies ist ein gutes Stichwort für Hananias, da kann er erwidern, Die Angelegenheit läßt sich nicht in deinem oder in meinem Haus verhandeln. Aber hier wird das Gespräch schon den eigentlichen Gang nehmen, auch wenn, wie es sich erweist, ein sehr heikler Anlaß sie an diesen entlegenen Ort geführt hat. Hananias sagt, Eines Tages batest du mich, während deiner Abwesenheit dein Haus zu hüten, und ich tat es, Für diesen Gefallen habe ich dir stets Dank gewußt, sagte Josef, und Hananias fuhr fort, Gekommen ist der Augenblick, daß nun ich dich bitte, auf mein Haus achtzuhaben für die Dauer meines Fortseins, Verreist du mit deiner Frau, Nein, allein, Ja, aber wenn sie bleibt, Schua kommt bei Verwandten unter, die Fischer sind, Willst du sagen, du hast deiner Frau den Scheidebrief gegeben, Das tat ich nicht, als ich gewiß war, daß sie mir keine Kinder gebären könne, und würde es auch jetzt nicht tun, allein ich muß eine gewisse Zeit abwesend sein, und da ist Schua bei den Ihren am besten aufgehoben, Bleibst du lange fort, Weiß ich nicht, es hängt von der Dauer des Krieges ab, Was hat der Krieg mit deiner Abwesenheit zu tun, sagte Josef überrascht, Ich gehe zu Judas, dem Galiläer, Was willst du von ihm, Ihn fragen, ob er mich unter seine Kämpfer aufnimmt, Aber Hananias, du bist stets ein Mann des Friedens gewesen, und jetzt willst du dich in den Krieg gegen die Römer einmischen, erinnere dich, was Efraim und was Abieser widerfahren ist, Auch Naftali und Eleasar, Dann höre auf die Stimme der Vernunft, Höre du mich an, Josef, welche

Stimme auch immer aus meinem Munde spricht, ich heute bin so alt wie mein Vater, als er starb, er aber hat im Leben weit mehr vollbracht als dieser sein Sohn, der sogar ohne Kinder ist, auch bin ich nicht weise wie du, daß ich Synagogenältester werden könnte, für die Zukunft bleibt mir nur, Tag um Tag auf den Tod zu harren, an der Seite einer Frau, die ich nicht mehr liebe, Dann scheide dich von ihr, Das Problem ist ein anderes, nicht von ihr müßte ich mich scheiden, sondern von mir, und das ist ein Unding, Und was bringst denn du schon zuwege im Krieg, mit deinen spärlichen Kräften, Ich gehe in den Krieg, als gälte es einen Sohn zu zeugen, Das habe ich noch nie sagen hören, Ich auch nicht, der Gedanke ist mir soeben gekommen, Ich hüte dein Haus bis zu deiner Rückkehr, Falls ich nicht wiederkomme, falls sie dir sagen, daß ich gestorben bin, versprichst du mir, Schua zu benachrichtigen, damit sie in Besitz nimmt, was ihr zusteht, Versprochen, Also können wir umkehren, und ich gehe in Frieden, In Frieden sagst du und ziehst in den Krieg, wahrlich, ich verstehe nicht, Ach Josef, Josef, über wie viele Jahrhunderte hin müssen wir die Wissenschaft des Talmuds noch vermehren, ehe wir endlich die einfachsten Dinge begreifen, Warum der weite Weg bis her, das war nicht nötig, Ich wollte mit dir vor Zeugen sprechen, Gelangt hätte der oberste Zeuge, Gott, dieser Himmel, der uns, wo auch immer, überspannt, Diese Steine, Die Steine sind taub und stumm, sind beileibe keine Zeugen, In der Tat, sind sie nicht, aber sollten morgen du und ich abstreiten wollen, was hier zur Sprache kam, würden sie uns anklagen und uns so lange bezichtigen, bis sie zu Staub geworden und wir zum Nichts, Gehen wir, Wir gehen. Unterwegs wandte sich Hananias etliche Male um, nach den Steinen, die dann aus ihrem Blickfeld schwanden, hinter einen Bergrücken tauchten, und hier nun fragte Josef, Ist Schua schon im Bilde, Ja, ich habe es ihr gesagt, Und sie, Sie schwieg, dann aber sagte sie, besser ich hätte sie verstoßen, jetzt drückt sie sich weinend in den Ecken herum, Die Ärmste, Im Kreise der Ihren wird sie mich vergessen, und falls ich sterbe, erst recht, das ist das Gesetz des Lebens, das Vergessen. Sie kamen ins Dorf, und als sie vor das Haus des Zimmermanns gelangten, das erstere der beiden, von dieser Seite aus, rief Jesus, der mit Jakob und Judas auf der Straße spielte, die Mutter halte sich im Hause des Nachbarn auf. Als die beiden Männer hineingingen, war die Stimme des Judas zu hören, heldisch, Ich bin Judas der Galiläer, da wandte sich Hananias nach ihm um, und zu Josef bemerkte er lächelnd, Dort siehst du meinen General, dem Zimmermann aber blieb nicht Zeit zur Entgegnung, eine andere Stimme, die von Jesus, rief, Dann ist dein Platz nicht hier. Das war Josef wie ein Stich ins Herz, als gälten die Worte ihm, das kindliche Spiel gleichsam Instrument einer anderen Wahrheit, ihm fielen die drei Steine ein, und er versuchte sich, ohne einen für ihn erklärbaren Grund, sein Leben so vorzustellen, daß er fortan all sein Sagen und Tun im Angesicht jener Steine rechtfertigen müßte, doch da überkam ihn auch schon der bare Schrecken, er wurde gewahr, daß er hierüber Gott vergessen hatte. In Hananias Haus fanden sie Maria vor, die da die Tränen vergießende Schua zu trösten versuchte, doch beim Eintreten der zwei hörte Schua sofort auf mit Weinen, vielmehr nicht, die Frauen, in harter Schule, haben es gelernt, die Tränen zu schlucken, darum auch sagen wir, Sie weinen so sehr wie sie lachen, und es stimmt nicht, gemeinhin weinen sie nach innen. Nicht nach innen, jedoch in tiefster Seelenbetrübnis und mit allen Tränen in den Augen, weinte die Frau des Hananias an dem Tage, als ihr Mann fortzog. Eine Woche später holten jene Verwandten sie, die am Meer wohnten. Maria begleitete sie bis vor den Rand des Dorfes, dort sagten sie einander Lebewohl. Schua weinte schon nicht mehr, doch ihre Augen würden nie mehr trocken sein, denn es gibt ein Weinen, das nicht Heilung kennt, jenes fortgesetzte Feuer, das die Tränen verbrennt, noch ehe sie hervorquellen und über die Wangen perlen.

So verstrichen die Monate, es trafen weiter die Nachrichten vom Kriegsschauplatz ein, mal gute, mal schlechte, doch die guten stets nur Andeutungen auf Siege, die sich allemal als klein erwiesen, die schlechten Nachrichten aber meldeten bereits schwere und blutige Schlappen der von Judas dem Galiläer geführten Freischärler. Eines Tages hieß es, Baldad sei gefallen, als die Römer einen im Hinterhalt liegenden Trupp der Aufständischen überrumpelten, der Zauber sich somit gegen den Zauberer kehrte, es hatte viele Tote gegeben, doch aus Nazareth nur diesen. Und eines anderen Tages berichtete einer, er habe sagen hören, Varus, Roms Statthalter in Syrien, komme mit zwei Legionen, um die schon drei Jahre andauernde Erhebung ein für alle Mal zu beenden. Eben diese so vage Ankündigung, Er kommt, versetzte ihrer Ungenauigkeit wegen die Menschen in tückische Angst, grad so als müßte man den Feind jeden Augenblick hinter der nächsten Wegbiegung gewärtigen, der strafenden Kolonne voran, hoch gehißt, die gefürchteten Insignien des Krieges samt jener Abkürzung, mit der hier alle Aktionen namentlich belegt und besiegelt werden, SPQR, Der Senat und das Volk von Rom, im Namen solcher Dinge, Buchstaben, Bücher und Flaggen ziehen die Menschen mordend gegeneinander, wie es auch im Falle der anderen vertrauten Abkürzung sein wird, INRI, Jesus von Nazareth, König der Juden, und Gefolgsleute, doch greifen wir den Ereignissen nicht voraus, möge erst die gebührende Zeit verstreichen, jetzt, und es mutet seltsam an, daß wir es wissen und es sagen können, so als sprächen wir aus einer anderen Welt her, im Augenblick ist noch niemand ihrerhalben zu Tode gekommen. Allerorts werden große Schlachten vorausgesagt, und die im Glauben Festesten versichern, noch vor Ablauf eines Jahres würden die Römer aus dem heiligen Land Israel verjagt sein, doch es gibt auch andere, die ob der schwelgerischen Worte traurig den Kopf schütteln und das nahende Unheil in seinen Ausmaßen überschlagen. Und das Unheil kam. Etliche Wochen lang, seit der Nachricht vom Anrücken der Legionen des Varus, tat sich nichts, und die Freischärler nutzten dies zu doppelt heftigen Angriffen auf die verstreuten gegnerischen Kräfte, doch dann offenbarte sich der taktische Hintergedanke jener vermeintlichen Inaktivität, als die Späher des Galiläers meldeten, eine der Legionen sei längs des Jordans südwärts gezogen, in einem Umgehungsmarsch, sei auf der Höhe von Jericho rechts eingeschwenkt, um dann, gleichsam von kluger Hand ins Wasser geworfenes Netz, Richtung Norden zu ziehen, ausgreifend und zupackend, während die andere Legion, ähnlich vorgehend, von Norden kam. Wir könnten dies auch die Zangentaktik nennen, wäre es nicht das abgestimmte Aufeinanderzu zweier Walzen, die niederrollen, was nicht entwischen kann, mit höchster Wirkung ganz zuletzt, dem Zermalmen. Die Wege, Täler und Hügel auf dem Vormarsch der Legionen durch Judäa und Galiläa waren gezeichnet von Kreuzen, an denen, Füße und Hände festgenagelt, die Kampfgefährten des Judas verendeten, denen man, damit sie schneller stürben, mit Keulen auch noch die Schienbeine zerschmetterte. Die Soldaten drangen in die Dörfer ein, durchsuchten Haus um Haus, nahmen Verdächtige fest, denn um diese Männer ans Kreuz zu bringen, sofern es beabsichtigt, langte als Gewißheit schon barer Verdacht. Diese Ärmsten konnten, mit Verlaub die traurige Ironie, noch von Glück reden, wurden sie ja sozusagen vor der eigenen Haustür gekreuzigt, und nachdem sie den letzten Atem getan, kamen die Angehörigen eilends und holten sie herunter, ein jammervolles Schauspiel, zu sehen und zu hören das Weinen der Mütter, der Ehefrauen und der Bräute, die Schreie der nun vaterlosen Kinder, während der gemeuchelte Mann sehr behutsam abgenommen wurde, ist doch nichts peinigender als der haltlose Absturz eines leblosen Körpers, in einem Maße, daß sein Aufprall selbst den Lebenden weh tut. Dann wurde der Gekreuzigte ins Grab gelegt, dort den Tag seiner Auferstehung abzuwarten. Andere, in offenem Kampf in den Bergen oder sonstigen menschenleeren Winkeln gefangen genommen, wurden von den Soldaten noch lebend dort zurückgelassen, und da nun, in der schlimmsten aller Wüsten, der des einsamen Sterbens, blieben sie am Holze hängen, von der Sonne langsam verschmort, den Aasvögeln preisgegeben, mit der Zeit fielen ihnen Fleisch und Knochen ab, waren sie nur noch ein gestaltloses schändliches Überbleibsel, vor dem sich die eigene Seele ekelte. Neugierige, wenn nicht Zweifler, die schon andere Male aufgeboten waren, dem Gefühl der Hingebung zu widersprechen, mit dem gemeinhin die beständigen Nachrichten von Evangelien wie diesem hier entgegengenommen werden, wüßten gar gern, wie es den Römern denn möglich war, eine so große Zahl Juden zu kreuzigen, schon gar in den dort sehr reich vorhandenen baumlosen wüstenhaften Weiten, wo man, wahrlich, nur rachitisch schmächtige Gewächse findet, die ganz entschieden noch nicht einmal einen gekreuzigten Geist aushielten. Es vergessen diese Leute, Roms Armee ist eine ganz moderne, für sie sind Logistik und Befehlsstrategie keine leeren Begriffe, deren Nachschub an Kreuzen ist für die Dauer dieses Feldzugs voll gesichert, man vergegenwärtige sich nur die Menge der Esel und Maultiere, die der Spur der Legionen folgen und die Einzelstücke transportieren, die *crux* und das *patibulum*, den senkrechten Schaft und das Querholz, vor Ort dann gilt es lediglich, die ausgebreiteten Arme des Verurteilten ans Querholz zu nageln, dieses an das obere Ende des in den Erdboden eingeführten Schaftes zu heben, und nachdem man jenen die Beine nach der einen Seite hin zusammenziehen hieß, heftet man mit einem einzigen Nagel von Spannenlänge die übereinandergelegten Füße ans Kreuz. Jedweder Henker der Legion wird versichern, daß diese nur dem Anschein nach komplizierte Operation schwerer zu erklären als auszuführen ist.

Es ist die Stunde des Unheils, hierin hatten die Pessimisten recht. Vom Norden in den Süden und aus dem Süden in den Norden fliehen Menschen panisch vor den Legionen her, manche weil sie in den Verdacht geraten könnten, den Freischärlern geholfen zu haben, andere rein aus Angst, schon da jedermann, wie wir wissen, schuldlos schuldig gesprochen werden kann. Nun, einer dieser Flüchtlinge, im Rückzug kurz innehaltend, klopfte an die Tür des Zimmermanns Josef, um ihm zu sagen, Nachbar Hananias befinde sich in Sepphoris, von

Schwertstichen übel zugerichtet, und dies die Botschaft, Der Krieg ist verloren, ich komme nicht lebend hier fort, bestelle meiner Frau, sie soll sich holen, was ihr zusteht, Mehr nicht, fragte Josef, Weiter hat er nichts gesagt, antwortete der Bote, Und du, warum hast du ihn nicht mitgebracht, da du ja hier vorbei mußtest, Bei seinem Zustand, das hätte meinen Marsch nur verzögert, ich habe selbst Familie, ihr zuallererst gilt meine Sorge, O ja, aber nicht ausschließlich, Schöne Rede, ich sehe dich hier umringt von Kindern, und falls du nicht fliehst, dann wohl weil dir keine Gefahr droht, Säume nicht, geh, der Herr begleite dich, die Gefahr ist dort, wo der Herr nicht ist, Ungläubiger Mensch, Gott ist überall, Aber manchmal übersieht er uns, und rede mir nicht von Glaube oder Unglaube, denn du hast darin versagt, hast meinen Nachbarn im Stich gelassen, Dann hol doch du ihn, Das werde ich tun. Dies war am späteren Nachmittag, das Wetter war schön, sonnig, am Himmel strahlend weiße Wolken, verstreute, die da hinwogten wie Schiffe, die keines Steuermanns bedurften. Josef ging und band den Esel los, rief seine Frau und beschied ihr ohne weitere Erklärung, Ich gehe nach Sepphoris, Nachbar Hananias holen, er selbst kann nicht gehen. Maria nickte lediglich, zustimmend, Jesus aber trat an den Vater heran, Darf ich mitgehen, fragte er. Josef musterte den Sohn, er legte ihm die rechte Hand auf das Haupt und sagte, Bleib du zu Hause, ich bin nicht lange fort, ich eile, um vielleicht noch vor Einbruch der Dunkelheit zurück zu sein, was nicht ausgeschlossen ist, wissen wir ja, daß es von Nazareth bis Sepphoris keine acht Kilometer Wegs sind, grad so viel wie von Jerusalem nach Bethlehem, wahrhaftig, sagen wir es einmal mehr, die Welt ist voll von Zufällen und Übereinstimmungen.

Josef ritt den Esel nicht, damit der für den Rückweg frisch wäre, straff in den Beinen, fest in den Hufen, von sanftem Buckel, paßgerecht einem Kranken oder, treffender gesagt, einem Kriegsverletzten, denn das ist von anderer Pathologie. Als er am Hügel vorbeikam, auf dem Hananias ihm vor einem Jahr eröffnet hatte, er wolle sich den Freischärlern des Judas Galiläus anschließen, schaute der Zimmermann hinüber zu den drei Felsblöcken, die dort oben, gedrängt wie Fruchtknospen, zu harren schienen, daß Himmel und Erde ihnen Antwort gäben auf jene Fragen, die alle Kreaturen und Dinge, schon weil sie existieren, stellen, auch wenn sie diese nicht aussprechen, Warum bin ich hier, Welcher bekannte oder nicht gekannte Grund erklärt mich, Wie erst ist die Welt, in der ich nicht sein werde, wenn diese hier das ist, was sie ist. Würde Hananias letzteres fragen, könnten wir ihm antworten, daß zumindest die Steine wie ehedem dort harren, und sollten Wind, Regen und Hitze ihnen zugesetzt und sie abgenutzt haben, so doch spärlich gering, und daß sie wahrscheinlich auch noch nach zwanzig Jahrhunderten da sind und weitere zwanzig nach diesen zwanzig, obschon die Welt ringsum sich verändert haben wird, doch daß wir für die ersten beiden Fragen auch weiterhin keine Antwort parat haben. Auf der Straße kamen ihm Gruppen von Flüchtenden entgegen, mit dem gleichen Schrecken im Gesicht wie des Hananias Bote, sie musterten Josef überrascht, einer der Männer hielt ihn am Arm fest und sagte, Wohin, und der Zimmermann antwortete, Nach Sepphoris, einen Freund holen, Geh nicht, wenn du ein Freund deiner selbst bist, Warum nicht, Die Römer sind im Anzug, für die Stadt gibt es keine Rettung, Ich muß hin, mein Nachbar ist mein Bruder, keiner sonst könnte ihn holen, Überleg es dir gut, und der kluge Ratgeber eilte weiter, ließ Josef mitten auf der Straße stehen, im Grübeln, ob er ein Freund seiner selbst war oder, zumal es Gründe dafür gab, sich verachtete und verabscheute, und nach kurzem Besinnen schloß er, weder das eine noch das andere sei er, sich betrachtete er gar irgendwie gleichmütig, wie wenn einer ins Leere schaut, da gibt es kein Nah oder Fern, worauf man den Blick heften kann, fürwahr, das nicht Vorhandene läßt sich nicht ins Auge fassen. Bewußt wurde ihm aber, daß seine Vaterpflicht ihm Umkehr auferlegte, er hatte die Seinen zu beschützen, wieso da einen holen, der ihm nur Nachbar war, und jetzt nicht einmal das, hatte er doch das Haus aufgegeben und sein Weib fortgeschickt. Die Kinder allerdings waren in Sicherheit, die Römer würden ihnen nichts antun, da ja nur Aufrührern hinterdrein. An dieser Stelle seines Gedankenfadens hörte sich Josef laut sagen, als wehrte er insgeheime Besorgnis ab, Außerdem bin ich kein Aufrührer. Und er tatschte den Esel mit flacher Hand auf die Kruppe, rief, Hü, Esel, und eilte weiter.

Als er in Sepphoris Einzug hielt, ging der Tag zur Neige. Die langen Schatten der Häuser und der Bäume, zunächst über die Erde gebreitet und noch erkennbar, schwanden binnen kurzem, als gelangten sie an den Horizont und sackten da wie ein dunkler Wasserfall fort. In den Gassen der Stadt wenig Menschen, keine Frau, kein Kind, nur erschöpfte Männer, die ihre schwächlichen Waffen abgelegt hatten, schwer atmend dahockten, wobei nicht zu erkennen, ob erschöpft vom Kampf, aus dem sie kamen, oder weil sie vor ihm geflohen waren. Einen der Männer fragte Josef, Sind die Römer schon nahe. Der Mann schloß die Augen, öffnete sie langsam wieder, sagte, Morgen sind sie hier, und dann, den Blick abwendend, Verschwind, nimm deinen Esel und verschwind, Ich suche einen Freund, der verwundet ist, Wenn all die Verwundeten hier deine Freunde sind, bist du der reichste Mensch der Welt, Wo sind sie, Da herum, hier überall, Aber es gibt doch bestimmt eine Stelle, wo, Ja, die gibt es, hinter den Häusern dort ist ein Lagerhaus mit lauter Verwundeten drin, vielleicht findest du ihn dort, deinen Freund, aber eile, es kommen da schon mehr Tote heraus als Lebende hineingelangen. Josef kannte die Stadt, öfter war er hier gewesen, Berufs wegen, da das reiche, blühende Sepphoris viel Arbeit bereithielt, und auch zu minderen religiösen Festen, deretwegen einer nun wahrlich nicht jedesmal kostspielige Reise ins ferne Jerusalem unternahm. Das Lager war leicht zu finden, es langte im übrigen dem in der Luft hängenden Geruch nach Blut und nach leidenden Leibern zu folgen, man hätte sich gar ein Spielchen ausdenken können wie Heiß, heiß, kalt, kalt, je nachdem, ob der Suchende sich der Stelle näherte oder von ihr sich entfernte, Es schmerzt, Es schmerzt nicht, nun waren die Schmerzen schon unerträglich. Josef band den Esel da an einen langen Querbalken und betrat den in einen Liegesaal verwandelten düsteren Lagerraum. Auf der Erde, zwischen den Matten, brannten mit schwachem Schein Lämpchen, gleichsam kleine Sterne am schwarzen Himmel, so spärlich hell, daß sie, von fern gesehen, nur ihren Standort anzeigten. Josef schritt die Reihen der da lagernden Männer langsam ab, suchte Hananias. Der Raum war erfüllt von herben Gerüchen, nach Öl und nach Wein, mit denen die Wunden behandelt wurden, nach Schweiß, nach Kot, nach Urin, denn manche der Unglücklichen konnten sich nicht vom

Fleck rühren, gaben von sich, was der Körper, stärker als der Wille, nicht mehr in sich behalten wollte, Er ist nicht hier, sagte sich Josef, als er an das Ende der Reihe gelangte. Er schritt zurück, nun noch langsamer, hielt forschend Ausschau nach Zeichen von Ähnlichkeit, doch hier sah alles ziemlich gleich aus, die Bärte, die eingefallenen Gesichter, die tiefen Augenhöhlen, der glanzlose klebrige Schweiß. Einige Verwundete folgten ihm mit bangem Blick, sie hatten glauben wollen, dieser unversehrte Mann käme ihretwegen, doch dann erlosch das Glühen in ihren Augen, und das Warten, worauf, wozu, nahm seinen Fortgang. Josef blieb vor einem alten Mann von grauem Bart und schlohweißem Haupthaar stehen, Er ist es, sagte er, obwohl jener beim letzten Mal anders ausgesehen hatte, weiße Haare auch damals, viele, aber nicht diese Art schmutzigen Schnees, und mitten dazwischen, wie verkohltes Holz, die Augenbrauen, die ihre Schwärze von einst bewahrt hatten. Der Mann hielt die Augen geschlossen und atmete schwer, Hananias, rief Josef leise, und dann lauter und näher dran, Hananias. Hierauf, wie schon aus Erdentiefe her, hob der Mann die Lider, und als er die Augen ganz öffnete, war es Hananias, der Nachbar, der Haus und Weib verlassen hatte, gegen die Römer in den Krieg gezogen war, und jetzt liegt er hier, mit offenen Bauchwunden und, man riecht es, schon faulendem Fleisch. Hananias erkannte Josef zunächst nicht, das Licht im Saal hilft nicht, das seiner Augen noch weniger, doch als der Zimmermann nochmals, nun in anderem Ton, vielleicht liebevoll, Hananias sagt, weiß der nun, wer jener ist, die Augen des Alten füllen sich mit Tränen, er sagt einmal, sagt ein zweites Mal, Du bist es, du bist es, was tust du hier, was führt dich her, und er will sich auf den Ellbogen stützen, möchte den Arm ausstrecken, aber ihm fehlen die Kräfte, der Körper sackt zurück, das Gesicht in Gänze verzerrt, vor Schmerz, Ich bin gekommen, um dich zu holen, sagte der Zimmermann, draußen steht mein Esel, im Nu sind wir in Nazareth, Hättest nicht kommen sollen, die Römer sind bald da, und ich kann hier nicht fort, dies ist mein letztes Lager zu Lebzeiten. Mit zitternden Händen tat er seine zerrissene Tunika auf, unter von Wein und Öl getränkten Leinen waren die grausig klaffenden Lippen zweier langer, tiefer Wunden zu sehen. Josef wandte den Blick ab, süßlicher, ekelerregender Fäulnisgestank drang ihm in die Nase, der Alte deckte sich zu, ließ die Arme sinken, als hätte ihn die Anstrengung erschöpft, Du siehst, ich kann nicht, das Gedärm fiele mir heraus, wenn du mich hochheben wolltest, Aber mit einem Verband um den ganzen Leib und bei behutsamem Ritt, beharrte Josef, doch schon ohne Überzeugung, augenscheinlich würde der Alte, auch wenn er hoch auf den Esel kam, die Strecke nicht meistern. Hananias hielt die Augen wieder geschlossen, Geh, Josef, sagte er, geh nach Hause, die Römer sind bald da, Die Römer greifen nachts nicht an, sei versichert, Geh nach Hause, geh heim, sagte Hananias mit einem Seufzer, und Josef sagte, Schlafe.

Die ganze Nacht wachte Josef bei Hananias. Manchmal, in den ersten Nebeln des Schlafs schwebend, den er fürchtete und dem er darum auch jetzt widerstand, fragte er sich, warum er hergekommen war, hatte es doch zwischen ihm und dem Nachbarn so recht nie Freundschaft gegeben, des Altersunterschieds wegen, und auch weil Hananias und seine Frau sich irgendwie schäbig beschränkt gebärdeten, neugierig sich in fremder Leute

Dinge einmischten, einerseits hilfsbereit, doch dann den Eindruck erweckend, daß sie auf Belohnung warteten, deren Höhe sie zu bestimmen hätten. Er ist mein Nachbar, sann Josef, und er fand keine bessere Entgegnung auf seine Zweifel, er ist mein Nächster, ein Mensch dem Sterben nahe, er hat die Augen geschlossen, nicht etwa, daß er mich nicht sehen möchte, eher will er keine einzige Bewegung des sich nahenden Todes verpassen, da darf ich ihn nicht allein lassen. Josef hatte sich in die Lücke gesetzt, die des Hananias Matte von der eines jungen Burschen trennte, der, nur wenig älter als Sohn Jesus, leise stöhnte, unverständliche Worte murmelte, armer Junge, das Fieber hatte ihm die Lippen bersten lassen. Josef hielt ihm die Hand, um ihn zu besänftigen, unterdessen die Hand des Hananias, blind tastend, etwas zu suchen schien, eine Waffe sich zum Schutze, eine Hand, die es zu pressen gälte, und so harrten sie da, die drei, ein Lebender zwischen zwei Sterbenden, ein Leben zwischen zwei Toden, während der friedvolle Nachthimmel die Sterne und die Planeten kreisen ließ, später von der anderen Seite der Welt einen weißen, glänzenden Mond aufbrachte, der durch den Raum schwebte und das ganze Land Galiläa mit Unschuld überdeckte. Viel später erwachte Josef aus der Stumpfheit, in die er, unbewußt, abgesackt war, erwachte mit einem Gefühl der Erleichterung, denn in dieser Nacht hatte er nicht von der Straße nach Bethlehem geträumt, er schlug die Augen auf, und da sah er, Hananias war tot, er lag da mit offenen Augen, in letzter Sekunde hatte er dem Anblick des Todes nicht standgehalten, hierauf Josef, um das Gefühl der Beklemmung abzustreifen, die andere Hand aus der des jungen Burschen löste, und noch in einem Zustand von Halbwachheit spürte er, daß des anderen Fieber gefallen war. Josef spähte zum offenen Tor hinaus, der Mond war untergegangen, nun war es das morgendliche Licht, wirr und aschig. Im Saal bewegten sich schemenhafte Gestalten, die gehfähigen unter den Verwundeten, die aufstanden und vor die Tür traten, um den sich ankündigenden neuen Tag zu sehen. Einander oder stracks den Himmel hätten sie fragen können, Was wird diese aufgehende Sonne heute sehen, irgendwann werden wir es lernen, keine unnützen Fragen zu stellen, ehedem aber nutzen wir die Zeit und fragen uns, Was wird die aufgehende Sonne heute sehen. Josefs Überlegung war, Ich gehe nun, hier kann ich nichts mehr ausrichten, doch in seinen Worten schwang ein fragender Ton mit, weshalb er fortfuhr, ich kann ihn nach Nazareth mitnehmen, und der Einfall schien ihm so einleuchtend, daß er meinte, eben darum gekommen zu sein, Hananias hier lebend vorzufinden und ihn als Toten mitzunehmen. Der junge Bursche bat um Wasser. Josef setzte ihm einen Tonkrug an die Lippen, Wie fühlst du dich, fragte er ihn, Weniger schlecht, Zumindest scheint das Fieber gefallen zu sein, Ich werde versuchen aufzustehen, sagte der Bursche, Vorsicht, Josef stützte ihn, und da kam ihm ein anderer Gedanke, für Hananias konnte er nichts mehr tun, außer ihn in Nazareth begraben, doch dem jungen Burschen, woher er auch sein mochte, dem könnte er das Leben retten, er könnte ihn fortschaffen aus diesem Totenhaus, ein Nachbar, sozusagen, nahm den Platz des anderen Nachbarn ein. Schon dauerte ihn Hananias nicht mehr, der war nur noch ein leerer Körper, dessen Seele ferner und ferner bei jedem neuerlichen Hinschauen. Der junge Mann spürte wohl, daß sich da für ihn vielleicht Gutes anbahnte, seine Augen glänzten, er konnte aber nicht mehr fragen, denn Josef war schon hinaus, wollte den Esel holen, gepriesen sei der Herrgott, der den Menschen so treffliche Einfälle beschert. Der Esel war nicht da. Einzige Spur von ihm ein Rest des um den Querbalken gebundenen Halfterstricks, der Dieb hatte, ohne erst den einfachen Knoten aufzubinden, das flinke scharfe Taschenmesser walten lassen.

Im Anbetracht dieses Unglücks schwanden Josef jäh die Kräfte. Wie eines der niedergestreckten Stierkälber, deren Opferung er im Tempel mit angesehen hatte, fiel er auf die Knie, er schlug die Hände vor das Gesicht, Tränen schossen ihm in die Augen, all jene Tränen, die er während der letzten dreizehn Jahre angesammelt hatte, in Erwartung des Tages, da er sich selbst vergeben könnte oder seine endgültige Verdammung auf sich nehmen müßte. Gott erläßt nicht die Sünden, die zu begehen er befahl. Josef kehrte nicht in den Lagerraum zurück, er begriff, alle seine Unternehmungen hatten für immer ihren Sinn verloren, auch die Welt, die Welt selbst, war bar an Sinn, die Sonne wollte aufgehen, aber wozu, mein Gott, und am Himmel tausend Wölkchen, verstreut in alle Richtungen, wie Steine in der Wüste. Wer ihn so sah, wie er sich die Tränen an den Ärmel seiner Tunika wischte, hätte meinen können, er beweine unter den hier eingelieferten Verwundeten den Tod eines Angehörigen, Josef aber hat hier seine letzten natürlichen Tränen geweint, die des Schmerzes um das Leben. Länger als eine halbe Stunde irrte er durch die Stadt, in letzter Hoffnung, das gestohlene Tier zu finden, dann schickte er sich zur Heimkehr nach Nazareth an, da aber schnappten ihn Roms Soldaten, die Sepphoris umzingelt hatten. Wer er sei, fragten sie ihn, Ich bin Josef, Sohn des Eli, woher er komme, Aus Nazareth, was er an diesem Tage in Sepphoris suche, Irgendwer sagte mir, einer meiner Nachbarn halte sich hier auf, wer dieser Nachbar sein, Hananias, ob er ihn gefunden habe, Ja, wo denn, In einem Lager bei den anderen, was für andere, Verwundete, in welchem Teil der Stadt, Drüben. Sie führten ihn zu einem Platz, wo schon etliche Männer harrten, zwölf, fünfzehn, auf der Erde sitzend, einige mit sichtbaren Verwundungen, man befahl ihm, Setz dich zu denen. Joseph sah, dies waren Aufrührer, er protestierte, Ich bin Zimmermann und ein friedvoller Mensch. Einer der da Sitzenden sagte, Diesen Mann kennen wir nicht, aber der Anführer der Bewacher mochte nichts hören, er versetzte Joseph einen so heftigen Stoß, daß der zwischen die anderen fiel, Von hier fort gehst du nur zum Sterben. Im ersten Augenblick hatte der doppelte Schock, von Sturz und vom Richtspruch herrührend, Josef ganz entgeistert, doch er faßte sich, spürte dann große Ruhe und Gelassenheit in sich, als wäre dies alles ein böser Traum, aus dem er verläßlich gewiß aufwachen würde, weshalb ihn die Drohungen nicht zu bekümmern brauchten, sie verflögen, sobald er die Augen auftäte. Doch da fiel ihm ein, daß er auch im Falle der Straße nach Bethlehem vergebens die Gewißheit gehabt hatte, aus dem Traum aufzuwachen, und ein jähes Zittern überkam ihn, grausig gewiß war ihm mit einemmal sein Schicksal, Ich werde sterben, ich werde unschuldig sterben. Eine Hand legte sich ihm auf die Schulter, die seines Nachbars, Wenn der Hauptmann der Kohorte kommt, sagen wir ihm, daß du mit uns nichts gemein hast, und er schickt dich in Frieden fort, Und ihr, Die Römer haben all die Unseren gekreuzigt, wen immer sie schnappten, diesmal wird es nicht anders ein, Gott rettet euch, Gott rettet die Seelen, nicht die Leiber. Weitere Männer wurden gebracht, zwei, drei, dann eine größere Gruppe, gegen zwanzig. Rings um den Platz hatten sich die Einwohner von Sepphoris geschart, Frauen und Kinder, dazwischen auch Männer, man vernahm ihr unruhiges Gemurmel, sie nicht minder gefangen, solange es den Römern gefiel, großes Glück hatten sie, nicht ebenfalls der Zusammenarbeit mit den Aufrührern verdächtigt zu werden. Eine Weile später brachten Soldaten einen einzelnen Mann, Das ist vorderhand alles, sagten sie, und der Sergeant schrie, Aufstehen, alle. Die Gefangenen meinten, es nähere sich wohl der Hauptmann der Kohorte, zu Josef sagte sein Nachbar, Bereite dich vor, du kommst frei, als bedürfte die Befreiung der Vorbereitung, doch sofern einer kam, war es nicht der Hauptmann der Kohorte, unklar blieb, wer da überhaupt gekommen war, der Sergeant, ohne Übergang, erteilte den Soldaten einen Befehl, in lateinischer Sprache, na klar, alles, was die Römer bisher von sich gegeben hatten, war in Latein gewesen, denn die Söhne der Wölfin sind sich zu fein zum Erlernen von Barbarensprachen, sie haben Dolmetscher, hier indes, da die Militärs untereinander redeten, war Übersetzung nicht erforderlich, und schon umzingelten die Soldaten die Gefangenen, Vorwärts marsch, und der Zug, vornan die Verurteilten, gefolgt von der Bevölkerung, nahm den Weg hinaus vor die Stadt. Als Josef sich so abgeführt sah, ohne jemandes Gnade erbitten zu können, warf er die Arme in die Höhe, mit einem Aufschrei, Rettet mich, rief er, ich gehöre nicht zu diesen, rettet mich, ich bin unschuldig, doch ein Soldat trat heran und mit dem Lanzenschaft verpaßte er ihm einen so heftigen

Stoß in die Seite, daß er fast zu Boden stürzte. Josef fühlte sich fast verloren. Er war verzweifelt, spürte Haß auf Hananias, seinetwegen müßte er sterben, doch dieses Gefühl, nachdem es ihn zuinnerst ausgebrannt hatte, schwand so schnell es gekommen war, machte ihn zur Wüste, es war, als dächte einer, Nun ist kein Gehen mehr, nirgends hin, doch da irrte er, und ein weniges fehlte, um ans Ziel zu gelangen. Es mag verwundern, doch die Gewißheit um den nahen Tod besänftigte ihn. Er schaute in die Runde, musterte die mit ihm marschierenden Leidensgefährten, gefaßt schritten sie der Marter entgegen, einige, o ja, in sich zusammengesunken, aber andere erhobenen Hauptes. Die meisten waren Pharisäer. Zum erstenmal, jetzt, fielen Josef seine Kinder ein, und einmal flüchtig auch seine Frau, doch ihrer so viele waren jene Gesichter und Namen, daß, weil er nicht geschlafen und nicht gegessen hatte, sein von Schwindel befallener Kopf eines um das andere verlor, bis da nur Jesus übrigblieb, sein erstgeborenes Kind, seine letzte Strafe. Er entsann sich, wie sie über seinen Traum gesprochen hatten, und daß er zu ihm gesagt hatte, Du kannst mir nicht alle Fragen stellen und ich dir nicht alle Antworten geben, und nun gelangte an ihr Ende die Zeit zu antworten und zu fragen.

Außerhalb der Stadt, auf einer kleinen Erhebung, die diese überragte, standen senkrecht eingepflockt, in einer Reihe zu je acht, vierzig stämmige Pfähle, vor einem jeden lag auf der Erde ein Balken, lang genug, um einen Menschen von gestreckten Armen daran aufzunehmen. Beim Anblick dieser Marterinstrumente wollten einige der Verurteilten fliehen, doch die Soldaten beherrschten ihr Handwerk, das Schwert in der Faust vereitelten sie es, einer der Rebellen stürzte sich in die Klinge, wollte sich aufspießen, doch es mißlang, dafür wurde er gleich zum ersten Kreuz gezerrt. Da begann das langwierige Annageln, daß jeder Verurteilte da an einen Querbalken geschlagen und dann hochgehievt wurde, hoch an den senkrechten Pfahl. Überall auf dem Gelände Schreie und Stöhnen, und es weinten die Leute aus Sepphoris beim Anblick des entsetzlichen Schauspiels, dem sie, zur Strafe, beiwohnen mußten. Da standen die Kreuze bestückt, an jedem hing ein Mann, mit, wie schon gesagt, angewinkelten Beinen, wir fragen uns, wieso, vielleicht weil Rom Rationalisierung der Arbeit und Materialeinsparung angeordnet hatte, ist doch für jedermann erkennbar, auch wenn ihm die Erfahrung im Kreuzigen fehlt, daß ein solches Instrument im Falle eines kompletten, unverkürzten Menschen recht hoch sein müßte, bei mehr Verschleiß von Holz, höherem Transportgewicht, umständlicherem Handhaben, auch ist der dem Verurteilten dienliche Umstand zu berücksichtigen, daß, wenn er die Füße nur knapp über dem Erdboden hatte, er leicht wieder abgenommen werden konnte, ohne Handleiter, der Mann somit gewissermaßen aus den Armen des Kreuzes stracks in die seiner Familie geriet, sofern er eine hatte, oder in die Arme der bestallten Totengräber, die ihn hier nicht sich selbst überlassen würden. Als letzter wurde Josef angeheftet, zufällig er, und mußte darum, nacheinander, die Kreuzigung seiner ihm unbekannten neununddreißig Gefährten mit ansehen, und als die Reihe an ihn kam, die Hoffnung nun gänzlich geschwunden, hatte er noch nicht einmal die Kraft, seine Unschuldsbeteuerung zu wiederholen, verpaßte so vielleicht die Gelegenheit, sein Leben zu retten, als der hammerbewehrte Soldat zum Sergeanten sagte, Dieser ist es, der behauptete, unschuldig zu sein, worauf der Sergeant einen Augenblick zögerte, eben jenen, da Josef hätte rufen müssen, Ich bin unschuldig, aber nein, er schwieg, unterließ es, da schaute der Sergeant in die Runde, er mochte den Eindruck haben, daß die symmetrische Exaktheit Einbuße erlitte, wenn das letzte Kreuz ungenutzt blieb, denn vierzig, das ist eine runde, vollkommene Zahl, er tat einen Wink, die Nägel wurden eingeschlagen, Josef schrie, und schrie fort, sie stemmten ihn in die Höhe, der an den von Eisen durchbohrten Handgelenken hängende Mann schrie dann noch ärger, als der Nagel ihm durch die Füße drang, o mein Gott, dies ist der Mensch, den du erschufst, gepriesen seist du, da es schon nicht gestattet ist, dir zu fluchen. Plötzlich, wie auf ein Zeichen, brachen die Einwohner von Sepphoris in Kreischen und Jammern aus, nicht vor Schmerz um die Gerichteten, vielmehr an allen Ecken der Stadt loderten Brände auf, und die Flammen, brausend wie die Lohe griechischen Feuers, verschlangen die Wohnstätten, die öffentlichen Gebäude, die Bäume der Innenhöfe. Ungerührt vom Feuer, das andere der Soldaten anfachten, eilten vier Soldaten des Tötungskommandos die Reihen der Opfer entlang und zerschmetterten diesen mit Eisenstangen sorgfältig beflissen die Schienbeine. Sepphoris in Gänze brannte, von Ende zu Ende, während die Gekreuzigten nacheinander starben. Der Zimmermann Josef, Sohn des Eli, war ein junger Mensch, in der Blüte des Lebens, und vor wenigen Tagen dreiunddreißig Jahre alt geworden.

Wenn dieser Krieg endet, und bald, denn schon erleben wir ihn in seinem letzten Röcheln, werden in Endabrechnung jene ermittelt, die ihr Leben verloren, etliche hier, etliche dort, die einen näher, andere ferner fort, und mag es auch gewiß sein, daß mit der Zeit jene vielen, die im Hinterhalt oder in offener Schlacht starben, an Bedeutung verloren oder gänzlich vergessen wurden, leben dann doch zumindest die Gekreuzigten, sie allein schon an die zweitausend, nach glaubwürdigen Schätzungen, in der Erinnerung der Menschen Judäas und Galiläas fort, in einem Maße, daß auch reichlich viele Jahre später, wenn neues Blut in neuerlichen Kriegen fließt, von ihnen noch gesprochen wird. Zweitausend Gekreuzigte, das ist viel toter Mensch und würde uns weitaus mehr scheinen, wenn wir sie uns im Abstand von je einem Kilometer entlang der Straße vorstellten, oder daß sie, ein Beispiel, das hernach Portugal genannte Land säumten, dessen Umfang mehr oder weniger dem entspricht. Zwischen dem Jordanfluß und dem Meer weinen die Witwen und die Waisen, ihres ist alte Sitte, darum ja sind sie Witwen und Waisen, damit sie weinen, dann heißt es warten, daß die Zeit verstreicht, die Kinder werden erwachsen, ziehen in den neuen Krieg, an ihre Stelle treten andere Witwen und andere Waisen, und sollten sich unterdessen die Moden geändert haben, daß die

Trauerfarbe von Weiß in Schwarz wechselte, oder umgekehrt, daß über die Haare, die man sich früher ausraufte, nun eine bestickte Mantille gebreitet wird, so sind die Tränen, wenn man sie spürt, dennoch die gleichen.

Noch weint Maria nicht, doch ihre Seele ahnt irgendwie den Tod, denn der Mann ist nicht heimgekehrt, und in Nazareth erzählt man, Sepphoris sei eingeäschert, und daß dort Männer gekreuzigt wurden. Von ihrem Erstgeborenen begleitet, nimmt Maria den Weg, den Josef tags zuvor zog, hier und da, ganz bestimmt, setzt sie den Fuß in die Sandalenspur ihres Mannes, es ist nicht Regenzeit, und der Wind, wiewohl nur ein Hauch, der den Erdboden streift, hat Josefs Spuren schon gleichsam so verwischt wie die eines Urtiers, das in erloschener Ära diese Gefilde bewohnte, wir sagen, Es war gestern, und es ist das gleiche, als sagten wir, Es war vor eintausend Jahren, die Zeit ist kein Strick, der sich Knoten um Knoten messen läßt, die Zeit ist eine wellende Schräge, und nur die Erinnerung vermag sie zu bewegen und uns nahe zu bringen. Maria und Jesus begleiten Einwohner Nazareths, einige von Hilfsbereitschaft getrieben, andere nur neugierig, und da sind auch entfernte Verwandte des Hananias, die aber werden ihre mitgebrachten Zweifel heimtragen, da sie Hananias tot nicht vorgefunden haben, könnte er ja noch am Leben sein, ihnen kam nicht der Gedanke, in den Trümmern des Lagers zu suchen, und wäre es ihnen eingefallen, wer weiß, ob sie ihren Toten unter den Toten erkannt hätten, die sind alle gleichermaßen verkohlt. Als auf halbem Wege diese Nazarener einem in ihr Dorf entsandten Spähtrupp begegnen, werden einige umkehren, in Sorge um ihr Hab und Gut, weiß man ja nie, was Soldaten tun, wenn sie an die Tür eines

Hauses klopfen und drin niemand Antwort gibt. Der Anführer des Trupps wollte von diesem bäuerlichen Haufen wissen, was er in Sepphoris wolle, und ihm wurde geantwortet, Das Feuer sehen, eine Erklärung, die den Offizier zufriedenstellte, denn seit der Welt Morgenröte ziehen Brände den Menschen an, es sei dies, behaupten manche gar, ein irgendwie inneres Rufen, ein unbewußtes Erinnern an das Urfeuer, als könnten die Aschen Erinnerung haben an das Verbrannte, und also, der These gemäß, Rechtfertigung hätte der faszinierte Ausdruck, mit dem wir selbst das einfache offene Feuer, an dem wir uns wärmen, anstarren oder einer Kerze Licht im dunklen Zimmer. Und wären wir so unbedacht oder so wagemutig wie die Schmetterlinge und Nachtfalter, stürzten wir uns ins Feuer, wir alle, die Spezies Mensch samt und sonders, vielleicht daß ein so riesiger Brand, eine solche Lohe, die geschlossenen Lider des Herrgotts dann durchdränge und ihn aus seinem trägen Schlaf weckte, zu spät freilich, um uns noch sehen zu können, aber noch zeitig genug, um den Anbeginn von Nichts wahrzunehmen, nun wir verschwunden wären. Maria, obwohl mit einem Haus voller unbeschirmt zurückgelassener Kinder, kehrt nicht um, bleibt trotz allem recht ruhig, geschieht es doch nicht alle Tage, daß Soldaten ein Dorf in der Absicht überfallen, Kinder zu töten, vielmehr, diese unsere Römer gestatten den Kindern nicht nur zu wachsen, sie spornen sie dazu gar noch tüchtig an, später wird man ja sehen, Hauptsache sie sind fügsam von Herzen und zahlen pünktlich die Steuern. Schon schreiten Mutter und Sohn allein auf der Straße, die Verwandten des Hananias, weil ein halbes Dutzend und im Plaudergespräch, fielen zurück, und Maria und Jesus, da sie einander nur Worte der

Beunruhigung sagen könnten, gehen ein jeder stumm für sich hin, um den anderen nicht zu bekümmern und das seltsame Schweigen nicht zu beeinträchtigen, das irgendwie alles überdeckt, denn kein Vogel singt, es ist gänzlich windstill, zu hören nur das Geräusch der Schritte und selbst dieses, verschüchtert, macht sich klein, wie einer, der in gutem Ansinnen ein verwaistes Haus betritt. Sepphoris tauchte jäh hinter der letzten Wegbiegung auf, einige Häuser brannten noch, schmächtige Rauchsäulen hier und dort, geschwärzte Mauern, Bäume von oben bis unten verschmort, ihr Laub noch bewahrend, das nun rostfarben. An diesem Ende, rechter Hand, die Kreuze.

Maria hastete los, doch zu lang ist die Strecke für einen einzigen Spurt, bald mäßigte sie den Lauf, nach so vielen einander so dicht gefolgten Geburten ist das Herz dieser Frau leicht erschöpft, Jesus, der anstandsvolle Sohn, möchte die Mutter begleiten, möchte an ihrer Seite sein, jetzt und weiterhin, damit sie gemeinsam die nämliche Freude genössen oder den nämlichen Kummer litten, doch nun kommt sie nur langsam voran, hat Mühe, die Füße voreinander zu setzen, so gelangen wir nie ans Ziel, Mutter, mit einem Wink bedeutet sie ihm, Wenn du möchtest, eile, und er, um abzukürzen, rennt quer über das Feld, wirft sich in einen irren Lauf, Vater, Vater, ruft er, in der Hoffnung, ihn dort nicht zu finden, ruft es mit dem Schmerz dessen, der schon gefunden hat. Er gelangte zu den ersten Reihen, einige der Gekreuzigten hängen noch oben, andere wurden schon abgenommen, sie liegen auf der Erde, harrend, nur hier und da einer von Angehörigen umringt, denn diese Rebellen, die meisten, sind von sonstwoher, eine zusammengewürfelte Truppe, die an diesem Ort ihr letztes Gefecht bestritt, jetzt vereint, nun aber endgültig verstreut, ein jeder für sich, in der unsäglichen Einsamkeit des Todes. Jesus sieht den Vater nicht, ihm will sich das Herz mit Freude füllen, doch der Verstand sagt, Warte, noch sind wir nicht am Ende, und wahrhaftig, das Ende ist dies, auf der Erde liegst du, Vater, den ich suchte, er hat fast nicht geblutet, da sind nur die Löcher an den Handwurzeln und den Füßen, man möchte meinen, du schläfst, Vater, nein, du schläfst nicht, könntest es nicht, bei so verdrehten Unterschenkeln, es war Nächstenliebe, daß sie dich vom Kreuz lösten, doch der Toten sind so viele, daß die guten Seelen, die sich deiner annahmen, dir nicht auch noch die zerschlagenen Knochen geraderichten konnten. Der Jesus geheißene Bursche kniet neben dem Leichnam, weinend, er möchte ihn berühren, wagt es nicht, doch es kommt der Augenblick, daß der Schmerz über die Angst vor dem Tod hinauswächst, und er umarmt den leblosen Körper, Vater, Vater, ruft er, und ein weiterer Schrei gesellt sich ihm zu, Josef, mein Mann, ach, Maria ist es, endlich eingetroffen, außer Atem, fern schon weinte sie, denn schon von weitem, als sie den Sohn stehenbleiben sah, war ihr bewußt, was sie erwartete. Marias Weinen schwillt, als sie die gräßliche Verrenkung der Beine ihres Mannes sieht, im Grunde weiß man nicht, was nach dem Tode den im Leben verspürten Schmerzen widerfährt, vor allem den letzten, möglich, daß mit dem Tod wirklich alles zu Ende ist, umgekehrt garantiert uns nichts, daß, und sei es für Stunden, sich nicht doch ein Erinnern aus Leiden wachhält, in einem Leibe, den wir tot nennen, überhaupt ist fraglich, ob für die Materie die Verwesung das letzte Mittel ist, sich endgültig vom Schmerz zu befreien. So liebevoll, so zart wie sie es zu Lebzeiten ihres

Mannes nie gewagt hätte, versuchte Maria, die beklaglichen Knickungen in Josefs Unterschenkeln zu begradigen, schon weil ihm beim Abgenommenwerden die Tunika etwas in die Höhe gerutscht war, weshalb er grotesk nach gliederverrenktem Hampelmann aussah. Jesus faßte den Vater weiter nicht an, er half der Mutter lediglich, ihm die Tunika herabzuziehen, doch selbst so waren sie weiter zutage, die Schienbeine, die am menschlichen Körper vielleicht noch als das Zerbrechlichste anmuten. Die Füße, bei nun zertrümmerten Knochen seitlich quer, wiesen im Spann eine Wunde auf, von der es die vom Blutgeruch angelockten Fliegen unablässig zu verscheuchen galt. Josefs Sandalen waren neben den dicken Stamm herabgefallen, dessen letzte Frucht er gewesen. Die abgenutzten, staubigen Schuhe wären vielleicht da liegengeblieben, hätte Jesus sie nicht aufgelesen, er tat es überlegt, streckte, als sei es ihm befohlen, den Arm vor, von Maria unbeachtet, und hängte sich die Sandalen an den Gürtel, vielleicht sollte dieses als das vollkommene symbolische Erbe an den Erstgeborenen gelten, es gibt Dinge, die so schlicht anheben wie hier, darum sagt man noch heute, In meines Vaters Stiefeln bin auch ich ein Mann, oder, zweite und schärfere Fassung, In meines Vaters Stiefeln bin nun ich Mann.

Etwas im Hintergrund standen die römischen Soldaten, wachend und eingriffsbereit wider aufrührerisches Gebaren oder feindsinnige Rufe derer, die sich weinend und klagend der Gerichteten annahmen. Diese Leute aber waren bar kämpferischen Fiebers oder zeigten es jetzt nicht, sie verrichteten ihre Totengebete, schritten von einem Gekreuzigten zum anderen, und hierüber vergingen mehr als zwei Stunden der unseren, jedem Toten wurde Sterbesegnung zuteil, bestehend aus Gebeten und dem Aufreißen der Kleidung, zur Linken, wenn es ein Angehöriger und zur Rechten, falls nicht, und in der friedvollen Stille des Nachmittags hallten die gesungenen Verse, Herr, was ist der Mensch, daß du dich um ihn kümmerst, des Menschen Kind, daß du es beachtest. Der Mensch gleicht einem Hauch, seine Tage sind wie ein flüchtiger Schatten. Wo ist der Mann, der ewig lebt und den Tod nicht schaut, der sich retten kann vor dem Zugriff der Unterwelt. Der Mensch, vom Weib geboren, knapp an Tagen, unruhvoll, er geht wie eine Blume auf und welkt, flieht wie ein Schatten und bleibt nicht bestehen. Was ist der Mensch, daß du an ihn denkst, des Menschen Kind, daß du dich seiner annimmst. Trotz dieses Eingeständnisses, daß der Mensch unabänderbar klein sei vor Gott, und so inbrünstig vorgebracht, daß es eher tiefst aus dem Bewußtsein denn aus der den Worten dienenden Stimme herzurühren schien, schwoll der Chor an, zu einer Art Jubel, vor selbigem Gott unerwartet eigene Größe bekundend, Jedoch erinnere dich, du hast den Menschen nur wenig geringer gemacht als Gott, hast ihn mit Herrlichkeit und Ehre gekrönt. Als sie zu Josef gelangten, den sie nicht kannten, und weil er der letzte der vierzig, verhielten sie eher kurz, dennoch nahm der Zimmermann in die andere Welt alles Erforderliche mit, im übrigen war Eile gerechtfertigt, bestimmt doch das Gesetz, daß ein Gekreuzigter noch am selben Tage bestattet wird, und die Sonne ist schon im Sinken begriffen, bald bricht die Dämmerung herein. Jesus, weil noch so jung, brauchte seine Tunika nicht zu zerreißen, er war von solcher Trauerbekundung befreit, doch seine feine, vibrierende Stimme übertönte die anderen, als er anstimmte, Gepriesen sei der Herr, unser Gott, König des Universums, der gerecht dich erschuf, gerecht dich am Leben erhielt, gerecht dich nährte, gerecht dich die Welt erkennen ließ, gerecht dich wiedererwecken wird, gepriesen seist du, Herr, der du die Toten auferstehen läßt. Josef, da auf der Erde liegend, falls er den ihm von den Nägeln verursachten Schmerz noch spürt, ist vielleicht auch imstande, diese Worte zu hören, und er allein mag wissen, welchen Platz Gottes Gerechtigkeit in seinem Leben einnahm, nun er sich weder von der himmlischen, noch von der irdischen Gerechtigkeit mehr irgend etwas erhoffen kann. Nach den Gebeten waren die Toten zu begraben, doch da ihrer so viele und die Nacht nahe, kann man nicht jedem den ihm eigenen Platz finden, so recht eine Ruhestätte zum Verschließen mit davorgerolltem Stein, die Leiber in Totenlinnen gehüllt, oder sei es in ein schlichtes Totenhemd, an all das ist nicht zu denken. Also entschied man, eine lange Grube auszuheben, in die alle hineinpaßten, nicht das erste Mal und nicht das letzte, daß da Leiber, so bekleidet, wie sie aufgefunden worden, ins Erdreich steigen, auch Jesus bekam eine Grabhacke in die Hand, und tapfer wuchtete er an der Seite der erwachsenen Männer, das Schicksal, in allem ja weise, fügte es gar, daß an dem von ihm ausgehobenen Fleck der Vater beigesetzt wurde, und sich also die Prophezeiung erfüllte, Des Mannes Sohn wird den Mann begraben, er aber endet unbegraben. Diese auf den ersten Blick geheimnisvollen Worte mögen euch nicht zu hohen Gedanken verleiten, was hier bleibt, ist der Ebene des Augenscheinlichen zugehörig, es besagt lediglich, daß der letzte Mensch, da der letzte, halt von niemand unter die Erde gebracht wird. Das allerdings ist der Fall dieses jungen Burschen, der den Vater hier bestattet, keineswegs, mit ihm wird die Welt nicht enden, noch Tausende und Tausende von Jahren werden wir überdauern, in beständigem Geborenwerden und Sterben, und war der Mensch gleichermaßen beständig Wolf und Henker dem Menschen, so wird er mit noch mehr Recht auch ferner dessen Totengräber sein.

Die Sonne ist schon hinter den Berg getaucht. Über dem Jordantal hängen große dunkle Wolken, die träge westwärts treiben, wie angezogen von diesem letzten Licht, das ihren scharfen Oberrand hellrot färbt. Die Luft ist jäh abgekühlt, durchaus möglich, daß es in dieser Nacht regnet, auch wenn der Jahreszeit nicht gemäß. Die Soldaten haben sich schon fortgewandt, nutzen das letzte Licht des Tages zur Rückkehr in ihr Lager hier nahebei, wo sich ihre Waffenkameraden, die Nazareth erkundeten, sicherlich schon eingefunden haben, so wird ein moderner Krieg geführt, vorzüglich koordiniert, nicht nach des Galiläers Art, und das Ergebnis liegt auf der Hand, neununddreißig Freischärler gekreuzigt, der vierzigste war ein bedauernswerter Unschuldiger, er kam zum Guten, und es ist ihm schlecht ergangen. Die Leute von Sepphoris werden sich in der abgebrannten Stadt einen Schlafplatz suchen, und früh am Morgen vergewissert sich jede Familie, was von ihrem Hausstand noch übrig, ob Wertsachen den Flammen entgangen sind, und dann ab in die Welt, ein neues Leben gesucht, denn so bald wird Rom nicht gestatten, das gründlich eingeäscherte Sepphoris neu aufzubauen. Maria und Jesus sind zwei Schatten in einem Wald aus lauter Schäften, die Mutter zieht den Sohn zu sich heran, zwei Ängste auf der Suche nach Mut, der schwarze Himmel hilft nicht, und die Toten unter der Erde, meint man, möchten den Lebenden die Füße fesseln. Jesus sagte zur Mutter, Wir schlafen in der Stadt, und Maria antwortete, Das können wir nicht, deine Geschwister sind allein, sie haben Hunger. Nur schlecht sahen sie, wohin sie traten. Endlich, nach vielem Stolpern und einmal Hinfallen, erreichten sie die Straße, die einem wasserlosen Bachbett glich, bleiche Spur durch die Nacht zeichnete. Als sie Sepphoris hinter sich hatten, setzte Regen ein, zunächst waren es schwere Tropfen, im dicken Straßenstaub aufplatschend, sofern solche Wortpaarung Sinn ergibt. Dann wurde der Regen heftiger, drängend, anhaltend, und bald war der Staub zu Schlamm geworden. Maria und der Sohn streiften die Sandalen ab, um sie bei diesem Marsch nicht zu verderben. Sie gehen schweigend, die Mutter hält ihren Umhang schützend über den Sohn, sie haben einander nichts zu sagen, vielleicht gar empfinden sie vage, Josef sei nicht tot, daß sie, wenn sie zu Hause eintreffen, ihn dort vorfinden, er hat die Kinder nach bestem Können versorgt und wird zu seiner Frau sagen, Was sind das für Einfälle, ihr geht in die Stadt ohne meine Erlaubnis, doch schon sind die Tränen wieder in Marias Augen, nicht nur vor Verdruß und Trauer, es ist auch diese unsägliche Müdigkeit, dieser gnadenlose, strafende Regen, diese unabänderliche Nacht, alles gar zu traurig und zu schwarz, als daß Josef noch am Leben sein könnte. Eines schönen Tages wird einer kommen und der Witwe mitteilen, vor den Toren der Stadt Sepphoris sei ein Wunder geschehen, es hätten die Hölzer, die zur Kreuzigung dienten, Wurzeln geschlagen und Blätter angesetzt, und es Wunder nennen ist nicht Mißbrauch des Wortes, erstens weil die Römer, gegen ihre Gewohnheit, beim Abzug jene Pfosten stehenließen, und zweitens weil es undenkbar, daß an Kopf und Fuß gekappte Schäfte, selbst wenn drinnen mit Saft und außen mit Schößlingen, sich aus so grob behauenem blutüberströmtem Gebälk in lebende Bäume verwandeln könnten. Es war das Blut der Märtyrer, sagten die Gläubigen, das hat der Regen bewirkt, widersprachen die Zweifler, doch weder das vergossene Blut noch vom Himmel gefallenes Wasser hatten jemals eines der vielen auf Bergeshöh oder in den ebenen Wüsten stehengebliebenen Kreuze zum Ergrünen gebracht. Allerdings wagte niemand zu sagen, es sei Gottes Wille gewesen, weil der, wie auch immer geartet, unerforschlich ist, und zweitens, weil man den in Sepphoris Gekreuzigten keine Gründe und Verdienste zubilligte, die sie zu Nutznießern einer doch weit eher heidnischen Göttern eignenden einzigartigen Gnadenbekundung hätte machen können. Lange werden jene Bäume stehen, und kommen wird der Tag, da sich die Erinnerung an das Geschehene verliert, hierauf die Menschen, da sie für alles eine Erklärung haben, ob falsch oder zutreffend, dann Geschichten und Legenden erfinden, die zunächst noch in Bezug zu den Tatsachen, später ganz entfernt und zuletzt reine Erfabelung sind. Und kommen wird jener andere Tag, da die Bäume vor Altersschwäche sterben oder gefällt werden, und ein weiterer Tag, an dem zum Zwecke einer Autobahn, einer Schule, eines Wohnhauses, eines Supermarktes oder einer Zitadelle, die Bagger das Erdreich um- und umwühlen und ans Tageslicht befördern, somit abermals geboren jene Gebeine, die hier an die zweitausend Jahre geruht haben. Dann treten die Anthropologen auf den Plan, ein Professor der Anatomie wird die Reste prüfen, um der alsdann aufgeregten Welt zu verkünden, die

Menschen dazumal seien mit angewinkelten Beinen gekreuzigt worden. Und weil die Welt dies nicht im Namen der Wissenschaft zurückweisen konnte, verabscheute sie es im Namen der Ästhetik.

Als Maria und Jesus daheim eintrafen, ohne ein trocknes Fädchen am Leib, schlammverschmiert und vor Kälte zitternd, fanden sie die Kinder wider Erwarten ruhig vor, weil sich die ältesten Geschwister klug und unternehmungsvoll zu helfen gewußt hatten. Jakob und Lysia hatten, als die Nacht spürbar kalt wurde, den Ofen angefacht, so war es allen erträglich geworden, und den innen peinigenden Hunger hatten sie mit wohliger Raumwärme auszugleichen versucht. Jakob, als er das Hoftor schlagen hörte, tat eilig die Tür auf, der Regen war zu einer Sintflut geworden, trieb Mutter und Bruder herbei, und als sie eintraten, dünkte das Haus mit einem Mal überschwemmt. Die Kinder schauten, und als sich die Tür gleich wieder schloß, wußten sie, daß der Vater nicht käme, doch sie schwiegen, nur Jakob fragte, Und Vater. Der Lehmfußboden sog das aus den durchnäßten Tuniken tropfende Wasser auf, in der Stille war das Knistern feuchten Holzes im Ofenloch zu hören, die Kinder starrten die Mutter an. Wieder fragte Jakob, Und Vater. Maria tat den Mund auf, wollte antworten, doch das verhängnisvolle Wort, wie Galgenschlinge, schnürte ihr die Kehle zu, Jesus war es, der sagen mußte, Vater ist tot, und ohne recht zu wissen, warum er es tat, oder aber weil dies die unabweisliche Bestätigung seiner endgültigen Abwesenheit war, löste er vom Gürtel die nassen Sandalen und wies sie den Geschwistern vor, Hier sind sie. Die ältesten der Kinder hatten schon Tränen in den Augen, nun aber, beim Anblick der baren Sandalen, brach so recht das

Wasser hervor, alle weinten, die Witwe und die neun Kinder, und die Mutter wußte nicht, wem zu Hilfe eilen, zuletzt kniete sie auf den Fußboden nieder, gänzlich erschöpft, und die Kinder kamen, umdrängten sie, eine lebendige Traube, die nicht erst getreten zu werden brauchte, um dieses farblose Blut an Tränen hervorzubringen. Nur Jesus war aufrecht stehengeblieben, preßte die Sandalen gegen die Brust, mit dem ungefähren Gedanken, daß er sie eines Tages anziehen werde, am liebsten jetzt gleich, wenn er es nur wagen könnte. Bald ließen die Kinder von der Mutter ab, die größeren aus jener Scham, die uns drängt, für uns allein zu leiden, und die kleineren weil sich die Geschwister entfernt hatten und sie selbst kein wahres Kummergefühl aufbringen konnten, sie hatten nur eben geweint, die Kinder hierin wie die Erwachsenen, die aus nichtigen Gründen Tränen vergießen, obwohl sie schon nichts mehr fühlen oder gerade aufhören zu fühlen. Noch eine Weile harrte Maria da, kniend, mitten im Raum, als wartete sie auf eine Entscheidung oder einen Richtspruch, ein anhaltender Schauer bedeutete ihr, sich von der nassen Kleidung auf dem Leib zu trennen, sie erhob sich, schlug die Truhe auf, zog eine alte und geflickte Tunika hervor, die dem Ehemann gehört hatte, reichte sie Jesus mit den Worten, Zieh aus, was du anhast, lege dies hier an und setz dich vor das Ofenloch. Dann rief sie die beiden Mädchen, Lysia und Lydia, hieß sie eine Matte hochhalten, als Sichtblende, wechselte dahinter gleichfalls die Kleidung, dann, mit dem bißchen Vorrat im Hause, richtete sie das Abendessen her. Jesus, am Ofen, wärmte sich auf, in der Tunika des Vaters, die ihm zu lang war an den Ärmeln und überhaupt, unter anderen Umständen, weiß man, hätten die Geschwister über ihn gelacht, da er wie eine Vogelscheuche aussehen mochte, dieses Mal würden sie es nicht wagen, vor Kummer, besonders aber, weil der junge Mann irgendwie die Erhabenheit des Erwachsenen ausstrahlte, als hätte er binnen einer Stunde höchste Statur gewonnen, und der Eindruck verstärkte sich noch, als er, bedächtig und gemessen, Vaters Sandalen so hinstellte, daß sie die Wärme aus dem Ofenloch empfingen, eine Geste, die doch keinen praktischen Sinn gehabt hätte, wenn ihr Besitzer nicht doch von dieser Welt war. Jakob, der Zweitälteste, setzte sich neben ihn und fragte leise, Was ist unserem Vater geschehen, Sie haben ihn zusammen mit den Freischärlern gekreuzigt, sagte Jesus, ebenfalls flüsternd, Warum, Ich weiß nicht, vierzig waren es, und Vater einer von ihnen, Vielleicht war er ein Freischärler, Wer, Vater, Er nicht, er war immer hier, immer über seiner Arbeit, Und der Esel, hat man ihn gefunden, Weder tot noch lebendig. Die Mutter hatte das Essen fertig, alle setzten sich um den gemeinsamen Topf und aßen, was eben da war. Am Ende nickten die Jüngsten mit schlafensmüden Köpfen, der Geist noch erregt, doch der erschöpfte Körper verlangte seine Ruhe. Die Matten der Kinder wurden längs der hinteren Wand ausgebreitet. Die Mädchen hatte die Mutter angewiesen, Legt euch her zu mir, jede legte sich der Mutter an eine Seite, damit es keine Eifersucht gäbe. Durch den Spalt im Türblatt drang ein kalter Hauch herein, doch im Hause war es wohlig, da war die restliche Wärme des Ofens und die der gedrängt liegenden Körper, die Familie, trotz Trauer und trotz der Seufzer, sank in Schlaf, Maria gab das Beispiel, sie verdrückte die Tränen, sollten die Kinder nur bald einschlafen, von selbst, doch wünschte sie außerdem, allein zu sein mit ihrem Leid, die Augen weit geöffnet in ein künftiges Leben ohne Mann und mit neun aufzuziehenden Kindern. Doch auch sie verließ mitten im Überlegen der Seelenschmerz, ihr gleichmütiger Körper nahm den Schlaf widerstandslos an, und nun schlummern alle.

Mitten in der Nacht weckte ein Seufzer Maria. Sie meinte, es selbst gewesen zu sein, im Traum, doch sie hatte nicht geträumt, und das Stöhnen war nun wieder vernehmlich, lauter. Sie richtete sich auf, behutsam, damit die Mädchen nicht erwachten, schaute in die Runde, doch die Lampe leuchtete die Tiefe des Hauses nicht aus. Wer von ihnen mag es sein, sann sie, und in ihrem Herzen wußte sie, es war Jesus. Lautlos erhob sie sich, holte die Lampe vom Haken an der Tür, hielt sie über ihren Kopf, um besser zu sehen, musterte nacheinander die schlafenden Kinder, Jesus, er ist es, er bewegt sich und murmelt wie von einem Alptraum gepeinigt, sicherlich träumt er vom Vater, ein junger Mensch dieses Alters, der gesehen hat, was er sah, Tod, Blut und Folter. Maria meinte, sie müsse ihn wecken, müsse diese andere Form des Hinsterbens unterbinden, tat es aber nicht, sie wünschte nicht, daß der Junge ihr sagte, was er geträumt hatte, doch diese Überlegung war mit einemmal nichtig, als sie an Jesu Füßen des Vaters Sandalen gewahrte. Das Ungewöhnliche des Falles verwirrte sie, welch närrischer Einfall, unverzeihlich und ohne Anstand, daß er die Sandalen des Vaters ausgerechnet an dessen Todestag angezogen hatte. Sie kehrte zur Schlafmatte zurück, wußte nicht, was sie davon halten sollte, vielleicht durchlebte er, ausgelöst durch die Sandalen und die Tunika, im Traum das tödliche Abenteuer des Vaters, seit er aus dem Hause und also in die Welt der Männer getreten war, der er kraft

Gottesgesetz ja schon angehörte, in der er sich nun aber nach einem anderen Gesetz einrichtete, dem gemäß er die Nachfolge des Vaters in den Gütern antrat, mochten diese auch lediglich eine alte Tunika und schiefgetretene Sandalen sein, desgleichen die Nachfolge in den Träumen, und wäre es auch nur, um dessen letzte Schritte auf Erden nachzuerleben. Fern lag Maria der Gedanke, der Traum könnte andere Gründe haben.

Es wurde ein strahlender Morgen, ohne Wolken, warm und hell zog die Sonne herauf, Regen war nicht mehr zu befürchten. Maria verließ das Haus frühzeitig, mit all ihren schulpflichtigen Jungen, unter ihnen auch Jesus, der, wie schon vermerkt, die Ausbildung abgeschlossen hatte. Sie begab sich zur Synagoge, dort Josefs Ableben zu melden und die vermuteten Gründe und Umstände, mit dem besonderen Vermerk, daß immerhin, für ihn wie für die anderen Unglücklichen ein nicht zu vernachlässigender Punkt, die fälligen Totengebete, sofern es die Eile und der Ort zugelassen hatten, hinlänglich, in Tenor und Anzahl, gesprochen worden waren, das Ritual, allgemein, als erfüllt gelten konnte. Heimwärts, endlich allein mit ihrem Ältesten, überlegte Maria, es sei dies gute Gelegenheit, ihn zu fragen, warum er die Sandalen des Vaters angezogen hatte, doch im letzten Augenblick zauderte sie, wahrscheinlich wüßte Jesus selbst keine rechte Erklärung hierfür und würde im Angesicht der Mutter Scham empfinden, weil er sein ohne Zweifel übertriebenes Tun verglichen fände mit dem sehr banalen Fehltritt eines Kindes, das zur Nachtzeit aufsteht, um heimlich ein Kuchenstück zu essen, jedoch, falls ertappt, immerhin Hunger vorschützen könnte, was im Falle der Sandalen nun aber nicht möglich, außer es handelte sich um eine andere Art Hunger, den wir indes nicht zu erklären wüßten. In Maria keimte dann ein anderer Gedanke, daß der Junge nun das Oberhaupt des Hauses und der Familie war, weshalb sie, seine Mutter und von ihm abhängig, gut täte, ihm gebührliche Achtung und Aufmerksamkeit zu erweisen, etwa indem sie sich für jene seelische Pein offen zeigte, die ihn im Schlaf gemartert hatte, Hast du von deinem Vater geträumt, fragte sie, Jesus aber tat, als habe er es nicht gehört, wandte das Gesicht fort, die Mutter jedoch ließ nicht ab, beharrte, Stimmt es, fragte sie und war nicht gewärtig, daß er mit einem Ja antwortete, gleich darauf mit Nein, und daß sich seine Miene dann so verfinsterte, als habe er abermals den toten Vater vor sich. Sie schritten weiter, schweigend, und daheim angekommen, nahm Maria sich die zu kämmende Wolle vor, schon mit der Überlegung, daß sie zum Lebensunterhalt der Familie ihre in diesem Tun geübte Hand nunmehr für Kundschaft von draußen arbeiten lassen müsse. Jesus seinerseits, zum Himmel aufschauend und sich bestätigend, daß es ein schöner Tag würde, trat unter das Schuppendach und an die Hobelbank, die seinem Vater gedient hatte, im einzelnen schaute er sich die unterbrochenen Arbeiten an, dann prüfte er die Geräte, was Maria von Herzen freute, sah sie ihn doch seine neuen Verantwortungen vom ersten Tag an sehr ernst nehmen. Als die Jüngsten aus der Synagoge kamen und alle sich dann um den Mittagstisch scharten, wäre nur einem sehr aufmerksamen Beobachter aufgefallen, daß diese Familie erst jüngst ihr natürliches Oberhaupt verloren hatte, den Ehemann und Vater. Ausgenommen Jesus, dessen krause Stirn einem verborgenen Gedanken folgte, wirkten alle, auch Maria, ruhig, sehr gefaßt, steht doch geschrieben, Weine bitterlich und brich aus in Schmerzensschreie, wahre Trauer dem Toten würdig, trauere einen oder zwei Tage der Öffentlichkeit halber, dann löse dich von deiner Betrübnis, und geschrieben steht auch, Ergib dich nicht der Herzenstraurigkeit, weise sie ab und gedenke deines Endes, beständig, denn Rückkehr gibt es nicht, dem Toten nützest du nichts, allein dir schadest du. Noch sei einem das Lachen fern, denn dieses folgt zu seiner Zeit, wie ein Tag dem Tage, eine Jahreszeit der Jahreszeit, doch die beste Lehre erteilt Kohelet, der da sagt, Darum pries ich die Freude, denn es gibt für den Menschen kein Glück unter der Sonne, es sei denn, er ißt und trinkt und freut sich. Das soll ihn begleiten bei seiner Arbeit während der Lebenstage, die Gott ihm unter der Sonne geschenkt hat. Am Nachmittag stiegen Jesus und Jakob auf den Söller, um mit lehmvermengtem Stroh die Risse im Dach zu stopfen, durch die während der ganzen Nacht das Wasser gesickert war, niemanden möge überraschen, daß zu jenem Zeitpunkt nicht die Rede war von so bescheidenen Einzelheiten unseres Alltagslebens, der Tod eines Mannes, ob er unschuldig oder nicht, ist stets wichtiger als alles Dingliche.

Es kam die nächste Nacht, dann der folgende Tag, zu Abend aß die Familie nach ihrem Vermögen und streckte sich auf den Matten aus. Gegen Morgen schreckte Maria aus dem Schlaf, nicht sie war es, die träumte, sondern der Sohn, und jetzt unter Weinen und Stöhnen, daß es einem ins Herz schnitt, so heftig, daß auch die älteren Geschwister aufwachten, dagegen es bei den anderen, um sie aus ihrem tiefen Schlaf zu holen, der die Unschuld dieser jungen Jahre ausmacht, weit schlimmerer Vorkommnisse bedurft hätte. Maria eilte zum Sohn, der sich umherwälzte, mit erhobenen Händen, als wehrte er Schwerthiebe und Lanzenstiche ab, bald aber wurde er still, sei es, daß sich die Angreifer zurückgezogen hatten, oder daß sein Leben endete. Jesus schlug die Augen auf, klammerte sich heftig an die Mutter, als wäre er nicht der junge Mann, der er ist, und gar Oberhaupt der Familie, selbst ein gestandener Mann wird, wenn er weint, zum kleinen Kinde, sie wollen es nicht eingestehen, die armen Narren, doch das schmerzerfüllte Herz ergeht sich in Tränen, Was hast du, mein Sohn, was hast du, fragte die Mutter beunruhigt, und Jesus konnte nicht antworten, oder wollte nicht, eine Verkrampfung, in der schon nichts mehr vom Kinde, versiegelte ihm die Lippen, Sage mir, was hast du geträumt, drängte Maria, und als wollte sie ihm einen Weg bahnen, Hast du Vater gesehen, der Bursche machte jäh eine verneinende Geste, löste sich aus ihrem Arm, ließ sich auf die Matte zurückfallen, Geh schlafen, sagte er, und an die Geschwister gewandt, Es ist weiter nichts, schlaft, ich fühle mich wohl. Maria kehrte zu den Töchtern zurück, lag aber fast bis zum Morgen mit offenen Augen da, lauernd, gewärtig, daß Jesu Traum sich jeden Augenblick wiederholen könne, was mochte das für ein Traum gewesen sein, der ihn so gepeinigt hatte, doch nichts mehr geschah. Marias Gedanke war keineswegs, daß der Sohn vielleicht wachte, nur um nicht wieder zu träumen, nein, sie grübelte über den wahrlich merkwürdigen Fall, daß Jesus, stets von ruhigem Schlaf, unmittelbar nach seines Vaters Tod nun Alpträume hatte, Herr, mein Gott, möge es nur nicht ebenjener Traum sein, flehte sie vor dem Einschlafen, die Vernunft aber sagte ihr zur Beruhigung, Träume erbt oder vererbt man nicht, doch da irrte sie sehr, es brauchen die Menschen einander Träume nicht mitzuteilen, damit Vater und Sohn sie gleich und zur nämlichen Zeit träumen. Endlich zog der Tag herauf, der Riß in der Tür nahm Helle an. Als Maria aufwachte, war die Schlafstelle ihres Ältesten leer. Wohin mag er sein, überlegte sie, stand hastig auf, öffnete die Tür, spähte hinaus, Jesus saß unter dem Wetterdach, zu ebener Erde, auf dem Stroh, reglos, den Kopf auf dem Arm, und die Arme auf den Knien. Fröstelnd wegen der Morgenkühle, jedoch auch, ihr kaum bewußt, weil sie ihn da so einsam sah, trat Maria zu ihm, Fühlst du dich nicht wohl, fragte sie, der junge Mann hob den Kopf, Das ist es nicht, Ja was dann, Es sind diese meine Träume, Träume sagst du, Ein einziger, derselbe, diese Nacht und die vorangegangene, Sahst du Vater am Kreuz, Nein, habe ich dir schon gesagt, ich träume von Vater, aber ich sehe ihn nicht, Du sagtest, du habest nicht von ihm geträumt, Weil ich ihn nicht sehe, ich bin aber sicher, daß er im Traum ist, Und was in diesem Traum peinigt dich. Jesus antwortete nicht gleich, er musterte seine Mutter mit einem Ausdruck von Hilflosigkeit, und Maria war, als berührte ein Finger ihr Herz, vor ihr saß der Sohn, noch mit diesem Kindergesicht, der Blick verkatert, vom geringen Schlaf, und mit Bartflaum, lächerlich und rührend, er war ihr Erstgeborener, ihm vertraute sie sich an, gab sich in seine Hände für den Rest ihrer Tage, Erzähle mir alles, bat sie, und Jesus, endlich, sagte, Mir träumt, ich bin in einem Dorf, aber nicht in Nazareth, und du bist bei mir, vielmehr nicht du, die Frau, die im Traum meine Mutter ist, hat ein anderes Gesicht, und weitere Kinder meines Alters sind da, ich weiß nicht wie viele, und Frauen, die ihre Mütter sind, aber ich weiß nicht, ob die eigentlichen, irgendwer hat uns alle auf dem Dorfplatz zusammengebracht, und wir warten auf Soldaten, die da kommen, um uns zu töten, wir hören sie auf der Straße nahen, doch wir sehen sie nicht, zu dieser Zeit bin ich noch ohne Furcht, ich weiß, es ist ein böser Traum, mehr nicht, plötzlich bin ich gewiß, daß da Vater mit den Soldaten kommt, ich wende mich dir zu, Schutz suchend, obwohl ich nicht genau weiß, ob du es bist, doch du bist fort, und fort sind alle Mütter, nur wir sind da, und nicht mehr junge Burschen, sondern Kleinkinder sind wir, ich liege auf der Erde, fange an zu weinen, auch alle anderen weinen, doch ich bin der einzige, dessen Vater da mit den Soldaten kommt, wir auf dem Platz schauen zur Einmündung, wir wissen, von dort werden sie kommen, aber sie kommen nicht, schlimmer noch, die Schritte nähern sich, jetzt, aber nein, es passiert nichts, da sehe ich mich, so wie ich heute bin, in dem Kleinkind, es ist, als wäre ich an Füßen und Händen gefesselt, ich rufe nach dir, du bist fort, ich rufe nach Vater, der da kommt, um mich zu töten, hierüber bin ich aufgewacht, diese Nacht und gestern nacht. Maria überlief ein Schreckensschauer, schon bei den ersten Worten hatte sie den tieferen Sinn des Traums erfaßt, sie hatte bekümmert den Blick gesenkt, nun, es war das geschehen, was sie so sehr befürchtet hatte, wider jeden Sinn und allen Verstand hatte Jesus den Traum seines Vaters geträumt, den geerbten, doch nicht ursprünglich genau, eher träumte ein jeder ihn von seiner Warte aus, aber zur gleichen Stunde. Und sie erbebte vor Entsetzen, als sie den Sohn fragen hörte, Was war das für ein Traum, der Vater Nacht für Nacht peinigte, Ein böser Traum halt, wie ihn jeder haben kann, Was genau träumte er, Ich weiß es nicht, hat er mir nie erzählt, Mutter, du bist deinem Sohn die Wahrheit schuldig, Sie bekäme dir schlecht, Was weißt du, was für mich gut oder schlecht ist, Achte deine Mutter, Ich bin dein Sohn, ich achte dich, du aber verhehlst mir etwas, das Teil meines Lebens ist, Nötige mich nicht zu sprechen, Eines Tages fragte ich Vater, was das mit seinem Traum auf sich habe, und er sagte, weder dürfe ich ihm alle Fragen stellen, noch könne er mir auf alles antworten. Na also, halte dich an deines Vaters Worte, Ich nahm es hin, als er lebte, nun bin ich aber Familienoberhaupt, von ihm habe ich eine Tunika, Sandalen und einen Traum geerbt, damit könnte ich schon in die Welt hinaus, aber wissen muß ich, was für einen Traum ich mitnähme, Mein Sohn, vielleicht träumst du ihn nun nicht mehr. Jesus zwang der Mutter seinen Blick auf, Ich will davon absehen, falls der Traum in der kommenden Nacht und für immer ausbleibt, aber schwöre, daß du mir erzählen wirst, falls er sich wiederholt, Das schwöre ich, sagte Maria, die schon nicht mehr wußte, wie sie sich gegen das Drängen und Bestimmen ihres Sohnes wehren sollte. In der Stille ihres verängstigten Herzens stieg ein Hilferuf zu Gott empor, ohne Worte, oder falls, so hätten es diese sein können, Übertrage, Herr, mir diesen Traum, auf daß bis zu meiner Todesstunde jederzeit ich ihn erleide, nicht mein Sohn, mein Sohn nicht. Jesus sprach, Wirst du dich an dein Versprechen erinnern, Das werde ich, sagte Maria, in ihrem Innersten aber wiederholte sie, Mein Sohn nicht, mein Sohn nicht.

Mein Sohn ja. Es kam die Nacht, gegen Morgen krähte ein schwarzer Hahn, und der Traum wiederholte sich, das Maul des ersten Pferdes erschien an der Straßenecke. Maria hörte den Sohn stöhnen, ging aber nicht zu ihm, um ihn zu trösten. Und Jesus zitterte, war in Angstschweiß gebadet, er brauchte nicht erst zu fragen, er wußte, die Mutter war ebenfalls wach. Was wird sie mir erzählen, sann er, während Maria ihrerseits grübelte, Wie nur soll ich es ihm erzählen, und sie suchte nach einer Möglichkeit, nicht alles sagen zu müssen. Am Morgen, als sie aufstanden, sagte Jesus zur Mutter, Ich bringe mit dir meine Brüder zur Synagoge, dann begleitest du mich in die Wüste, wir haben zu reden. Der armen Maria, während sie den Kindern das Frühstück vorsetzte, fielen die Gegenstände aus den Händen, doch der Wein des Todes war ausgeschenkt, es galt, ihn zu trinken. Als die Jüngsten in der Schule abgeliefert waren, gingen Mutter und Sohn aus dem Dorf, und draußen im offenen Feld setzten sie sich unter einen Ölbaum, niemand außer Gott, falls er durch jene Fluren streift, wird hören können, was sie wohl sprachen, die Steine, wissen wir, reden nicht, selbst wenn wir sie gegeneinander schlagen, und die tiefe Erde, sie ist der Ort, wo alle Worte sich in Schweigen wandeln. Jesus sagte, Löse dein Versprechen ein, und Maria sagte ohne Umschweife, Deinem Vater träumte, er sei Soldat und mit anderen Soldaten unterwegs, um dich zu töten, Mich töten, Ja, Das ist mein Traum, Ja, sagte sie, erleichtert, War ja doch einfach, sann sie und sagte laut, Nun du es weißt, laß uns heimkehren, Träume sind wie die Wolken, sie kommen und sie entschwinden, weil du deinen Vater so lieb hattest, hast du seinen Traum geerbt, doch er hat dich nicht getötet und hätte es nie getan, selbst wenn Gott es ihm befohlen hätte, im höchsten Augenblick wäre der Engel ihm in den Arm gefallen, wie einst bei Abraham, als der im Begriff war, seinen Sohn Isaak zu opfern, Sprich nicht von Dingen, die du nicht kennst, unterbrach Jesus sie barsch, da erkannte Maria, der bittere Wein müsse bis zur Neige getrunken werden, Billige mir zu, mein Sohn, daß ich zumindest weiß, daß nichts wider Gottes Wille geht, was immer es sei, und wenn der Herr zuvor etwas wollte, nun aber etwas anderes, Gegenteiliges, wünscht, können wir zwei diesen Widerspruch nicht aufhellen, antwortete Maria, legte die Hände in den Schoß und harrte der Erwiderung, Beantworte mir alle Fragen, die ich dir stelle, befahl Jesus, Das werde ich, sagte Maria, Ab wann hatte mein Vater diesen Traum, Viele Jahre her, Wie viele, Seit deiner Geburt, Nacht für Nacht, Ja, ich glaube Nacht für Nacht, zuletzt wachte ich schon nicht mehr auf, ein Mensch gewöhnt sich. Geboren wurde ich in Bethlehem, in Judäa, So ist es, Was ist bei meiner Geburt geschehen, daß meinem Vater träumte, er töte mich, Es war nicht bei deiner Geburt, Aber das sagtest du, Der Traum stellte sich einige Wochen später ein, Was geschah zu jener Zeit, Herodes befahl, alle Knaben Bethlehems, die jünger waren als drei Jahre, zu töten, Warum, Weiß ich nicht, Wußte Vater es, Nein, Aber ich wurde nicht umgebracht, Wir lebten in einer Grotte außerhalb des Dorfes, Du meinst, die Soldaten töteten mich nicht, weil sie mich nicht entdeckten, Ja, War mein Vater Soldat, Er ist nie Soldat gewesen, Was also tat er, Er arbeitete beim Bau des Tempels, Ich verstehe nicht, Ich antworte auf deine Fragen, Ja, aber wenn die Soldaten mich nicht entdeckten, wenn wir außerhalb des Dorfes wohnten, wenn Vater nicht Soldat war, wenn er keine Verantwortung dafür trug, wenn er noch nicht einmal den Grund für den Mordauftrag des Herodes kannte, In der Tat, dein Vater wußte nicht, weshalb Herodes die Tötung der Kinder befohlen hatte, Dann, Nichts, wenn du weiter keine Fragen hast, habe ich keine weiteren Antworten, Du verbirgst etwas vor mir, Oder du bist nicht imstande, es zu sehen. Jesus schwieg, wie Wasser im ausgedörrten Boden spürte er seine der Mutter gegenüber hervorgekehrte Autorität schwinden, zugleich war ihm, als spaltete sich in einem Winkel seiner Seele ein schändlicher Gedanke ab, fadenhaft erst, aber von Beginn an monströs. Auf einem Hügel, da vor ihnen, zog eine Herde Schafe vorbei, sie und auch der Hirte von der Farbe der Erde, waren Erde, die über Erde strich. In Marias gespannter Miene ein Ausdruck von Überraschtheit, jener stattlich große Hirte, seine Gangart, so viele Jahre her und ausgerechnet jetzt, was war dies für ein Zeichen, sie schaute aufmerksamer und geriet in Zweifel, denn nun war es ein beliebiger gemeiner Mann aus Nazareth, der da seine paar Schafe weidete, sie so schmächtig wie er. In Jesu Kopf hatte der Gedanke feste Gestalt gewonnen, drängte hervor, doch die Zunge sperrte ihm den Weg, endlich sprach er, mit einer Stimme, die sich vor sich selbst ängstigte, Vater wußte, daß die Kinder getötet würden, Es war dies keine Frage gewesen, und also brauchte Maria nicht zu antworten, Wie hat er es erfahren, dies nun aber war eine Frage, Er arbeitete beim Bau des Tempels in Jerusalem, dort hörte er Soldaten erzählen, was ihnen aufgetragen war, Und dann, Er eilte herbei, um dich zu retten, Und dann, Er meinte, wir brauchten nicht zu fliehen, und so blieben wir in der Grotte, Und dann, Weiter nichts, die Soldaten führten ihren Befehl aus, dann zogen sie ab, Und dann, Wir kehrten nach Nazareth zurück, Und es begann der Traum, Das erstemal schon in der Grotte. Jesus hob die Hände unvermittelt zum Gesicht, wie um es zu zerkratzen, die Stimme barst in einem unabwendbaren Aufschrei, Mein Vater hat die

Kinder von Bethlehem getötet, Was redest du da für Unsinn, es waren die Soldaten des Herodes, Nein, Frau, mein Vater hat sie getötet, Josef, der Sohn des Eli, er hat sie umgebracht, er wußte, was den Kindern bevorstand, hat ihre Eltern aber nicht gewarnt, und nun all diese Worte vorgebracht waren, war auch die Hoffnung auf Trost dahin. Jesus warf sich auf die Erde, weinend, Die Unschuldigen, die Unschuldigen, stammelte er, unglaublich scheint es, daß auf einen dreizehnjährigen Burschen, in seinem Alter, in dem sich Ichbezogenheit leicht erklärt und leicht entschuldigen läßt, eine solche Eröffnung so niederschmetternd wirkte, die, wenn wir unsere heutige Welt und was wir über sie wissen in Rechnung stellen, die meisten Menschen ungerührt ließe. Doch die Menschen sind nicht alle gleich, Ausnahmen gibt es zum Guten wie zum Bösen hin, und diese ist zweifellos eine der besten, ein junger Bursche beklagt weinend einen langher vom Vater begangenen Fehler, und vielleicht auch sich selbst, sofern er, wie es schien, diesen zweifach schuldig gesprochenen Vater liebte. Maria griff mit der Hand vor, wollte den Sohn berühren, doch er wich ihr aus, Rühr mich nicht an, ich bin im Innersten verwundet, Jesus, mein Sohn, Nenne mich nicht dein Sohn, auch du trägst Schuld. So sind die Urteile der Jugend, radikal, in Wahrheit war Maria so unschuldig wie die gemeuchelten Kinder, die Männer sind es, meine Schwester, die entscheiden, mein Mann kam an und sagte, Gehen wir, dann korrigierte er sich, wir gehen nicht, und keine weiteren Erklärungen, ich mußte ihn fragen, Was sind das für Schreie. Maria sagte nichts auf diese Worte des Sohnes, ein leichtes wäre es, ihm zu beweisen, daß sie keine Schuld hatte, doch sie dachte an den gekreuzigten Ehemann, auch er war schuldlos gestorben, und sie fühlte unter Tränen und Scham, daß sie ihn jetzt liebte, mehr als zu seinen Lebzeiten, und also schwieg sie, die Schuld, die einer trug, kann der andere tragen, Laß uns heim gehen, hier ist nichts mehr mitzuteilen, sagte Maria, und der Sohn sagte, Geh du, ich bleibe. Die Spur von Schaf und Hirte schien sich verloren zu haben, die Wüste war in der Tat Wüste, und selbst die Häuser dort, wahllos über den Hang gestreut, wirkten wie behauene Quader auf verlassenem Bauplatz, nahe dran, in die Erde zu tauchen. Maria verschwand in der aschigen Tiefe des Tales, Jesus aber, am ganzen Körper lodernd als schwitzte er Blut, schrie, Vater, mein Vater, warum hast du mich verlassen, denn das fühlte der arme Bursche, Verlassenheit, Verzweiflung, die grenzenlose Einsamkeit einer anderen Wüste, nicht Vater, nicht Mutter, nicht Geschwister, ein in Angriff genommener Weg an Toten. Von fern, mitten zwischen den Schafen sitzend und vermengt mit ihnen, betrachtete ihn der Hirte.

Zwei Tage später verließ Jesus sein Zuhause. Bis dahin hatte er spärlich wenig gesprochen und die Nächte durchwacht, denn schlafen konnte er nicht. Er stellte sich das entsetzliche Gemetzel vor, wie die Soldaten in die Häuser drangen, die Wiegen suchten, wie die Schwerter zuschlugen oder sich in die frei liegenden zarten kleinen Körper bohrten, wie Mütter irre kreischten, Väter angeketteten Stieren gleich brüllten, und auch sich selbst gewärtigte er, in einer Höhle, die er nie gesehen hatte, und nun, schubweise, als überspülten ihn wuchtige, träge Wogen, spürte er den unerklärlichen Wunsch, tot zu sein, zumindest nicht am Leben. Ihn bedrängte eine Frage, die er der Mutter nicht gestellt hatte, wieviel Kinder getötet worden waren, er meinte, es seien viele gewesen, sah sie im Haufen liegen, wie Lämmer, mit durchschnittener Kehle und übereinandergeworfen, in Erwartung des großen Loderfeuers, das sie verzehren und als Rauch himmelwärts tragen würde. Nun aber, da er es nicht bei der Eröffnung in der Wüste getan, hielt er es für geschmacklos, sofern der Ausdruck damals schon gebräuchlich, der Mutter jetzt mit der Rede zu kommen, Sag mal, Mutter, neulich vergaß ich zu fragen, wie viele Wänster sind dort in Bethlehem aus diesem in ein besseres Leben eingegangen, und sie würde antworten, Ach, mein Sohn, belaste dich damit nicht, es waren keine dreißig, und wenn sie starben, so weil der Herr es gewollt, denn in seiner Macht stand es, dies zu verhindern, wenn er nur gewollt hätte. Sich selbst fragte Jesus immerzu, Wie viele, er schaute die Geschwister an und fragte, Wie viele, gern hätte er gewußt, welche Zahl an toten Leibern man auf die andere Schale legen müßte, damit die Zünglein der Waage Ausgeglichenheit zeigten, und die Rettung seines Lebens als gerechtfertigt galt. Am Morgen des folgenden Tages sagte Jesus zu seiner Mutter, In diesem Hause finde ich nicht Frieden noch Ruhe, bleibe du mit meinen Geschwistern, ich gehe fort. Maria warf die Arme in die Höhe, weinerlich und entsetzt, Was denn, wie denn, ein Erstgeborener läßt seine verwitwete Mutter im Stich, hat es das je gegeben, fahr hin Welt, mit dir wird es von Mal zu Mal schlimmer, und warum, wieso, dies ist doch dein Haus und ist deine Familie, wie sollen wir leben, wenn du nicht da bist, Jakob ist lediglich ein Jahr jünger als ich, er wird sich kümmern, wie ich es bei Abwesenheit deines Mannes getan hätte, Mein Mann war dein Vater, Von ihm will ich nicht reden, Schluß der Reden überhaupt, gib mir deinen Segen für die Reise, falls du möchtest, so oder so, ich gehe, Und wohin, mein Sohn, Weiß ich nicht, vielleicht nach Jerusalem, oder nach Bethlehem, mir den Ort meiner Geburt besehen, Aber dort kennt dich niemand, Gut für mich, sage mir, Mutter, was würden sie mir antun, wenn sie wüßten, wer ich bin, Schweig, es hören dich deine Geschwister, Eines Tages erfahren auch sie die Wahrheit, Jetzt, wo die Römer den Freischärlern des Judas nachspüren, bis du auf den Straßen in Gefahr, Die Römer sind nicht schlimmer als die Soldaten des anderen Herodes, sie werfen sich bestimmt nicht mit blankem Schwert auf mich, um mich zu töten, noch schlagen sie mich ans Kreuz, ich habe nichts verbrochen, ich bin ohne Schuld, Wie dein Vater, und sieh, was ihm widerfahren ist, Dein Mann starb unschuldig, aber er hat nicht in Unschuld gelebt, Jesus, aus deinem Mund spricht der Teufel, Woher willst du wissen, daß nicht Gott es ist, Du sollst den Namen des Herrn, deines Gottes, nicht unnütz im Munde führen, Niemand weiß, wann er den Namen des Herrn unnütz im Munde führt, du nicht, ich nicht, Gott allein kann unterscheiden, und wir werden seine Gründe nicht verstehen, Mein Sohn, Sprich, Ich weiß nicht, woher nur nimmst du, der du so jung bist, all diese Gedanken, all dein Wissen, Ich könnte es dir nicht sagen, vielleicht tragen die Menschen die Wahrheit schon bei der Geburt in sich und sprechen sie nur nicht aus, weil sie nicht glauben, daß es die Wahrheit ist, Willst du wirklich fortgehen, So ist es, Und kommst du wieder, Ich weiß es nicht, Wenn du möchtest, falls es dich quält, geh nach Bethlehem, oder nach Jerusalem, in den Tempel, sprich mit den Schriftgelehrten, frage sie, und sie werden dich erhellen, dann kehre zurück zu deiner Mutter und zu deinen Geschwistern, die dich brauchen, Ich verspreche keine Rückkehr, Wovon wirst du leben, dein Vater ist dir nicht lange genug zur Hand gewesen, um dich im Handwerk voll auszubilden, Ich arbeite auf dem Feld, Hirte werde ich sein, die Fischer will ich bitten, mich auf den See hinauszunehmen, Werde nicht Hirte, Warum kein Hirte, Ich weiß nicht, mein Gefühl sagt es mir, Was vorgegeben ist, will ich sein, und nun, Mutter, So kannst du nicht gehen, du brauchst Wegzehr, Geld ist wenig da, ein klein bißchen aber wird sich beschaffen lassen, du nimmst den Ranzen deines Vaters, ein Glück, daß er ihn hierließ, Wegzehr nehme ich mit, den Ranzen nicht, Es ist der einzige im Hause, und dein Vater hatte nicht die Lepra und nicht die Krätze, Ich kann nicht, Eines Tages wirst du um deinen Vater weinen, und er ist nicht bei dir, Ich habe schon geweint, Du wirst noch mehr weinen und wirst dann nicht wissen wollen, was seine Schuld gewesen, auf diese Worte der Mutter antwortete Jesus schon nicht mehr. Die älteren Brüder traten heran und fragten, Gehst du wirklich, von den im Gespräch zwischen Mutter und Sohn erörterten tieferen Gründen wußten sie nichts, Jakob sagte, Am liebsten ginge ich mit, ihn reizte das Abenteuer, das Reisen, die Gefahr, ein neuer Horizont, Du mußt bleiben, sagte Jesus, einer muß ihr zur Seite stehen, unserer Mutter, der Witwe, das Wort war ihm so herausgerutscht, er biß sich auf die Lippen, wie um das Gesagte zurückzuhalten, nicht zurückhalten konnte er die Tränen, die jähe lebhafte Erinnerung an den Vater hatte ihn wie ein unerträglicher heller Schwall überspült.

Als sie, die ganze Familie vereint, gespeist hatten, rüstete Jesus zum Aufbruch. Er verabschiedete sich von den Geschwistern, sagte der Reihe nach einem jeden Lebewohl, verabschiedete sich von der weinenden Mutter, zu ihr sprach er, unbegreiflich warum, So oder so, ich komme wieder, er hängte den Ranzen über die Schulter, schritt über den Hof, öffnete das Tor zur Straße. Dort verhielt er, als besänne er sich seines Tuns, daß er im Begriff war, das Haus zu verlassen, die Mutter, die Geschwister, gar oft auf der Schwelle einer Pforte oder einer Entscheidung ein jähes neues Argument, oder aber die augenblickliche Beklemmung schlägt um, korrigiert die Hand, macht das Gesagte zum Nichtgesagten. Dies auch Marias Gedanke, schon zeichneten sich in ihrem Gesicht Überraschung und Frohlocken ab, doch es war Sonne von kurzer Dauer, denn der Sohn setzte nach einigem Grübeln über ein in seinem Inneren offenbar schwer zu lösendes Problem den Ranzen auf die Erde ab, kam zurück, schritt zwischen den Seinen vorbei ins Haus, ohne sie anzuschauen. Als er, gleich darauf, wieder erschien, trug er in der Hand die Sandalen des Vaters. Stumm und den Kopf gesenkt, wie betreten, oder aus einer verborgenen Scham, den Blicken der anderen ausweichend, verstaute er die Sandalen in den Ranzen, und ohne ein weiteres Wort oder eine Geste trat er hinaus. Maria eilte zum Tor, und mit ihr all seine Geschwister, die älteren taten so, als würden sie der Sache nicht viel Bedeutung beimessen, erst recht gab es kein Winken, weil Jesus sich nicht ein einziges Mal umwandte. Eine Nachbarin kam gerade vorbei, und der Szene ansichtig, fragte sie, Wohin geht dein Sohn, Maria, und Maria antwortete, Er hat sich Arbeit in Jerusalem besorgt und bleibt eine Weile dort, dreiste Lüge dies, aber über lügen und die Wahrheit sagen, wissen wir ja, gäbe es viel zu bemerken, am besten man enthält sich vorschneller moralischer Wertungen, gebt der Zeit nur Zeit, und es kommt an den Tag, daß aus der Wahrheit Lüge wird, und aus der Lüge Wahrheit. In dieser Nacht, als im Hause alle schliefen und nur Maria wach lag, in Gedanken, wo ihr Sohn zu dieser Stunde wohl sein mochte, wie es ihm erging, ob er im Schutze einer Karawanserei nächtigte oder unter einem Baum, ob zwischen den Steinen einer finsteren Schlucht oder in der Gewalt der Römer, was der Herr verhindern möge, hörte sie das Hoftor knarren, da schlug ihr Herz jäh bis zum Hals, Jesus ist zurückgekehrt, durchfuhr es sie, vor Freude war sie zunächst wie gelähmt und ganz verwirrt,

Was jetzt, sie wollte ihm nicht mit sieghafter Miene die Tür auftun, Na, warst so grausam gegen deine Mutter und hast es noch nicht eine Nacht draußen ausgehalten, das würde ihn demütigen, besser sie blieb still und stumm, stellte sich schlafend, ließe ihn eintreten, sollte er sich, wenn er mochte, ganz leis auf der Matte ausstrekken, ohne zu sagen, Hier bin ich, am Morgen würde sie freudig überrascht tun ob der Rückkehr des verlorenen Sohnes, und mag die Abwesenheit auch nur kurz gewesen sein, die Freude ist darum nicht geringer, denn auch Abwesenheit ist ein Tod, mit dem einzigen und wichtigen Unterschied, daß es Hoffnung gibt. Doch er zögert lange, ehe er die Haustür erreicht, vielleicht ist er im letzten Augenblick stehengeblieben und zaudert, ein unerträglicher Gedanke für Maria, da ist der Spalt in der Tür, durch den sie spähen kann, ohne gesehen zu werden, sie wird Zeit haben, die Matte zu erreichen, falls der Sohn sich zum Eintreten entschließt, und genügend Zeit, ihn aufzuhalten, falls er es sich anders überlegt und umkehrt. Barfuß und auf Zehenspitzen trat Maria an die Tür und spähte. Es war eine Mondnacht, die Erde im Hof glänzte wie Wasser. Eine große schwarze Gestalt näherte sich langsam der Tür, und Maria, kaum daß sie ihn wahrgenommen, hielt die Hand vor den Mund, um nicht aufzuschreien. Nicht der Sohn war es, sondern riesig, hünenhaft, der Bettler, in Lumpen gekleidet wie beim erstenmal, und, vielleicht eine Wirkung des Mondlichts, auch dieses Mal schien er jäh in kostbare Gewänder gehüllt, die eine heftige Brise fächelte. Maria, entsetzt, hielt die Tür fest zu, Was will er, was will er, murmelten ihre Lippen, bebend, dann wußte sie nicht mehr, was denken, der Mann und vorgebliche Engel wich zur Seite, befand sich nun neben der Tür, kam aber nicht herein, zu hören war sein Atmen und dann irgendein Reißgeräusch, als würde ein kleine Wunde der Erde gewaltsam weiter geöffnet, bis sie ein tiefer Schlund war. Maria brauchte nicht erst die Tür aufzutun oder zu fragen, was jenseits vorging. Der stämmige Engel war nun wieder zu sehen, er erfüllte ganz kurz Marias gesamtes Gesichtsfeld, dann, ohne einen Blick auf das Haus, schritt er zum Hoftor zurück, und mit sich trug er, unbeschädigt von der Wurzel bis in die äußerste Blattspitze, jene geheimnisvolle Pflanze, die vor dreizehn Jahren am Fleck des dort verscharrten Napfs aufgesprossen war. Das Tor ging auf, schloß sich wieder, und zwischen beiden Bewegungen verwandelte sich der Engel, wurde Bettler, verschwand, wer immer er auch gewesen sein mochte, jenseits der Mauer, die langen Blätter hinter sich schleifend, als wäre es eine gefiederte Schlange, nun ohne einen Schatten von Geräusch, als wäre was hier geschehen nur Traum und Einbildung gewesen. Maria öffnete langsam die Tür, behutsam, spähte hinaus. Die Welt, vom hohen, unzugänglichen Himmel her, war eitel Helle. Da, an der Hauswand, das schwarze Loch, dem er die Pflanze entrissen hatte, und von dessen Saum hin zum Hoftor glänzte eine Lichtspur, schillernd wie eine Milchstraße, sofern jene damals diesen Namen trug, Straße des heiligen Jakob kann sie zu der Zeit jedenfalls nicht geheißen haben, da ihr künftiger Namensspender nur erst ein kleiner galiläischer Knabe ist, mehr oder weniger in Jesu Alter, Gott mag wissen, wo sie sich zu ebendieser Stunde befinden, der eine und der andere, Maria dachte an den Sohn, diesmal ohne angstvollen Herzkrampf, nichts Böses könnte ihm widerfahren unter einem solchen Himmel, einem so schönen, friedvoll heiteren, undurchforschlichen, und unter diesem Mond, wie ein Laib Brot, ganz aus Licht, der die Quelle nährte und die Erde mit Säften speiste. Gefaßt in der Seele schritt Maria über den Hof, trat furchtlos die Sterne auf dem Erdboden, zog das Tor auf. Sie spähte hinaus, sah die Spur sich weiter vorn verlieren, als hätte sich der Blätter Strahlkraft erschöpft, oder, neuer Wahn des Weibes, das schon nicht mehr Schwangerschaft vorschützen kann, der Bettler hätte wieder Engelsgestalt angenommen und sich endlich, weil dies ja eine besondere Gelegenheit, seiner Flügel bedient. Maria überdachte zuinnerst diese merkwürdigen Vorfälle, und sie fand sie schlicht, natürlich und gerechtfertigt, so sehr wie da ihre eigenen Hände im Mondschein. Sie trat ins Haus zurück, holte vom Wandhaken die Öllampe und leuchtete in die von der ausgerissenen Pflanze zurückgelassene Kuhle. Unten auf dem Grund befand sich der leere Napf. Sie griff ins Loch, holte ihn hervor, er war nur eben das ihr vertraute Gefäß, drin lediglich ein klein bißchen Erde, bar an Gleißen, nun ist es ein prosaisches Küchengeschirr, das, in sein altes Amt zurückgekehrt, fortan Milch, Wasser oder Wein anbietet, je nach Gelüst und in wessen Hand, es stimmt sehr wohl, was da gesagt wurde, daß jeder Mensch seine Stunde hat und jedes Ding seine Zeit.

Jesus genoß in dieser ersten Nacht seiner Reise ein Dach über dem Kopf. Die Abenddämmerung war ihm in Sichtweite einer knapp vor der Stadt Jenin gelegenen kleinen Ortschaft in den Weg getreten, und das Geschick, das ihm seit der Geburt so viel Schlechtes in Aussicht gestellt und beschert hatte, meinte es diesmal gut mit ihm, es fügte, daß die Leute des Hauses, in dem er, ohne viel Hoffnung, um Herberge bat, mildtätige Menschen waren, von jenen, die ihr Lebtag unter Gewissenspein leiden müßten, wenn sie einen so jungen Burschen unter freiem Himmel nächtigen ließen, zumal dies eine Zeit arger Kriegswirren und Überfälle ist, und aus nichtigen Gründen Seelen gekreuzigt und unschuldige Kleinkinder totgestochen werden. Seinen gütigen Gastgebern erklärte Jesus, er komme aus Nazareth und wolle nach Jerusalem, wiederholte aber nicht die beschämende Lüge, die er aus dem Munde seiner Mutter gehört hatte, daß er dort eine Arbeitsstelle habe, er sagte lediglich, ihm sei aufgetragen, die Gelehrten des Tempels über einen Gesetzespunkt zu befragen, der seiner Familie sehr am Herzen liege. Der Hausherr war erstaunt, daß einem so jungen Burschen eine so vertrauensvolle Aufgabe übertragen war, wiewohl der, klar erkennbar, in religiösen Dingen Reife erlangt hatte, und Jesus erklärte, dies müsse sein, da er der älteste Sohn der Familie, doch über den Vater verlor er kein Wort. Zu Abend aß er mit den Leuten, dann legte er sich, weil es für Durchreisende hier bessere Bequemlichkeiten nicht gab, unter das Wetterdach im Hof schlafen. Mitten in der Nacht suchte ihn der Traum wieder heim, doch unter Abwandlung des bisher Geträumten, diesmal kamen der Vater und die Soldaten nicht so nahe, auch tauchte die Pferdeschnauze nicht hinter der Ecke hervor, bilde sich aber niemand ein, daß Jesu Pein und Schrekken darum geringer gewesen wären, versetzen wir uns in ihn hinein, malen wir uns aus, wir träumten, da käme unser eigener Vater, der uns das Leben schenkte, käme mit blankem Schwert, um uns zu töten. Niemand im Hause ahnte das sich wenige Schritte weiter fort abspielende Leidensdrama. Jesus aber hatte, selbst schlafend, seine Angst im Griff, das gehetzte Bewußtsein drückte ihm, im Äußersten, die Hand vor den Mund, und die Schreie hallten schrecklich, allerdings lautlos, drin in seinem Kopf. Am folgenden Morgen aß Jesus mit vom ersten Tagesmahl, dann dankte er seinen Wohltätern in so würdevoller Haltung und so trefflichen Worten, daß alle, die ganze Familie, sich für Augenblicke teilhaftig fühlten des einzigartigen göttlichen Friedens, mochten sie auch nur Samariter von wenig Ansehen sein. Jesus sagte Lebewohl und zog von dannen, im Ohr das letzte Wort des Hausherrn, und das lautete, Gepriesen seist du, Herr, unser Gott, Herrscher des Universums, der du der Menschen Schritte lenkst, worauf er erwidert hatte, jenen Herren preisend, Gott und König, der für alle Nöte Vorkehr trifft, und den Beweis dafür liefert uns überzeugend tagtäglich die Lebenserfahrung, der höchst gerechten Regel des geraden Verhältnisses folgend, daß, wer viel hat, dem noch mehr gegeben wird.

Das restliche Wegstück bis hin nach Jerusalem war so leicht nicht zu bewältigen. Erstens, es gibt Samariter und Samariter, will heißen, auch schon zu dieser Zeit machte eine einzige Schwalbe noch keinen Sommer, derer bedarf es mindestens zwei, von den Schwalben reden wir, und zwar ein Männchen und ein Weibchen, beide zeugungsfähig und dann mit Nachkommenschaft. Die Türen, an die Jesus klopfte, blieben verschlossen, es mußte der Reisende draußen nächtigen, allein, einmal unter einem Feigenbaum, einem der ausladenden und hängenden, wie kreisrunder Frauenrock, ein andermal geschirmt von einer Karawane, der er sich angeschlossen hatte und die, da die nächstbefindliche Karawanserei überfüllt war, zu Jesu Glück ihr Lager auf freiem Feld aufschlug. Wir sagten zu Jesu Glück, denn inzwischen hatten den armen Burschen, als er wegesuchend wüstes Bergland querte, zwei Bösewichte überfallen, feig und ohne Erbarmen, hatten ihm sein bißchen Geld geraubt, dies der eigentliche Grund, weshalb er nicht sichere Herberge wählen konnte, die nach den Regeln gesunden Handelns berechnend am Werke sind, nicht Dach ohne Bezahlung gewähren. Ein Jammer, und kein Mitleidiger für ihn da, den Ärmsten, so allein und verlassen, als die Räuber abzogen und ihn gar noch höhnten, er mit all dem Himmel über sich und den Gebirgen ringsum, das unendliche Universum bar der Moral, bevölkert von Sternen, Schurken und Kreuzigern. Und halte mir keiner dagegen, ein Bursche von dreizehn Jahren verfüge nicht über das Wissen oder die philosophische Einsicht, erst recht nicht über die bare Lebenserfahrung, die zu solchen Überlegungen Voraussetzung sind, und daß eigens dieser, zwar gut geschult in den Lehren der Synagoge und geistig recht aufgeweckt, vor allem bei den Gesprächen, an denen er teilnahm, trotzdem in Aussprüchen und in Taten keineswegs so sehr hervorragte, daß wir ihn gerechterweise zum erlesenen Gegenstand unserer Aufmerksamkeit machen könnten. An Zimmermannssöhnen fehlt es nicht in diesen Landstrichen, auch nicht an Söhnen von Gekreuzigten, doch gesetzt, es wäre ein anderer erwählt worden, mögen wir dennoch nicht zweifeln, daß, wer immer er wäre, er uns an nützlichen Dingen so reichlich viel geben könnte, wie dieser hier es tut. Zunächst weil, längst für niemand mehr ein Geheimnis, jedweder Mensch für sich schon eine ganze Welt darstellt, sei es vermöge des Transzendenten, sei es mittels des Immanenten, und zweitens, weil dieses Land sich stets von den anderen unterschied, man bedenke, wie viele Menschen hohen, mittleren oder auch niederen Standes predigend und verkündend durch die Lande zogen, beginnend bei Jesaja und endend bei Maleachi, Edelleute, Priester, Hirten, von allem ein bißchen, darum sollten wir vorsichtig sein in unseren Urteilen, die bescheidenen Anfänge des Sohnes eines Zimmermanns befugen uns nicht zu vorschnellen Wertungen, die, sofern sie endgültig anmuten, einem Lebenslauf allerdings schaden können. Dieser junge Bursche, der sich in einem Alter nach Jerusalem begibt, in dem die meisten seiner Gefährten sich kaum erst vor das eigene Tor wagen, ist vielleicht nicht gerade ein Adler an Scharfsinn, kein Ausbund an Intelligenz, unsere Achtung verdient er aber dennoch, er trägt, wie er es selbst erklärte, eine Wunde in der Seele, und da seine Natur es ihm verwehrt, darauf zu warten, daß die schlichte Gewohnheit, mit ihr zu leben, diese heilte, bis sie sich in gutgewillter Vernarbung schlösse, die im Nichtdenken besteht, begab er sich statt dessen auf die Suche nach der Welt, um, wer weiß, die Wunden vielleicht zu vervielfachen und aus ihnen allen einen einzigen und endgültigen Schmerz zu bereiten. Vielleicht scheinen solche Maßnahmen unangebracht, nicht nur bezüglich der Person, sondern auch Zeit und Ort betreffend, sofern man sich moderne und komplexe Gefühle im Kopfe eines Dörflers aus Palästina vorstellt, der so viele Jahre vor Freud, Jung, Groddeck und Lacan in dieser Welt lebte, doch unser Fehler ist, mit Verlaub unser Dünkel, nicht kraß und nicht skandalös, sofern wir bedenken, daß die Schriften, die diesen Juden als geistige Nahrung dienen, so viele und vielverschiedene Beispiele bergen, daß wir annehmen dürfen, ein Mensch, wann immer er lebt oder lebte, dem Menschen einer beliebig anderen Epoche geistig gesehen Zeitgenosse ist. Die bekannten einzigen und unbezweifelbaren Ausnahmen waren Adam und Eva, nicht weil Adam der erste Mann und Eva das erste Weib gewesen, sondern weil sie keine Kindheit hatten. Mögen Biologie und Psychologie nicht erst auf den Plan treten und einwenden, im Hirn eines Cromagnon-Menschen seien, für uns unvorstellbar, schon angebahnt gewesen die Wege zu diesem Kopf, den wir heute auf den Schultern tragen, es wäre dies ein Streit, der allemal den Rahmen sprengte, da vom besagten Cromagnon keine Rede ist im Buch der Schöpfung, Jesu einzige Unterrichtung über den Anbeginn der Welt.

Abgelenkt von diesen Überlegungen, die nicht ganz ohne Bezug zu den wesentlichen Dingen des von uns dargebotenen Evangeliums stehen, vergaßen wir, entgegen unserer Pflicht, für den bis Jerusalem noch ausstehenden Rest der Reise Josefs Sohn zu begleiten, vor dessen Augen sich jetzt eben die Stadt aufgetan hat, er ohne Geld aber heil, die Füße gemartert von dem langen Marsch, doch so festen Herzens wie drei Tage zuvor, beim Fortgang von daheim. Nicht zum erstenmal kommt er diesen Weg, darum ist der Überschwang seiner Seele nicht größer, als man es von einem gläubigen Menschen gewärtigt, der mit seinem Gott schon innig vertraut ist, oder auf dem Pfade hin. Von diesem Berg aus, Gethsemane genannt, was soviel heißt wie von den Ölbäumen, sieht man, prachtvoll hingebreitet, den architektonischen Diskurs Jerusalems, Tempel, Türme, Paläste, Wohnhäuser, so nahe dünkt einem die Stadt, daß sie sich gleichsam mit den Fingern berühren läßt, vorausgesetzt, das mystische Fieber lodert so gewaltig, daß der Gläubige oder der an ihm Leidende die schwachen Kräfte seines Körpers mit den erschöpflichen Kräften des Weltgeistes verwechselt. Der Nachmittag geht zur Neige, die Sonne fällt dem fernen Meer entgegen. Jesus begann den Abstieg ins Tal, er fragt sich, wo er diese Nacht schlafen wird, ob in der Stadt, ob außerhalb, die anderen Male, die er mit Vater und Mutter hier weilte, während des Pesachfestes, wohnte die Familie in Zelten außerhalb der Mauern, in den von den zivilen als auch den militärischen Behörden bereitwillig errichteten, auf daß die Pilger ein Unterkommen hätten, ein getrenntes allesamt, na klar, überflüssig es zu sagen, nach dem Geschlecht geschieden, Mann zu Mann, Weib zu Weib, gleiches die Kinder. Als Jesus die Mauern erreichte, schon wollte es dunkel werden, waren die Wachen im Begriff, die Tore zu schließen, gewährten ihm gerade noch Einlaß, hinter ihm fielen die Sperrbalken in die wuchtigen Klötze, und da mochte Jesus diese und jene Gewissenspein spüren, von jenen, die in allem eine verdeckte Anspielung auf begangene Sünden wähnen, vielleicht hatte er da die Vorstellung von einer gerade zuschnappenden Falle, wie da Eisenzähne nach dem Bein des Opfers bissen, oder daß ein Sabberlatz eine Fliege einhüllte. Doch ihrer so viele und so schrecklich können die Übeltaten eines Dreizehnjährigen nicht sein, noch war da Zeit gewesen zu töten, zu stehlen, falsch auszusagen, nach der Frau des Nächsten zu verlangen, nach seinem Haus, seinem Feld, seinem Sklaven, seiner Sklavin, seinem Rind, seinem Esel, oder nach irgend etwas, das dem Nächsten gehört, und da dies so ist, ist dieser junge Bursche frei vom Makel eigener Sünde, auch wenn er die Unschuld schon eingebüßt hat, denn wer den Tod erlebte, der blieb nicht ungezeichnet. Die Straßen leeren sich jetzt, es ist die Stunde der Abendmahlzeit, da in der

Familie gegessen wird, draußen sind nun nur die Bettler und Vagabunden, doch selbst die ziehen sich zurück, sie haben ihre Gilden und ihre gemeinschaftlichen Nistlöcher, bald werden Streifen der römischen Soldaten durch die Straßen ziehen, werden Unruhestifter aufspüren, die sogar in der Hauptstadt des Herodes Antipas ihre Schurkereien und Schändlichkeiten treiben, trotz Todesstrafe, falls sie geschnappt werden, wie in Sepphoris geschehen. Am Ende der Gasse erscheint eine jener abendlichen Patrouillen, die sich den Weg mit Fackeln ausleuchten, sie schreitet hin in Geklirr von Schwertern und Schilden, zum Gleichschritt der mit Kriegssandalen beschuhten Füße. Der junge Bursche, in einem Winkel verborgen, wartete, bis der Trupp verschwunden war, dann suchte er sich eine Schlafstelle für die Nacht. Er fand sie, wie er es erwartet, auf der ewigen Baustelle des Tempels, zwischen zwei behauenen Steinquadern, über denen, Art Dach, eine große Steinplatte lag. Dort aß er seinen letzten Kanten harten muffigen Brots, dazu einige getrocknete Feigen, die er tief aus dem Ranzen holte. Er spürte Durst, schickte sich aber drein, nicht zu trinken. Endlich breitete er die Schlafmatte aus, legte sich unter den kurzen Umhang, der zu seinem Reisegepäck gehörte, und zusammengekauert, wider die Kälte, die zu beiden Seiten seines wenig tauglichen Schlupfs hereinwehte, schlief er endlich ein. Daß er in Jerusalem war, hielt ihn nicht ab vom Träumen, doch war es keine geringe Wohltat, daß sein Traum sich, vielleicht weil Gott hier so nahe, auf die Wiederholung bekannter Szenen beschränkte, die sich mit dem Marsch der ihm entgegenkommenden Streife mengten. Er erwachte, als die Sonne eben erst aufgegangen war, kroch aus dem wie Grab so kalten Schlupf, stand da, in den Umhang gehüllt, starrte auf Jerusalems Häusergewirr da vor sich, auf die vom rosigen Licht gestreiften niederen Steinplatten. Hierauf, höchst feierlich, da ja aus dem Munde eines Kindes, das er zweifellos noch war, sprach er das Dankgebet, Gepriesen seist du, Herr, unser Gott, Herrscher des Universums, der du kraft deiner Gnade meine Seele mir lebendig und beständig wiedergibst. Manche Augenblicke gälte es gut aufzuheben, fest eingegraben zu bewahren durch die Zeiten, nicht eben nur festzuhalten, sagen wir, in diesem Evangelium, oder auf einem Gemälde, oder modernerweise auf Foto, Film und Video, wichtig wäre, daß jener, der die Dinge lebte und sie erlebbar machte, immerdar zu Gesicht wäre den kommenden Generationen, also daß wir uns heutigen Tages nach Jerusalem begäben, um mit unseren eigenen Augen diesen jungen Burschen zu sehen, Jesus, den Sohn des Josef, in seinen kurzen Armeleuteumhang gehüllt, wie er da Jerusalems Häuser betrachtete und Gott dankte, daß er dieses Mal seine Seele noch nicht eingebüßt hatte. Da sein Leben erst am Beginn, denn was sind dreizehn Jahre, ist vorauszusehen, daß ihm das Leben noch freudigere oder auch traurigere Stunden als diese bereithält, glücklichere oder glücklose, angenehmere oder tragische, wir aber würden uns genau diesen Augenblick aussuchen, die Stadt schlafend, die Sonne stillstehend, das Licht unberührt, ein junger Bursche, der die Häuser betrachtet, in einen Umhang gehüllt und mit einem Ranzen zu Füßen, und die ganze Welt, die nahe und die ferne, in Schwebe, harrend. Das ist nicht möglich, er selbst hat sich schon bewegt, der Augenblick kam und ist schon vorbei, die Zeit führt uns bis dorthin, wo eine Erinnerung erfunden wird, war es so, war es nicht so, alles war so, wie wir sagen, daß es gewesen sei. Jesus geht jetzt durch die engen Gassen, die sich mit Menschen füllen, noch ist es zu früh, um den Tempel aufzusuchen, die Gelehrten, wie zu allen Zeiten allenorts üblich, finden sich erst später ein. Schon spürt er keine Kälte mehr, doch der Magen macht sich bemerkbar, die Feigen, die ihm verblieben waren, brachten nur eben den Speichel in Fluß, Josefs Sohn hat Hunger. Nun allerdings fehlt ihm das Geld, das ihm die Bösewichte raubten, denn das Leben in der Stadt ist nicht wie auf dem Lande, daß du pfeifend durch die Fluren streichst und schaust, was der Bauersmann vielleicht stehenließ, in Erfüllung der Gottesgesetze, verbi gratia, Wenn du dein Feld aberntest und eine Garbe auf dem Feld vergißt, sollst du nicht umkehren, sie zu holen. Wenn du einen Ölbaum abgeklopft hast, sollst du nicht auch die Zweige absuchen. Wenn du in deinem Weinberg die Trauben geerntest hast, sollst du nicht Nachlese halten. Es soll den Fremden, Waisen und Witwen gehören. Denk daran, du bist in Ägypten Sklave gewesen. Nun dies aber ist eine große Stadt, und obschon der Herrgott in ihr sein irdisches Haus zu errichten befahl, sind solche menschlichen Regelungen nicht ausreichend, weshalb wer kein Geld in der Tasche mitbringt, nicht dreißig Münzen und nicht drei, zum Behelf betteln muß, gewärtig, daß er abgewiesen wird weil lästig, oder stehlen muß, höchst in Gefahr, Bestrafung zu erleiden, Auspeitschung oder Kerker, wenn nicht Schlimmeres. Stehlen, das kann dieser junge Bursche nicht, betteln will er nicht, er wird die wässerigen Augen auf Brotstapel heften, auf die Pyramiden von Früchten, wird die an Ständen in den Gassen feilgebotenen Gargerichte begaffen und fast in Ohnmacht fallen, denn ihm ist, als hätten sich alle Nahrungsentbehrnisse der letzten drei Tage, außer acht das im Hause des Samariters genossene Mahl, in eben dieser schmerzlichen Stunde hier vereint, wahr ist, sein Ziel ist der Tempel, doch der Körper, mögen die eifernden Verfechter des mystischen Fastens auch das Gegenteil behaupten, ist für Gottes Wort empfänglicher, wenn leibliche Speise ihm die Verstehensfähigkeit kräftigt. Glücklicherweise wurde ein gerade vorbeikommender Pharisäer des verhärmten Burschen gewahr, erbarmte sich, die ungerechte Zukunft wird diesen Leuten sorglich übelsten Ruf anhängen, im Grunde waren die Pharisäer gute Menschen, wie es sich in diesem Falle bewies, Wer bist du, fragte er, und Jesus antwortete, Ich bin aus Nazareth in Galiläa, Hast du Hunger, der Junge senkte den Blick, er brauchte nichts zu sagen, man las es ihm vom Gesicht ab, Hast du keine Familie, O doch, aber ich bin allein gekommen, Bist ausgerissen von zu Hause, Nein, das war er nicht, erinnern wir uns, Mutter und Geschwister verabschiedeten ihn herzlich, liebevoll, sie begleiteten ihn bis vors Tor, und daß er sich nicht ein einziges Mal umwandte, war noch kein Zeichen von Flucht, so sind unsere Wörter, Ja oder Nein sagen ist von allem das leichteste und eigentlich am überzeugendsten, doch der reinen Wahrheit zudiensten gälte es, die Antwort halb zweifelnd anzusetzen, Nun, ausgerissen, was man so ausreißen nennt, bin ich nicht, aber, und hier müßten wir uns seine Geschichte in Gänze nochmals anhören, was, nur keine Bange, nicht geschehen wird, zunächst, weil der Pharisäer nicht wieder auftaucht und sie also auch nicht erfahren will, zum zweiten, weil wir sie besser als sonstwer kennen, man bedenke, wie wenig, wie wenig sogar die wichtigsten Gestalten dieses Evangeliums voneinander wissen, sahen wir doch, Jesus weiß nicht alles über die Mutter und den Vater, Maria nicht alles über den Ehemann und den Sohn, und Josef, da er tot ist, weiß gar nichts. Wir aber sind über alles im Bilde, was bis heute getan, gesagt und gedacht wurde, sei es von diesen, sei es von den anderen, auch wenn wir ahnungslos tun müssen, in gewisser Weise sind wir der Pharisäer, der da fragte, Hast du Hunger, obwohl Jesu blasses eingefallenes Antlitz schon an sich beredt genug kundtat, Frag nicht, gib mir zu Essen. Und eben das tat der mitleidvolle Mann, er kaufte zwei Brote, ofenwarme, dazu einen Napf Milch, und ohne sonst ein Wort überreichte er sie Jesus, wobei etwas Milch überschwappte und beide, gleichauf und in selber Anwandlung, die gewiß aus Urzeiten stammte, die benäßte Hand zum Munde führten und die Milch aufsogen, so wie man das Brot einst küßte, wenn es einem zu Boden fiel, schade nur, daß die zwei einander nimmermehr begegnen werden, hatten sie sich doch in ein, wie es schien, so schönes und symbolhaftes Einvernehmen gesetzt. Der Pharisäer wandte sich seinen Geschäften zu, doch zuvor holte er aus seinem Geldbeutel zwei Münzen und sprach, Nimm dies, kehre heim, für dich ist die Welt noch zu groß. Der Sohn des Zimmermanns hielt in den Händen den Napf und das Brot, mit einem Mal war der Hunger verflogen, oder er spürte ihn jetzt nicht, dem sich entfernenden Pharisäer schaute er hinterdrein, und nun erst dankte er, jedoch so leise, daß der andere ihn nicht hätte hören können, sofern er auf den Dank erpicht gewesen wäre und dann allerdings den Schluß gezogen hätte, daß er sein Gutes einem undankbaren jungen Flegel erwiesen hatte. Da, mitten auf der Straße, schlang Jesus, den der Hunger jäh wieder anfiel, sein Brot und trank seine Milch, dann wollte er den Napf dem Verkäufer zurückgeben, der aber sagte, Er ist bezahlt, behalte ihn, Kauft man in Jerusalem die Milch samt Napf, Nein, aber dieser Pharisäer wollte es so, was im Kopf eines Pharisäers vorgeht, bleibt unergründbar. Also kann ich ihn mitnehmen, Sagte ich schon, er ist bezahlt. Jesus wickelte den Napf in den Umhang und verstaute ihn im Ranzen, mit dem Gedanken, daß er fortan acht haben, mit dem Napf sorgsam umgehen müßte, solches Tongeschirr ist zart, zerbrechlich, ist nur ein bißchen Erde, dem das Glück heikle Formung gegeben hat, wie dem Menschen ja auch. Nun der Körper gespeist und der Geist geweckt war, lenkte Jesus seine Schritte zum Tempel.

Schon herrschte Getümmel auf der Freifläche neben der steinernen Aufgangstreppe. Zu beiden Seiten, längs der Mauern, die Stände der Verkäufer, an anderen Stellen wurden Opfertiere feilgeboten, hier und da Geldwechsler hinter ihren Tischen, und Gesprächsgruppen, gestikulierende Händler, römische Wachsoldaten, zu Fuß oder beritten, sänftentragende Sklaven, von Lasten überhäufte Dromedare und Esel, überall Stimmengewirr und Lärm, dazwischen das schwache Mää der Lämmer und Ziegen, manche im Arm oder über den Schultern getragen wie ermüdete Kinder, andere mit einem Strick um den Hals und gezogen, alle hin unter das Messer und zum Verbrennen im Feuer. Jesus suchte das Bad auf, reinigte sich, dann stieg er die Treppe empor und überquerte zügig den Vorhof der Heiden. Er betrat den Vorhof der Frauen durch das Tor zwischen dem Saal der Öle und dem der Nasiräer, und da fand er, was er gesucht hatte, Älteste und Schriftgelehrte, die nach alter Gepflogenheit hier über die Gesetze sprachen, Fragen beantworteten, Rat erteilten. Es waren etliche Gruppen, und der junge Bursche gesellte sich der kleinsten zu. Gerade hob ein Fragesteller die Hand, der Schriftgelehrte nickte ihm zu, und der Mann sprach, Bitte sage mir, ob wir die Gesetze, die der Herrgott Mose am Berg Sinai gab, wortwörtlich und im zutage liegenden Sinne verstehen sollen, wenn es da etwa heißt, Ich schaffe Frieden im Land, ihr legt euch nieder, und niemand schreckt euch auf, ich lasse die Raubtiere aus dem Land verschwinden, kein Schwert kommt über euer Land, und auch, Verfolgt ihr eure Feinde, so werden sie vor euren Augen dem Schwert verfallen, fünf von euch werden hundert verfolgen, hundert von euch werden zehntausend verfolgen, sagte der Herr, und eure Feinde werden vor euren Augen dem Schwert verfallen. Der Schriftgelehrte musterte den Frager argwöhnisch, vielleicht war der ein Aufwiegler, hierher geschickt von Judas Galiläus, um die Geister anzustacheln mit bösen Anzüglichkeiten, abzielend auf die passive Haltung des Tempels gegenüber Roms Gewalt, und er antwortete ruppig kurz, Diese Worte sprach der Herr, als unsere Vorväter in der Wüste lebten, verfolgt von den Ägyptern. Wieder hob der Mann die Hand, zu weiterer Frage, Muß ich dies so verstehen, daß Gottes Worte auf dem Berge Sinai nur für jene Zeit galten, als unsere Väter das Land der Verheißung suchten, Falls du das so verstanden hast, bist du ein schlechter Israelit, Gottes Wort galt, gilt und wird gelten für alle Zeiten, die da waren und sein werden, das Wort des Herrn war im Geiste des Herrn, ehe er sprach, und währt fort in ihm, auch nachdem er es gesprochen hat, Du selbst sprichst aus, was zu denken du mir verwehrst, Und was denkst du, Der Herrgott billigt es, daß unsere Schwerter sich nicht erheben gegen die uns unterdrückende Macht, hundert der Unseren wagen nicht, gegen fünf der Ihren anzutreten, zehntausend Juden ducken sich vor einhundert Römern, Du bist im Tempel des Herrn, nicht auf dem Schlachtfeld, Der Herr ist der Gott der Krieger, Aber erinnere dich, der Herr hat seine Bedingungen auferlegt, Welche, Wenn ihr meine Gesetze achtet, wenn ihr meine Gebote befolgt, sagt der Herr, Welche Gesetze denn achten wir nicht, welche Gebote befolgen wir nicht, daß wir die Herrschaft der Römer als gerecht und notwendig erachten müßten, als Bestrafung unserer Sünden, Der Herr wird es wissen, Ja, der Herr wird wissen, wie oft der Mensch unwissentlich sündigt, aber erkläre mir, warum bedient sich Gott der Römermacht, warum besorgt er es nicht selbst, Auge in Auge mit denen, die er zu seinem Volk erkor, Der Herr weiß, was er tut, und der Herr wählt die Mittel, Willst du sagen, es sei Gottes Wille, daß in Israel die Römer befehlen, Ja, Falls es so ist, müssen wir dann daraus schließen, daß die gegen die Römer kämpfenden Rebellen also gegen Gott und Gottes Willen streiten, Du ziehst falsche Schlüsse, Und du, Schriftgelehrter, widersprichst dir, Gottes Wille kann auch ein Nichtwollen sein, und sein Nichtwollen sein Wille, Nur das Wollen des Menschen ist wirkliches Wollen, und es hat keinerlei Bedeutung vor Gott, So ist es, Also ist der Mensch frei, Ja, Um Bestrafung zu erfahren, Gemurmel unter den Umstehenden, einige musterten den, der die Fragen gestellt hatte, die rein dem Wort nach ihre Berechtigung haben mochten, politisch aber verfehlt waren, nun musterte man ihn in einer Weise, als obliege es ihm, alle Sünden Israels auf sich zu nehmen und für sie zu büßen, die hier Verdächtigten jedenfalls fühlten sich erleichtert, dankten es dem siegreichen Schriftgelehrten, der mit genüßlichem Lächeln Glückwunsch und Lob entgegennahm. Und der Meister schaute selbstsicher in die Runde, begehrte weitere Fragen, gleichsam ein Gladiator, dem ein schwacher Gegner zugefallen ist und der Ruhmes halber einen stärkeren begehrt. Ein anderer hob die Hand, fragte dann, Gott der

Herr wandte sich an Mose und sprach zu ihm, Wenn bei euch ein Fremder in eurem Land lebt, sollt ihr ihn nicht unterdrücken, der Fremde bei euch soll euch wie ein Einheimischer gelten, und du sollst ihn lieben wie dich selbst, denn ihr selbst seid Fremde in Ägypten gewesen, so sprach der Herr zu Mose. Weiter kam er nicht, der Schriftgelehrte, noch überwältigt von seinem Sieg, unterbrach ihn spöttisch, Ich gehe wohl recht in der Annahme, du willst nicht fragen, warum wir die Römer nicht als unsere Landsleute betrachten, obwohl sie doch Fremde sind, Fragen würde ich es dich, wenn die Römer uns als ihresgleichen behandelten und wir und sie uns nicht um andere Gesetze und andere Götter scherten, Auch du hier reizt Gottes Zorn mit teuflischen Auslegungen seiner Worte, fuhr ihm der Schriftgelehrte dazwischen, O nein, ich möchte von dir nur hören, ob du allen Ernstes meinst, wir erfüllten das heilige Wort, wenn die Ausländer sich als solche nicht unserem Land sondern unserem Glauben gegenüber benähmen, Wen im einzelnen meinst du, Etliche von heute, viele in der Vergangenheit, Vielleicht viele in der Zukunft, Drücke dich bitte klarer aus, ich kann meine Zeit nicht über Rätseln und Parabeln verlieren, Als wir aus Ägypten kamen, lebten im Lande, das wir Israel nennen, andere Völkerschaften, die wir bekriegen mußten, damals waren wir die Fremden, und uns befahl der Herr, all jene zu töten und zu vernichten, die sich seinem Willen entgegenstellten, Das Land war uns verheißen, mußte aber im Kampf gewonnen werden, wir hatten es nicht gekauft, noch wurde es uns geschenkt, Heute leben wir unter fremder Herrschaft, das erworbene Land ist nicht mehr unser, Der Gedanke Israel besteht ewig fort im Geiste des Herrn, und darum, wo auch immer sein

Volk sein wird, vereint oder verstreut, dort ist das irdische Israel, Daraus ist zu folgern, vermute ich, wo auch immer wir, die Juden, uns befinden mögen, die anderen Menschen sind dort Ausländer, In den Augen des Herrgotts zweifelsohne, Doch der Fremde, der bei uns wohnt, soll Gottes Wort gemäß unser Landsmann sein, und ihn haben wir so zu lieben wie uns selbst, weil wir Fremde waren in Ägypten, Das bestimmte der Herr, Hieraus schließe ich, zu lieben haben wir jenen Ausländer, der unter uns lebt, aber nicht so mächtig ist, daß er uns knechtet wie in heutigen Zeiten die Römer, Du folgerst richtig, Nun wirst du mir deinen Überlegungen gemäß sagen, daß der Herrgott uns, sollten wir eines Tages stark und mächtig werden, dann erlaubt, jene Fremde zu knechten, die derselbe Gott uns einst zu lieben befahl, Israel kann nur wollen, was Gott will, und Gott, weil er sich dieses Volk erwählte, wird all das wollen, was zum Guten Israels ist, Selbst um den Preis, den nicht zu lieben, den es zu lieben gälte, Ja, sofern das sein Wille, Israels oder des Herrgotts, Beider, denn sie sind eins, Einen Fremden sollst du nicht ausnützen und bedrängen, spricht der Herr, Sofern dem Fremden dies eingeräumt ist und man sich daran hält, sagte der Schriftgelehrte. Wieder war beifälliges Gemurmel zu hören, und wieder strahlten die Augen des Schriftgelehrten, als wäre er Sieger in einem Sportgefecht, Diskuswerfer, Netzkämpfer, Wagenlenker. Nun hob Jesus die Hand. Niemanden hier wunderte es, daß ein so junger Bursche einem Schriftgelehrten oder einem Weisen des Tempels mit Fragen kam, Jugendliche in Zweifeln gab es seit jeher, seit Kain und Abel, in der Regel bringen sie Fragen vor, denen der Erwachsene mit herablassendem Lächeln und einem

Schulterklopfen begegnet, Wachse, wachse, wirst schon noch erleben, wie unwichtig dies ist, sagen die Verständnisvollen, Als ich so alt war wie du, dachte ich auch so. Einige der Hörer hatten sich fortgewandt, andere wollten ebenfalls gehen, zum insgeheimen Verdruß des Schriftgelehrten, dem sich da eine bisher aufmerksame Hörerschar entzog, doch Jesu Frage veranlaßte jene, die diese noch vernommen hatten, zur Rückkehr, Ich möchte einiges bezüglich der Schuld erfahren, Sprichst du von deiner Schuld, Von der Schuld allgemein, doch auch von der, die auf mir liegt, obwohl ich im Grunde nicht gesündigt habe, Erkläre dich genauer, Der Herr spricht, Väter sollen nicht für ihre Söhne und Söhne nicht für die Väter mit dem Tode bestraft werden, So ist es, aber bedenke, dieses Gebot galt in jenen alten Zeiten, als für den Fehltritt eines Familienmitglieds die ganze Familie büßte, auch der Schuldlose, Da Gottes Wort nun aber ewig ist und nicht abzusehen das Ende der Schuld, denn erinnere dich, was du vorhin sagtest, daß der Mensch frei sei, um Bestrafung erfahren zu können, darum meine ich, läßt sich hieraus folgern, daß die Untat des Vaters, auch wenn sie an ihm gestraft wurde, dennoch nicht gelöscht ist, sondern als Erbe auf den Sohn geht, so wie wir heute Lebenden Adams und Evas Schuld tragen, unserer Urväter Schuld, Mich überrascht, daß ein junger Mensch deines Alters und Standes die Schriften so gut kennt und sogar flüssig darüber zu reden weiß, Ich weiß lediglich, was ich gelernt habe, Woher bist du, Aus Nazareth in Galiläa, Das verriet mir schon deine Aussprache, Antworte mir bitte auf meine Frage, Wir dürfen annehmen, daß Adams und Evas Ursünde, als sie Gottes Gebot mißachteten, weniger darin bestand, daß sie die Frucht vom Baum der

Erkenntnis kosteten, weitaus wichtiger waren die sich daraus ergebenden Folgen, nämlich daß sie mit ihrem Fehltritt den Plan, den Gott bei der Erschaffung des Mannes und dann der Frau, in seinem Geiste gehabt hatte, zunichte machten, Willst du hiermit sagen, daß jedwede Handlung des Menschen, also auch sein Ungehorsam im Paradies oder sonst ein beliebiger, stets ein Eingriff in Gottes Trachten ist, und daß sich Gottes Wille letztlich mit einer Insel im Meer vergleichen ließe, die umspült und berannt wird von den aufgewühlten Fluten menschlicher Begehrnisse, warf ein anderer Frager ein, so dreist, wie es sich der Zimmermannssohn nicht getraut hätte, Ganz so ist es wohl nicht, antwortete der Schriftgelehrte vorsichtig, Gottes Wille erschöpft sich nicht darin, über allen Dingen zu stehen, er bewirkt, daß alles ist, wie es ist, Doch du selbst sagtest, es ist die Folge von Adams Ungehorsam, daß wir nun nicht wissen, was Gott mit ihm vorhatte, So ist es, der Vernunft gemäß, doch das Wollen Gottes, des Schöpfers und Walters der Welten, birgt alles, was an Wollen nur möglich, seines und dessen aller Menschen, die je gelebt haben oder noch leben werden, Sollte das stimmen, rief Jesus in plötzlicher Eingebung dazwischen, wäre jeder Mensch ein Teil Gottes, Gewiß, jedoch alle Menschen zusammen sicherlich nicht mehr als ein Sandkorn in der unendlichen Wüste, die Gott darstellt. Aus dem Gesicht des Schriftgelehrten schwand der Dünkel. Da sitzt er auf der Erde, im Halbrund vor ihm die aufmerksamen Zuhörer, ehrfürchtig und zugleich bänglich, wie im Angesicht eines Magiers, der ungewollt Kräfte auf den Plan rief, denen er jetzt nur noch untertan sein kann. Da saß er mit hängenden Schultern, das Gesicht starr, die Hände auf die Knie gelegt, sein Körper in

Gänze schien zu flehen, man möge ihn seiner Pein überlassen. Die Zuhörer erhoben sich nacheinander, einige strebten in den Vorhof der Israeliten, andere gesellten sich den noch debattierenden Kreisen zu. Jesus beharrte, Du hast meine Frage nicht beantwortet. Der Schriftgelehrte hob langsam den Kopf, schaute wie einer, der aus einem Traum erwacht, und nach langem, fast unerträglichem Schweigen sagte er, Die Schuld ist ein Wolf, der den Sohn auffrißt, nachdem er den Vater verschlungen hat, Jener Wolf hat meinen Vater bereits verschlungen, Fehlt nun, daß er dich frißt, Aber du, bist in deinem Leben du gefressen und verschlungen worden, Nicht nur gefressen und verschlungen, auch ausgebrochen.

Jesus erhob sich und ging fort. Unterwegs zum Tor, durch das er hereingetreten war, blieb er stehen und wandte sich um. Die Rauchsäule der Opferungen stieg senkrecht himmelan, löste sich dort auf, verschwand, wie von des Herrgotts riesenhaften Lungen eingeatmet. Es war Vormittag, die Menge schwoll, und im Tempel zurück blieb ein gebrochener, von der Leere zerrissener Mensch, harrend, daß sich ihm, spürbar, wieder das Knochenbein der Gewohnheit bildete, Haut der Gewohnheit ihn wieder überzöge, und er bald, vielleicht schon am Tage darauf, ruhig und gefaßt antworten könnte, beispielsweise einem, der den Einfall hätte zu fragen, ob das Salz, in das Lots Weib verwandelt wurde, Steinsalz oder Meersalz gewesen, oder ob Noah sich mit Weißwein oder Rotwein den Rausch antrank, Jesus, schon außerhalb des Tempels, ließ sich den Weg nach Bethlehem sagen, seinem zweiten Ziel, zweimal verlor er sich im Gewirr der Gassen und der Menschen, endlich aber fand er das Tor, durch das er im Bauche der Mutter, schon im Begriff, auf die Welt zu gelangen, vor dreizehn Jahren hinausgezogen war. Meine niemand, dies sei Jesu Gedanke gewesen, zu gut wissen wir, daß alles Augenscheinliche dem unsteten Vogel Phantasie die Fittiche stutzt, ein Beispiel hier möge genügen, nehme sich der Leser dieses Evangeliums ein Foto seiner Mutter vor, das sie mit ihm schwanger zeigt, sage er, ob er sich seine Person drin in ihr vorstellen kann. Jesus zieht hinab nach Bethlehem, er könnte jetzt die Antworten des Schriftgelehrten überdenken, seine Fragen betreffend, und auch die der anderen, doch er hat, lästig und verwirrend, den Eindruck, daß alle Fragen letztlich doch nur eine einzige waren, und jede Antwort auf jede Frage zutraf, zumal die letzte Erwiderung, die alles zusammenfaßte, ausgedrückt im unstillbaren Hunger des Wolfes Schuld, der ewig frißt, verschlingt und ausbricht. Oft, mangels Erinnerung, wissen wir nicht, oder lediglich wie einer, der es lieber ganz vergäße, den Grund für die Schuld, die Wurzel oder, bildlich gesprochen nach Art des Schriftgelehrten, die Höhle, dorther der uns jagende Wolf kam. Jesus kennt die Höhle, und hin strebt er. Nicht im mindesten weiß er, was er dort will, doch er kommt, und ihm ist, als riefe er nach beiden Seiten der Straße aus, Hier bin ich, gewärtig, daß ihm einer in den Weg träte, Was willst du, Bestrafung, Vergebung, Vergessen. Wie Vater und Mutter zu ihrer Zeit, hält er vor Rahels Grab inne, um zu beten. Dann, er fühlte sein Herz schneller schlagen, eilte er weiter. Da waren die ersten Häuser Bethlehems, und hier der Dorfeingang, hier herein brachen in seinem Traum Nacht für Nacht, mit Mordabsicht, der Vater und die ihn begleitenden Soldaten, eigentlich wirkt der Ort nicht für solche Schrecknisse gemacht, nicht nur der Himmel stellt sie in Abrede, dieser

Himmel, an dem weiße Wolken friedvoll hinziehen, gleichsam liebes Zuzwinkern Gottes, auch die Erde scheint unter der Sonne zu dösen, besser wohl, wir sagten, Laßt die Dinge auf sich beruhen, stöbern wir nicht im Gebein des Vergangenen, besser wir kehrten um, ehe eine Frau mit einem Kleinkind auf dem Arm erscheint, in einer dieser niederen Türen und fragt, Wen suchst du, besser wir löschten die Spuren, die uns hereingeführt haben, und bäten darum, das nimmermüde Sieb der Zeit möchte mit undurchdringbarem Staub eilends selbst die spärlichste Erinnerung an dieses Vorkommnis zudecken. Zu spät, es gibt einen Augenblick, in dem die Fliege, knapp bevor sie das Spinnennetz berührt, der Falle noch entwischen könnte, doch schon ist es geschehen, hat sich der Leim an die fortan unnützen Flügel geheftet, jede Bewegung verstrickt das Insekt desto mehr, lähmt es, unweigerlich verloren ist es, auch wenn die Spinne dieses Beutestück, weil es unerheblich, verschmähen sollte. Für Jesus ist jener Augenblick schon vorbei. In der Mitte eines Platzes, in dessen einem Winkel ein Feigenbaum mit ausladenden Ästen steht, erhebt sich ein würfelförmiges kleines Bauwerk, auf Anhieb erkennbar als Grabmahl. Jesus trat heran, schritt zaghaft um dieses herum, verhielt, las die an einer Seite vorhandene, schon halb erloschene Inschrift, und nun war ihm bewußt, er hatte das Gesuchte gefunden. Eine Frau kam über den Platz, mit einem etwa fünfjährigen Kind an der Hand, sie blieb stehen, musterte den Fremden neugierig und fragte, Woher kommst du, und als müßte sie ihre Frage rechtfertigen, sagte sie, Du bist nicht von hier, Ich bin aus Nazareth in Galiläa, Hast du Angehörige hier, Nein, ich suchte Jerusalem auf, und da schon so nahe, beschloß ich, mir auch

Bethlehem anzuschauen, Bist auf der Durchreise, Ja, ich kehre nach Jerusalem zurück, gegen Abend, wenn es kühler wird. Die Frau hob das Kind hoch, auf den linken Arm, und sagte, Der Herr sei mit dir, schon wollte sie sich fortwenden, Jesus aber fragte, Wer ist hier begraben, Die Frau preßte das Kind an sich, wie um es gegen eine Gefahr zu schirmen, und sagte, Vor vielen Jahren wurden hier fünfundzwanzig Knaben getötet, Wie viele, Fünfundzwanzig, Nein, ich meinte, wieviel Jahre ist das her, Ziemlich genau vierzehn, Viele sind es, Etwa so alt magst jetzt du sein, Stimmt, doch ich meinte, viele Kinder waren es, O ja, und von mir war ein Bruder mit dabei, Ein Bruder von dir hier drin, Ja, Und dieses Kind auf deinem Arm, ist es dein Kind, Ja, mein Erstgeborener, Warum wurden die Kinder getötet, Weiß ich nicht, damals war ich erst sieben, Bestimmt hast du deine Eltern und die anderen erzählen hören, Ich war Augenzeugin, ich sah einige sterben, Auch deinen Bruder, Meinen Bruder auch, Wer hat sie getötet, Soldaten des Königs kamen, spürten die Knaben bis zum Alter von drei Jahren auf und brachten sie alle um, Und du sagtest, man weiß nicht, warum dies geschah, Es ist bis heute im Dunkel, Und nach dem Tode von Herodes verlangte niemand Aufklärung, hat man die Priester des Tempels nicht gebeten, nachzuforschen, Weiß ich nicht, Allenfalls noch zu verstehen, wenn die Soldaten Römer gewesen wären, nicht aber, daß unser König die eigenen Untertanen töten läßt, Kinder unter drei Jahren, irgendeinen Grund muß es gegeben haben, Verstehe einer, was Könige wollen, der Herr sei mit dir und behüte dich, Ich bin keine drei Jahre mehr, In ihrer Todesstunde sind die Menschen allemal drei Jahre, sagte die Frau und wandte sich ab. Als Jesus allein war, kniete er auf die Erde nieder, da vor der Verschlußplatte des Grabes, holte aus dem Ranzen ein letztes Stückchen schon harten Brots, zerrieb davon etwas zwischen den Handflächen und streute es längs der Platte aus, gleichsam eine Opfergabe den unsichtbaren Mündern der Toten. In diesem Augenblick kam hinter der nächsten Ecke eine weitere Frau hervor, doch diese, sehr alt, ging gebeugt am Stock. Verschwommen, da ihr Augenlicht schwach, nahm sie das Tun des jungen Burschen wahr. Sie blieb stehen, schaute jenen sich erheben und den Kopf vorneigen, als verrichte er ein Sterbegebet, als erbitte er Ruhe und Frieden den unglücklichen Kindern, die wir ihnen, auch wenn es Sitte, nicht für ewig zu wünschen wagen, weil uns die Vorstellungskraft versagte, als wir uns ein einziges Mal auszumalen versuchten, wie ein ewiges Ruhen aussehen könnte. Jesus beendete sein Gebet, dann schaute er um sich, er sah blinde Mauern, verschlossene Türen und ein einsam dastehendes, sehr altes Weib, gekleidet in die Tunika der Sklavin und auf ihren Stock gestützt, leibhaftig der dritte Teil jenes berühmten Rätsels der Sphinx, Welches Tier wandelt morgens auf vier Beinen, nachmittags auf zwei und abends auf drei Beinen, es ist der Mensch, hatte der sehr scharfsinnige Oedipus geantwortet, ihm damals fiel nicht ein, daß manche noch nicht einmal den Mittag erleben, allein in Bethlehem waren es auf einen Hieb ihrer fünfundzwanzig gewesen. Die Alte kam näher, näher, nun steht sie unmittelbar vor Jesus, sie verdreht den Hals, um ihn besser in Augenschein zu nehmen, sie fragt, Suchst du jemand. Der junge Bursche antwortete nicht sofort, jedenfalls sucht er nicht Erwachsene, und die von ihm Gefundenen sind tot, liegen hier, zwei Schritte weit fort, fürwahr nicht Erwachsene, kleine Wänster waren sie gewesen, in Windeln und am Daumen lutschend, weinerlich und rotzig, jäh trat der Tod auf den Plan, hatte sie in Riesen verwandelt, die in keiner Beintruhe, in keinem Schubfach Platz haben und, Nacht für Nacht, sofern es Gerechtigkeit gibt, treten sie in die Welt heraus, um ihre mit der Klinge aufgetanen tödlichen Wunden zu zeigen, die Pforten, durch die ihnen das Leben entwich, Nein, ich suche niemand, antwortete Jesus. Die Alte weiter da, als wartete sie, daß er in der Rede fortführe, und diese Haltung entlockte Jesu Mund Worte, die zu sagen er nicht erwogen hatte, Ich bin in diesem Dorf geboren, in einer Grotte, und ich möchte den genauen Ort sehen. Die Alte tat mühsam einen Schritt zurück, faßte ihn ganz fest ins Auge, und mit zittriger Stimme fragte sie, Wie heißt du, woher kommst du, wer sind deine Eltern. Einer Sklavin antwortet nur wer gelüstig, doch das hohe Alter, auch eines Menschen niederen Standes, auferlegt Achtung, gebietet Anstand, den Alten, ihnen allen, gebührt stets Antwort, denn sie haben nur noch wenig Zeit zu fragen, höchst grausam wäre es, wir ließen sie ohne Antwort, könnte ja deren eine sehr wohl die von ihnen erwartete sein. Jesus heiße ich und komme aus Nazareth in Galiläa, sagte der junge Bursche, und nichts anderes sagt er, seit er von zu Hause fort ist. Die Alte trat den Schritt wieder vor, Und deine Eltern, wie heißen sie, Josef hieß mein Vater, meine Mutter heißt Maria, Wie alt bist du, Ich werde vierzehn. Die Frau schaute herum, als suchte sie einen Fleck zum Sitzen, doch ein Platz im judäischen Bethlehem ist nicht die Parkanlage São Pedro de Alcântara, mit Bänken und gefälligem Blick zur Burg, hier setzen wir uns in den Staub auf die Erde, allenfalls noch unter die Sonnendächer der

Hauseingänge, oder, sofern da ein Grab, auf den Stein, der, neben dem Grabeinstieg, den Lebenden zum Ruhen und Atemschöpfen dient, die herkommen, ihre Liebsten zu beweinen, oder, wer weiß, den Gespenstern, die aus ihren Gräbern steigen, um jene Tränen zu weinen, die ihnen vom Leben noch übrig sind, wie im Falle Rahels, der hier nahebei Begrabenen, denn wahrlich, geschrieben steht, Rahel weint um ihre Kinder und will sich nicht trösten lassen um ihre Kinder, denn sie sind dahin, und es muß einer nicht den Scharfsinn des Oedipus haben, um zu erkennen, daß der Ort zu den Umständen paßt und das Weinen zur Ursache. Die Alte setzte sich mühvoll auf den Stein, der junge Bursche machte noch verspätete Anstalt, ihr behilflich zu sein, die nicht ganz ehrlichen Gesten folgen immer mit Verzug, Ich kenne dich, sagte die Alte, Du irrst, ich war noch nie in Bethlehem, und dir bin ich eben erst begegnet, sagte Jesus, Nicht die Hände deiner Mutter haben dich als erste berührt, es waren meine, Wie kann das sein, Frau, Ich heiße Zelomi, ich war Hebamme bei dir. In jäher Anwandlung, und so beweist sich die charakterliche Echtheit der zur rechten Zeit getanen Bewegungen, kniete Jesus vor der Sklavin nieder, unbewußt schwankend zwischen Neugierde, nah der Erfüllung, und barer Pflicht, wie es der Anstand unter Menschen gebietet, jenem Dankbarkeit zu bekunden, der, ohne weitere Verantwortlichkeit als es ihm die zufällige Anwesenheit auferlegt, uns aus erinnerungsloser Vorhölle hervorzerrte in ein Leben, das ein Nichts wäre ohne Erinnerung, Meine Mutter hat dich nie erwähnt, sagte Jesus, Dazu war ja auch kein Grund, deine Eltern jedenfalls sprachen im Hause meiner Herrschaft vor, baten um Hilfe, und weil ich in den Dingen Erfahrung hatte, War es zu der Zeit, als die unschuldigen Kinder, die in diesem Grab liegen, getötet wurden, Ja, du hattest Glück, dich fanden sie nicht, Weil wir in der Grotte wohnten, Ja, oder weil ihr schon abgereist wart, das habe ich nicht herausfinden können, als ich ging und schaute, was aus euch geworden sein mochte, war die Höhle leer, Erinnerst du dich noch an meinen Vater, Ja, er war damals ein junger Mann, von gefälligem Aussehen, und ein guter Mensch, Er ist schon tot. Der Ärmste, kurz war sein Leben, und du, der Erstgeborene, warum hast du deine Mutter verlassen, sie lebt gewiß noch, Ich bin gekommen, um den Ort meiner Geburt kennenzulernen, und auch um über die getöteten Kinder etwas zu erfahren, Gott allein mag wissen, warum sie starben, der Todesengel, in Gestalt etlicher Soldaten des Herodes, fuhr herab auf Bethlehem und richtete sie, Du meinst, es war Gottes Wille, Ich bin nur eine alte Sklavin, doch seit meiner Geburt höre ich sagen, daß alles Geschehene dieser Welt, selbst Leid und Tod, nur geschehen konnte, weil es Gottes Wille, Ja, so steht es geschrieben, Ich begreife wohl, daß Gott eines neuen Tages meinen Tod begehrt, doch nicht, daß auch den von unschuldigen Kindern, Deinen Tod verfügt Gott zu gegebener Zeit, den der Kinder entschied das Wollen eines Menschen, Wenig vermag Gottes Hand, wenn sie noch nicht einmal imstande ist, sich zwischen das Messer und den Verurteilten zu schieben, Beleidige den Herrn nicht, Frau, Wer wie ich nichts weiß, kann nicht beleidigen, Heute, im Tempel, hörte ich sagen, daß jegliche Handlung des Menschen, wie geringfügig auch immer, ein Eingriff in Gottes Trachten sei, und daß der Mensch frei nur ist, um Bestrafung zu erfahren, Ich büße nicht, weil ich frei bin, sondern weil ich Sklavin bin, sagte die Frau.

Jesus schwieg. Schlecht hatte er Zelomis Worten zugehört, denn sein Denken, wie ein jähes Fenster, tat sich der verdunkelnden Augenscheinlichkeit auf, daß der Mensch bar ein Spielzeug in den Händen Gottes war, ewig dazu verurteilt, nur das Gottgefällige zu tun, ganz gleich, ob er meint, ihm in allem zu gehorchen, oder glaubt, ihm in allem zu widersprechen.

Die Sonne sank, der unheilvolle Schatten des Feigenbaumes kam näher. Jesus wich etwas zurück und rief die Frau an, Zelomi, diese hob träge den Kopf, Was wünschst du, fragte sie, Führe mich zu der Grotte, in der ich geboren wurde, oder sage mir, wo sie ist, falls dir das Gehen zu beschwerlich ist, Ja, es bereitet mir Mühe, aber du wirst sie nicht finden, wenn ich dich nicht hinführe, Ist es weit, Nein, da sind noch weitere Höhlen, sie sehen alle gleich aus, Laß uns gehen, Ja, gehen wir, sagte die Frau. Die an diesem Tag in Bethlehem Zelomi mit dem fremden jungen Burschen vorbeigehen sahen, mochten sich fragen, woher die beiden einander kannten. Nie sollten sie es erfahren, weil die Sklavin in den ihr noch verbleibenden zwei Jahren Schweigen wahrte, und Jesus wird nie wieder an den Ort seiner Geburt streben. Tags darauf kam Zelomi zur Grotte, wo sie den jungen Burschen zurückgelassen hatte. Sie fand ihn nicht vor. Hierauf war sie in ihrem Innersten gefaßt gewesen. Sie hätten einander ohnehin nichts mehr zu sagen.

Viel war die Rede von den Zufällen, aus denen das Leben gemacht, gewebt, gefügt ist, doch kaum von den Begegnungen, die Tag für Tag in ihm stattfinden, und dieses, obwohl letztere fast immer das Leben lenken und bestimmen, mag man auch zur Verteidigung jenes teilweisen Verstehens der Lebenszufälle einwenden können, daß eine Begegnung, strenggenommen, ein Zufall ist, was umgekehrt freilich nicht heißt, daß alles, was Zufall, denn auch Begegnung sein muß. In den meisten Begebnissen dieses Evangeliums waren Zufälle reich an Zahl, und was die Einzelheiten in Jesu Leben betrifft, sonderlich ab da er seine Familie verließ und wir ihm unsere ausschließliche Aufmerksamkeit widmeten, ist festzustellen, daß es ihm an Begegnungen nicht mangelte. Einmal abgesehen von dem leidigen Zwischenfall mit den Straßenräubern, zumal dessen Auswirkungen auf die nahe und die fernere Zukunft noch nicht voraussagbar, erwies sich diese erste Reise Jesu als ziemlich reich an Zuträgnissen, da war das schicksalhafte Auftauchen des menschenfreundlichen Pharisäers, dem der am Ende doch noch vom Glück begünstigte junge Bursche nicht nur binnen kürzester Frist die Beschwichtigung seines Magens verdankte, sondern daß er auch noch rechtzeitig in den Tempel gelangte, um da die Fragen zu vernehmen, als auch jene Antworten, die sozusagen das Bett bereiteten seiner von Nazareth mitgebrachten Frage zum Thema Verantwortlichkeit und Schuld, sofern wir uns noch erinnern. Es behaupten die im Erzählen von Geschichten gut Bewanderten, die entscheidenden Begegnungen müßten, so wie es im Leben passiert, vermengt und verwoben sein mit unzähligen geringfügigen oder nichtigen Vorfällen, damit der Held der Geschichte keineswegs als außergewöhnliches Wesen erscheint, dem im Leben alles widerfahren darf, nur ja keine Plattheiten. Auch sagen jene, daß solches Erzählen der Forderung nach Wahrscheinlichkeit am ehesten gerecht wird, denn wenn die ersponnene oder beschriebene Episode schon nicht Tatsache ist oder es zu werden vermag, Gegebenheit der Wirklichkeit, und in ihr Platz nehmen kann, so möge sie zumindest den Anschein dessen erwecken, anders als in diesem unserem Bericht, der das Vertrauen des Lesers so augenscheinlich mißbrauchte, indem er den nach Bethlehem geführten Jesus, kaum daß er dort angekommen, ausgerechnet mit jener Frau zusammenbrachte, die ihm Geburtshilfe geleistet hatte, als hätte die Grenzen möglicher Begegnung und vorausgegangener Warnung nicht gar auch schon jene andere Frau gesprengt, die mit dem Kind auf dem Arm kam, absichtsvoll aufgeboten zum Zwecke unmittelbarster Mitteilungen. Doch das am wenigsten Glaubwürdige folgt erst noch, nachdem Sklavin Zelomi den Burschen Jesus zur Grotte begleitet hat und ihn dort allein läßt, denn so bat er, ohne Umschweife, Laß mich allein, zwischen diesen dunklen Wänden, in dieser großen Stille will ich meinem ersten Schrei lauschen, falls Echos so lange zu hallen vermögen, diese Worte meinte die Frau vernommen zu haben, und darum sind sie hier festgehalten, wiewohl sie in allem einmal mehr der Wahrscheinlichkeit zuwiderlaufen und wir sie, aus vernunftsvoller Vorkehr, dem offenkundigen Altersschwachsinn der Greisin anhängen. Es entfernte sich Zelomi in ihrem wanken Gang Schritt für Schritt, mit dem Stock in beiden Händen die Festigkeit des Bodens ertastend, allerdings aber wäre es ein erbaulicherer Anblick gewesen, der junge Bursche hätte der armen und geopferten Kreatur heimgeholfen, doch so ist die Jugend, sich selbst zugewandt, eingebildet, und Jesus, soweit ihm bewußt, hat nicht Grund, anders zu sein als seine Altersgefährten.

Er sitzt auf einem Stein, und neben ihm, auf einem weiteren Stein, erhellt das brennende Öllicht schwach die runzligen Wände, den dunklen Kohlenfleck der Feuerstelle, er sitzt da, mit hängenden Armen, schlaffen Händen, ernstem Blick, Hier wurde ich geboren, war sein Gedanke, dort in der Krippe schlief ich, und auf diesem Stein, den ich jetzt einnehme, setzten sich mein Vater und meine Mutter, hier hockten wir versteckt, während im Dorf die Soldaten des Herodes die Kinder abschlachteten, wie sehr ich mich aber auch darum bemühe, den ersten Schrei meines Lebens kann ich nicht hören, ebensowenig die Todesschreie der Kinder und die Schreie der Eltern, die ihre Kinder sterben sahen, nichts durchbricht die Stille dieser Grotte, wo ein Anfang und ein Ende zusammentrafen, es büßen die Eltern ihre begangenen Sünden, und die Kinder jene, die sie begangen haben würden, so wurde es mir im Tempel erklärt, doch falls das Leben ein Richtspruch ist und der Tod dessen Ausführung, hatte die Erde nie unschuldigere Menschen als jene von Bethlehem, denn sie starben frei von Schuld, und den Eltern war sie ebensowenig anzulasten, noch mag es einen schuldigeren Menschen gegeben haben als meinen Vater, denn er hatte geschwiegen, als er hätte reden müssen, und schuldig auch ich hier, dem das Leben bewahrt wurde, damit ich das Verbrechen erkenne, das mir das Leben rettete, und dieses wird mich, selbst wenn ich mir kein weiteres aufladen sollte, umbringen. Jesus, da im Halbdunkel der Höhle, erhob sich, als wollte er fliehen, doch er tat nur zwei zaghafte Schritte vor, mit einemmal sackte er auf die Knie, die Hände hasteten zu den Augen, wollten die hervorbrechenden Tränen abwehren, armer Bursche, da kauerte er, wand sich im Staub wie in unsäglichen Schmerzen, hier sehen wir ihn in Pein und in Gewissensbissen, einer Untat halber, die er nicht begangen hat, indes, o unaufhebbarer Widerspruch, er ist oberster Beschuldigter, zeit seines Erdenlebens. Dieser Fluß an Sterbetränen wird, sagen wir es schon jetzt hier, Jesu Augen für immer Trauer aufprägen, einen währenden feuchten, wüsten Glanz, als hätte er grad eben aufgehört zu weinen. Es verstrich die Zeit, draußen sank die Sonne, länger wurden die Schatten über der Erde, sie kündeten den großen Schatten an, der sich mit einbrechender Nacht aus den Höhen herabsenken wird, und die Veränderung am Himmel war bis in die Höhle hinein erkennbar. Schon umfangen und ersticken die Finsternisse die winzige leuchtende Mandel von Flamme, der Lampe geht offensichtlich das Öl aus, so mag es auch sein, wenn die Sonne verlischt, dann werden die Menschen zueinander sagen, Der Anblick geht uns verloren, und sind nicht gewärtig, daß ihnen die Augen dann zu nichts mehr nütze sein werden. Jesus schläft nun, übermannt von der gnadenvollen Erschöpfung dieser letzten Tage, da war der entsetzliche Tod des Vaters, der geerbte Alptraum, die

Bestätigung seitens der schicksalsergebenen Mutter, dann die anstrengende Reise nach Jerusalem, der erschreckende Tempel, die an Trost baren Worte des Schriftgelehrten, der Abstecher nach Bethlehem, das Schicksal, Sklavin Zelomi, die ihm, aus der Tiefe der Zeiten kommend, Aufhellung brachte, und also nicht verwunderlich, daß der erschöpfte, müde, matte Körper den unglücklichen Geist mit fällte, beide schienen zu ruhen, doch schon rührt sich der Geist, und im Traum scheucht er den Körper hoch, auf daß beide sich nach Bethlehem begeben und dort, mitten auf dem Platz, ihre schlimme Schuld eingestehen. Ich, wird der Geist durch des Körpers Stimme sagen, ich brachte euren Kindern den Tod, richtet mich, verurteilt diesen Körper, den ich euch hier bringe, den Körper, dessen Geist und Seele ich bin, auf daß ihr ihn foltert und martert, da doch nur durch Strafung und Aufopferung des Fleisches der Geist Freispruch erlangt und Belohnung. Im Traum halten Bethlehems Mütter die toten Kinder im Arm, ein einziges ist am Leben, und die Mutter ist jene Frau, die vor Jesus mit ihrem Sohn auf dem Arm erschien, sie ist es, die antwortet, Wenn du ihnen das Leben nicht zurückgeben kannst, so schweig, im Angesicht des Todes sind Worte fehl am Platz. Der Geist unterwarf sich, machte sich klein, gleichsam dreifach gefaltete Tunika, lieferte den reglosen Körper den Müttern von Bethlehem zur Bestrafung aus, Jesus aber wird nicht erfahren, daß er den Leib von dort heil fortbringen könnte, denn gerade wollte die den Sohn auf dem Arm tragende Frau ihm verkünden, Du hast keine Schuld, geh, da flutete ein wie ihm scheinen wollte blendendes Licht die Höhle, weckte ihn unvermittelt, Wo bin ich, war sein erster Gedanke, er rappelte sich auf vom staubigen Boden, und seine vertränten Augen sahen einen riesenhaft großen Mann mit einem Kopf aus Feuer, doch dann merkte er, was ihm der Kopf geschienen, war eine mit dem rechten Arm fast bis zum Höhlendecke hochgehaltene Fackel, der Kopf saß tiefer, der Größe nach konnte es der des Goliath sein, doch die Miene, bar kriegerischen Zorns, strahlte eher das vergnügliche Lächeln dessen aus, der suchte und gefunden hat. Jesus erhob sich, wich bis zur Höhlenwand zurück, nun sah er das Antlitz des Hünen besser, der so recht doch kein Riese war, sondern allenfalls eine Handspanne größer als Nazareths stattlichste Mannsbilder, die optische Täuschung, ohne die es nicht Zauber noch Wunder gäbe, ist keine Entdeckung unserer Tage, und Goliath selbst wurde nur deshalb nicht Basketballspieler, weil vor der Zeit geboren. Wer bist du, fragte der Mann, doch man spürte, es galt nur der Gesprächsaufnahme. Die Fackel steckte er in eine Felsspalte, an die Wand lehnte er zwei Stöcke, die er mitgebracht hatte, der eine abgewetzt vom vielen Gebrauch und knotig, der andere schien grad eben vom Busch abgeschnitten, trug noch die Rinde. Der Mann setzte sich auf einen großen Stein, legte den weiten Umhang über der Schulter zurecht, hüllte sich in ihn, Ich bin aus Nazareth, antwortete der junge Bursche, Was führt dich ausgerechnet hierher, Geboren wurde ich in dieser Höhle, und aus Nazareth komme ich, um den Ort meiner Geburt zu sehen, Geboren hat dich aus ihrem Bauch deine Mutter, und dorthin kannst du nicht zurück. Jesus, der noch nie so derbe Rede vernommen hatte, errötete schamvoll und schwieg. Bist du von zu Hause fortgelaufen, fragte der Mann. Der Junge zögerte, als forschte er tief in sich, ob sein Weggang wirklich Flucht genannt werden könne, Ja, sagte er schließlich, Hast dich mit deinen Eltern nicht verstanden, Mein Vater ist schon tot, Ah, sagte der Mann, Jesus aber hatte ein seltsames, unerklärliches Gefühl, daß der Mann dies bereits wußte, und nicht nur dies, sondern alles, was schon gesagt war oder noch zu sagen sein würde. Du hast die Frage nicht beantwortet, entgegnete der Mann, Welche, Ob du dich mit deinen Eltern nicht verstandest, Das geht nur mich an, Benimm dich, wenn du mit mir sprichst, Bursche, oder ich übe Vaterstelle an dir und züchtige dich gleich hier, und hier hört dich nicht einmal Gott, Gott ist Auge, Ohr und Zunge, er sieht alles, und nur weil sein Belieben, sagt er nicht alles, Was weißt denn du von Gott, Junge, Was ich in der Synagoge gelernt habe, In der Synagoge hörtest du nie sagen, Gott sei ein Auge, ein Ohr und eine Zunge, Diese Folgerung stammt von mir, denn wäre Gott dies nicht, so wäre er nicht Gott, Warum meinst du, ist Gott ein Auge und ein Ohr, nicht aber zwei Augen und zwei Ohren, wie du und ich sie haben, Auge und Ohr beim Menschen sind doppelt zwecks gegenseitiger Bewachung, während das bei der Zunge nicht nötig ist, sie darum eine einzelne, Die Zunge des Menschen ist nicht minder doppelt, denn gespalten ist sie, dient der Wahrheit wie der Lüge, Aber Gott darf nicht lügen, Wer verbietet es ihm, Er sonst würde sich selbst in Abrede stellen, Hast du ihn jemals gesehen, Wen, Gott, Etliche haben ihn gesehen und es verkündet. Der Mann musterte den Burschen schweigend, als suchte er irgendwie vertraute Gesichtszüge, Ja, es stimmt, etliche meinten, ihn gesehen zu haben. Er machte eine Pause, dann fuhr er fort, nun mit einem Grinsen, Hast mir nicht geantwortet, Worauf, Auf die Frage, ob du dich mit deinen Eltern nicht verstandest, Ich bin fort, weil ich die Welt kennenlernen wollte, Deine Zunge beherrscht die Kunst der Lüge, Bursche, ich aber weiß, wer du bist, der Sohn eines Grobzimmermanns mit Namen Josef und einer Wollhechlerin, die Maria heißt, Woher weißt du es, Eines Tages erfuhr ich es und habe es nicht vergessen, Erkläre dich besser, Ich bin Hirte, seit vielen Jahren streife ich hier umher mit meinen Schafen und Ziegen, samt Bock und Deckhammel, zufällig befand ich mich auf diesen Fluren, als du zur Welt kamst, und auch als jene hier erschienen, um Bethlehems Knaben zu töten, wie du siehst, kenne ich dich seit jeher. Jesus musterte den Mann bang und fragte, Und wie heißt denn du, Für meine Tiere bin ich namenlos, Ich bin keins deiner Schafe, Wer weiß, Wie heißt du, Wenn es dir so angelegen ist, daß ich einen Namen habe, nenne mich Hirte, das langt für den Fall, daß du mich rufst, Möchtest du mich dir zum Gehilfen nehmen, Auf diese deine Bitte war ich gefaßt, Also dann, Ich nehme dich in meine Herde auf. Der Mann erhob sich, griff zur Fackel, trat ins Freie hinaus. Jesus folgte ihm. Finstere Nacht herrschte, noch war der Mond nicht aufgegangen. Vor dem Höhleneingang, lautlos, nur mit sanftem Glöckchenklang hier und da, schienen die Schafe und die Ziegen friedvoll das Ende der Unterredung zwischen ihrem Hirten und dessen neuem Gehilfen abgewartet zu haben. Der Mann hob die Fackel in die Höhe, wies auf die schwarzen Häupter der Ziegen, die weißlichen Schnäuzchen der Schafe, die kantigen, hageren Rücken der einen, die runden, krausen Kruppen der anderen, Dies ist meine Herde, sagte er, sieh zu, daß keines der Tiere dir abhanden kommt. Dann, im Grotteneingang sitzend, unter dem unsteten Licht der Fackel, aßen Jesus und der

Hirte vom Käse und vom harten Brot aus dem Ranzen. Der Hirte trat hinein, kam mit dem von der Rinde noch nicht befreiten Stecken zurück, er fachte ein offenes Feuer an, hielt den Stecken über die Flammen, drehte ihn geschickt, und bald löste sich die versengte Rinde, die er in langen Striemen abriß, dann glättete er grob die Knoten. Er ließ den Stock ein Weilchen kühlen, hielt ihn wieder über das Feuer, drehte ihn nun geschwinder, damit die Flammen ihn nicht verbrannten, solcherweise die Außenfläche dunkelte und hart wurde, der junge Stab jäh nun um Jahre gealtert schien. Endlich dann war es vollbracht, der Schäfer sagte, Da, nimm, kernig und gerade, dein Hirtenstab, dein dritter Arm. Obwohl Jesu Hände nicht zart waren, mußte er den Stecken erst einmal auf den Boden legen, so heiß war er. Wieso hat er das ausgehalten, fragte er sich und fand keine Antwort. Als endlich der Mond aufging, traten sie in die Höhle, zur Nachtruhe, begleitet von etlichen Schafen und Ziegen, die sich zu ihnen legten. Im Morgengrauen rüttelte der Hirte Jesus wach, sagte, Aufstehen, Junge, genug geschlafen, meine Tiere haben Hunger, deine Arbeit künftig ist es, sie auf die Weide zu führen, nie in deinem Leben wirst du Wichtigeres tun. Langsam, denn den Gang bestimmten die Trippelschritte der Herde, geführt vom Hirten, und der Gehilfe hintan, zogen sie fort von da, die Menschen und die Tiere, an einem frischen und klaren Morgen, der nicht in Eile schien, die Sonne zu gebären, eifersüchtig auf eine Helligkeit bedacht, die der einer kaum erst begonnenen Welt glich. Sehr viel später erst fand sich aus Bethlehems versteckten Häusern eine betagte Frau hier ein, mühsam schreitend, mit einem Stock, der gleichsam ihr drittes Bein, und sie trat in die Höhle. Daß sie Jesus nicht vorfand, wunderte sie wenig, wahrscheinlich hätten sie einander nichts mehr zu sagen. Im üblichen Halbdunkel der Grotte glänzte das mandelförmige Flämmchen der Öllampe, die der Hirte frisch aufgefüllt hatte.

Vier Jahre später wird Jesus dem Herrgott begegnen. Mit dieser unerwarteten und im Lichte der Regeln des erwähnten guten Erzählens vielleicht allzufrühen Eröffnung soll der Leser hiesigen Evangeliums nur eben in die gute Verfassung versetzt werden, sich unterhalten zu lassen mit einigen platten Episoden aus dem Hirtenleben, obwohl diese, wir schicken es voraus, zum Eigentlichen der Materie an Wesentlichem nichts beifügen, damit entschuldigt sei, wer sich versucht fühlt, vorauszupreschen. Vier Jahre aber sind immerhin vier Jahre, besonders da Jesus in einem Alter so großer physischer und geistiger Veränderungen, er ist dieser so närrisch sprießende Körper, ist der die ohnehin dunkle Haut dunkelnde Flaumbart, er ist die Tiefe und Hall gewinnende Stimme, wie Bergflanke hinabpolternder Stein, er ist der Hang zum Phantasieren und zu Wachträumen, allemal tadelnswerten, vor allem wenn es die Augen offen zu haben gilt, wie es der Posten Pflicht in Kaserne, Schloß oder Feldlager zum Beispiel, oder, im Rahmen dieser Geschichte bleibend, Pflicht ist diesem jungen Hirtengehilfen, dem eingeschärft wurde, daß er die Ziegen und Schafe seines Herren ja gut hüte, seines Herrn, von dem er so recht nicht weiß, wer er ist. Zu dieser Zeit an diesen Orten Tiere hüten, das ist Arbeit für einen rohen Knecht oder einen Sklaven, der, bei Strafe, beständig und gewissenhaft Rechenschaft ablegen muß über Milch, Käse und Wolle, geschweige die Stückzahl, die stets wachsen muß, auf daß die Nachbarn sagen, der Herrgott betrachte mit

Wohlgefallen den frommen Besitzer so reicher Güter, der, will er im Einklang mit den Regeln der Welt sein, eher auf die Gutgewilltheit des Herrgotts denn auf die Zeugungskraft der Herdenböcke bauen muß. Merkwürdig aber ist, der Hirte, denn so wollte er von uns genannt werden, hat keinen Herrn, dem er unterstellt ist, denn nie während all der vier Jahre wird sich irgendwer hier in der Wüste einfinden, um die Wolle, die Milch und den Käse zu holen, noch wird der Oberhirte die Herde jemals verlassen, um anderweitig Rechenschaft über sein Amt zu leisten. Alles stellte sich anders dar, wenn der Hirte im bekannten üblichen Sinne des Wortes der Besitzer dieser Ziegen und Schafe wäre, doch das ist schwer zu glauben einem Manne, der, wie er, so unvorstellbar viel Wolle verkommen läßt, wer die Schafe offenkundig nur schert, damit sie vor Hitze nicht umkommen, wer die Milch, falls überhaupt, nur dazu verwertet, den Käse aller Tage herzustellen, und den Rest gegen Feigen, Datteln und Brot eintauscht, wer letztendlich, Rätsel aller Rätsel, kein Lamm noch Zicklein seiner Herde je verkauft, selbst nicht zum Pesachfest, wenn die Tiere, großer Nachfrage halber, einen guten Preis haben. Darum wundert es nicht, daß die Herde unaufhaltsam wächst, als würde sie, nachdrücklich und mit der Begeisterung dessen, der sich ein gerecht langes Leben vorbehalten weiß, jene rühmliche Order des Herrgotts befolgen, die dieser, vielleicht wenig vertrauend auf die Wirksamkeit der wohligen Naturinstinkte, eigens erteilte, Seid fruchtbar und vermehrt euch. In dieser seltsamen streunenden Herde stirbt man an Altersschwäche, und der Hirte selbst leistet, gelassen, Sterbehilfe, indem er jene Tiere tötet, die, weil krank oder zu betagt, die Herde nicht mehr begleiten können. Als

Jesus dies zum erstenmal miterlebte, eiferte er über die kalte Grausamkeit des Hirten, der aber erwiderte nur, Entweder ich töte sie, wie ich es immer tat, oder ich lasse sie liegen, auf daß sie für sich krepieren in diesen Wüsten, oder ich halte die Herde an und warte ihr Sterben ab, wohl wissend, daß, wenn sich das über Tage hinzieht, den Lebenden dann das Futtergras ausgeht, so sage mir, wie würdest du an meiner Stelle handeln, wenn du, wie ich, Herr über Leben und Tod deiner Herde wärst. Jesus wußte keine Antwort, und um das Thema zu wechseln, fragte er, Du verkaufst die Wolle nicht, wir haben mehr Milch und mehr Käse, als wir zum Leben brauchten, und du handelst nicht mit den Lämmern und Zicklein, sag, wozu das alles, wozu eine Herde, die du so ins Riesenhafte wachsen läßt, daß sie am Ende alle diese Berge bedeckt und die ganze Erde füllt, worauf der Hirte erwiderte, Die Herde war hier, einer mußte sich ihrer annehmen, mußte sie vor Begehrlichkeiten schützen, und da fiel die Wahl auf mich, Hier, Wo, Hier und dort, überall, Du willst sagen, falls ich recht verstehe, die Herde war schon immer da, es gibt sie seit jeher, Mehr oder weniger, Hast denn du das erste Schaf und die erste Ziege gekauft, Nein, Wer dann, Ich fand sie vor, ich weiß nicht, ob gekauft, jedenfalls sie waren schon Herde, als ich sie vorfand, Man gab sie dir, Niemand gab sie mir, ich fand sie, und sie fanden mich, Also bist du ihr Eigentümer, Der Eigentümer nicht, nichts auf der Welt ist mein eigen, Weil alles dem Herrgott gehört, müßtest du wissen, Du sagst es, Wie lange bist du denn schon Hirte, Ich war es schon zur Zeit deiner Geburt, Wie lange her, Ich weiß nicht, vielleicht ist es das Fünfzigfache deines Alters, Nur die Patriarchen, vor der Sintflut, lebten so lange oder länger, keinem heutigen Menschen ist das beschieden, Weiß ich allerdings, Wenn du es weißt, aber beharrst, du lebest schon so lange, darf ich in dir dann wohl etwas anderes als einen Menschen vermuten, Darfst du. Nun, wäre Jesus, der in seinem Verhör so geordnet und folgerecht vorging, als hätte er die Kunst der analytischen Mäeutik aus der sokratischen Fibel gelernt, mit der Frage gekommen, Was bist du denn dann, wenn schon nicht Mensch, hätte sich der Hirte vielleicht herabgelassen zu erwidern, mit der Miene dessen, der die Sache nicht gar so wichtig nimmt, Ich bin ein Engel, aber behalte es für dich. Dies geschieht sehr oft, wir unterlassen die Fragen, weil wir noch nicht gewappnet waren, die Antworten zu vernehmen, oder weil wir diese schlicht fürchten. Bringen wir aber den Mut auf, sie zu stellen, geschieht es nicht selten, daß man uns nicht antwortet, so wie Jesus es später einst tut, als er gefragt wird, Was ist die Wahrheit. Da wird er schweigen, bis heute.

Wie auch immer, Jesus weiß, ohne erst fragen zu müssen, daß sein rätselvoller Gefährte kein Engel des Herrn ist, denn die Engel des Herrn frohlocken immerzu, singen bei Tag und bei Nacht das Lobpreis des Herrn, anders als die Menschen, die es genötigterweise und zu geregelten Gelegenheiten tun, auch steht fest, daß die Engel näherliegende und triftigere Gründe haben, so viel zu singen, denn ganz nah dem genannten Herrn bewohnen sie den Himmel, Häuschen Wand an Wand sozusagen. Gleich zu Anfang, am frühen Morgen bei Verlassen der Höhle, hatte es Jesus gewundert, daß der Hirte, anders als er selbst, Gott nicht dankte für all das, was wir ja bereits wissen, nämlich daß er ihm die Seele rückerstattet hatte, dem Hahn Klugheit gegeben und, da er den Drang verspürte, hinter jenem Fels das Wasser abzuschlagen und den Leib zu leeren, daß er ihn mit den im menschlichen Organismus vorhandenen unabdingbaren und im absoluten Wortsinne vorsehentlichen Öffnungen und Gefäßen bestückt hatte. Der Hirte hatte wie sonst einer Himmel und Erde angestarrt, wie gerade dem Bett entstiegen, hatte einiges über das gute Wetter gebrabbelt, das die Lüfte in Aussicht stellten, er führte zwei Finger zum Mund, und mit einem gellenden Pfiff brachte er die ganze Herde auf die Beine, als wäre sie ein einziger Mensch. Das war alles gewesen. Jesus meinte, jener habe es vielleicht vergessen, was ja möglich, wenn man in Gedanken ist, etwa daß der Hirte überlegte, wie er sein derbes Handwerk einem jungen Burschen beibringen sollte, der an die Bequemlichkeiten einer Tischlerwerkstatt gewöhnt war. Nun, in üblichen Umständen, unter gemeinen Leuten, das wissen wir, käme Jesus bald dahinter, wie es um den Glauben seines Arbeitgebers wirklich bestellt war, schon da die Juden dieser Zeit dem Herrgott am Tage an die dreißig Mal Lobpreis zollten, für jeden Pappenstiel, wie wir es im Verlaufe dieses Evangeliums schon genugsam erlebten, und eingehendere Darlegung hier darum nicht vonnöten. Der Tag verging, und an Lobpreis nichts, es kam die Nacht, die sie unter freiem Himmel, auf offenem Feld, verbrachten, und noch nicht einmal die göttliche Pracht des Himmels entlockte Seele und Mund des Hirten ein Wörtchen an Preis und Dank, es hätte ja Regenwetter sein können und war es nicht, dies in jeglicher Hinsicht, in menschlicher wie göttlicher, ein unfehlbares Zeichen, daß der Herrgott über seine Geschöpfe wachte. Am folgenden Morgen, nach dem Frühstück, und als der Oberhirte sich zu einem Erkundungsgang rings um die Herde anschickte, konnte es doch sein, daß eine eigensinnige Ziege zu einem Abenteuer in die nähere Umgebung ausgebrochen war, erklärte Jesus mit fester Stimme, Ich gehe fort. Der Hirte blieb stehen, musterte ihn gleichmütig, sagte nur, Gute Reise, bist freilich nicht mein Sklave, noch gibt es eine Arbeitsvereinbarung zwischen uns, du kannst gehen, wann immer es dir paßt, Und willst du den Grund nicht wissen, So groß ist meine Neugierde nicht, Ich gehe, weil ich nicht an der Seite eines Mannes leben sollte, der seine Pflichten gegen den Herrgott nicht erfüllt, Was für Pflichten, Die ursprünglichsten, die sich in Lobpreis und Dank ausdrücken, Der Hirte blieb stumm, mit einem halben Lächeln, das sich eher in den Augen denn in den Mundwinkeln kundtat, dann sagte er, Ich bin nicht Jude, Pflichten, die meine nicht sind, gelten für mich nicht. Jesus wich einen Schritt zurück, empört, Daß es im Lande Israel an Ausländern und an Götzenanbetern wimmelte, wußte Jesus nur zu gut, doch nie zuvor hatte er an der Seite eines solchen geschlafen, hatte mit ihm das Brot gebrochen und von dessen Milch getrunken. Als hielte er vor sich eine Lanze mit schützendem Schild, rief er, Einzig der Herr ist Gott. Das Lächeln des Hirten schwand, der Mund hatte plötzlich einen bitteren Zug, O ja, falls es einen Gott gibt, muß er ein einziger Herr sein, besser aber, es wären deren zwei, ein Gott für den Wolf und einer für das Schaf, einer für den Sterbenden und einer für den Tötenden, ein Gott für den Verurteilten und ein Gott für den Henker, Gott ist einzig, vollkommen und unteilbar, rief Jesus, fast in Tränen vor frommer Ereiferung, hierauf der andere sagte, Ich weiß nicht, wie Gott leben kann, aber weiter gedieh der Satz nicht, Jesus, mit der Bestimmtheit eines Synagogenlehrers, fiel ihm ins Wort, Gott lebt nicht, er ist, In solchen Unterschieden kenne ich mich nicht aus, möchte allerdings nicht in der Haut eines Gottes stecken, der in einem die dolchbewehrte Mordhand führt als auch die Kehle anbietet, die es zu durchschneiden gilt, Ruchlose Gedanken, du beleidigst Gott, So weit gehe ich nicht, Gott schläft nicht, eines Tages straft er dich, Nur gut, daß er nicht schläft, so erspart er sich Gewissensbisse und peinigende Alpträume, Warum sprichst gerade du von Gewissensbissen und Alpträumen, Weil wir von deinem Gott reden, Und welcher ist der deine, Ich habe keinen Gott, ich bin wie ein beliebiges meiner Schafe, Die zumindest werfen Kinder ab für die Altäre des Herrn, Ich aber sage dir, diese Mütter würden wie die Wölfe heulen, wenn sie es wüßten. Jesus erbleichte und schwieg. Nun stand die Herde um ihn geschart, aufmerksam, lautlos, stumm. Die Sonne war schon emporgestiegen, ihr Licht hüllte das Fell der Schafe und die Hörner der Ziegen in Rubinröte. Ich gehe, sagte Jesus endlich, rührte sich aber nicht vom Fleck. Der Hirte stand harrend da, auf seinen Stock gestützt, und so gefaßt ruhig, als wüßte er, daß er die Zukunft in Gänze für sich hatte. Da endlich wagte Jesus einige Schritte, tat sich Bahn auf durch die Schafe, blieb aber jäh stehen und fragte, Was weißt denn du von Gewissensbissen und Alpträumen, Daß du deines Vaters Erbe bist. Diesen Worten war Jesus nicht gewachsen. Er sackte auf die Knie, von der Schulter rutschte ihm der Ranzen, aus dem, zufällig oder zwangsläufig, die Sandalen des Vaters hervorschlüpften, gleichzeitig barst der Napf des Pharisäers in Stücke. Da weinte Jesus, weinte wie ein verlassenes Kind, doch der Hirte blieb fort, sprach von seinem fernen Fleck aus, Halte dir stets bewußt, ich weiß alles über dich, seit du gezeugt wurdest, und nun entscheide dich, ob du gehst oder bleibst, Sage mir zunächst, wer du bist, Dazu ist es zu früh, Wann erfahre ich es, Solltest du bleiben, wirst du es bereuen, nicht gegangen zu sein, gehst du, dann wirst du es bereuen, nicht geblieben zu sein, Aber ginge ich jetzt, würde ich nie erfahren, wer du bist, Du irrst, es kommt deine Stunde, dann bin ich zur Stelle und werde es dir sagen, und nun genug der Rede, die Herde kann nicht den ganzen Tag hier warten, daß du dich entscheidest. Jesus sammelte die Napfscherben ein, an seiner Miene erriet man, wie schwer es ihm fiel, sich von ihnen zu trennen, und sehr zu Unrecht, einen Tag davor, zu dieser Stunde, war er dem Pharisäer noch nicht begegnet, außerdem ist das mit den irdenen Näpfen eben so, sie brechen leicht. Er warf die Scherben rings um sich, als säte er sie aus, und der Hirte sprach, Du wirst einen anderen Napf haben, der aber zerbricht nicht, solange du lebst. Jesus hörte nicht hin, er hatte Josefs Sandalen in der Hand und überlegte, ob er sie anziehen sollte, freilich konnten seine Füße in so kurzer Zeit nicht auf das erforderliche Maß gewachsen sein, doch mit der Zeit, das wissen wir, ist es entsprechend, Jesus wollte scheinen, er trage seines Vaters Sandalen schon eine Ewigkeit im Ranzen, es müßte sehr überraschen, wenn sie ihm noch zu groß wären. Er zog sie an, ohne zu wissen warum, und verstaute die seinen. Der Hirte sagte, Füße, die gewachsen sind, schrumpfen nicht wieder, und du wirst keine Söhne haben, die von dir Tunika, Umhang und Sandalen erben, Jesus aber warf seine Sandalen nicht fort, deren Gewicht verlieh dem an der Schulter hängenden Ranzen besseren Halt. Die Frage des Hirten bedurfte keiner Antwort, Jesus nahm seinen

Platz hinter der Herde ein, seine Gefühle waren gespalten, er schwankte zwischen unerklärbarem Entsetzen und einem noch weniger deutbaren finsteren Verzücken. Ich werde erfahren, wer du bist, murmelte Jesus, indessen er, mitten in dem von der Herde aufgewirbelten Staub, ein zurückgebliebenes Schaf antrieb, und so, meinte er, erkläre es sich, warum er letztendlich entschieden hatte, bei dem geheimnisvollen Hirten zu bleiben.

Dies war der erste Tag. Nie wieder gesprochen wurde über Dinge des Glaubens und Unglaubens, über Leben, Tod und Besitz, doch Jesus, fortan die geringsten Bewegungen und Haltungen des Hirten belauernd, stellte fest, daß sich sein Gefährte fast immer, wenn er selbst den Herrgott pries, hinkauerte und der Erde die Handflächen sanft auflegte, vorgebeugt und bei geschlossenen Augen, ohne irgendein Wort zu sagen. Einst, als kleiner Junge, hatte Jesus auf der Durchreise befindliche alte Männer in Nazareth erzählen hören, das Erdinnere berge riesige Höhlen, in denen es, wie an der Oberfläche, Städte, Felder, Flüsse, Wälder und Wüsten gäbe, und diese Innenwelt, in Gänze Nachahmung und Widerschein der unseren, sei vom Teufel erschaffen, nachdem Gott ihn aus den Höhen des Himmels hinabgestoßen hatte, zur Strafe für sein Aufbegehren. Und weil der Teufel, dem Gott anfänglich ein Freund gewesen und dieses Gottes Günstling, hieß es doch im Universum gar, seit unvordenklichen Zeiten habe innigstes Einssein die beiden verbunden, weil der Teufel, so sagten die Alten, bei der Erschaffung Adams und Evas dabei war und da gelernt haben könnte, wie es zu machen sei, hatte er in seiner Unterwelt einen Mann und eine Frau nachgeschöpft, mit dem Unterschied, und im Gegensatz zu Gott, daß er diesen nichts verwehrte, weshalb denn die Welt des Teufels nach der Ursünde bar war. Einer der Alten gar wagte zu behaupten, Und da keine Ursünde, also auch sonst keine Sünde. Nachdem die Alten fort waren, verjagt mit einigen überzeugenden Steinwürfen von den aufgebrachten Nazarenern, die letztlich gemerkt hatten, was die Ungläubigen und deren arglistige Reden bezweckten, fand ein leichtes Erdbeben statt, ein unerhebliches, nur eben ein bestätigendes Zeichen aus dem tiefsten Innen der Erde, so Jesu Gedanke, der, auch wenn damals noch klein, sehr wohl eine Wirkung mit ihrer Ursache zu verbinden wußte. Und hier nun, beim Anblick des Hirten, der da gesenkten Hauptes kniete, die Hände auf die Erde gelegt, ganz leicht, wie um die Berührung mit jedwedem Sandkorn spürbarer zu machen, jedem Steinchen, jedem an die Oberfläche gestiegenen Würzelchen, hier nun fiel Jesus jene alte Geschichte wieder ein, für Augenblicke dünkte ihm jener Mann ein Bewohner der Unterwelt, die der Teufel nach dem Bilde der sichtbaren Welt geschaffen hatte. Was mag ihn hergeführt haben, sann er, doch weiter wagte er sich in seiner Vorstellung nicht, Was tust du da, fragte er den Hirten, als der sich erhob, Ich vergewissere mich, daß die Erde unter mir fortbesteht, Langen dir da nicht die Füße, Die Füße spüren nichts, zum Erkennen sind die Hände, wenn du zu deinem Gott betest, hebst du ihm ja auch nicht die Füße entgegen, sondern die Hände, obschon jedes Glied deines Körpers tauglich wäre, selbst das zwischen den Schenkeln, sofern du nicht Eunuch bist. Jesus lief puterrot an, Scham und eine Art Schrecken schnürten ihm die Kehle zu, Beleidige nicht den Gott, den du nicht kennst, rief er aus, und der Hirte, prompt, Wer hat deinen Leib erschaffen, Gott hat mich erschaffen, Wie er ist und mit allem, was er hat, Ja, Gibt es an dir etwas, das der Teufel geschaffen haben könnte, Nein, der Leib ist ein Werk Gottes, Dann sind alle Glieder deines Körpers vor Gott gleich, Ja, Könnte Gott etwa als ein Werk, das nicht von ihm ist, zurückweisen, was du zwischen den Schenkeln trägst, Doch wohl nicht, aber Gott, der Adam schuf, vertrieb diesen aus dem Paradies, und Adam war dessen Werk, Antworte mir gradheraus, Junge, red mir nicht wie ein Synagogengelehrter, Du willst mir die dir genehmen Antworten aufnötigen, ich aber biete dir, sofern erforderlich, all jene Fälle, in denen der Mensch, weil Gott es so befahl, bei Strafe seiner Beschmutzung und seines Todes, fremde oder eigene Blöße nicht aufdecken darf, was beweist, daß dieser Teil an sich verflucht ist, Nicht mehr als der lügende und verunglimpfende Mund, durch ihn aber preist du Gott, vor dem Lügen und nach dem Verunglimpfen, Ich will dich nicht hören, Mußt du aber, und sei es nur, um mir meine Frage zu beantworten, Welche Frage, Ob Gott als nicht von ihm erschaffen zurückweist, was du zwischen den Schenkeln trägst, antworte mir mit Ja oder mit Nein, Das kann er nicht, Warum nicht, Weil Gott nicht von sich stößt, was er einst liebte. Der Hirte nickte bedächtig, Mit anderen Worten, dein Gott ist der einzige Wachposten in einem Gefängnis, dessen einziger Häftling er selbst ist. Noch hallte das letzte Echo der gewaltigen Unterstellung in Jesu Ohren, als der Hirte, nun gespielt natürlich, fortfuhr, Geh, such dir ein Schaf, Wozu, fragte Jesus verwirrt, Such dir ein Schaf, sofern du nicht eine Ziege vorziehst, Wozu, Du wirst es brauchen, falls du wirklich nicht Eunuch bist, Jesus begriff, und es traf ihn wie ein Fausthieb. Noch am schlimmsten aber war der Schwindel aus gräßlicher Wollust, der sich der Scham und dem Abscheu jäh entwand und überhand nahm. Jesus schlug die Hände vors Gesicht und sagte mit rauher Stimme, Der Herr spricht, Ein Mann, der einem Tier beiwohnt, wird mit dem Tode bestraft, und auch das Tier sollt ihr töten, auch spricht er, Verflucht sei, wer mit einem Tier sündigt, All das sagte dein Herr, Ja, und ich sage dir, weiche von mir, du Abscheulichkeit, Kreatur du nicht von Gott, sondern des Teufels. Der Hirte hörte es, rührte sich aber nicht vom Fleck, als räumte er Jesu zornigen Worten ein, all ihre Wirkung zu entfalten, was immer diese sein mochte, tödliches Erschrecken, Lepraverderbnis, jäher Tod des Leibes und der Seele. Nichts dergleichen geschah. Ein Wind fauchte zwischen den Steinen, wehte eine Staubwolke auf und durch die Wüste fort, und dann nichts, das Schweigen, stumm betrachtete das Universum die Menschen und die Tiere, vielleicht daß es selbst erführe, welchen Sinn sie ihm zumessen, oder an ihm finden, oder erkennen, die einen wie die anderen, und daß es sich in diesem Warten verzehrt, das ursprüngliche Feuer, schon umhüllt von Asche, während die gesuchte Antwort auf sich warten läßt. Plötzlich hob der Hirte die Arme und rief, der Herde zugewandt, mit dröhnender Stimme, Hört, hört, ihr hier versammelten Schafe, vernehmt, was uns dieser kluge Knabe lehrt, daß es nicht gestattet ist, euch lustvoll zu begatten, Gott erlaubt es nicht, ihr dürft beruhigt sein, erlaubt aber ist es, euch zu scheren, euch zu mißhandeln, euch zu töten, euch zu verspeisen, denn hierzu erschuf euch sein Gesetz und hält seine Vorsehung euch bereit. Er gab drei langgezogene Pfiffe von sich, wirbelte den Stock über seinem Kopf, Vorwärts, vorwärts, rief er, und die Herde setzte sich in Bewegung, in jene

Richtung, wo die Staubsäule verschwunden war. Jesus blieb zurück, stand da, schaute, bis sich die große Gestalt des Hirten in der Ferne fast verlor und die ergebenen Rücken der Tiere mit der Farbe der Erde verschwammen. Ich ziehe nicht mit ihm, hatte er gesagt, und tat es doch. Er hängte sich den Ranzen über die Schulter, straffte die Riemen an Vaters Sandalen und folgte in fernem Abstand der Herde. Bei Einbruch der Nacht holte er sie ein, tauchte aus dem Dunkel in den Lichtschein des Lagerfeuers und sagte, Hier bin ich.

Auf Zeit folgt Zeit, ein bekannter Spruch dies und vielfach anwendbar, doch ist er nicht so einleuchtend, wie es scheinen mag, für einen, der sich zufrieden gibt mit der nächstliegenden Bedeutung der Worte, ob diese nun vereinzelt, eines um das andere, oder in Verbindung und entsprechend betont vorgebracht werden, denn alles hängt ab von der Art, wie es gesagt wird, und die ist unterschiedlich, je nach Empfinden des Redenden, ein Unterschied ist es, ob jemand sie spricht, dem es schlecht geht im Leben und der auf bessere Tage hofft, oder ob einer sie drohend ausruft, wie prophezeite Rache. Der äußerste Fall wäre, daß eine Person, die nicht sonderlich und berechtigt Grund hätte, über ihre Gesundheit und ihr Wohlergehen zu klagen, sehnsuchtsvoll seufzte und sagte, Auf Zeit folgt Zeit, nur weil sie von Natur pessimistisch und geneigt, alles schwarz zu sehen. Nicht denkbar, daß Jesus in seinem Alter solche Rede im Munde führen könnte, welchen Sinn auch immer man ihr unterlegte, wir indes, die wir wie Gott alles wissen über die Zeit, die war, ist und sein wird, wir können jene Worte aussprechen, murmeln oder seufzen, indessen wir Jesus tätig erleben, als Schäfer in diesen Bergen Judäas oder, zu gegebener Zeit, ins Jordantal hinabsteigend. Und nicht so sehr, weil es sich um Jesus handelt, sondern weil jedes Menschenwesen in jedem Augenblick seines Lebens schöne als auch schlechte Dinge vor sich hat, eins auf das andere, Zeit auf Zeit. Nun einmal Jesus der offenkundige Held dieses Evangeliums ist, das nie den abträglichen Vorsatz hatte, dem zu widersprechen, was andere Evangelien schreiben, und sich also nicht zu behaupten erkühnt, es sei nicht geschehen, was geschehen ist, an die Stelle des Ja ein Nein setzend, nun Jesus dieser Held ist und bekannt seine Taten, wäre es uns ein Leichtes, vor ihn zu treten und ihm seine Zukunft zu offenbaren, wie schön und wie wundervoll sein Leben sein wird, es wird Speisung gebende Wunder haben, Heilung gebende auch, ein gar auch den Tod überwindendes, doch es wäre nicht klug, dies zu tun, weil der junge Bursche, zwar talentiert im Religiösen und ein guter Kenner der Patriarchen und Propheten, ein seinem Alter gemäßes robustes zweiflerisches Mißtrauen hat und uns gehörig abweisen würde. Freilich wird er, wenn er Gott begegnet, seine Auffassung ändern, doch dieses entscheidende Ereignis findet nicht vor morgen statt, und ehe es soweit ist, wird Jesus noch viel Berg hinauf und hinab müssen, viel Ziege und viel Schaf melken müssen, und helfen, den Käse herzustellen, und zum Warenaustausch die Ortschaften aufsuchen. Auch wird er kranke und verwundete Tiere töten und sie beweinen. Nie aber wird er der schrecklichen Versuchung erliegen und, dem bösen, schändlichen Vorschlag des Hirten folgend, sich einer Ziege oder eines Schafes bedienen, oder beider, zur Entladung und Befriedigung des schmutzigen Körpers, mit dem die reine Seele leben muß. Vergessen wir, da dies nicht der Ort intimer Analysen, die erst in, von hier aus, künftigen Zeiten möglich sein werden, daß oft und gar oft die Seele, nur um einen sauberen Leib vorweisen und sich dessen rühmen zu können, sich selbst belud mit Trauer, Neid und Schmutz.

Der Hirte und Jesus führten nach diesem ethischen und theologischen Streit der ersten Tage, der über eine gewisse Zeit hin noch gelegentlich aufflammte, für die Dauer ihres Zusammenseins ein einvernehmlich schönes Leben, der Mann lehrte ohne die Ungeduld des Älteren die Hirtenkünste, und der junge Bursche zeigte sich so eifrig und anstellig, als hinge davon im Höchsten sein Leben ab. Jesus lernte den Stecken werfen, der dann durch die Luft wirbelnd die Schafe auf den Buckel traf, welche sich, unachtsam oder gewollt, von der Herde entfernt hatten, doch dies war eine schmerzliche Schule, denn eines Tages, als er die Technik noch nicht sicher beherrschte, schleuderte er den Stock zu tief, mit der schlimmen Folge, daß er mit ganzer Kraft den zarten, schmächtigen Hals eines wenige Tage alten Zickleins traf, das auf der Stelle verendete. Das kann jedem passieren, selbst ein hocherfahrener Hirte ist vor Pech nicht gefeit, doch der arme Jesus, schon mit soviel Kummer beladen, mutete eine Statue aus Bitternis an, als er das Zicklein, noch warm, vom Boden aufhob. Da war nichts mehr zu retten, sogar die Ziegenmutter beschnupperte das Kind nur kurz, wandte sich ab, graste weiter, zerrte am flachen, harten Rasen, mit jähen Kopfbewegungen, hier gilt es die bekannte Redensart aufzuführen, Ziege die määt, das Futter verschmäht, was in anderer Weise selbiges sagt wie Weinen statt zu essen, heißt zu leben vergessen. Der Hirte kam und schaute, was da vorgefallen war, sagte, Sein Pech, tot ist es, du aber sei nicht traurig, Ich habe es umgebracht, jammerte Jesus, es war noch so klein, Fürwahr ein häßlicher, stinkender Bock würde dich nicht dauern oder weniger, lege das Tier auf die Erde, ich nehme mich seiner an, geh du hinüber, dort ist ein Lamm am Werfen, Was hast du vor, Abbalgen will ich es, was sonst, das Leben kann ich ihm nicht wiedergeben, ich bin kein Wundertäter, Ich schwöre dir, von seinem Fleisch esse ich nichts, Das von uns getötete Tier essen ist die einzige Art, es zu achten, und schlecht wäre es, wenn die einen äßen, was die anderen töten mußten, Ich esse aber nicht, Dann halt nicht, desto mehr bleibt für mich, der Hirte zog das Messer aus dem Gürtel, musterte Jesus und sagte, Früher oder später mußt du auch das lernen, wie jene Lebewesen innen aussehen, die erschaffen wurden, um uns als Nahrung zu dienen. Jesus wandte das Gesicht ab, wollte gehen, der Hirte, mit gezücktem Messer, bemerkte noch, Die Sklaven sind zu unseren Diensten da, vielleicht sollten wir sie aufschlitzen, um uns zu vergewissern, ob sie innen drin Sklaven tragen, und dann einen König, um zu sehen, ob er einen anderen König in seinem Bauch hat, und denk an, wir begegneten dem Teufel, und er gestattete uns, ihn zu öffnen, vielleicht erlebten wir die Überraschung, daß da Gott heraushüpfte. Weiter vorn erwähnten wir, daß Jesus und der Hirte in ihren Auffassungen und Überzeugungen oft widereinander gerieten, und dieses hier ist ein Beispiel. Jesus aber hatte mit der Zeit gelernt, daß die beste Erwiderung wohl das Schweigen war, nicht einzugehen auf Herausforderungen, selbst auf harsche nicht wie diese, und sogar diese war noch glimpflich abgegangen, es hätte viel schlimmer sein können, bedenke einer den Skandal, der Hirte hätte erwogen, Gott aufzuschlitzen, um zu sehen, ob er den Teufel barg. Jesus suchte das lammende Schaf, dort zumindest gäbe es keine Überraschungen, zum Vorschein käme eine Kreatur, die allen übrigen glich, getreues Ebenbild der Mutter, die das Ebenbild ihrer Geschwister, solche Kreaturen gibt es, sie tragen in sich nur eben dies, die Verläßlichkeit einer friedvollen unbezweifelten Fortdauer. Das Schaf hatte bereits geworfen, das Lämmchen, auf der Erde, schien nur aus Beinen zu bestehen, und die Mutter versuchte ihm aufzuhelfen, stupste es mit der Schnauze, doch das Ärmste, ganz dumm, zuckte nur mit dem Kopf, als suchte es den bestmöglichen Gesichtswinkel, um diese Welt zu verstehen, in die es hineingeboren worden war. Jesus half ihm auf die Beine, er hatte feuchte Hände vom Fruchtwasser der Mutter, doch es kümmerte ihn nicht, das macht den Umgang mit Tieren auf dem Lande aus, Spucke und Geifer ist alles eins, dieses Lämmchen kommt zur rechten Zeit, hübsch sieht es aus, mit dem gekämmten Haar, schon suchte sein rosiges Maul gierig die Milch, da, wo sie war, in jenen Zitzen, die es zuvor nie gesehen hatte, von denen es im Uterus der Mutter nicht hatte träumen können, wahrhaftig, es darf sich kein Lebewesen über den Herrgott beschweren, weiß es doch schon bei der Geburt so viele nützliche Dinge. Weiter fort hißte der Hirte das über eine sternförmige Verstrebung aus Stecken gespannte Fell des Zickleins, der abgebalgte Leib, nun im Ranzen, in ein Tuch gehüllt, wird eingesalzen, wenn die Herde zum Übernachten anhält, außer jenes Stück, das der Hirte zu Abend verspeisen will, dagegen Jesus ja schon erklärt hatte, von einem Tier, das er versehentlich getötet, äße er nichts. Für die Religion, die Jesus ausübt, und für die Sitten, die er befolgt, sind diese Skrupel umstürzlerisch, im Anbetracht, daß solche Unschuldswesen ja massenhaft geschlachtet werden, tagtäglich hingeopfert auf den Altären des Herrn, besonders in

Jerusalem, wo die Opfer in Hekatomben gezählt werden. Vielleicht ist der Fall des jungen Mannes auf den ersten Blick unbegreiflich zu jener Zeit und an jenem Ort, ist er im Grunde nur eine Frage des Gefühls, sozusagen des Fühlens mit blankem Fleisch, erinnern wir uns, wie nahe noch Josefs tragischer Tod, wie nahe die unsäglich marternden Enthüllungen all dessen, was sich vor fünfzehn Jahren in Bethlehem zugetragen hat, da mag man sich wundern, daß der junge Bursche den Verstand nicht verlor, daß die Scheiben und Rollen seines Hirns keinen Schaden erlitten haben, obwohl ihn die Träume weiter bedrängen, zuletzt haben wir sie nicht mehr erwähnt, doch sie währen fort. Nimmt die Peinigung so überhand, daß sie sich der Herde mitteilt und die Tiere aufwachen, in tiefer Nacht, tödliche Gefahr gewärtig, dann weckt der Hirte ihn sanft, Was ist, was ist los, sagt er, und Jesus rettet sich aus dem Alptraum in dessen Arme, als sei jener sein vom Unglück geschlagener Vater. Eines Tages, noch zu Beginn, erzählte er dem Hirten seinen Traum, die verborgenen Gründe des allnächtlichen Hinsterbens aber verhehlend, hierauf der Hirte sagte, Laß ab, brauchst mir nicht zu erzählen, ich weiß alles, auch das, was du vor mir verbergen möchtest. Es war in den Tagen, als Jesus dem Hirten mangelnden Glauben vorwarf und ihn wegen der aus seinem Betragen zu schließenden Fehler und Bosheiten tadelte, ihm gar, man verzeihe uns, daß wir darauf zurückkommen, seine sexuelle Verworfenheit vorhielt. Aber Jesus, recht besehen, hatte niemanden auf der Welt, sofern wir seine Familie ausnehmen, von der er sich zurückgezogen, die er fast vergessen hatte, ausgenommen die Mutter, die ja immerhin die Mutter, die uns das Leben gab, und zu der wir im Leben manchmal gern sagen würden, Besser, du hättest es mir nicht gegeben, und außer der Mutter ist da noch Schwester Lysia, doch er weiß nicht wieso, die Erinnerung hat ihre Eigenheiten und hat ihre Gründe, daß man sich entsinnt oder aber vergißt. Da die Dinge sind wie sie sind, fühlte Jesus sich beim Hirten letztlich doch wohl, versetzen wir uns in seine Lage, welch ein Trost für uns, wir müßten nicht allein leben mit unserer Schuld, wir hätten jemanden an unserer Seite, dem dies bekannt, und der nicht Vergebung vorheucheln müßte für etwas, das Vergebung nicht finden kann, sofern er dazu überhaupt befähigt, sondern sich gegen uns aufrichtig zeigen würde, gütig und gestreng, wie es gerechterweise jener Teil von uns verdient, der, von Schuld umwuchert, seine Unschuld gleichwohl bewahrte. Dies erklären wir, da gute Gelegenheit, am besten gleich hier, damit die Gründe leichter verstanden und sie für gut befunden werden, denn Jesus, in allem so anders und das Gegenstück seines derbklötzigen Gastgebers, wird letztlich bei diesem bleiben bis zu der ihm angekündigten Begegnung mit Gott, von der er so viel erwartet, denn Gott würde einem üblich Sterblichen nicht so ohne weiteres erscheinen, hätte er dazu nicht sehr triftige Gründe.

Zuvor aber werden es die Umstände, Zufälle und Gleichzeitigkeiten einrichten, daß Jesus vor Jerusalem seiner Mutter und einigen seiner Geschwister begegnet, beim ersten Passahfest, das er meinte, fern der Familie verbringen zu müssen. Den Hirten mochte es wundern, daß Jesus dieses Fest in Jerusalem zu feiern beabsichtigte, und hätte ihn zu abschlägiger Entscheidung veranlassen können, befinden sie sich doch in der Wüste und benötigt die Herde viel Beistand und Fürsorge, gar nicht mitgerechnet der Fall, daß der Hirte kein Jude ist, noch sonst einen Gott zu ehren hat, er darum, und sei es nur widrig und verstockt, hätte sagen können, Du gehst mir jedenfalls nicht, dein Platz ist hier, hier bin ich der Herr und leiste mir dennoch keinen Feiertag. Nun, anerkennen muß man, so geschah es nicht, der Hirte fragte nur, Kehrst du zurück, obschon er dem Tonfall nach zu urteilen dessen sicher schien, und in der Tat, der junge Bursche erwiderte ohne Zögern, indes selbst überrascht, weil es ihm so leicht über die Lippen ging. Ich kehre zurück, Dann such dir ein makelloses, gesundes Lamm und nimm es mit als Opfergabe, da ihr nun mal diesen Gebräuchen und Sitten anhängt, doch das sagte der Hirte zur Probe, zur Vergewisserung, ob Jesus imstande, ein Lamm aus dieser Herde aufzuopfern, die er unter so viel Mühe hütete und schützte. Niemand warnte Jesus, kein Engel von jenen anderen, den kleinen und fast unsichtbaren, kam auf leisen Sohlen und flüsterte ihm ins Ohr, Gib acht, dies ist eine Falle, sieh dich vor, der Kerl ist zu allem fähig. Sein schlichtes Gefühl ließ ihn die rechte Antwort finden, oder es war, wer weiß, die Erinnerung an das getötete Zicklein und das neugeborene Lamm, Aus dieser Herde will ich keines, sagte er, Warum nicht, Ich kann nicht zur Schlachtbank führen, was ich mit gehegt und aufgezogen habe, Ein sehr guter Gedanke dies, und bestimmt hast du auch schon überlegt, daß du es dann aus einer anderen Herde holen mußt, Das läßt sich nicht vermeiden, die Lämmer fallen nicht vom Himmel, Wann gedenkst du zu gehen, Morgen in aller Frühe, Und du kehrst zurück, Ich kehre zurück. Weitere Worte hierüber verloren sie nicht, uns aber blieb der Zweifel, wie Jesus denn, da er nicht vermögend ist und nur für das Essen arbeitet, ein Osterlamm wird kaufen können. Weil er so frei von Versuchungen, die Geld kosten, ist anzunehmen, daß er jene spärlichen Münzen noch bei sich trägt, die der Pharisäer ihm vor fast einem Jahr schenkte, aber es ist wahrlich wenig, weiß man doch, wie schon gesagt, daß zu dieser Zeit des Jahres die Preise für Vieh ganz allgemein hoch sind, die für Lämmer aber schießen zu so wahrhaft spekulativen Höhen auf, daß sich Gott erbarm. Mag diesem jungen Burschen auch manch Übel widerfahren sein, man wünschte dennoch, daß ein guter Stern über ihm wache und ihn schirme, wäre es nicht allzu verdächtige Schwäche, und sonderlich im Munde eines Evangelisten, dieses oder eines anderen, zu glauben, Himmelskörper so fern unserem Planeten könnten entscheidenden Einfluß nehmen auf die Existenz eines Menschenwesens, wie sehr diese Gestirne auch angerufen, studiert und zueinander in Beziehung gesetzt wurden von feierlichen Magiern, die, falls es stimmt, vor Jahren durch diese Gefilde streiften, ohne weitere Folge, als daß sie sahen, was sie sahen, und ihren Weg weiter zogen. Ausdrücken wollten wir mit dieser langen und bemühten Rede, daß unser Jesus ganz bestimmt eine Möglichkeit finden wird, sich im Tempel mit seinem Lamm würdig vorzustellen, und er also erfüllt, was man von einem guten Juden erwarten wird, als der er sich in heiklen Situationen bewies, wann immer er dem Hirten kühn entgegentrat.

Zu dieser Zeit genoß die Herde das saftige Weidegras des zwischen den Städten Geser und Emmaus gelegenen Tales von Ajalon. In Emmaus versuchte Jesus sich etwas Geld zu verdienen, mit dem er das benötigte Lamm kaufen könnte, doch schon erkannte er, daß ein Jahr Schäferschule ihn so einseitig ausgebildet hatte, daß er zu anderen Handwerken untauglich war, selbst zu Zimmermannsarbeiten, in denen er mangels Zeit auch nicht erkennbar vorangekommen war. Also nahm er die Straße von Emmaus hinauf nach Jerusalem, und unterwegs vergegenwärtigte er sich sein schweres Los, kaufen also, wissen wir bereits, kann er nicht, stehlen, das wußten wir, will er nicht, und ein noch größeres Wunder wäre es, ihm liefe da auf der Straße nach Emmaus ein verlorenes Schaf in die Arme. Hier fehlt es nicht an unschuldigen Lämmern, die mit einem Strick um den Hals den Familien hinterdreintrippeln, oder in den Genuß kamen, bequem auf den Schultern ihres mitleidvollen Besitzers zu reisen, und zumal sie in ihren jugendlichen Köpfen meinen, eine Landpartie zu unternehmen, sieht man sie erregt, nervös, alles wollen sie wissen, und da sie keine Fragen stellen können, nutzen sie die Augen, als langten diese, eine aus Wörtern bestehende Welt zu verstehen. Jesus hatte sich auf einen Stein am Wegrand gesetzt, wollte überlegen, wie es sich lösen ließe, dieses materielle Problem, das ihm die Erfüllung einer religiösen Pflicht verwehrt, vergebliche Hoffnung, daß da etwa abermals ein Pharisäer erschiene, gar jener eine, sofern dem solche Akte alltägliche Praxis, und er, in Worten allerdings, fragen würde, Benötigst du ein Lamm, so wie er ihn damals gefragt hatte, Hast du Hunger. Beim erstenmal brauchte Jesus nicht um Geld zu betteln, jetzt, ohne die Gewißheit, daß es ihm gegeben würde, müßte er wohl bitten. Schon hält er die Hand vorgereckt, eine Haltung, die so beredt, daß sie keiner Erklärung bedarf, und so inständig ist die Miene, daß wir unsere Augen meist abwenden, wie von einer klaffenden Wunde oder einer Obszönität. Aufmerksamere Reisende hatten in Jesu Handteller schon einige Münzen fallen lassen, aber so wenige, daß nicht dies der rechte Weg von Emmaus hin vor Jerusalems Tore sein wird. Das schon gehabte und das neu gewonnene Geld zusammen langt noch nicht einmal für ein halbes Lamm, auch weiß man, der Herrgott duldet auf seinen Altären nur Vollkommenes und Vollständiges, zurück weist er das blinde, verkrüppelte oder verstümmelte Tier, das räudige und von Warzen bedeckte, denk einer, welch Skandal im Tempel, wir erschienen zur Opferung mit einer Hinterhälfte, und selbst da gälte die Forderung, daß die Hoden nicht getreten, zerquetscht, zerstoßen oder abgeschnitten sein dürften, anderenfalls der Ausschluß ebenso sicher wäre. Niemand verfällt darauf, den jungen Burschen zu fragen, wofür er das Geld benötigt, dies hier aber wurde im selben Augenblick niedergeschrieben, als ein betagter Mann von wallendem weißen Bart an Jesus herantrat, unterdessen seine vielköpfige Familie aus Achtung vor dem greisen Oberhaupt da mitten auf der Straße harrend stehenblieb. Jesus war eine weitere Münze gewärtig, der Alte aber fragte ihn, Wer bist du, und der Bursche stand auf und sagte, Ich bin Jesus aus Nazareth, Hast du keine Angehörigen, O doch, Und warum bist du nicht bei ihnen, Ich bin als Schäfer nach Judäa gekommen, und dies war lügnerische Art, die Wahrheit zu sagen, oder Wahrheit zum Zwecke der Lüge. Der Alte musterte ihn mit unbefriedigter Neugierde, Warum bittest du um Almosen, wenn du Arbeit hast, fragte er, Ich verdiene mir das Essen, mein Geld langt nicht zum Kauf eines Osterlamms, Also bettelst du, Ja. Der Alte machte einem der Männer aus der Gruppe ein Zeichen, Gib dem Burschen ein Lamm, wir kaufen ein anderes, wenn wir den Tempel erreichen. Sie führten sechs Lämmer mit, an einen einzigen Strick gebunden, der Mann band das letzte ab und brachte es dem Alten, dieser sprach, Hier hast du dein Lamm, so wird der Herr bei diesem Passahfest an Opfer keinen Mangel leiden, und ohne den Dank abzuwarten, gesellte er sich der Familie zu, die ihn lächelnd und mit Beifall empfing. Jesus dankte ihnen, als sie ihn schon nicht mehr hören konnten, und plötzlich, niemand weiß wie und warum, war die Straße zwischen Biegung und Biegung leer, da waren nur sie zwei, der junge Bursche und das Lamm, die auf der Straße von Emmaus zueinandergefunden hatten durch die Güte eines alten Juden. Jesus packte das Strickende, das dem Lamm noch geblieben ist, das Tier schaute seinen Besitzer an und blökte, es mächte mä-ä-ä, zart und zittrig wie nur ein Lämmchen, das sterben wird, weil die Götter es so sehr lieben. Dieser Laut, vieltausendmal vernommen in seinem Tun als Hirte, berührte Jesu Herz so innig, daß alle Glieder ihm erschlafften, da stand er und spürte, absolut wie nie zuvor war er Herr über Leben und Tod einer anderen Kreatur, Herr über dieses makellose weiße Lamm, das ihm, bar an Willen und Begehr, zutraulich fragend sein Schnäuzchen entgegenhob, zu sehen war die rosa Zunge, wenn es blökte, und rosig, unter dem Haarflaum, war es in der Ohrmuschel, rosa auch seine hornigen Zehen, die nie Härte gewinnen, nie sich in echte Hufe verwandeln werden, diese Zehen, ein allerdings dem Menschen eignender Begriff. Jesus streichelte dem Schaf liebevoll den Kopf, und dieses, zur Erwiderung, strich ihm mit der feuchten Nase über die Handfläche, brachte Jesus zum Erbeben. Der Zauber zerrann wie begonnen, aus der Biegung tauchten von Emmaus her schon die nächsten Pilger auf, eine Schar mit flatternden

Tuniken, Ranzen und Wanderstäben, mit weiteren Lämmern und weiteren Lobgesängen an den Herrgott. Jesus schulterte sein Lamm, als wäre es ein Kind, und setzte den Marsch fort.

Nicht mehr in Jerusalem gewesen war er seit jenem schon fernen Tag, als ihn der drängende Wunsch herführte, zu erfahren, was Schuld und was Gewissensbisse taugen und wie sie am ehesten zu ertragen im Leben, ob zu Teilen wie Erbgüter, oder im ganzen Stück, wie ein jeglicher seinen Tod. Die Menge auf der Straße glich einem Fluß dunkelgrauen Schlamms, der auf den großen Platz vor dem Tempelaufgang einmündete. Jesus, das Lamm in den Armen, verfolgte den Vorbeimarsch der Menschen, die einen gingen, andere kamen, jene führten die Tiere zum Opferaltar, diese kehrten nun schon ohne sie zurück, mit freudigen Mienen, riefen Halleluja, Hosanna, Amen, oder sie sagten es nur eben nicht, weil es den Umständen nicht angemessen, so wenig es schicklich wäre, hier riefe einer Juchee, oder kreischend Hipp hipp hurra, wiewohl die Unterschiede zwischen solchen Ausrufen so groß eigentlich nicht sind, erst benutzen wir sie gleichsam zum Ausdruck des unüberbietbar Erhabenen, später, nach fortgesetztem Gebrauch und Verschleiß, fragen wir uns, Wozu dient das überhaupt, und wissen schon keine Antwort mehr. Die hohe Rauchsäule über dem Tempel, aufwallend und ohne Ende, kündete dem ganzen Land ringsum, daß alle Opfernden hier unmittelbare und rechtmäßige Nachfahren Abels waren, jenes Sohnes von Adam und Eva, der dem Herrn dazumal die Erstgeburten seiner Herde und auch deren Fett dargebracht hatte, günstig aufgenommen, dawider sein Bruder Kain nur schlichte Ackerfrüchte bieten konnte und mitansehen mußte, daß der Herr, unerklärlich bis auf den heutigen Tag wieso, die Augen von jenen abwandte und ihn selbst nicht beachtete. Sollte dies der Grund für Kains Mord an Abel gewesen sein, so ist solches hier nicht zu befürchten, die Menschen an diesem Tag werden sich nicht gegenseitig umbringen, da alle das gleiche opfern, man höre nur, wie die Fettmassen prasseln, wie das Fleisch schmort und brutzelnd zischt, und Gott, in den himmlischen Höhen, atmet wollüstig die Gerüche des Blutgemetzels ein. Jesus drückt das Lamm an die Brust, er versteht nicht, warum Gott es nicht billigt, daß man über seinem Altar ein Schälchen Milch ausschüttet, Saft des Lebens, der von einem Lebewesen zu einem anderen wechselt, oder man streute über ihn, mit dem Armschwung des Säers, eine Handvoll Getreide, unter allen Stoffen der substantielle des unsterblichen Brotes. Sein Lamm, noch vorhin das wundervolle Geschenk eines Greises an einen jungen Burschen, wird den Sonnenuntergang dieses Tages nicht erleben, Zeit nun, die Treppen des Tempels hinanzusteigen, Zeit nun, das Tier dem Messer und dem Feuer zu überliefern, als wäre es des Weiterlebens nicht würdig oder hätte, dem ewigen Wächter der Weidewiesen und der Fabeln sträflich zuwider, aus dem Fluß des Lebens getrunken. Da, wie von einem jähen Licht erhellt, entschied Jesus, wider Achtung und Gehorsam, wider das Gesetz der Synagoge und Gottes Wort, dieses Lamm soll nicht sterben, was ihm gegeben worden, damit es stürbe, soll weiterleben. Und er wird, nach Jerusalem gekommen, um hier zu opfern, die Stadt als nun noch größerer Sünder verlassen, ihm langten schon nicht mehr die alten Sünden, nun hat er auch noch diese begangen, kommen wird der Tag, denn

Gott vergißt nicht, da er sie alle abbüßen muß. Die Angst vor der Bestrafung ließ ihn einen Augenblick zögern, doch da gewahrte sein inneres Auge in entsetzlicher Vorstellung ein unendliches Meer an Blut, das Blut der unzählbar vielen Lämmer und sonstigen Tiere, die seit der Erschaffung des Menschen geopfert worden, denn hierzu eigens war die Menschheit in die Welt gesetzt, zum Anbeten und zum Opfern. So sehr verwirrte ihn dieses Bild, daß er die Treppe zum Tempel von Rot geflutet wähnte, er das Blut in Bächen über die Stufen fließen sah, selbst mittendrin stehend, und sein Lamm, gemeuchelt, tot, zum Himmel erhoben. Jesus, ganz benommen, dünkte sich in einer Blase aus Stille, doch diese barst in Stücke, wieder fand er sich mitten im Gewirr der Worte, der Preisungen, der Anrufe, Schreie, Gesänge, des herzerbarmenden Geblöks der Lämmer, nun aber, alles zum Schweigen bringend, tönte dreimal hintereinander, röhrend dumpf, das als Trompete dienende lange spiralförmige Widderhorn. Jesus steckte das Lämmchen in seinen Ranzen, wie um es vor unmittelbarer Gefahr zu schützen, er hastete vom großen Platz, rannte durch die engen Gassen blindlings fort. Als er sich versah, war er draußen in den Feldern, zum nördlichen Tor hinaus, dem nach Ramallah, durch das er einst, aus Nazareth kommend, Einzug gehalten hatte. Er setzte sich unter einen Ölbaum, am Straßenrand, holte das Lamm aus dem Ranzen, niemand würde sich wundern, ihn da sitzen zu sehen, die Leute dächten, er ruht vom Fußmarsch, sammelt Kräfte, um das Lamm in den Tempel zu schaffen, fürwahr hübsch anzusehen, und wir werden nicht erfahren, ob jener, der dies dachte, das Lamm hübsch fand, oder Jesus. Eigentlich meinen wir, daß beide es sind, gälte es aber auf Anhieb zu entscheiden, gäben wir den Apfel dem Lamm, vorausgesetzt freilich, es wüchse nicht weiter. Jesus liegt auf dem Rücken, er hält das Strickende fest, damit das Lamm nicht fortläuft, doch so viel Vorsicht wäre nicht vonnöten, das Ärmste ist mit seinen Kräften am Ende, nicht nur weil zarten Alters, da war die Aufregung, dieses Gelaufe, dieses fortwährende Hin und Her, und seit dem Morgen kaum mehr etwas gefressen, denn ob Lamm oder Märtyrer, es steht einem nicht an und schickt sich nicht, mit vollem Bauch zu sterben. Da liegt Jesus, bald hatte sich sein Atem beruhigt, in den Himmel starrt er, durch die Zweige des Ölbaums, die der Wind sanft bewegt, über seinen Lidern tanzen die zwischen den Blättern einfallenden Sonnenstrahlen, es dürfte in etwa die sechste Tagesstunde sein, das Licht im Zenit verkürzt die Schatten, und niemand würde vermuten, daß der Abend mit seinem trägen Hauch dieses Gleißen dann löscht. Jesus hat sich erholt, zum Schaf spricht er, Dich nehme ich mit zur Herde, und erhebt sich. Auf der Straße ziehen welche vorbei, weitere folgen dort hinten, und als Jesus die ins Auge faßt, erschrickt er. Seine erste Regung ist es zu fliehen, tut es freilich aber nicht, wie auch könnte er es wagen, denn dort naht seine Mutter mit etlichen der Geschwister, den ältesten, Jakob, Josef und Judas, auch Lysia, die aber ist weiblich, sie bedarf gesonderter Nennung, anders, als es ihr natürlicherweise zustünde, wenn wir nach dem Alter gingen, denn sie gehört zwischen Jakob und Josef. Noch haben sie ihn nicht entdeckt. Jesus tritt auf die Straße, das Lamm geschultert, nun aber, argwöhnt man, um die Arme nicht frei zu haben. Als erster gewahrt Jakob ihn, hebt einen Arm, redet eifernd auf die Mutter ein, Maria schaut, nun beginnen alle zu hasten, weshalb Jesus in der Pflicht, sein Teil an Weg mit beizugeben, doch mit dem Lamm über den Schultern läßt sich nicht rennen, dies zu erklären dauert so lange, daß es eher scheint, wir wollten ihr Zusammenkommen vereiteln, aber nein, Mutterliebe, Geschwisterliebe, Kindesliebe, all das wird ihnen Flügel verleihen, doch sind da Vorbehalte, gewisse Verlegenheiten, wissen wir ja, wie die Trennung verlief, und wissen nicht, welche Wirkungen das monatelange Fortsein und das Ausbleiben der Nachrichten zeugte. Wer geht, kommt allemal an, da sind sie, stehen nun voreinander, Jesus sagt, Deinen Segen, Mutter, und die Mutter sagt, Gott segne dich, mein Sohn. Sie umarmten einander, dann waren die Geschwister an der Reihe, Lysia zum Schluß, und dann, wir hatten es ja vorausgesehen, wußte keiner, was sagen, Maria würde den Sohn nicht fragen, Na, so eine Überraschung, du hier, noch würde er zu ihr sagen, Ich war nicht im mindesten darauf gefaßt, dich hier zu treffen, was führt dich in die Stadt, das Lamm des einen als auch das Lamm der anderen, das sie in der Tat mitbrachten, sprach für sich, es ist das Passahfest des Herrn, mit dem Unterschied, daß eines der Tiere sterben wird, und das andere bereits gerettet ist, Hast nie von dir hören lassen, sagte Maria schließlich, und nun, unvermittelt, drängten ihr die Tränen in die Augen, vor ihr stand ihr Erstgeborener, so groß, schon mit Mannesantlitz, mit Bartflaum auch, und die Haut gebräunt, als einer, der sein Tagwerk unter freiem Himmel verrichtet, die Stirn dem Wind und dem Staub der Wüste ausgesetzt, Weine nicht, Mutter, ich habe meine Arbeit, Hirte bin ich, Hirte, Ja, Ich meinte, du würdest das von deinem Vater erlernte Handwerk ausüben, Wie es der Zufall will, bin ich Hirte, Hirte, Wann kommst du heim, Ach, das weiß ich nicht, irgendwann, Dann wenigstens begleite deine Mutter und deine Geschwister, suchen wir den Tempel gemeinsam auf. In den Tempel gehe ich nicht, Mutter, Aber du hast ja da ein Lamm, Das gehört nicht in den Tempel, Hat es einen Makel, Keinen Makel, dieses Schaf soll seinen natürlichen Tod sterben, Ich verstehe nicht, Brauchst du auch nicht, ich rette dieses Lamm, damit irgendwer mich rette, Also gehst du nicht mit deiner Familie, Ich bin schon auf dem Rückweg, Wohin, Wo ich hingehöre, zur Herde, Wo ist sie, Jetzt weidet sie im Tal von Ajalon, Wo liegt es, Auf der anderen Seite, Auf der anderen Seite wovon, Jenseits von Bethlehem. Maria wich einen Schritt zurück, sie erblaßte, nun erkannte man, wie sehr sie gealtert war, obwohl kaum dreißig Jahre alt. Warum erwähnst du Bethlehem, fragte sie, Dort bin ich dem Schäfer begegnet, der mich anleitet, Wer ist es, und bevor der Sohn antworten konnte, wies sie die anderen an, Geht weiter, wartet auf mich am Tor, sie nahm Jesus bei der Hand, zog ihn zum Straßenrand, Wer ist es, wiederholte sie, Weiß ich nicht, Hat er einen Namen, Den mag er wohl haben, gesagt hat er ihn mir nicht, ich nenne ihn schlicht Hirte, Wie sieht er aus, Groß ist er, Wo bist du ihm begegnet, In der Höhle meiner Geburt, Wer hat dich hingeführt, Eine Sklavin mit Namen Zelomi, sie war bei meiner Geburt anwesend, Er ist es, Wer, Was hat er dir gesagt, Nichts, was du nicht wüßtest. Maria sank zu Boden, wie von einer übermächtigen Hand niedergedrückt, Dieser Mann ist ein Teufel, Woher weißt du es, etwa von ihm, Nein, als ich ihn zum erstenmal sah, gab er sich als Engel aus, schärfte mir aber ein, ich sollte es niemand verraten, Wann hast du ihn gesehen, Am Tage, als dein Vater erfuhr, daß ich schwanger ging mit dir, er klopfte an unser Tor als Bettler und sagte, er sei ein Engel, Hast du ihn weitere Male gesehen, Auf der Straße, als wir, dein Vater und ich, nach Bethlehem reisten, um uns in die Steuerliste eintragen zu lassen, in der Höhle deiner Geburt, und auch in der Nacht nach deinem Weggang von zu Hause, da kam er in den Hof, ich dachte, du seist es, ich spähte durch den Spalt in der Tür, und da sah ich ihn das neben der Haustür stehende Gewächs ausreißen, du erinnerst dich an jenen Baum, da über der Stelle, wo der Napf mit der gleißenden Erde vergraben lag, Von was für einem Napf, von welcher Erde sprichst du, Weißt du etwa von alledem nichts, der Bettler gab sie mir, bevor er ging, Licht verstrahlende Erde in einem Napf, aus dem er zuvor die ihm von mir gegebene Almosenspeise gegessen hatte, Wenn er Erde leuchten ließ, war er wirklich ein Engel, Anfangs glaubte ich es, doch auch der Teufel beherrscht seine Künste. Jesus hatte sich neben die Mutter hingesetzt und dem Lamm freien Lauf gelassen, In der Tat, wenn beide sich einig sind, ist ein Engel Gottes von einem Engel des Satans nicht zu unterscheiden, sagte er, Bleib bei uns, geh nicht mehr zu jenem Mann, deine Mutter bittet dich drum, Ich habe Rückkehr versprochen, mein Wort halte ich, Dem Teufel verspricht man, was man nicht halten will, Dieser Mensch, der, das weiß ich sehr wohl, kein Mensch ist, dieser Engel oder Teufel, er begleitet mich seit meiner Geburt, und ich will wissen warum, Jesus, mein Sohn, begleite deine Mutter und deine Geschwister in den Tempel, führe dieses Lamm zum Altar, wie es dir Pflicht ist und ihm Schicksal, und bitte den Herrgott, daß er dich frei macht von Besessenheit und von bösen Gedanken, Dieses Lamm wird zu seiner Zeit sterben, Sein Sterbetag ist heute, Aber Mutter, die von dir geborenen Lämmer müssen auch sterben, doch du kannst nicht wollen, daß es vor ihrer Zeit geschieht, Lämmer sind nicht Menschen, schon gar nicht Menschenkinder, Als Gott Abraham anwies, seinen Sohn Isaak zu töten, war da kein Unterschied feststellbar, Ich bin eine einfache Frau, ich weiß dir nicht zu antworten, ich bitte dich nur, diese bösen Gedanken abzulegen, Mutter, die Gedanken sind, was sie sind, vorüberstreichende Schatten, sie sind nicht gut und nicht böse, allein das Handeln zählt, Gelobt sei der Herr, der mir armen Unwissenden einen so klugen Sohn gab, doch ich versichere dir, deine Kenntnisse hast du nicht von Gott, Auch vom Teufel läßt sich lernen, Dich hat er in seiner Gewalt, Sollte diesem Lamm dank seiner Macht das Leben bewahrt bleiben, hat die Welt heute doch etwas gewonnen. Maria sagte hierauf nichts. Vom Stadttor her näherte sich Jakob, Maria erhob sich. Ich habe meinen Sohn gefunden und ihn wieder verloren, sagte sie, und Jesus erwiderte, Jetzt ebensowenig, sofern du ihn nicht schon eher verlorst. Er griff in den Ranzen, holte die gesammelten Münzen hervor, in Gänze Almosen, Dies ist alles, was ich habe, So viele Monate für so wenig, Ich arbeite für das Essen, Du scheinst diesen Mann, der dich regiert, sehr zu mögen, daß du dich mit so wenig begnügst, Der Herr ist mein Hirte, Beleidige Gott nicht, der du mit einem Teufel lebst, Wer weiß, Mutter, wer weiß, vielleicht ist er der dienende Engel eines anderen Gottes, der in einem anderen Himmel wohnt, Der Herr spricht, Ich bin dein Gott, du sollst nicht andere Götter haben neben mir, Amen, schloß Jesus. Er nahm das Lamm in die Arme und sagte, Da kommt Jakob, leb wohl, Mutter, und Maria sagte, Es scheint, du liebst dieses Lamm mehr als deine Familie, Im Augenblick ja, antwortete Jesus. Maria, in Schmerz und Aufruhr, kehrte sich von ihm ab, eilte ihrem anderen Sohn entgegen. Nicht ein einziges Mal wandte sie sich um.

Außerhalb der Mauern, nun auf anderem Wege, querfeldein, begann Jesus den langen Abstieg ins Tal von Ajalon. In einem Dorf hielt er an und kaufte da vom Gelde, das seine Mutter nicht hatte annehmen wollen, etwas zu essen, Brot und Feigen, Milch für sich und für das Lamm, Schafmilch. Unterschiede waren, sofern vorhanden, nicht auszumachen, wenigstens hier kann man einräumen, daß eine Mutter die andere aufwiegt. Sollte es jemanden wundern, ihn zu dieser Stunde Geld ausgeben zu sehen, mit einem Lamm, das schon tot sein müßte, dem könnten wir antworten, dieser Bursche sei, zuvor, Besitzer zweier Lämmer gewesen, eines habe Opferung erfahren und sei in der Glorie des Herrn, dieses aber hat selbiger Herr verworfen, weil es einen Makel hat, einen Schlitz im Ohr, Da, schau, Aber das Ohr ist doch heil, sagten sie, Nun, dann versehe ich selbst es mit einem Schnitt, würde Jesus sagen, und er schulterte das Lamm und setzte seinen Weg fort. Die Herde gewahrte er im letzten Licht des Tages, dem noch schneller verblassenden, weil der Himmel sich mit tiefhängenden dunklen Wolken bezogen hatte. Man atmete förmlich die Gewitterspannung, und zu deren Bestätigung zuckte der erste Blitz durch den Äther, gerade als Jesus die Herde sah. Der Regen blieb aus, es war eines jener trockenen Gewitter, wie wir sagen, die eher nur erschrecken, weil wir meinen, ihnen schutzlos ausgeliefert zu sein, ohne Vorhang sozusagen, als dürften wir uns ohne Regen und Wind nie sicher fühlen, und in der Tat ist dieser Kampf ein unmittelbares Gegeneinander, zwischen einem Himmel, der sich aufreißt und donnert, und einer Erde, die bebt und zusammenzuckt, machtlos, nicht zu antworten weiß auf die Schläge. Hundert Schritte fort von Jesus hat ein grelles, dem Auge unerträgliches Licht einen Ölbaum von oben bis unten gespalten, der jäh in Flammen stand, lodernd wie eine Fackel aus Erdpech. Der Schlag und Donnerkrach des Blitzes, als wäre der Himmel ein für allemal von Horizont zu Horizont aufgerissen, schmetterten Jesus zu Boden, und da lag er ohnmächtig. Zwei weitere Blitze, einer hier, einer dort, zwei entscheidenden Verkündigungen gleich, und dann, nach und nach, hallten die Donner ferner, bis sie zu trautem Gemurmel abebbten, einem Freundesplausch zwischen Himmel und Erde. Das Lamm hatte den Fall unbeschadet überstanden, nach dem ersten Schreck kam es herbei, berührte mit der Schnauze Jesu Mund, schnaubte nicht, witterte nicht, es war nur ein Berühren, und das, warum auch sollten wir es bezweifeln wollen, genügte. Jesus schlug die Augen auf, er sah das Lamm, dann den pechfinsteren Himmel, gleichsam schwarze Hand, die den letzten Rest von Tag erstickte. Der Ölbaum brannte noch. Jesus bewegte sich, spürte Schmerzen, fühlte sich aber Herr seines Körpers, sofern diese Rede anwendbar auf etwas, das sich so leicht zu Boden werfen, so leicht zerstören läßt. Mühsam rappelte er sich in Sitzhaltung auf und vergewisserte sich, eher tastend denn durch Augenschein, daß er nicht verbrannt noch gelähmt, auch kein Glied ihm gebrochen war, daß er, ausgenommen ein gewaltiges Tosen im Kopf, wie nicht endendes heiseres Gedröhn eines Widderhorns, lebendig und heil war. Er zog das Lamm zu sich heran, und die Worte suchend, wo er sie nicht ahnte, sprach er, Fürchte dich nicht, er wollte dir nur beweisen, daß er dich hätte töten können, wenn es sein Begehr gewesen wäre, und mir hat er kundgetan, daß nicht ich es bin, der dir das Leben gerettet hat, sondern er. Ein letzter Donner hallte träge durch den Äther, einem Seufzer gleich, der weißliche Fleck der Herde dort unten war eine Oase der Erwartung. Mit noch recht steifen Gliedern wandte Jesus sich hinab. Das Lamm, nur zur Vorsicht am Strickende festgehalten, trottete neben ihm her wie ein Hündchen. Hinter ihnen brannte der Ölbaum. Und eher in dessen Schein denn im verlöschenden Tageslicht sah Jesus die hohe Gestalt des Hirten geisterhaft vor sich auftauchen, gehüllt in den gleichsam nicht endenden Umhang und jenen Stecken umklammernd, mit dem er, wenn er ihn hochhöbe, die Wolken hätte berühren können. Der Hirte sagte, Ich wußte, daß dieses Gewitter auf dich wartete, Ich hätte es ebenso wissen müssen, sagte Jesus, Was bringst du da für ein Schäfchen, Mein Geld langte nicht zum Kauf eines Osterlamms, darum bat ich am Straßenrand um Almosen, aber es kam ein alter Mann und schenkte mir dieses hier, Warum hast du es nicht geopfert, Ich brachte es nicht über mich. Der Hirte lachte, Jetzt verstehe ich desto besser, er hat auf dich gewartet, er ließ dich ruhig bis zur Herde kommen, um vor meinen Augen seine Kraft zu beweisen. Jesus erwiderte nichts, zum Lamm hatte er mehr oder weniger das gleiche gesagt, mochte nun aber, kaum erst angekommen, nicht abermals ein Gespräch über die Beweggründe des Herrgotts und dessen Handlungen anregen, Und was gedenkst du mit diesem Tier jetzt zu tun, Weiter nichts, ich habe es mitgebracht, um es der Herde beizugeben, Die weißen Schafe sind einander alle gleich, schon morgen wirst du es nicht mehr herauserkennen, Aber ich bin ihm bekannt, Eines Tages vergißt es dich, da ja ohnehin bald leid, dich immer aufzusuchen, besser du zeichnest es, vielleicht mit einem Schnitt ins Ohr, Armes Tierchen, Wieso, auch du bist gezeichnet, sie haben dir die Vorhaut beschnitten, damit man weiß, wem du gehörst, Das ist nicht das gleiche, Sollte es nicht, ist es aber, Während sie so sprachen, hatte der Hirte etwas Holz aufgesammelt und fachte nun Feuer an. Jesus sagte, Es wäre einfacher, einen Zweig vom brennenden Ölbaum zu holen, Das Himmelsfeuer muß man sich selbst verzehren lassen, entgegnete der Hirte. Der Stamm des Baumes war nun eine einzige Glut, leuchtete im Dunkel, der Wind entriß ihm Funken, glühende Rindenstücke, Splitter, die da glimmend durch die Luft flogen und erloschen. Der Himmel wirkte weiterhin lastend, ungemein gegenwärtig. Aus ihren üblichen Zutaten bereiteten der Hirte und Jesus das Abendessen, der Hirte bemerkte spöttisch, In diesem Jahr verspeist du das Osterlamm nicht. Jesus überhörte es, innerlich mit sich im Hader. Das Problem fortan würde der unlösbare Widerspruch sein zwischen Verzehr von Lamm und Nichttöten des Lammes, Also, was fangen wir mit ihm an, fragte der Hirte, wird das Schaf nun gezeichnet oder nicht, Ich bringe es nicht über mich, sagte Jesus, Gib es her, laß das mich machen. Mit raschem, entschiedenem Schnitt seines Messers säbelte der Hirte dem Tier eine Ohrspitze ab, er hielt sie in der Hand und fragte, Was soll ich damit tun, es vergraben oder fortwerfen, und Jesus, ohne weitere Überlegung, antwortete, Gib her, und er warf die Ohrspitze ins Feuer. Wie sie es mit deiner Vorhaut gemacht haben, bemerkte der Hirte. Aus der Ohrwunde tropfte helles Blut, langsam, bald versiegend. Der Flamme entstieg mit dem Rauch ein berauschender Geruch nach verbranntem zarten Fleisch. So wurde dem Herrgott am Ende eines langen Tages, nachdem sich ein widersprüchliches Wollen so viele Stunden kindisch hoffärtig benommen hatte, doch noch das ihm Geschuldete zuteil, vielleicht eingeholt durch jene majestätische und polternde Mahnung aus Geblitz und Wetterleuchten, somit er, vermöge der unabwendbaren tiefinneren Triebkräfte, den Weg gefunden haben mochte, sich bei den widerspenstigen Hirten Gehorsam zu verschaffen. Es fiel der letzte Tropfen Blut aus der Ohrwunde, und die Erde trank ihn auf, denn nicht gut wäre es, daß von so umstrittener Opferung das Kostbarste verlorenginge.

Nun aber, ausgerechnet dieses Tier sollte es sein, das, mit der Zeit dann ein höchst gewöhnliches Schaf geworden und nur eben an der fehlenden Ohrspitze erkennbar, drei Jahre später verlorenging, in unwirtlichen Gefilden, südlich von Jericho, eingangs der Wüste. Ein Schaf mehr oder weniger bei einer großen Herde wie dieser, das scheint unerheblich, doch im Falle dieser Herde, sofern wir es noch einmal betonen müssen, ist das anders, auch die Schäfer hier gleichen nicht denen, die wir vom Sehen und vom Hörensagen kennen, weshalb es nicht verwundern darf, daß dem Hirten, der von hohem Hügel schaute, das Fehlen eines Tieres auffiel, ohne daß er sie erst alle hätte zählen müssen. Er rief Jesus zu sich und sagte, Dein Schaf ist nicht bei der Herde, geh suche es. Und weil Jesus nicht mit der Erwiderung kam, Wieso weißt du, daß es ausgerechnet meins ist, unterlassen auch wir diese Frage. Hauptsache, wir behalten im Auge, wie sich Jesus, nur seiner geringen Ortskenntnis und dem unfehlbaren Gespür für noch nie beschrittene Wege vertrauend, in diesem vollkommenen Horizonte-Rund orientiert. Da sie aus Jerichos fruchtbaren Fluren kamen, wo sie nicht länger hatten bleiben wollen, weil sie die Gelassenheit beständigen Streunens dem billigen Umgang mit den Leuten vorzogen, war es gut denkbar, daß der Mensch abhanden kam oder das Schaf, und eher noch wenn überlegt getan, an Stellen, wo Nahrungssuche nicht übergebührlich erschöpfend war und also die angestrebte Einsamkeit nicht erschwert. Ob solcher Logik dünkte es klar, daß Jesu Lamm sich insgeheim, wie ungewollt, hatte zurückfallen lassen und nun sicherlich im frischen Grün des Jordanufers umhertollte, Jericho noch vor Augen, zur besseren Sicherheit. Doch Logik ist im Leben nicht alles, mitunter geschieht es, daß eigens das Vorausschaubare, das ein solches, weil die einleuchtendste Krönung einer Folge, oder schlicht weil zuvor angekündigt, mitunter geschieht es, sagten wir, daß just das Vorausschaubare aus nur ihm bekannten Gründen einen irreführenden Schluß und Ausgang wählt, sei es den Ort oder aber die Umstände betreffend. Sollte dies hier der Fall sein, hat unser Jesus das abhandene Schaf nicht auf den saftigen Fluren im Hinterland zu suchen, sondern in der rauhen, verbrannten, trockenen Wüste da vor ihm, nichts hilft hier der wohlfeile Einwand, das Schaf habe sich ja gewiß nicht abgesetzt, um vor Hunger und Durst zu sterben, denn erstens weiß niemand, was im Hirn eines Schafes vorgeht, und zweitens, wie aufgezeigt, nimmt das Vorausschaubare bisweilen Zuflucht ins Unvorhergesehene. In die Wüste also wird Jesus streben, schon hat er den Schritt dorthin gewandt, und der Hirte, von dessen Entschluß nicht überrascht, er hat ihn stumm gebilligt, mit feierlich bedächtigem Kopfnicken, das man, merkwürdiger Gedanke, auch für eine Abschiedsgeste halten könnte.

Diese Wüste ist nicht eine jener bekannten weiten breiten Sandflächen selbigen Namens. Die hiesige Wüste ist eher ein Meer aus trockenen, harten Kieshügeln, ineinander verschachtelten, solcherweise ein unentwirrbares Labyrinth an Tälern entsteht, auf deren Grund spärliche Pflanzen kümmern, die aus Dornen und aus Borsten zu bestehen scheinen, und an die sich vielleicht die Ziegen mit ihrem harten Zahnfleisch heranwagen, die Schafe sich indes schon beim ersten Zubiß die zarten Lippen aufreißen würden. Diese Wüste hier ist erschreckender als jene von ebenen Sandflächen oder aber von unsteten Dünen, die fortwährend Gestalt und Aussehen ändern, in dieser Wüste verbirgt und offenbart jeder Hügel die Gefahr, die uns beim nächstfolgenden Hügel erwartet, und gelangen wir zitternd zu jenem, spüren wir sogleich, daß selbige Gefahr nun in unserem Rücken lauert. Hier wird der Schrei, den wir ausstoßen, der Stimme, die ihn hervorbrachte, nicht mit dem Echo antworten, hören aber werden wir die Hügel Erwiderung schreien, oder das Unbekannte, das nicht Gewußte, das sich in ihnen so beharrlich verbirgt. Darum also tauchte Jesus nur mit Stock und Ranzen in die Wüste. Wenige Schritte weiter, kaum daß er über die Schwelle der Welt hinausgetreten, merkte er unvermittelt, daß seines Vaters alte Sandalen sich ihm unter den Füßen auflösten. Dennoch hatten sie lange gehalten, weil eifrig geflickt und genäht, bisweilen in äußerster Situation, doch nun konnten näherische und schusterliche Künste diesen Sandalen, die so viele, viele Wege gegangen waren und so viel Schweiß in den Staub geknetet hatten, nicht mehr helfen. Wie einem Befehl gehorchend, rissen auch die letzten Nahtfäden, es löste sich, schlaff, der Besatz, es rissen rettungslos die Bänder, schneller als es sich sagen läßt, stand Jesus barfuß da über den Resten der Beschuhung. Es erinnerte sich der junge Bursche, so nennen wir ihn aus alter Gewohnheit, obwohl er mit seinen achtzehn Jahren, weil Jude, gar und bar ein Mann ist, weit mehr als eben nur ein Halbwüchsiger, es erinnerte sich Jesus der eigenen alten Sandalen, die er die ganze Zeit im Ranzen getragen hatte, wie eine sorgsam umhegte Reliquie der Vergangenheit, und von nichtiger Hoffnung bewegt, versuchte er sie anzuziehen. Recht gehabt hatte der Hirte mit seiner Bemerkung, Füße, diese gewachsen sind, schrumpfen nicht wieder, Jesus konnte sich schwer vorstellen, daß seine Füße jemals in diese winzigen Sandalen gepaßt hatten. Barfuß stand er da im Anbetracht der Wüste, wie Adam einst, als man ihn aus dem Paradies verstieß, und wie jener zauderte er, bevor er den ersten schmerzenden Schritt über den gepeinigten Boden trat, der ihn rief. Doch dann, ohne sich zu fragen, warum er es tun werde, vielleicht, weil ihm Adam eingefallen war, legte er Ranzen und Stock ab, er packte seine Tunika am unteren Saum, zerrte sie mit einem einzigen Ruck über den Kopf hinaus, und da stand er jählings nackt wie Adam. Hier sieht ihn der Hirte schon nicht mehr, auch folgte ihm kein neugieriges Lamm, aus den Höhen haben ihn lediglich einige Vögel im Blick, die sich zu einer Grenze noch vorwagten, und vom Erdboden her kleines Getier, Ameisen, irgendeine Assel, ein Tausendfuß, der vor Erschrecken den giftigen Schwanz hebt, sie hier sind ohne ein Erinnern an den nackten Menschen, noch wissen sie, wozu das sein soll. Fragte man Jesus,

Warum hast du dich ausgezogen, er würde, unverständlich für die Halbflügler, Myriapoden und Spinnentiere, vielleicht antworten, Die Wüste darf einer nur nackt betreten. Nackt sagen wir, trotz der Dornen, die einem die Haut zerkratzen und die Schamhaare zupfen, nackt trotz der schneidenden Grate und der schürfenden Sande, nackt trotz der lodernden Sonne, die Spiegelungen erzeugt und blendet, nackt, endlich, um das verlorene Schaf zu suchen, das unser, weil wir es mit unserem Zeichen versehen haben. Die Wüste tut sich vor Jesu Füßen auf und schließt sich hinter ihm, als wollte sie ihm den Rückweg nehmen. Das Schweigen braust in seinen Ohren wie das Rauschen in einer jener Muscheln, die tot und leer an den Strand gespült werden und dann daliegen, sich füllen mit dem Tosen der Wellen, bis einer kommt, sie findet, sie bedächtig ans Ohr legt, lauscht und dann sagt, Die Wüste. Jesu Füße bluten, die Sonne hält die Wolken fern, um mit Schwertstichen seine Schultern zu verletzen, die Dornen zerreißen ihm die Haut der Waden, ungebärdig, die Borsten stechen ihn, Schaf, wo bist du, ruft er, und die Hügel reichen die Frage weiter, Wo bist du, wo bist du, und riefen sie lediglich dies, wüßten wir, endlich, was ein vollkommenes Echo ist, doch es legt sich das lange und ferne Rauschen der Muschel darüber, Gooott, Gooott, Gooott murmelnd. Hier nun aber unvermittelt, als wären die Hügel von seinem Weg zurückgewichen, trat Jesus aus dem Labyrinth der Täler hinaus auf einen kreisförmigen ebenen Sandplatz, und in der Mitte des Runds gewahrte er das Schaf. Er rannte hin, so schnell ihn die wunden Füße trugen, doch eine Stimme gebot ihm Einhalt, rief, Warte. Eine Wolke von der doppelten Höhe eines Menschen, irgendwie Rauchsäule, die langsam um sich selbst kreiste, befand sich vor ihm, und die Stimme kam aus jener Wolke, Wer spricht zu mir, fragte Jesus, erschaudernd, die Antwort schon ahnend, Ich bin der Herr, sprach die Stimme, und da wußte Jesus, warum er sich eingangs der Wüste hatte entkleiden müssen, Du hast mich hergeführt, was begehrst du von mir, fragte Jesus, Heute noch nichts, eines Tages aber will ich dir alles abverlangen, Was ist alles, Das Leben, Du bist der Herr, das Leben, das du uns gabst, steht allemal dir zu, Mir bleibt keine andere Wahl, ich kann kein Gewimmel auf Erden zulassen, Und mein Leben, wozu benötigst du es, Noch zu früh für dich, es zu erfahren, noch bleibt dir viel Zeit zu leben, doch ich kündige dir an, damit du in Geist und Leib dann wohl gerüstet seist, was ich dir vorbestimmt habe, wird von höchster Fügung sein, Herr, o Herr, ich verstehe nicht, weder was du sagst, noch was du von mir begehrst, Dir werden Macht und Ruhm zuteil, Welche Macht, welcher Ruhm, Erfahren sollst du es, wenn ich dich wieder rufe, Wann wird das sein, Keine Eile, lebe dein Leben, so gut du es vermagst, Herr, hier stehe ich, und da du mich nackt vor dich geführt hast, säume nicht, gib mir schon heute, was du mir für morgen bereithältst, Wer sagte, daß ich dir etwas geben will, Das Versprechen kam von dir, Es ist ein Tausch nur, ein Tausch, Mein Leben im Tausch wofür, Gegen die Macht, Und auch den Ruhm, das habe ich nicht vergessen, doch wenn du mir nicht sagst, welche Macht und Macht worüber, welchen Ruhm und vor wessen Angesicht, dann war es ein vorschnelles Versprechen, Du wirst mir wieder begegnen, wenn du gerüstet bist, doch fortan schon begleiten dich meine Zeichen, Herr, sage mir, Schweig, keine weiteren Fragen, die Stunde wird kommen, nicht früher und nicht später, zur rechten Zeit erfährst du, was ich von dir begehre, Dich hören, Herr, heißt gehorchen, aber eine Frage habe ich dennoch, Nerv mich nicht, Herr, es muß sein, So sprich, Darf ich mein Schaf mitnehmen, Ah, also das war es, Ja, nur das, darf ich, Nein, Warum nicht, Weil du es mir als Unterpfand des Bundes, den ich soeben mit dir geschlossen habe, opfern wirst, Dieses Schaf, Jawohl, Ich opfere dir ein anderes, ich eile zur Herde und bin gleich zurück, Erzürne mich nicht, dieses will ich, kein anderes, Aber schau, Herr, es hat einen Makel, ihm fehlt die Ohrspitze, Du irrst, das Ohr ist unversehrt, Ja wie ist das nur möglich, Ich bin der Herr, dem Herrn ist nichts unmöglich, Aber dies ist mein Schaf, Wieder täuscht du dich, das Lamm gehört mir, und du hast es mir entwendet, nun begleicht das Lamm die Schuld, Dein Wille geschehe, die ganze Welt ist dein, und ich bin dein Diener, Opfere also, oder es gibt keinen Bund, Aber schau, Herr, ich bin nackt, ich habe kein Messer, keine Stichwaffe, diese Worte sprach Jesus voll Hoffnung und meinte, dem Schaf das Leben retten zu können, Gott aber erwiderte, Ich wäre nicht der Herr, wenn ich dir diese Schwierigkeit nicht zu lösen wüßte, hier nimm. Kaum gesagt, lag zu Jesu Füßen ein neues Stichmesser, Geh, eile, ich habe noch andere Dinge zu tun, sprach Gott, ich kann nicht ewig hier warten. Jesus nahm das Messer, schritt auf das Schaf zu, das den Kopf hob, Mühe hatte, ihn zu erkennen, hatte es ihn ja noch nie nackt gesehen, auch ist, wie bekannt, der Geruchssinn dieser Spezies wenig entwickelt, Weinst du etwa, fragte Gott, Meine Augen sind immer so, sagte Jesus. Das Messer schwang in die Höhe, wählte den Stichwinkel, sauste herab wie Henkersbeil, oder wie die Klinge der noch zu erfindenden Guillotine. Das Lamm gab keinen Laut von sich, man hörte nur ein Ahh, das zufriedene Aufseufzen Gottes. Jesus fragte, Darf ich jetzt gehen, Darfst du, und vergiß nicht, ab heute gehörst du mir, vom Blute her, Wie habe ich mich von dir zu entfernen, Bleibt sich im Prinzip gleich, für mich gilt nicht Vorder- noch Rückseite, doch Sitte ist der Rückwärtsgang, unter Verbeugungen, Herr, Welch ein Quälgeist, Mann, was denn nun noch, Der Hirte der Herde, Welcher Hirte, Mein Gefährte, Was ist mit ihm, Ist er ein Engel oder ein Teufel, Er ist eine mir bekannte Person, Sprich, ist er ein Engel oder ein Teufel, Ich sagte dir schon, für Gott gibt es nicht Vorder- noch Rückseite, das sei es. Die Rauchsäule war da und dann schon nicht mehr, verschwunden war das Schaf, zu sehen nur noch das Blut, und dieses drängte es, sich im Erdreich zu verbergen.

Als Jesus auf das Feld zurückkam, musterte ihn der Hirte und fragte, Das Schaf, und Jesus erwiderte, Ich bin Gott begegnet, Ich fragte nicht, ob du Gott begegnet bist, sondern ob du das Schaf gefunden hast, Ich habe es geopfert, Warum, Gott war da, es mußte sein. Mit der Spitze seines Stabes zog der Hirte einen Strich über den Erdboden, tief wie eine Ackerfurche, unüberwindbar wie ein Feuergraben, dann sprach er, Nichts hast du gelernt, geh.

Wie soll ich gehen mit so übel zugerichteten Füßen, sann Jesus, unterdessen sich der Hirte auf die andere Seite der Herde begab. Gott, der das Lamm so sauber hatte verschwinden lassen, hatte ihn nicht, aus der Wolke her, gütigst mit seiner göttlichen Spucke bedacht, damit der gepeinigte Jesus mit ihr seine Wunden benetzen und heilen könnte, denn da quoll weiterhin Blut hervor, das auf den Steinen glänzte. Der Hirte hatte ihm nicht geholfen, hatte nur seine Schelte vorgebracht und sich dann entfernt, wie in Erwartung, daß sein Spruch erfüllt würde, nicht gelüstig, bei den Abreisevorbereitungen dabei zu sein, weit weniger noch jenem Lebewohl zu sagen. Unter Mühen, auf Knien und Händen, erreichte Jesus die Lagerstelle, wo sich bei jedem Aufenthalt die Senngeräte häuften, Melkeimer, Schemel, und auch die Felle von Schaf und Ziege, die sie gerbten und dann gegen benötigte andere Güter tauschten, gegen eine Tunika, einen Umhang, unterschiedlichste Nahrungsmittel. Jesus überlegte, daß man ihm nichts vorwerfen könne, wenn er sich seinen Lohn selbst auszahlte, indem er sich aus der Schafhaut so etwas wie Sandalen zurechtschnitt oder Fellsocken, um die Füße darin zu bergen, mit Schnüren aus Ziegenleder, die besser handhabbar, da weniger behaart. Beim Zuschneiden überlegte er noch, ob er die Behaarung innen oder außen tragen sollte, und er entschied, sie als Innenfutter zu nutzen, da die Füße gar übel zugerichtet waren. Schlimm ist nur, daß die Wunden mit den Haaren verkleben werden, doch da er schon entschieden hatte, den Jordan entlang zu wandern, reicht es gewiß aus, die beschuhten Füße ins Wasser zu tauchen, und bald löst sich der Blutschorf. Erst recht wird das Gewicht der aufgeweichten Bälge, denn so sah das wahrhaftig aus, sanft mithelfen, die Füße von der wolligen Unterlage zu lösen, ohne daß der schützende und lindernde Schorf abgeht. Ein von der Strömung fortgespülter Faden Bluts war später an der guten Farbe erkennbar, Zeichen dafür, daß die Wunde sich, kaum zu glauben, nicht entzündet hatte. Jesus, auf seinem zögerlichen Marsch nordwärts, legte verständlicherweise lange Ruhepausen ein, er saß am Flußufer, mit den Füßen im Wasser, genoß die kühle Frische und die Medizin. Ihn schmerzte, daß er auf diese Weise verstoßen worden war, unmittelbar nach der Begegnung mit Gott, ein einmaliges Ereignis im vollen Sinne des Wortes, denn soviel er zu wissen meinte, konnte sich keiner seiner Zeitgenossen, in ganz Israel nicht, rühmen, Gott gesehen und dies überlebt zu haben. Freilich, gesehen, was man eben sehen nennt, hatte er ihn nicht, doch wenn vor uns in der Wüste eine Wolke auftaucht in Gestalt einer Rauchsäule, und diese spricht, Ich bin der Herr, und dann ein Gespräch führt, ein logisch vernunftvolles, obendrein mit bestimmendem Gebaren, das Widerspruch nicht duldet und darum nur göttlich sein konnte, dann wäre Zweifel, wie gering auch immer, Beleidigung. Daß der Herr der Herr war, hatte er mit seiner Erwiderung bewiesen, als Jesus ihn bezüglich des Hirten ansprach und jene eher beiläufigen Worte hörte, in denen ein bißchen Herablassung jedoch auch Vertraulichkeit durchschien, noch verstärkt um seine Weigerung, klarlegen zu wollen, ob jener ein Engel oder ein Teufel gewesen. Doch das Interessante war, daß die Worte des Hirten, hart und anscheinend an der Kernfrage vorbei, das Übernatürliche der Begegnung zusätzlich bestätigten, Ich fragte nicht, ob du Gott begegnet bist, das hörte sich an, als sagte er, Selbst hierin weiß ich Bescheid, als überraschte ihn die Mitteilung nicht, als hätte er es von vornherein gewußt. Offenbar aber verzieh jener ihm die Tötung des Lamms nicht, nur das konnte er mit seinen abschließenden Worten gemeint haben, Nichts hast du gelernt, geh, und dann hatte er sich ostentativ auf die andere Seite der Herde begeben, stand dort, ihm den Rücken zukehrend, bis er sich davongemacht hatte. Nun aber, bei einer dieser Gelegenheiten, als Jesus die Gedanken schweifen ließ und sich ausmalte, was der Herr wohl von ihm begehrte, wenn man sich wiederbegegnete, klangen ihm die Worte des Hirten jäh so klar vernehmlich im Ohr, als stünde der neben ihm, Nichts hast du gelernt, und plötzlich war das Gefühl von Verlassensein, von Abwesenheit, von Einsamkeit so gewaltig, daß er aus tiefstem Herzen seufzte, hier saß er allein am Jordanufer, betrachtete seine Füße im durchscheinenden Fluß und sah aus der einen Ferse einen Faden Blut quellen, und wie sie sich da im fließenden Wasser leicht bewegten, gehörten sie plötzlich nicht mehr ihm, das Blut und die Füße, sein Vater war es, der da herbeihumpelte auf seinen vom Nagel durchbohrten Füßen, um die Frische des Jordans zu genießen und ihn, wie der Hirte, anzusprechen mit den Worten, Du mußt zum Ursprung zurückkehren, nichts hast du gelernt. Jesus, als höbe er von der Erde eine schwere lange Eisenkette auf, brachte sich sein Leben in Erinnerung, Glied um Glied, geheimnisvolle Verkündung, Empfängnis, Glitzererde, Geburt in der Grotte, Kindermord zu Bethlehem, Vaters Kreuzigung, die geerbten Alpträume, die Flucht fort von daheim, das Streitgespräch im Tempel, Zelomis Enthüllung, das Erscheinen des Hirten, das Leben mit der Herde, das gerettete Lamm, die Wüste, das getötete Lamm, Gott. Und da dieses letzte Wort gar zu groß war, als daß sich sein Geist weiter mit ihm hätte befassen können, versteifte er sich auf die Überlegung, warum ein vor dem Tode bewahrtes Lämmchen als Schaf nun hatte sterben müssen, eine dem Anschein nach törichte Frage, indes verständlicher, wenn folgendermaßen übersetzt, Keine Rettung ist hinlänglich, jede Verdammung aber endgültig, Das letzte Glied der Kette ist nun dies hier, er sitzt am Saume des Jordans, vernimmt den klagenden Gesang einer Frau, die er von seinem Fleck aus nicht sehen kann, sie mag drin in den Binsen hocken, beim Wäschewaschen, oder sie badet, Jesus möchte in Erfahrung bringen, daß dies alles eins ist, das zum toten Schaf gewordene lebende Lamm, die Vaters Blut verströmenden eigenen Füße, das singende Weib, das da rücklings im Wasser schwimmt, die straffen Brüste hervorreckt, den schwarzen Schamhügel aus den vom Wind gekräuselten kleinen Wellen hebt, wahr ist, daß Jesus bis zu diesem Tage kein Weib jemals nackt sah, doch ein Mann, der sich schon beim Anblick einer schlichten Rauchsäule ausdenken kann, wie das sein wird, Gott gegenüberzustehen, wenn für den einen und den anderen der Tag gekommen ist, der vermag sich sehr wohl auch die Einzelheiten einer nackten Frau vorzustellen, sofern nackt der rechte Ausdruck ist, sie zu schöpfen aus einer Melodie,

die er singen hört, selbst wenn wir nicht wissen, ob die Worte an uns gerichtet sind. Josef ist schon nicht mehr hier, ist zurück in das Massengrab von Sepphoris, vom Hirten ragt noch nicht einmal die Spitze seines Stabs hervor, und Gott, falls, wie man so sagt, allgegenwärtig, tritt dieses Mal nicht in Gestalt einer Rauchsäule auf, sondern vielleicht als dieses fließende Wasser, in dem die Frau soeben badet. Jesu Körper regte sich, schwoll in dem, was er zwischen den Schenkeln trug, wie es allen Menschen und allen Tieren widerfährt, das Blut pulste geschwind an einen einzigen Ort, in einem Maße, daß ihm die Wunden jäh versiegten, Herr, wie kraftvoll doch dieser Körper ist, Jesus aber drängte nicht zum Weibe, seine Hände wiesen die Hände der heftigen Fleischesversuchung zurück, Ein Niemand bist du, wenn du nicht dich selbst liebst, du gelangst nicht zu Gott, bevor du nicht zu deinem Körper gelangtest. Wer diese Worte sprach, ist nicht bekannt, Gott würde sie nicht sagen, es sind nicht Kugeln seines Rosenkranzes, vom Hirten könnten sie durchaus stammen, wäre der nicht so weit fort von hier, vielleicht, wer weiß, waren es die Worte jenes Liedes, das die Frau sang, Jesu kam der Gedanke, wie angenehm es sein könne, wenn er sich zu ihr begab und sie bat, ihm die Worte zu erläutern, doch nun war die Stimme nicht mehr zu hören, vielleicht hatte die Strömung sie fortgetragen, oder die Frau war, schlicht, dem Wasser entstiegen, um sich abzutrocknen und anzukleiden, und ihr Körper verstummt. Jesus streifte die durchweichten Schuhhüllen wieder über die Füße, und das Wasser, wie bei einem Schwamm, quoll an allen Seiten hervor. Herzlich lachen wird die Frau, falls sie herwärts kommt und die grotesken nassen Stapfen sieht, es könnte aber sein, daß dieses spöttische Lachen nicht lange anhält, falls ihr Blick Jesu Körper hinaufschweift und sie da die Formen errät, die seine Tunika verbirgt, und falls sie in der Betrachtung seiner Augen verhält, der von altem Schmerz und von neu erst aufgeflammten Sehnsüchten gezeichneten. Unter wenig Worten, oder keinen, wird ihr Körper sich wieder entkleiden, und ist geschehen, was man in diesen Fällen stets gewärtigen muß, wird sie ihm die Schuhe ganz behutsam von den Füßen streifen und sich der Wunden annehmen, jedem Fuß wird sie einen Kuß aufdrücken und diese dann, als wären sie ein Ei oder eine Samenkapsel, in ihr feuchtes Haar hüllen. Auf dem Wege kommt niemand, Jesus schaut in die Runde, er seufzt, sucht einen verborgenen Winkel, wendet sich ihm zu, plötzlich aber bleibt er stehen, rechtzeitig fiel ihm ein, daß der Herrgott Onan das Leben nahm, weil jener seinen Samen auf die Erde rinnen ließ. Nun, hätte doch Jesus der klassischen Episode eine weitere analytische Drehung gegeben, was übrigens im Einklang mit den eigenen Denkvorgängen wäre, und hätte er sich besser doch nicht abschrecken lassen von Gottes gnadenloser Strenge, und dies aus zwei Gründen, erstens weil keine Schwägerin zugegen war, mit der er, dem Gesetze gemäß, einem verstorbenen Bruder hätte Nachkommenschaft geben müssen, und zweitens, ein vielleicht noch triftigerer Grund, Gott verband, in der Wüste bereits kundgetan, mit der Person Jesu einige feste, wiewohl noch nicht offenbarte Vorstellungen in betreff seiner Zukunft, es demnach nicht denkbar noch logisch, daß er die Inaussichtstellungen vergäße und nun alles vermasseln würde, nur weil eine unbeherrschte Hand hingefaßt hatte, wo es nicht sein durfte, weiß doch der Herrgott, was Leibesnöte sind, es ist ja nicht nur platt das Essen und Trinken, sofern daran etwas platt, es gibt, betonen wir, auch andere Notdürfte, die sich nicht weniger mühvoll stillen lassen. Diese und ähnliche Überlegungen, die Jesus helfen müßten in seinem höchst menschlichen Drang, zu bestimmtem Zweck ein den Blicken entzogenes Versteck aufzusuchen, erzeugten letztlich aber gegenteilige Wirkung, der Gedankenfluß dessen, was ihn innerlich bewegte, fand sich in den eigenen Mäandern verschlungen, mit dem Ergebnis, daß ihm der Drang abhanden kam, von Begehren nicht erst zu reden, denn da dieses sündhaft ist, macht ein Nichts es schwinden und verschwinden. Jesus ergab sich seiner Tugend, schulterte den Ranzen, griff zum Stock und wanderte weiter.

Am ersten Tag diese Reise entlang des Jordan veranlaßte ihn die vier Jahre geübte Einzelgängerschaft, sich den spärlichen Siedlungen fernzuhalten. Doch je näher er dem See Genezareth kam, desto schwieriger wurde es, den Dörfern auszuweichen, zumal sie, von bestellten Äckern umgeben, nicht immer bequem durchquerbar, er also zu Umwegen genötigt war, schon auch weil sein landstreicherhaftes Aussehen den Argwohn der Bauersleute erregte. Darum beschloß er, lieber gleich unter die Menschen zu gehen, und was er sah, mißfiel ihm wahrlich nicht, nur deren Lärm, dessen er sich entwöhnt hatte, störte ihn sehr. Im ersten Dorf, das er betrat, bereitete ihm eine johlende Meute Gassenbuben üblen Empfang wegen seines Schuhwerks, und gänzlich überflüssig, hatte er doch genügend Geld bei sich, um ein neues Paar Sandalen kaufen zu können, erinnern wir uns, seit der Pharisäer ihm jene Münzen gab, hat er sein Geld nicht angerührt, vier Jahre hat er sparsam gelebt und es nicht ausgeben müssen, das ist höchster Reichtum, um mehr braucht man den Herrgott nicht zu bitten. Nun die Sandalen gekauft waren, blieben ihm von seinem Geldschatz zwei Münzen geringen Werts, doch die Not drückt ihn nicht mehr, bald wird er an seinem Ziel sein, in Nazareth, zu Hause, wohin er ganz gewiß zurückkehrt, denn als er es damals verließ, dem Anschein nach endgültig, hatte er versichert, So oder so, ich komme wieder. Er kommt ohne Eile, säumt die tausend Schlingungen des Jordans, wahr ist auch, der Zustand seiner Füße erlaubt ihm keine Gewaltmärsche, Hauptgrund aber für sein gemächliches Wandern war die Gewißheit verläßlichen Eintreffens dort, wie wenn einer denkt, Mir ist, als wäre ich am Ziel, doch ein anderes Gefühl, ihm weniger bewußt, verlangsamte seine Schritte noch mehr, irgend etwas, ausdrückbar vielleicht in den Worten, Je früher ich eintreffe, desto eher gehe ich wieder fort. Er wanderte das Seeufer entlang, nordwärts, schon ist er auf der Höhe von Nazareth und müßte sich, wollte er eilends heim gelangen, auf dem Absatz lediglich nach Sonnenuntergang wenden, doch die blauen, weiten, stillen Wasser des Sees halten ihn zurück. Gern setzt er sich am Ufer hin und schaut den Fischern bei ihrem Tun zu, als Knabe einst, in Begleitung seiner Eltern, war er wiederholte Male hier gewesen, doch noch nie hatte er aufmerksam das Tun dieser Männer verfolgt, die einen Schweif von Fischgerüchen hinter sich herziehen, als wären sie selbst Meeresbewohner. Solange Jesus hier unterwegs war, verdiente er sich seinen Tagesunterhalt mit dem, was er wußte, und das war nichts, und mit dem, was er konnte, das war wenig, ein Boot an Land ziehen oder es ins Wasser schieben, ein pralles Netz mit anpacken, die Fischer sahen seine bedürftige Miene, gaben ihm zum Lohn zwei oder drei grätenreiche Fische. Jesus, scheu, briet sie sich anfangs abseits, doch dann war er schon drei Tage dort, und bereits am zweiten hatten die Fischer ihn bei sich zu Tisch haben wollen. Und am letzten Tag fuhr er gar mit hinaus auf den See, im Boot zweier Brüder, die Simon und Andreas hießen und älter waren als er, indes noch keine Dreißig. Mitten auf dem Wasser, ohne Erfahrung im Fischen und selber lachend über sein Ungeschick, wagte es Jesus, angespornt von seinen neuen Freunden, das Netz auszuwerfen, mit jener ausholenden Geste, die von fern wie Segnung anmutet oder eine Herausforderung, und das Ergebnis war weiter nichts, als daß er bei einem der Versuche um ein Haar ins Wasser gefallen wäre. Simon und Andreas lachten herzhaft, wußten sie ja bereits, daß Jesus sich nur auf Ziegen und Schafe verstand, und Simon sagte, Besseres Leben wäre uns beschieden, wenn sich die Fische wie Schafherden hin- und hertreiben ließen, Jedenfalls aber gehen sie nicht verloren, sagte Jesus, entwischen nicht, hier sind sie, allesamt, in der Schüssel des Sees, alle Tage fliehen sie das Netz, alle Tage fangen sie sich drin. Das Ergebnis diesmal war mager, die Planken des Bootes noch nicht zur Hälfte bedeckt, und Andreas sagte, Bruder, kehren wir heim, dieser Tag hat schon alles hergegeben. Simon pflichtete bei, Recht hast du, ab nach Hause. Er legte die Riemen in die Dollen und wollte zum ersten der Schläge ausholen, die sie ans Ufer brächten, doch da geschah es, daß Jesus, und wir meinten nicht eigenes inspiriert oder in sonderlicher Vorahnung, nur halt so, wiewohl unerklärlich, um seine Dankbarkeit zu beweisen, daß Jesus also bat, sie sollten noch letzte drei Versuche machen, Wer weiß, vielleicht hat der Hirte die

Fischherde doch noch her vor uns geführt. Simon lachte, Das ist ein weiterer Vorteil der Schafe, man kann sie sehen, sagte er, und zu Andreas, Wirf das Netz aus, wenn wir nichts gewinnen, haben wir nichts verloren. Andreas tat es, und das Netz kam prallvoll herauf. Groß war die Verblüffung der zwei Fischer, doch sie wandelte sich in Staunen und Verzückung, als es beim zweiten und beim dritten Mal genauso voll zurückkam. Aus einem See, der gerade noch bar an Fischen geschienen, wie Brühe im Angesicht eines reinen Quells, tauchte in nie gekannter Menge, schwallweise und schillernd, ein das Auge verwirrendes Gewimmel an Kiemen, Rücken und Flossen auf. Simon und Andreas fragten ihn, woher er gewußt habe, daß die Fische eben jetzt vorbeikämen, ob er denn mit Luchsaugen die Bewegung in Wassers Tiefe wahrgenommen habe, Jesus verneinte, er wisse es auch nicht, es sei nur eben ein Einfall gewesen, der Wunsch, es vor der Rückkehr ein letztes Mal zu versuchen. Die zwei Brüder hatten keinen Grund, das Gesagte zu bezweifeln, der Zufall bringt manches Wunder zustande, aber Jesus, innerlich, erschrak, und still in der Seele fragte er sich, Wer hat das vollbracht. Simon sagte, Hilf beim Auswählen, nun aber, dies ist gute Gelegenheit zu erklären, daß nicht auf diesem Meer von Genezareth die ökumenische Redensart aufkam, Alles was ins Netz geht, ist Fisch, hier gelten andere Kriterien, Fisch mag wohl sein, was das Netz einbrachte, doch das Gesetz ist in diesem wie in allen Punkten eindeutig, Ihr dürft essen alle Tiere mit Flossen und Schuppen, die im Wasser des Meeres und der Flüsse leben, aber alles Kleingetier des Wassers und alle Lebewesen, die im Wasser leben und keine Flossen oder Schuppen haben, seien euch ein Greuel, ihr sollt sie als widerlich betrachten, von ihrem Fleisch dürft ihr nicht essen, und ihr Aas sollt ihr verabscheuen. Alles, was ohne Flossen und Schuppen im Wasser lebt, sei euch ein Greuel. Die abgewiesenen Fische von glatter Haut, die vom Tisch des erwählten Volkes verbannten, wurden dem See zurückgegeben, deren viele sich hieran gar schon gewöhnt hatten, sich nicht drum scherten, wenn sie eingeholt wurden, wußten sie doch um ihre prompte Rückkehr ins Wasser, ohne Gefahr, den Erstickungstod zu erleiden. Sie, in ihrem Fischkopf, wähnten sich in der Gunst des Schöpfers, oder daß sie gar seine besondere Zuneigung genossen, weshalb sie sich als etwas Besseres fühlten, denn die in den Booten verbliebenen Fische mochten, verdeckt in den dunklen Wassern, schlimme Verfehlungen begangen haben, wegen derer Gott sie ohne Erbarmen sterben ließ.

Als sie endlich ans Ufer gelangten, mit viel Geschick und unter tausenderlei Vorkehr, damit sie nicht kenterten, weil die Wellen des Sees schon am Bootsrand leckten, es gleichsam zu verschlingen drohten, da kannte die Überraschung der Leute keine Grenzen. Sie wollten wissen, wie es hatte geschehen können, waren doch die anderen Fischer mit nackten Planken zurückgekehrt, doch die drei Glückspilze, in stiller Übereinkunft, schwiegen zum Hergang dieses wunderlichen Fangs, Simon und Andreas, damit ihr fachliches Können und Ansehen nicht Einbuße erlitte, und Jesus, weil er nicht wollte, daß die anderen Fischer ihn als Lockvogel ebenfalls auf ihren Booten einsetzten, was aber, sagen wir, nur gerecht wäre, Schluß ein für allemal mit der unterschiedlichen Behandlung von Kindern und Stiefkindern, die so viel Unheil über die Welt gebracht hat. Aus eben dieser Überlegung kündete Jesus noch selbigen Abends an, er wolle am folgenden Morgen nach Nazareth, wo seine Familie ihn erwartete, nach vier Jahren Abwesenheit und nach Abenteuern, die man teuflisch nennen konnte, so anstrengend waren sie gewesen. Gar sehr beklagten Simon und Andreas die Entscheidung, die sie des besten Erspähers von Wassertieren beraubte, den es seit Menschengedenken auf dem Genezareth gegeben hatte, und es beklagten dies auch weitere zwei Fischer, Jakob und Johannes, Söhne des Zebedäus, etwas schlichte Burschen, die man scherzhaft fragte, Wer ist der Vater der Söhne des Zebedäus, und die Ärmsten stutzten, schauten baff, und wiewohl sie, da dessen Söhne, die Antwort freilich wußten, standen sie einen Augenblick verdutzt und bang da. Jesu Fortgehen bedauerten sie, weil ihnen die Gelegenheit zu einem prächtigen Fang verlorenging, außerdem aber waren sie jung, Johannes gar jünger als Jesus, und gern hätten sie mit ihm eine Jungmännermannschaft gebildet, um mit der etwas älteren Generation in Wettstreit zu treten. Schlichte Gemüter, aber nicht einfältig oder geistig zurückgeblieben waren sie, nur immer gedankenabwesend muteten sie an, darum schraken sie auf, sooft sie nach dem Vater der Söhne des Zebedäus gefragt wurden, und verstanden nicht, warum die Leute so herzlich lachten, wenn sie triumphierend dann Zebedäus antworteten. Johannes wagte einen letzten Versuch, er trat zu Jesus und sagte, Bleib bei uns, unser Boot ist größer als das von Simon, wir werden mehr Fische fangen, und Jesus, gebildet und fromm, erwiderte, Das Maß des Herrn ist nicht des Menschen Maß, sondern das seiner Gerechtigkeit. Johannes sagte hierauf nichts, entfernte sich mit hängendem Kopf, der gesellige Abend verstrich, ohne daß sich weitere Bewerber meldeten. Tags darauf verabschiedete sich Jesus von den ersten Freunden, die er in den achtzehn Jahren seines bisherigen Lebens gewonnen hatte, und mit geschnürtem Ranzen diesem Meer von Genezareth den Rücken zukehrend, wo er einem gründlichen Irrtum erlegen oder aber Gott ihm ein Zeichen gegeben hatte, wandte er seine Schritte endlich den Bergen zu, hin nach Nazareth. Doch wollte es das Schicksal, daß ihm, als er durch den Ort Magdala kam, eine Wunde am Fuß aufbrach, die so gar nicht heilen mochte, in einem Maße, daß es schien, der Blutfluß ließe überhaupt nicht nach. Auch wollte es das Schicksal, daß dies ausgangs von Magdala geschah, und sozusagen vor der Tür eines Hauses, das sich den anderen etwas fernhielt, gleichsam Abstand wahrend, oder von jenen fortgewiesen. Jesus sah das Blut unstillbar fließen, weshalb er in das Haus hineinrief, Hallo, ist da jemand, und schon erschien in der Tür eine Frau, gerade so, als hätte sie den Ruf erwartet, andererseits der Anflug von Überraschtheit auf ihrem Gesicht uns glauben machen könnte, sie sei es gewohnt, daß man ihr Haus ohne Anklopfen betrat, und recht überlegt, war zum Überraschtsein wohl weniger Grund als in jedwedem anderen Fall, denn dieses Weib ist eine Hure, und ihre Berufsehre auferlegt ihr alsdann, die Haustür zu verschließen, wenn sie einen Kunden empfängt. Jesus, da auf dem Erdboden sitzend und die freigelegte Wunde pressend, sah die Frau jählings herbeitreten, Hilf mir, sagte er, und als er die sich ihm entgegenreckende Hand gepackt hatte, konnte er aufstehen und humpelnd einige Schritte tun, Bist außerstande zu gehen, sagte sie, tritt ein, ich behandele dir diese Verletzung. Jesus sagte nicht Ja und nicht Nein, der Duft der

Frau verwirrte ihn in einem Maße, daß der beim Bersten der Wunde verspürte Schmerz im Nu schwand, und nun, einen Arm über ihre Schulter gelegt, während er seine Hüfte von einem anderen Arm umschlungen fühlte, der freilich der seine nicht sein konnte, wurde er die Verwirrung gewahr, die ihm den Körper in alle Richtungen flutete, vielleicht treffender gesagt die Sinne, denn in sie, oder in einen, der indes nicht das Sehen ist, nicht das Hören, nicht das Riechen, nicht das Schmecken und nicht das Ertasten, aber von allem ein Teil sein könnte, da hinein mochte alles münden, unberufen. Die Frau half ihm in den Innenhof, schloß das Tor, hieß ihn sich setzen, Warte, sprach sie, trat ins Haus und kehrte mit einer Tonschüssel und einem weißen Tuch zurück. Sie goß Wasser in das Gefäß, benäßte das Tuch, kniete zu Jesu Füßen hin, hielt im linken Handteller den wunden Fuß, wusch ihn behutsam, säuberte ihn vom Schmutz, weichte den geborstenen Schorf auf, aus dem, blutvermengt, eine häßliche gelbe Eitermasse quoll. Die Frau sagte, Nicht mit Wasser heilst du das, und Jesus sagte, Ich bitte dich lediglich, mir die Wunde irgendwie zu verbinden, daß ich bis Nazareth gelange, dort pflege ich mich dann, um ein Haar hätte er gesagt, Dort pflegt meine Mutter mich, doch er besann sich, wollte vor dieser Frau nicht als kleiner Junge dastehen, der, sobald über einen Stein gestolpert, Mammi, Mammi ruft, in den Arm genommen werden möchte, daß sie ihm lind den verletzten Zeh pustet, ihn mit den Fingern lieb streichelt, Ist ja weiter nichts, mein Bub, ist schon vorbei. Bis Nazareth hast du noch einen weiten Weg, falls du aber gehen möchtest, will ich dir doch erst mal Salbe auftragen, sagte die Frau, trat ins Haus und blieb diesmal etwas länger fort. Jesus schaute sich im Hof um, überrascht, denn zeitlebens hatte er so viel Sauberkeit und Ordnung noch nie gesehen. Er argwöhnt in dieser Frau eine Hure, ohne etwa sonderliche Gabe, auf Anhieb Berufe zu erraten, noch nicht lange her hätte man ihn selber am Geruch nach Ziege erkannt, und jetzt werden alle sagen, Fischer ist er, der eine Geruch ging, ein anderer kam und ist nicht weniger aufdringlich. Die Frau duftet nach Parfüm, Jesus aber, unschuldhaft zwar, was nicht unwissend bedeutet, hatte er doch Gelegenheit zu sehen, wie Geißbock und Widder es tun, hinlänglich verständigen Sinns, weiß, daß ein wohlriechender Körper noch nicht zur Behauptung berechtigt, eine Frau sei Hure. Eigentlich müßte eine Frau nach dem riechen, womit sie Umgang hat, nach Mann, so wie der Ziegenhirt nach Ziege riecht und der Fischer nach Fisch, vielleicht aber, wer weiß, parfümieren sich diese Frauen so sehr, weil sie den Geruch nach Mann verbergen, verhehlen oder just selbst vergessen möchten. Die Frau kehrte mit einem Steinguttöpfchen zurück, kam lächelnd, als hätte ihr im Haus jemand eine vergnügliche Geschichte erzählt. Jesus sah sie nahen, dem Augenschein nach sehr langsam, wie man es zuweilen im Traum erlebt, die Tunika schwenkte, wogte, unterstrich beim Gehen das rhythmische Wiegen der Hüften, und es tanzten die gelösten schwarzen Haare der Frau über den Schultern, gleichsam ein Ährenfeld im Wind. Kein Zweifel, selbst für einen Laien wäre es das Gewand einer Hure, der Leib einer Tänzerin, das Lachen eines leichten Weibes. Jesus, in Not, wandte sich an sein Gedächtnis, erbat sich hilfreiche Lebenssprüche seines berühmten Namensvetters, des Verfassers Jesus, Sohn des Sirach, und die Erinnerung wartete ihm gut auf, raunte ihm aus dem Innern des Ohrs verschwiegen zu, Nah dich nicht einer fremden Frau, damit du nicht in ihre Netze fällst, und dann, Verkehr nicht mit einer Saitenspielerin, damit du nicht durch ihre Töne gefangen wirst, und endlich, Gib dich nicht mit einer Dirne ab, damit du deine Güter nicht verlierst, sich verlieren könnte der hiesige Jesus sehr wohl, ist er ja erst ein Jüngling, seinen Gütern indes, das wissen wir schon, droht nicht Gefahr, da sie ihm fehlen, weshalb er sich gerettet fühlen wird im gegebenen Augenblick, wenn die Frau ihn vor Besiegelung des Geschäfts dann fragt, Wieviel hast du. In allem gewappnet also ist Jesus, und also überrascht ihn die Frage nicht, die sie ihm stellte, während sie ihm, nun er den Fuß auf ihrem Knie hatte, Salbe über die Wunde strich, Wie heißt du, Jesus, so sagte er, und er sagte nicht aus Nazareth, weil das schon zuvor angedeutet worden, so wenig wie sie, weil sie hier wohnte, aus Magdala sagte, als sie auf seine Frage nach ihrem Namen Maria erwiderte. Über all diesem Tun und Bemerken legte Maria aus Magdala dem wunden Fuß Jesu den Verband fertig an, mit fester, haltbarer Schleife zum Abschluß. Da hast du, sagte sie, Wie soll ich es dir danken, fragte Jesus, und nun erst streifte sein Blick ihre schwarzen, wie Steinkohle glänzenden Augen, über die, als flösse da Wasser über Wasser, eine Art Schleier von Wollust sich legte, der Jesu Leib im Verborgensten heftig berührte. Die Frau antwortete vorerst nicht, sie musterte ihn ihrerseits, als verschlänge sie ihn, die Person, die er war, denn Geld, das sah man zur Genüge, besaß der arme Bursche keines, und endlich sprach sie, Behalte mich gut in Erinnerung, mehr nicht, und Jesus, Nicht vergessen werde ich deine Güte, dann, sich ein Herz fassend, Auch dich vergesse ich nicht, Warum, fragte lächelnd die Frau, Weil du schön bist, Hättest mich in den Zeiten meiner Schönheit sehen sollen, Ich sehe dich in der Schönheit dieser Stunde. Ihr Lächeln schwand, erlosch, Weißt du, wer ich bin, was ich tue, wovon ich lebe, Weiß ich, Brauchtest mich nur anzuschauen, und schon wußtest du alles, Nichts weiß ich, Daß ich eine Hure bin, Das weiß ich, Daß ich mich mit Mannsbildern hinlege, für Geld, Ja, Also wie ich sagte, alles weißt du über mich, Nur eben dies. Die Frau setzte sich neben ihn, fuhr ihm mit der Hand zart über das Haupt, berührte mit den Fingerspitzen seinen Mund, Wenn du mir danken willst, dann bleib heute bei mir, Kann ich nicht, Warum nicht, Womit sollte ich dich bezahlen, Große Neuigkeit, Lache nicht über mich, Magst es mir nicht glauben, aber schau, eher lachte ich über einen Mann mit voller Börse, Es ist nicht nur eine Frage des Geldes, Was also. Jesus blieb stumm, wandte den Blick ab. Sie kam ihm nicht zu Hilfe, fragen hätte sie können, Du bist unberührt, doch auch sie sagte kein Wort, musterte ihn nur. Schweigen herrschte, ein so dichtes und tiefes, daß, schien es, lediglich die zwei Herzen tönten, heftiger und schneller seins, ihres unruhig, in eigener Weise aufgeregt. Jesus sagte, Dein Haar gleicht einer Herde Ziegen, die herabzieht von Gileads Bergen. Die Frau lächelte, wortlos, Deine Augen sind wie die Teiche zu Heschbon, beim Tor von Bat-Rabbin. Wieder lächelte die Frau, stumm. Da wandte Jesus ihr das Gesicht bedächtig zu und sagte, Ich kenne noch kein Weib. Maria ergriff seine Hände, Das ist zwangsläufig eines jeden Beginn, Männer die kein Weib kannten, Frauen die keinen Mann kannten, eines Tages lehrte der Wissende und lernte der Nichtwissende, Möchtest du mich lehren, Damit du mir desto mehr Dank schuldest, So werde ich dir immerfort zu danken haben, Und ich will dich immerfort lehren. Maria erhob sich, ging das Hoftor verriegeln, doch zunächst hißte sie irgendeinen Gegenstand draußen, möglichen Kunden zur Mitteilung, daß sie ihr Fenster geschlossen hielt, weil es die Stunde des Gesangs war, Nordwind erwache, Südwind herbei, durchweht meinen Garten, laßt strömen die Balsamdüfte. Mein Geliebter komme in seinen Garten und esse von den köstlichen Früchten. Dann traten sie ins Haus, in das gastliche Halbdunkel eines erfrischenden reinlichen Zimmers, zusammen, Jesus, wie er es schon getan, gestützt auf Marias Schultern, dieser Hure aus Magdala, die ihn versorgte und ihn in ihrem Bett empfangen wird. Das Bett ist nicht jene über den Fußboden gebreitete bäuerische Matte mit grauen Laken, die Jesus im Hause der Eltern, solange er dort gelebt hatte, steter Anblick gewesen war, dies nun ist wahrhaftig ein Bett, wie jenes andere, von dem einer sagte, Ich habe Decken über mein Bett gebreitet, bunte Tücher aus ägyptischem Leinen, ich habe mein Lager besprengt mit Myrrhe, Aloe und Zimt. Maria aus Magdala führte Jesus vor den Herd, wo der Fußboden aus Ziegelsteinen war, und dort, seine Hilfe abweisend, entkleidete sie ihn mit ihren Händen und wusch ihn mit den Fingerspitzen, hier und hier und dort über seinen Körper fahrend, ihm zart die Brust und die Lende, der einen wie der anderen Seite, küssend. Unter diesen feinen Berührungen erbebte Jesus, spürte wohligen Schauer, sooft die Nägel der Frau ihm über die Haut strichen, Hab keine Angst, sagte Maria aus Magdala, sie trocknete ihn ab und führte ihn an der Hand vor das Bett, Leg dich hin, ich bin gleich zurück. Einen an ausgespannter Schnur hängenden Vorhang zog sie hinter sich zu, neuerliches Plätschern, dann Stille, nun wieder Parfümduft im Raum, und Maria aus Magdala erschien, nackt. Nackt war auch Jesus, wie sie ihn zurückgelassen, der junge Bursche meinte, dies müsse wohl so sein, den von ihr entblößten Körper bedecken käme einer Beleidigung gleich. Maria stand da vor dem Bett, sie betrachtete ihn mit entflammtem und zugleich sanftem Blick, Schön bist du, aber um vollkommen zu sein, mußt du die Augen auftun. Zag öffnete Jesus die Augen, schloß sie sofort, geblendet, öffnete sie wieder, und nun wußte er, was im eigentlichen jene Worte König Salomons sagten, Deiner Hüften Rund ist wie Geschmeide, gefertigt von Künstlerhand. Dein Schoß ist ein rundes Becken, Würzwein mangele ihm nicht. Dein Leib ist ein Weizenhügel, mit Lilien umstellt. Deine Brüste sind wie zwei Kitzlein, wie die Zwillinge einer Gazelle, doch noch besser und endgültig erfuhr er es, als Maria sich neben ihm hinstreckte, seine Hände nahm, sie heranzog, sie langsam hin über ihren ganzen Körper gleiten ließ, über die Haare und das Gesicht, über den Hals, die Schultern, die Brüste, die sie sanft preßte, den Bauch, den Nabel, den Schamhügel, wo sie verweilte, und die Finger verwirrte und entwirrte, über die Rundung der weichen Schenkel, und dies tuend, flüsterte sie fast säuselnd, Lerne, erlerne meinen Körper. Jesus betrachtete seine von Maria gehaltenen Hände, und er wünschte sie frei, damit sie frei suchen könnten, jedes einzelne Teil, doch sie fuhr fort, einmal, und wieder, und sagte, Lerne meinen Körper, erlerne ihn. Jesus atmete hastig, schien irgendwann dem Ersticken nahe, als ihre Hände dann, die Linke auf die Stirn gelegt und die Rechte auf den Knöchel, liebkosend einander zustrebten, langsam, einer Mitte entgegen, wo sie nur einen Augenblick verharrten, ebenso langsam zurückkehrten, zu neuerlichem Beginn. Nichts hast du gelernt, geh, hatte der Hirte gesagt und vielleicht gemeint, nicht gelernt habe er, das Leben zu verteidigen. Nun hatte Maria aus Magdala ihn gelehrt, Erlerne meinen Körper, und sie wiederholte, nun aber anders, ein Wort abwandelnd, Erlerne deinen Körper, und da war er, sein Körper, gespannt, hart, versteift, und über ihm war, nackt und wundervoll, Maria aus Magdala, die da sagte, Ruhig, nur keine Sorge, beweg dich nicht, laß mich für dich tun, und da spürte er, daß ein Teil seines Körpers, eben jener, in ihren Körper tauchte, daß ihn ein Feuerring umloderte, auf und ab, daß er im Innern wild erbebte, gleichsam ein zappelnder Fisch, der plötzlich aufschreiend entwischte, unmöglich, das kann nicht sein, Fische schreien nicht, aber er, er schrie, während Maria, stöhnend, ihren Körper auf seinen herabsacken ließ, ihm vom Mund den Schrei forttrank, mit wollüstig begierigem Kuß, der in Jesu Körper ein zweites und nicht endendes Beben auslöste.

Den ganzen Tag über pochte niemand an die Tür der Maria von Magdala. Den ganzen Tag über bediente und lehrte Maria von Magdala den jungen Burschen aus Nazareth, der, weil er sie nicht im Guten und nicht im Schlechten gekannt, sie angesprochen und gebeten hatte, seine Schmerzen zu lindern, ihm die Wunden zu heilen, die, das nun aber wußte sie nicht, von einer anderen Begegnung herrührten, in der Wüste, mit Gott. Zu Jesus hatte Gott gesagt, Ab heute gehörst du vom Blute her mir, der Teufel, sofern er es gewesen, hatte gehöhnt, Nichts hast du gelernt, geh, und Maria aus Magdala, mit schweißnassen Brüsten, die Haare gelöst und vom Anschein, daß sie Rauch verströmten, der Mund geschwollen, die Augen wie schwarzes Wasser, sie sagt, Hänge dich nicht an mich der erlernten Dinge halber, doch bleib bei mir diese Nacht. Und Jesus, auf ihr, erwiderte, Was du mich lehrst ist nicht Gefängnis, es ist Befreiung. Sie schliefen zusammen, doch nicht nur in dieser Nacht. Als sie aufwachten, am späten Vormittag, und nachdem ihre Körper einmal mehr gesucht und gefunden hatten, schaute sich Maria Jesu Fußwunde an, Sieht schon besser aus, doch du solltest noch nicht nach Hause gehen, der Weg wird dir schaden, bei all dem Staub, Ich kann nicht bleiben, und du selbst sagst ja, es sieht schon besser aus, Bleiben, das kannst du, die Frage ist nur, ob du möchtest, jedenfalls bleibt das Hoftor so lange verschlossen, wie es uns gefällt, Dein Leben, Mein Leben in dieser Stunde bist du, Wie das, Ich antworte dir mit den Worten des Königs Salomo, Mein Geliebter steckte die Hand durch das Riegelloch, da bebte mein Herz ihm entgegen, Wie kann ich dein Geliebter sein, da du mich nicht kennst, ich bat dich lediglich um Hilfe und du erbarmtest dich meiner, erbarmtest dich meiner Schmerzen und meiner Unwissenheit, Darum liebe ich dich, weil ich dir half und dich lehrte, du aber kannst mich nicht lieben, weil du mich nicht lehrtest und mir nicht geholfen hast, Du hast ja keine Wunde, Du fändest sie, wenn du nach ihr suchtest, Was ist es für eine Wunde, Dieses Tor, durch das andere eintraten und mein Geliebter nicht, Du nanntest mich deinen Geliebten, Darum hat sich die Tür nach deinem Eintreten geschlossen, Ich wüßte nicht, was ich dich lehren könnte, außer was ich von dir gelernt habe, Lehre mich auch das, damit ich erfahre, wie das ist, es von dir zu lernen, Wir können nicht zusammen leben, Du meinst, du kannst nicht mit einer Hure leben, Ja, Solange du bei mir bist, werde ich keine Hure sein, ich bin es nicht, seit deinem Eintritt hier, du entscheidest, ob es so bleibt, Du verlangst zu viel von mir, Nichts, was du mir nicht gewähren könntest für einen Tag, für zwei Tage, oder für so lange, bis dein Fuß geheilt ist, auf daß sich dann meine Wunde wieder öffne, Achtzehn Jahre benötigte ich, um hierher zu gelangen, Einige Tage mehr, das macht für dich keinen Unterschied, du bist jung, Jung bist auch du, Älter als du, jünger als deine Mutter, Kennst du meine Mutter, Nein, Warum sagst du es dann, Weil ich keinen Sohn in deinem Alter haben könnte, Wie dumm ich bin, Dumm nicht, nur unschuldig, Unschuldig schon nicht mehr, weil du ein Weib kennengelernt hast, Ich war es schon nicht mehr, als ich mich zu dir legte, Erzähle mir aus deinem Leben, aber nicht jetzt, jetzt möchte ich nur, daß deine linke Hand auf meiner Stirn ruht und dein rechter Arm mich umschlingt.

Jesus blieb eine Woche lang im Hause der Maria von Magdala, die erforderliche Zeit, damit sich unter dem Wundschorf eine neue Haut bildete. Das Hoftor war stets verschlossen. Etliche Mannsbilder, ungeduldig, von Eifersucht gestachelt und verärgert, klopften, ungeachtet des Zeichens draußen, das sie fern halten sollte. Wer dieser eine sei, der sich hier so lange tummelte, wollten sie wissen, und irgendein Witzling rief über die Mauer zotig, Entweder er kann nicht, oder er weiß nicht, wie man es macht, öffne mir, Maria, ich bringe es ihm bei. Maria aber trat in den Hof und gab ihm zur Antwort, Wer immer du seist, was du konntest, kannst du künftig nicht mehr, was du tatest, wirst du nicht mehr tun, Verfluchtes Weib, Geh, du täuschst dich gewaltig, in dieser Welt findest du keine glücklichere Frau als mich. Ob es nun dieser Zwischenfall gewesen, oder es so sein mußte, niemand mehr klopfte ans Tor, noch am wahrscheinlichsten ist, daß keiner dieser Männer, Bürger aus Magdala oder unterrichtete Durchreisende, sich der Gefahr ihres Fluchs aussetzen mochte, der den Betreffenden impotent machte, gilt doch die allgemeine Überzeugung, daß Huren, besonders die vom hohen Kothurn, also die gebildeten und berufserfahrenen, nicht nur in allen Künsten sexueller Aufheiterung des Mannes bewandert sind, sondern auch darin geübt, ihn im Äußersten zu verdrießen, ihn launig, trüb und lustlos zu stimmen. So genossen Maria und Jesus Ruhe über acht Tage hin, in denen die gegebenen und die empfangenen Lehren sich in eine einzige wandelten, aus Gesten, Entdeckungen, Überraschtsein, Gemurmel, Empfindungen, gleichsam ein Gemälde aus lauter Mosaiksteinchen, bei dem das einzelne ein Nichts ist, alle zusammen und ein jedes an seinem Fleck jedoch ein Ganzes ergeben. Wiederholt drängte die Neugierde Maria von Magdala, Einzelheiten aus dem Leben ihres Liebsten zu erfragen. Jesus aber lenkte ab, erwiderte zum Beispiel, Ich komme in meinen Garten, Schwester und Braut, ich pflücke meine Myrrhe, den Balsam, ich esse meine Wabe samt dem Honig, ich trinke meinen Wein und die Milch, und als dies so leidenschaftlich vorgebracht war, folgte der Zitierung der Verse der poetische Akt, wahrlich, ich sage dir, geliebter Jesus, so ist kein Reden miteinander. Eines Tages überwand Jesus sich und erzählte von seinem Vater, dem Zimmermann, und von seiner

Mutter, der Wollhechlerin, auch von den acht Geschwistern, und daß er, wie es Gepflogenheit, den Beruf des Vaters zu ergreifen gedacht, dann aber vier Jahre Schäfer gewesen sei und nun unterwegs nach Hause, etliche Tage habe er bei den Fischern verbracht, indes nicht die Zeit gehabt, deren Kunst zu erlernen. Dies erzählte Jesus an einem frühen Abend, sie aßen im Hof, hin und wieder schauten sie in die Höhe, verfolgten den geschwinden Flug der unter gellenden Zwitscherlauten vorbeischießenden Schwalben, und beider Schweigen nach zu urteilen war zwischen ihnen wohl alles gesagt, der Mann hatte sich der Frau voll aufgetan, die Frau indes, als sei dies gar wenig, fragte, Ist das alles. Er nickte, Mehr nicht. Stille trat ein, denn die Schwalben flogen ihre Kreise jetzt woanders, Jesus sagte nach einer Weile, Meinen Vater haben sie vor vier Jahren in Sepphoris gekreuzigt, er hieß Josef, Geh ich recht in der Annahme, du bist der Erstgeborene, Ja, der Erstgeborene, Warum bist du dann nicht, wie es deine Pflicht wäre, bei der Familie geblieben, Es gab Zwist, frag nicht weiter, Deine Familie sei ausgespart, aber die Jahre als Schäfer, erzähle mir hiervon, Da ist wenig zu sagen, es war immerzu das gleiche, Ziegen, Schafe, Zicklein, Lämmchen, und Milch, viel Milch, Milch überall, Warst gerne Schäfer, O ja, Warum hast du es aufgegeben, Ich war es leid, und ich sehnte mich nach der Familie, Sehnen, was ist das, Das schmerzliche Gefühl, fern zu sein, Du lügst, Wie kannst du das behaupten, Ich sehe Angst und Gewissenspein in deinen Augen. Jesus erwiderte nicht. Er stand auf, schlenderte über den Hof, blieb dann vor Maria stehen, Sollten wir uns eines Tages wiedersehen, erzähle ich vielleicht den Rest, sofern du mir dann versprichst, Stillschweigen zu wahren, Du spartest dir Zeit, wenn du es auf der Stelle tätest, Ich erzähle dir, allerdings erst, wenn wir uns wieder sehen, Du erwartest, daß ich dann nicht mehr Hure bin, in die kannst du jetzt ja kein Vertrauen haben, meinst, sie könnte deine Geheimnisse für Geld verkaufen oder einem beliebigen ausplaudern, Laune halber, und im Tausch für eine noch rühmlichere Liebesnacht, als ich sie dir und du sie mir beschertest, Nicht das ist der Grund, weshalb ich jetzt lieber schweige, Nun, wissen sollst du, Maria von Magdala, ob Hure oder nicht, wird, wann immer du sie brauchst, für dich da sein, Wer bin ich, daß ich dies verdiente, Du ahnst nicht, wer du bist, In dieser Nacht stellte sich der Alptraum von einst wieder ein, nachdem es zuletzt mehr nur vage Angst gewesen war, die sich in die Zwischenräume der gemeinschaftlichen Träume gezwängt hatte, vertraut und erträglich. Diese Nacht nun aber, vielleicht weil er zum letztenmal in jenem Bett schlief oder weil er von Sepphoris und dem Gekreuzigten erzählt hatte, entfaltete der Alptraum wie eine aus dem Winterschlaf erwachende Riesenschlange die Glieder, hob das schreckenerregende Haupt, Jesus schrie auf, erwachte, in kalten Schweiß gebadet, Was ist, was hast du, fragte ihn Maria beklommen, Ein Traum, weiter nichts, wehrte er ab, Erzähle ihn mir. Sie sagte es so schlicht und so liebevoll, so voll Zärtlichkeit, daß Jesus die Tränen nicht bändigen konnte, und dann nicht die Worte, Mir träumte, mein Vater komme, um mich zu töten, Dein Vater ist tot, du aber hier, lebendig, Ich bin ein Kleinkind, befinde mich in Bethlehem, in Judäa, und mein Vater kommt und will mich töten, Wieso Bethlehem, Es ist der Ort meiner Geburt, Vielleicht glaubst du, dein Vater wünschte, du wärest nicht geboren worden, das wohl besagt dein Traum, Nichts weißt du, Nein, nichts weiß ich, In Bethlehem starben Kinder durch meines Vaters Schuld, Hat er sie getötet, Das hat er, weil er es unterließ, sie zu retten, nicht seine Hand führte das Messer, Und in deinen Träumen bist du eines dieser Kinder, Ich sterbe tausend Tode, Ärmster, mein armer Jesus, Darum bin ich fort von zu Hause, Nun verstehe ich, Du glaubst zu verstehen, Was fehlt noch, Was ich dir noch nicht anvertrauen kann, Was du mir sagen wirst, falls wir uns wiedersehen, Ja. Jesus schlief neuerlich ein, das Haupt auf Marias Schulter, über ihrem Busen atmend. Sie lag wach, den langen Rest der Nacht, in Herzenspein, weil der Morgen sie bald trennen würde, doch in der Seele gefaßt. Auf diesen an ihrer Seite ruhenden Mann, spürte sie, hatte sie zeitlebens gewartet, sein Leib gehörte ihr, ihr Leib ihm, jungfräulich der seine, ihrer gebraucht und beschmutzt, doch es hatte vor erst acht Tagen die Welt neu begonnen, was man so beginnen nennt, und in dieser Nacht nun fühlte sie, ein Nichts sind die acht Tage verglichen mit einer sozusagen makelfreien Zukunft, zumal dieser Jesus, der mir erschienen ist, so jung, und ich, Maria von Magdala, liege hier neben einem Mann, wie schon so oft, nun aber Hals über Kopf verliebt und allen Alters bar.

Den Morgen verbrachten sie über der Reisevorbereitung, man hätte meinen können, der Bursche rüste zu einer Fahrt ans Ende der Welt, dabei lagen keine zweihundert Stadien vor ihm, für einen Mann von üblicher Konstitution zwischen Mittagssonne und Abendrot mühelos zu bewältigen, selbst in Rechnung gesetzt, daß von Magdala nach Nazareth die Straße nicht überall eben, denn da sind auch steile Hänge und ist steiniges Gelände, Und sieh dich vor, noch streunen Banden umher, die gegen die Römer gekämpft haben, sagte Maria, Noch immer, fragte Jesus, Du hast in der Ferne gelebt, dies hier ist Galiläa, Ich bin Galiläer, mir werden sie nichts antun, Galiläer bist du nicht, da im judäischen Bethlehem geboren, Meine Eltern zeugten mich in Nazareth, und recht besehen bin ich nicht in Bethlehem zur Welt gekommen, sondern in einer Höhle, drin in der Erde, jetzt ist mir allerdings, als wäre ich ein zweites Mal geboren worden, hier in Magdala, Von einer Hure, In meinen Augen bist du keine Hure, wehrte Jesus heftig ab, Aber gewesen bin ich es. Auf diese Worte ein langes Schweigen. Maria erwartete, daß Jesus spräche, er indes von einer Unruhe erfaßt, einer unbezwingbaren. Nach einer Weile fragte er, Was du da ans Tor gehängt hast, damit kein Mann eintritt, holst du es ein. Maria von Magdala musterte ihn ernst, lächelte dann, eher boshaft, Ich kann ja wohl nicht gleichzeitig zwei Männer im Hause haben, Was meinst du damit, Du gehst und bleibst dennoch hier, Und nach einer Pause fügte sie entschieden hinzu, Das Zeichen über dem Tor bleibt hängen, Sie werden meinen, bei dir ist ein Mann, Und tun recht daran, denn ich werde dich bei mir haben, Kommt dir keiner mehr über die Schwelle, Du sagst es, dieses Weib, das sie die Maria von Magdala nennen, ist, seit du hier eintratest, keine Hure mehr, Wovon wirst du leben, Nur die Lilien, die auf dem Felde wachsen, arbeiten und spinnen nicht, Jesus nahm ihre Hände, er sagte, Nazareth ist nicht weit fort von Magdala, in den nächsten Tagen irgendwann besuche ich dich, Solltest du mich suchen, hier findest du mich, Ich wünschte, dich immer zu finden, Und wirst es, selbst wenn du gestorben bist, Willst sagen, ich sterbe eher als du, Ich bin die Ältere und gehe wohl als erste, solltest du aber vor mir sterben, will ich leben, nur um deiner zu harren, Und falls du als erste gehst, Gelobt jene, die dich zu meinen Lebzeiten in diese Welt brachte. Und nun trug Maria aus Magdala ihm das Mittagsgericht auf, und Jesus brauchte nicht erst zu sagen, Setz dich zu mir, denn vom ersten Tage an, im verschlossenen Haus, hatten dieser Mann und diese Frau Gefühle und Gesten, Räume und Empfindungen miteinander geteilt und sie vervielfacht, ohne sich sonderlich um Regel, Norm und Gesetz zu scheren. Sicherlich wüßten sie keine Antwort auf die Frage, wie sie sich wohl benähmen, wenn sie sich nicht geschützt und frei fühlten zwischen diesen vier Wänden, wo sie für wenige Tage eine Welt entwerfen konnten vom schlichten Bild und Abbild des Menschenpaares, von Mann und Frau, eher ihres denn seins nebenbei gesagt, doch da beide sich, was ihre künftigen Begegnungen anbelangt, so entschieden geäußert haben, gilt es nur, geduldig Ort und Zeit abzuwarten, und sie werden, vereint, die Welt jenseits des Tors in Angriff nehmen, jener Leute Welt, die inzwischen schon unruhig fragen, Was geht da drin vor, ohne sonderlich die Lottereien von Schlafgemach und Bett im Auge zu haben. Nach dem Mahl zog Maria Jesus die Sandalen an, Jetzt mußt du gehen, wenn du eh der Nacht in Nazareth sein möchtest, sagte sie. Jesus griff zu Ranzen und Stab, sagte Leb wohl, trat in den Hof hinaus. Der Himmel war gleichmäßig bewölkt, mutete Kleiderfutter aus schmutziger Wolle an, kein leichtes für den Herrgott, von oben her festzustellen, was seine Schafe hier unten taten. Jesus und Maria aus Magdala verabschiedeten sich mit einer Umarmung, die nicht enden wollte, und mit einem Kuß, der weniger lang, was nicht verwundert, Sitte damals war nicht so sehr dies.

Die Sonne war gerade untergegangen, als Jesus wieder nach Nazareth kam, ziemlich auf die Woche genau vier lange Jahre nach jenem Tag, als er sich, ein halbes Kind noch und gepeinigt von tödlicher Verzweiflung, hinaus in die Welt geflüchtet hatte, jemanden zu suchen, der ihm hülfe, die erste unerträgliche Wahrheit seines Lebens zu verstehen. Vier Jahre, auch wenn sie sich hinziehen, reichen unter Umständen nicht aus, einen Schmerz zu heilen, betäuben ihn gemeinhin aber. Er hatte im Tempel seine Fragen gestellt, war mit des Teufels Herde die Gebirgswege gezogen, er war Gott begegnet, hatte mit Maria von Magdala geschlafen, dieser Mensch, der nun hier kommt, scheint schon nicht mehr zu leiden, außer acht das erwähnte Feucht in seinen Augen, das, wenn wir die möglichen Ursachen bedenken, allerdings eine Nachwirkung des Opferrauchs sein könnte, oder einem von den Horizonten der hohen Weidefluren bewirkten Seelenüberschwang entspringen könnte, oder der Angst dessen, der, allein in der Wüste, jene Stimme rufen hörte, Ich bin der Herr, oder es ist letztlich, noch am wahrscheinlichsten, weil naheliegend, das sehnsuchtsvolle Erinnern an einen Körper, den er erst vor etlichen Stunden verließ, Stärkt mich mit Traubenkuchen, erquickt mich mit Äpfeln, denn ich bin krank vor Liebe, diese süße Wahrheit nun könnte Jesus seiner Mutter und den Geschwistern gestehen, doch sein Schritt verhielt auf der Schwelle, Wer sind meine Mutter und meine Geschwister, fragte er, nicht daß er es nicht wüßte, eher steht die Frage, ob denn sie wissen, wer er ist, er, der im Tempel Erkundigungen einzog, der die Horizonte betrachtete, der Gott begegnete, der die fleischliche Liebe erfuhr und durch sie in sich den Mann fand. An diesem Fleck hier, vor dem Tor, stand einst ein Bettler, der sich als Engel ausgab, und der, falls wirklich Engel, mit windigem Flügelgeflatter ins Haus hätte eindringen können, doch er hatte es vorgezogen, anzuklopfen und mit Bettlerworten um ein Almosen zu bitten. Das Tor ist nur mit dem Riegel verschlossen. Jesus wird, anders als dort in Magdala, nicht rufen müssen, er wird gelassen ruhig in dieses sein Haus treten, und sieh einer, wie gut die Wunde geheilt ist, sie sind ja am leichtesten zu heilen, die Wunden von Blut und Eiter. Er brauchte nicht zu klopfen und tat es doch. Auf der anderen Seite der Mauer Stimmen, er erkannte, weiter fort, die der Mutter, brachte es aber nicht über sich, das Tor einfach aufzustoßen und zu rufen, Hier bin ich, wie einer, der sich herbeigesehnt weiß und nun, alle glücklich stimmend, mit seiner Gegenwart überrascht. Es kam und öffnete ihm ein Mädchen von acht oder neun Jahren, das den Besucher nicht erkannte, die Stimme des Blutes meldete sich nicht, sagte nicht, Dieser Mann ist dein Bruder, erinnere dich, es ist Jesus, der Erstgeborene. Er war es, der trotz des um vier Jahre vermehrten Alters beider Seiten und trotz Abendschummer sagte, Du heißt Lydia, und sie sagte, Ja, und wollte sich schon freudig wundern, daß ein Fremder ihren Namen kannte, doch der brach den Zauber mit dem Zusatz, Ich bin dein Bruder Jesus, laß mich ein. Im Hof, vor dem Haus und unter dem Wetterdach, sah er schattenhafte Gestalten, sicherlich die Geschwister, sie schauten her zum Tor, ihrer zwei, die beiden ältesten Burschen, Jakob und Josef, kamen herbei, sie hatten Jesu Worte nicht gehört, brauchten den Besucher aber nicht erst forschend ins Auge zu fassen, denn schon rief Lydia aufgeregt, Es ist Jesus, unser Bruder, Da gerieten alle Schatten in Bewegung, und in der Haustür erschien Maria, mit ihr Lysia, die andere Schwester, sie fast so groß wie die Mutter, und beide riefen wie mit einer einzigen Stimme, Mein Sohn, Mein Bruder, und schon lagen sich alle in den Armen, da, mitten auf dem Hof, außer sich vor Freude, die Familie wieder vereint, ein in der Regel bemerkliches Ereignis, vor allem, wenn der Erstgeborene in die liebevollen, sorgenden Arme heimkehrt. Jesus grüßte die Mutter, begrüßte nacheinander die Brüder und die Schwestern, von allen unter herzlichen Worten willkommen geheißen, Bruder Jesus, schön dich wiederzusehen, Bruder Jesus, wir dachten schon, du hättest uns vergessen, eines aber hörte man nicht, Bruder Jesus, Reichtum scheinst du aber nicht zu bringen. Sie traten ins Haus und setzten sich zum Abendessen hin, denn eben das hatte die Familie vorgehabt, als er ans Tor klopfte. Sagen würde man hier, da Jesus von dort kam, wo sündiges Fleisch und schlechter Umgang im Übermaß, sagen würde man, mit der derben Geradheit der einfachen Leute, die ihre Portion plötzlich geschmälert sehen, Zum Essen bringt der Teufel stets einen zweiten. Sie sagen es nicht, es hätte ihnen ja auch schlecht angestanden, denn dem Verein der Kauenden war ein einziger Mund zugesellt, wo ihrer neun essen, da zehn genausogut, und dieser hat ein Recht darauf. Während sie aßen, begehrten die jüngsten Geschwister von seinen Abenteuern zu erfahren, während die drei älteren und die Mutter spürten, daß es, seit man sich vor Jerusalem begegnet war, beim Bruder beruflich wohl keine Änderung gegeben hatte, schon da von Fisch nichts mehr zu riechen, und die sündigen Düfte der Maria von Magdala hatte auf dem Stunden währenden Fußmarsch durch den Staub der Wind verweht, außer wir beschnupperten Jesu Tunika, was wir, schon da die Familie es unterläßt, nun auch nicht wagen. Jesus erzählte, er sei Schäfer gewesen bei der größten Herde, die man je gesehen, ganz zuletzt aber habe er auf dem See gefischt, habe anderen geholfen, wunderbar reichen Fang zu machen, auch sei ihm etwas so Außergewöhnliches widerfahren, daß ein Mensch es sich schwerlich vorstellen und erhoffen könne, doch davon dürfe er erst bei anderer Gelegenheit erzählen, und nicht allen. So mittendrin, während die Jüngsten drängten, Erzähl, erzähl, fragte einer der Älteren, Judas, und seine Frage war nicht anzüglich, Und nach alledem, was hast du an Geld mitgebracht, Keine drei Münzen, keine zwei, nicht eine, gar nichts, sagte Jesus, und zum Beweis, weil niemand es nach vier Jahren Schufterei für möglich halten würde, leerte er auf der Stelle den Ranzen, und wahrhaftig, so erbärmlich arm an Gut und Rüstung ward noch keiner gesehen, da waren ein Messer von verbrauchter und verbogener Klinge, der Rest eines Stricks, ein Kanten steinharten Brots, zwei Paar gänzlich zerrissene Sandalen, Fetzen einer Tunika, Die Tunika deines Vaters, sagte Maria, berührte sie, und auch die größeren Sandalen, eurem Vater hat das alles gehört. Die Geschwister ließen die Köpfe hängen, wehmütiges Erinnern an das beklagenswerte Sterben ihres Erzeugers, Jesus steckte die elende Habe in den Ranzen zurück, da aber fiel ihm auf, wie prall und schwer sich der Zipfel der Tunika anfühlte, ihm schoß das Blut ins Gesicht, das konnte nur Geld sein, da eingeknotet, von Maria aus Magdala waren jene Münzen, die er nicht hatte annehmen wollen, weil sie nicht, wie es der Anstand gebietet, im Schweiße des Angesichts verdient worden waren, sondern mit dubiosem Stöhnen und bezweifelbarem Schwitzen. Mutter und Geschwister starrten auf den bezichtigenden Zipfel der Tunika, dann, als wäre es abgesprochen, ihn selbst an, und Jesus, unschlüssig, ob er den Beweis seines Lügens verhehlen und fortstecken oder aber offenlegen sollte mit einer Erklärung, die seine Familie moralisch nicht gutheißen könnte, wählte das Heiklere, er nestelte den Zipfel auf und brachte den Schatz zutage, zwanzig Münzen, wie sie in diesem Hause noch nie gesehen worden. Ich hatte keine Ahnung von diesem Geld, versicherte er. Die stumme Abwehr schlug ihm wie glühender Wüstenhauch entgegen, welch eine Schande, ein Erstgeborener steht vor der Familie als Lügner da. Jesus forschte in seinem Herzen und fand da nicht den geringsten Groll gegen Maria von Magdala, nur unendliche Dankbarkeit ob ihrer Güte und ihres Feingefühls, denn sie hatte ihm etwas geben wollen, was er, geniert, nicht unmittelbar aus ihren Händen hätte entgegennehmen können, denn eine Sache ist es zu sagen, Deine linke Hand ist unter meinem Haupt und dein rechter Arm umschlingt mich, eine andere aber, den Gedanken abzuwehren, daß da wer weiß, wessen linke Hand außerdem unter ihrem Haupt gelegen, und wer weiß wessen rechter Arm sie umschlungen hatte, ohne wissen zu wollen, ob dieser Kopf sich nicht manchmal nach schlichtem Schutz sehnte. Nun ist es Jesus, der seine Familie anschaut, inständig, Von diesem Geld habe ich nichts gewußt, ehrlich. Es ist ohne Zweifel die volle und doch auch nur die halbe Wahrheit, sein stummer Blick fordert die Familie heraus, die nicht beantwortbare Frage zu stellen, Wenn du von nichts wußtest, wie erklärst du dir dann das Vorhandensein dieses Geldes. Hierauf kann er freilich nicht erwidern, Das hat mir eine Hure zugesteckt, mit der ich die letzten acht Nächte geschlafen habe, und die hat es sich bei Männern verdient, mit denen sie vordem schlief. Auf der schmutzigen zerschlissenen Tunika des vor vier Jahren am Kreuz gestorbenen Mannes, dessen Gebeine im schändlichen Massengrab ruhen, glänzen die zwanzig Münzen wie jene Glitzererde damals, eines Abends, die diesem Haus Verwunderung und Schrecken brachte, doch hier nun kommen nicht die Ältesten der Synagoge und sagen, Vergrabt sie, ebensowenig wird einer fragen, Woher stammen sie, damit die Antwort uns nicht nötigt, die Münzen wider Willen und Bedürftigkeit zurückzuweisen. Jesus sammelt sie mit beiden Händen ein, versichert nochmals, Von diesem Geld habe ich nichts gewußt, als böte er den anderen letzte Möglichkeit zu fragen, und dann, die Mutter anschauend, sagte er, Es stammt nicht vom Teufel. Die Geschwister überlief ein Schauer, Maria entgegnete, gefaßt, Und ebensowenig von Gott. Jesus ließ die Münzen hüpfen, einmal, zweimal, spielerisch, und sagte so beiläufig, wie wenn er ankündigte, tags drauf an die Hobelbank zurückzukehren, Mutter, über Gott reden wir morgen, und an die Brüder Jakob und Josef gewandt, Auch mit euch werde ich reden, doch sollten wir dies nicht als freundliche Geste des Erstgeborenen erachten, die zwei gelten in Glaubensdingen als schon erwachsen, es ist ihr volles Recht, in heikle

Angelegenheiten einbezogen zu werden. Jakob aber fand, es solle, da ja ein höchst wichtiges Thema, schon jetzt etwas darüber gesagt werden, geht es doch nicht an, daß hier ein Bruder, wie sehr auch Erstgeborener, tönt, Wir haben über Gott zu reden, Punkt und Schluß. Und also entgegnete er schmeichlerisch lächelnd, Wenn du, wie gesagt, vier Jahre als Hirte über Berg und Tal zogst, hattest du gewiß wenig Zeit, so in Muße Synagogen aufzusuchen, daß du, kaum erst daheim, mit uns über den Herrgott sprechen möchtest. Jesus spürte die Häme, er entgegnete, Ach Jakob, gar wenig weißt du von Gott, falls du meinst, wir müßten ihn suchen, wenn er seinerseits uns sucht, Dich sucht, meinst du, dich, Stelle mir bis morgen keine Fragen, morgen stehe ich dir Rede und Antwort. Jakob murmelte sich in den Bart, sicherlich etwas Abfälliges über die vermeintlichen Alleswisser. Maria, mit müdem Gesicht, sagte, Morgen, Jesus, wirst du dich erklären, oder übermorgen, oder sonstwann, Jetzt aber sage mir und deinen Geschwistern, was hast du vor mit dem Geld, wir hier sind in Nöten, Willst also nicht wissen, wie es in meinen Besitz gelangt ist, Aber eben erst erfuhren wir, du habest von seinem Vorhandensein nichts gewußt, Stimmt, doch ich habe überlegt, nun weiß ich, wieso ich es habe, Wenn rechtens in deinen Händen, wird es auch in denen deiner Familie gut aufgehoben sein, Mehr hast du nicht zu sagen, Nein, Dann eben verbrauchen wir es, rechtens, im Haushalt. Zustimmendes Gemurmel ringsum, Jakob selber mit einer Geste freundschaftlicher Beipflichtung, und Maria sagte, Wenn du nichts dagegen hast, legen wir einen Teil als Mitgift für deine Schwester beiseite, Was höre ich da, Lysias Hochzeit schon verabredet, Ja, für das Frühjahr, Du wirst mir sagen, wieviel du benötigst, Tja, ich weiß nicht, was der Wert dieser Münzen. Jesus lächelte, Ich auch nicht, ich weiß nur, was sie mir wert sind. Er lachte laut und unmäßig, als fände er seine Bemerkung sehr witzig. Alle starrten ihn entgeistert an. Nur Lysia hielt den Blick gesenkt, sie ist fünfzehn Jahre alt, und ihr Schamgefühl intakt, sie hat alle geheimen Regungen ihres Alters, und sie verwirren diese Münzen hier noch am meisten, aber keiner begehrt zu wissen, wem sie gehörten, woher sie stammen, wie sie verdient wurden. Jesus übergab sie der Mutter und sagte, Morgen tauscht du sie ein, dann erfahren wir ihren Wert. Man wird fragen, wie uns solcher Reichtum ins Haus kommt, und wer derlei vorlegt, hat davon bestimmt noch mehr, Du sagst halt, dein Sohn ist von der Reise zurück, und daß einen nichts reicher macht als die Rückkehr des verlorenen Sohnes.

In der Nacht träumte Jesus vom Vater. Er hatte sich im Hof hingelegt, unter das Wetterdach, denn als die Stunde des Schlafengehens nahte, spürte er, daß er das Gewühl dieses Hauses, zehn Personen in allen Ecken verstreut und vergebens ein ungestörtes Plätzchen suchend, nicht ertragen könnte, vorbei waren die Zeiten, da noch kein merklicher Unterschied zwischen dieser Schar und einer Schäfchenherde, nun ist es ein Zuviel an Beinen, Armen, Berührungen, an Unverträglichkeiten. Vor dem Einschlafen waren Jesu Gedanken bei Maria von Magdala und all dem, was sie zusammen getan hatten, und so gewiß ihn dies in einem Maße erregte, daß er zweimal vom Stroh aufstand und, zur Kühlung des Bluts, im Hof umherwandelte, so gewiß überkam ihn am Ende der schmiegsame, sanfte Schlaf, der eines unschuldhaften Kindes, als triebe da ein Körper flußabwärts, der trägen

Strömung ergeben, im Blick vorbeischwebende Zweige und Wolken und einen hin- und herfliegenden stummen Vogel. Der Traum hob an, als Jesus meinte, sacht gegen irgend etwas gestoßen zu sein, wie wenn sein hingleitender Körper einen anderen Körper streifte. Er wähnte Maria von Magdala und lächelte, wandte ihr das Gesicht zu, doch nicht sie sah er in diesem Wasser, unter diesem Himmel und diesen Wolken, unter dem Geflatter des stummen Vogels, sein Vater war es. Schon formte sich in seiner Kehle der Angstschrei von einst, brach aber nicht hervor, es war nicht der übliche Traum, er war nicht Kleinkind und nicht auf Bethlehems Platz mit anderen Kindern, in Erwartung des Todes, kein Pferdegetrappel und Wiehern da, kein Klirren und Scheppern von Waffen, nur seidiges Gleiten des Wassers, die zwei Körper gleichsam zu einem Floß gefügt, Vater und Sohn von diesem einen Fluß getragen. Jäh schwand die Seelenangst, statt dessen erfaßte ihn Überschwang, Verzückung, Jubel, Vater, rief er, im Traum, Vater, rief er, schon wach, doch nun weinte er, denn er sah, er war allein. Zurück in den Traum drängte er, wollte ihn von vorn aufnehmen, wünschte den überraschenden sanften Anprall wieder, voll Erwartung, und den Vater zu sehen, sich an seiner Seite von der Strömung treiben zu lassen, bis an das Ende der Wasser und der Zeiten. Das gelang ihm nicht, in dieser Nacht nicht, doch der einstige Traum kehrt nimmer wieder, fortan statt der Angst nun Jubelgefühl, statt Alleinsein Zweisamkeit, statt des vertagten Todes das aussichtsvolle Leben, da mögen die Schriftgelehrten nun, sofern dazu imstande, erklären, was dies für ein Traum gewesen, was der Fluß und die Strömung bedeuteten, und die vorbeischwebenden Zweige und Wolken, und der stumme Vogel, und wie, dank alledem vereint und geordnet, Vater und Sohn zusammenfanden, obwohl die Schuld des einen nicht Vergebung findet und nicht Heilung der Schmerz des anderen.

Am Tage darauf wollte Jesus seinem Bruder Jakob beim Schreinern helfen, doch schon bewies sich, daß guter Wille den Mangel an Wissen und Können in nichts ausglich, gar noch bei jenem, der bis zum Abbruch der Lehre, bei Vaters Tod, ohnehin nie eine befriedigende Leistung vorgelegt hatte. Jakob selbst war für die bescheidenen Ansprüche seiner Kunden ein leidlich passabler Zimmermann geworden, und sogar Josef, der erst Vierzehnjährige, hätte dem ältesten Bruder in der Kunst der Holzbearbeitung einiges beibringen können, gesetzt, die strenge Sitte hätte ein solches Attentat auf die altersgemäßen hierarchischen Rechte zugelassen. Jakob war erheitert über Jesu Stümperei, Wer dich zum Schäfer machte, hat dich gründlich verdorben, bemerkte er, schlichte Worte dies, wohlmeinende, in nichts hinterhältig und schofel, trotzdem wandte Jesus jäh sich von der Hobelbank fort, und Maria ermahnte den Zweitgeborenen, Sprich nicht von Verderben, ruf uns den Teufel und das Böse nicht ins Haus, Und Jakob, baß, Aber ich habe nichts gerufen, Mutter, ich sagte lediglich, Ja, wir wissen, was du sagtest, unterbrach ihn Jesus, unsere Mutter und ich sind im Bilde, aber den Hirten und die Verderbnis, die hat sie in ihrem Kopf zusammengebracht, nicht du, und den Grund kennst du nicht, aber sie, Ich hatte dich gewarnt, sagte Maria, harsch, Gewarnt hattest du mich, als das Schlimme schon geschehen war, sofern schlimm, denn ich betrachte mich und finde nichts derlei an mir, entgegnete Jesus, Kein Blinder so blind als wer nicht sehen will, sagte Maria. Diese Rede brachte Jesus in Harnisch, er rief, sie zurechtweisend, Schweig Frau, falls die Augen deines Sohnes das Böse sahen, dann erst, nachdem du es gesehen, doch diese Augen, die du offenbar für blind hältst, sie haben auch gesehen, was du nie sahst und wohl nie sehen wirst. Das so herrisch überhebliche Gebaren ihres Erstlings und der harte Ton, abgesehen von den geheimnisvollen letzten Worten, veranlaßten Maria zum Nachgeben, doch ihre Antwort barg eine letzte versteckte Ermahnung, Verzeih, ich wollte dich nicht beleidigen, möge der Herr dir das Augenlicht und das Licht der Seele ewig bewahren. Jakob musterte die Mutter, dann den Bruder, er spürte, da schwelte irgendein Hader, er ahnte nicht, daß da ferne Ursachen wirkten, neue Gründe konnten es, da diese Zeit ja viel zu kurz, gewiß nicht sein. Jesus wandte sich ins Haus, drehte sich aber auf der Schwelle kurz um und wies die Mutter an, Schicke deine Kinder hinaus zum Spielen, ich habe mit dir unter vier Augen zu reden, und zu reden auch mit Jakob und Josef. Die Geschwister eilten fort, mit einem Mal wirkte das Anwesen, sonst so voller Menschen, leer, da saßen lediglich ihrer vier auf der Erde, Maria zwischen Jakob und Josef, ihnen gegenüber Jesus. Lange schwiegen sie, wie einverständig, als gäben sie unerwünschten oder der Angelegenheit nicht würdigen Personen Zeit, sich so weit zu entfernen, daß nicht einmal das Echo eines Schreies sie erreichte. Endlich dann sagte Jesus, ernst und mit Nachdruck, Ich habe Gott gesehen. In den Gesichtern da vor ihm achtungsvolle Betroffenheit, dann vages Zweifeln, dann wechselten die Brüder Blicke, ein Anflug von Argwohn in Jakobs Gesicht, Staunen und Entflammtheit bei Josef, in Marias Antlitz aber war ein Zug von Bitternis und Resignation. Keiner äußerte sich, Ich habe Gott gesehen, wiederholte Jesus. Wenn jähe Stille eintritt im Gespräch, sagt der Volksmund, Soeben geht ein Engel vorbei. Hier war noch kein Engel vorbei, Jesus aber hatte schon alles gesagt, und die Angehörigen wußten nicht, was darauf antworten. Bald wohl würden sie sich erheben, ein jeder seiner Arbeit zu, und würden sich fragen, ob sie wirklich einen so unglaublichen Traum geträumt hatten. Doch das Schweigen hat, wenn wir ihm genügend Zeit geben, eine Eigenschaft, die es gleichsam in Abrede stellt, es drängt einen zum Reden. Darum, als die Spannung vor Erwartung schon zum Zerreißen, kam Jakob mit harmlosester Frage, von schierer, nichtiger Rhetorik, Bist du sicher. Jesus antwortete nicht, er musterte jenen lediglich, wie wahrscheinlich Gott aus seiner Wolke her ihn gemustert hatte, und ein drittes Mal versicherte er, Ich habe Gott gesehen. Maria stellte keine Fragen, sagte nur, Bist gewiß einer Täuschung erlegen, hierauf er, Täuschungen gibt es, doch sie reden nicht, Gott sprach mich an. Inzwischen hatte Jakob sich gefaßt, dies hier schien ihm eher eine Narrengeschichte, behauptete doch einer seiner Brüder, mit Gott gesprochen zu haben, welch ein Unsinn, er grinste und sagte, Am Ende hat dir der liebe Gott das Geld in den Ranzen gesteckt. Jesus errötete, und entgegnete schroff, Von Gott kommt uns alles, immer findet und öffnet er Wege zu uns, und dieses Geld, recht besehen, kommt nicht von ihm, sondern durch ihn, Und was sagte Gott zu dir, wo befandest du dich, als du ihn sahst, war es etwa im Traum, In der Wüste war ich, ich suchte ein Schaf, und er rief mich, Was sagte er, mit Verlaub, falls du es verraten darfst. Er werde mir eines Tages das Leben abverlangen, Unser aller Leben gehört Gott,

Eben das sagte ich zu ihm, Und er, Daß mir im Tausch dafür Macht und Ruhm gegeben wird, Macht und Ruhm nach dem Tod, fragte Maria, die sich verhört zu haben meinte, Ja, Mutter, Ruhm und Macht einem Toten, Wie das, Weiß ich nicht, Du hast geträumt, Ich war wach, ich suchte mein Schaf in der Wüste, Und wann wird Gott dir das Leben abverlangen, Weiß ich nicht, er sagte, ich werde ihm wieder begegnen, wenn ich gerüstet sei. Jakob musterte den Bruder mit unruhiger Miene, zweiflerisch, Die Wüstensonne hatte dir den Kopf verdreht, bemerkte er, und Maria unvermittelt, Das Schaf, was ist aus dem Schaf geworden. Hier geriet Jakob in Aufruhr, eiferte, Du beleidigst Gott, der Herr hat einen Bund mit seinem Volk geschlossen, nicht aber mit dir einfachem Menschen, dem Sohn eines Zimmermanns, der Hirte ist und weiß einer was sonst. Maria, so meinte man an ihrer Miene zu erkennen, folgte äußerst behutsam einem Gedankenfaden, als fürchtete sie, er könne da vor ihren Augen reißen, doch an dessen Ende fand sie die rechte Frage, Was war das für ein Schaf, Eben jenes, das ich bei mir hatte, als wir uns nahe Jerusalem trafen, vor dem Ramallah-Tor, jenes Lamm, das ich dem Herrn hatte vorenthalten wollen, nun nahm er es an sich, Und Gott da vor dir, wie sah er aus, Eine Wolke war er, Eine dichte oder lose, fragte Jakob, Eine Rauchsäule, Du bist närrisch, Bruder, Falls, dann aber hat Gott mich närrisch gemacht, Dich hat der Teufel in der Gewalt, rief Maria, und es war fast ein Aufschrei, Nicht dem Teufel, Gott bin ich in der Wüste begegnet, Gott, und falls ich in Teufels Gewalt, so weil es Gottes Wille, Der Teufel begleitet dich seit deiner Geburt, sagte Maria, Du, Mutter, mußt es ja wissen, Ich weiß es, mit dem Teufel und ohne Gott hast du vier Jahre gelebt, Und nach vier Jahren an Teufels Seite bin ich Gott begegnet, Nichts als Falsch und Greuel, was du da redest, mein Sohn, Du, Mutter, hast mich in die Welt gesetzt, glaube an mich oder verwirf mich, Ich glaube nicht, Und du, Jakob, Ich ebensowenig, Aber du, Josef, der du den Namen unseres Vaters trägst, Ich glaube an dich, aber nicht das, was du sagst. Jesus erhob sich, er musterte sie alle von oben herab, Sollte Gott sein Versprechen an mir wahrmachen, werdet ihr glauben müssen, was man dann von mir sagt. Er ging den Ranzen und den Stab holen, streifte die Sandalen über. Als er schon in der Tür stand, fiel ihm das Geld ein, er teilte es in zwei Hälften. Dies ist Lysias Mitgift, für ihren Ehebund, und er legte die Münzen auf den Fußboden, gereiht auf die Schwelle, Der Rest kehrt in jene Hände zurück, von wo er herkommt, und wandelt sich da vielleicht ebenfalls in eine Mitgift. Er wandte sich dem Tor zu, wollte ohne Gruß hinaus, Maria sagte, Ich sah, in deinem Ranzen fehlt der Eßnapf, Den hatte ich, er ist mir aber entzweigegangen, Hier sind deren vier, wähle dir einen und nimm ihn mit. Jesus zögerte, er hatte mit leeren Händen gehen wollen, doch nun trat er an den Herd, vor die übereinandergestapelten vier Näpfe, Wähle dir einen aus, wiederholte Maria. Jesus schaute, griff zu, Den hier nehme ich, den ältesten, Recht gewählt, sagte Maria, Wieso, Er ist von der Farbe schwarzer Erde, bricht nicht und nutzt sich nicht ab. Jesus steckte den Topf in den Ranzen, stippte den Stecken auf die Erde, Wiederholt, daß ihr mir nicht glaubt, Wir glauben dir nicht, sagte die Mutter, und nun schon gar nicht mehr, weil du das Zeichen des Teufels gewählt hast. Von welchem Zeichen sprichst du, Von diesem Napf. Tief aus der Erinnerung hallten an Jesu Ohr die Worte des Hirten,

Du wirst einen anderen Napf haben, der aber zerbricht nicht, solange du lebst. Dies alles mutete eine in ganzer Länge ausgespannte und zum Bersten gestraffte Schnur an, war aber doch im Kreis gelegt und soeben mit einem Knoten rundgeschlossen worden. Ein zweites Mal ging Jesus aus dem Hause, dieses Mal sagte er nicht, So oder so, ich komme wieder. Während er, Nazareth den Rükken zugewandt, den ersten Hang hinabschritt, war seine Überlegung eher schlicht und melancholisch, Ob Maria von Magdala mir wohl ebensowenig glaubt.

Dieser Mann, der ein Versprechen Gottes in sich trägt, weiß dennoch keinen Hort, es sei denn das Haus einer Hure. Zur Herde kann er nicht zurück, Geh, hatte der Hirte ihm zugerufen, und auch sein Zuhause ist ihm verschlossen, Wir glauben dir nicht, hat die Familie versichert, nun bangt ihm, er zaudert, den Schritt dorthin zu wenden, fürchtet die Ankunft dort, ihm ist, als befinde er sich abermals inmitten der Wüste, Wer bin ich, die Berge und Täler geben ihm nicht Antwort, auch nicht der Himmel, der alles überspannt und alles wissen müßte. Kehrte er um, nach Hause, und wiederholte dort seine Frage, bekäme er von der Mutter zu hören, Du bist mein Sohn, doch ich glaube dir nicht, also ist es an der Zeit, daß sich Jesus auf diesen Stein setzt, der hier seiner harrt, seit die Welt Welt ist, und daß er, da hockend, Tränen vergießt vor Einsamkeit und Verlassensein, vielleicht beschließt Gott, ihm abermals zu erscheinen, und sei es in Gestalt einer Rauchsäule oder Wolke, Hauptsache er hat tröstende Worte bereit, Mann, so wichtig ist die Sache nicht, Tränen, Schluchzer, vergiß es, alle haben wir mal eine Pechsträhne, aber da ist eine große Erkenntnis, eine bisher unerwähnt gebliebene, und ich sage es dir jetzt, im

Leben, so wirst du feststellen, ist alles relativ, eine üble Sache kann erträglich werden, wenn mit Schlimmerem verglichen, also wisch dir die Tränen fort und benimm dich wie ein Mann, den Frieden mit deinem Vater hast du schon geschlossen, was wünschst du noch mehr, und diese Grille deiner Mutter, ihrer nehme ich mich zu gegebener Zeit an, wenig behagte mir dein Techtelmechtel mit der Maria aus Magdala, einer Hure, aber du bist nun mal in diesem fraglichen Alter, genieße, eines hebt das andere nicht auf, Essen hat seine Zeit und das Fasten, Sündigen hat seine Zeit, nicht minder die angstvolle Buße, Leben hat seine Zeit, und auch das Sterben. Jesus wischte sich die Tränen mit dem Handrücken fort, schnäuzte sich weiß Gott woran, es fruchtete wahrlich nicht, den ganzen Tag hier zu hocken, die Wüste ist so wie sie aussieht, sie umringt uns, umlagert uns, irgendwie ist sie uns Schutz, aber geben tut sie nichts, sie schaut nur, und bedeckt sich die Sonne jäh und wir sagen, Der Himmel begleitet meinen Schmerz, so sind wir Toren, denn der Himmel ist in diesen Dingen an Mitfühlen bar, unsere Freuden freuen ihn nicht, unsere Trauer stimmt ihn nicht traurig. Dort kommen Leute, Nazareth entgegen, peinlich wäre es Jesus, sie sähen ihn, ein Mannsbild mit Bart im Gesicht, hier flennen wie einen die Brust begehrenden Säugling. Es begegnen einander auf der Straße die spärlichen Reisenden, hin der eine, her der andere, man grüßt und dankt überschwenglich wie das so Sitte, aber erst wenn man sich der redlichen Absichten des anderen gewiß, denn ist in diesen Landstrichen von Banditen die Rede, können die einen so gut wie die anderen gemeint sein. Da sind die Diebe und Wegelagerer, so jene höhnenden Spitzbuben, die diesen Jesus vor mehr als vier

Jahren fledderten, als der Ärmste nach Jerusalem strebte, sich dort Erleichterung von seiner Pein zu geben, und da sind die ehrbaren Freischärler, die in der Regel die Straße meiden, manchmal aber nicht, sondern in Verkleidung die Truppenbewegungen der Römer heimlich beobachten, den nächsten Hinterhalt ins Auge fassen, oder sie gehen dreist und offen zu Werke, erleichtern um ihr Gold, ihr Silber, um all ihre Wertsachen die mit den Besatzern kollaborierenden Reichen, die vor solcher Schmach selbst eine kräftige Eskorte nicht zu schützen vermag. Und zumal Jesus seine achtzehn Jahre alt, hat er nicht Mühe, sich phantasievolle Kriegsabenteuer auszumalen beim Anblick dieser erhabenen Gebirge, in deren Schluchten, Höhlen und Schlupfwinkeln sich jene Männer verborgen halten, die des Judas von Galiläa große Schlachten fortführen, und da überlegt er, was denn er tun würde, wenn vor ihm ein Kampftrupp auftauchte und ihn aufforderte, sich ihnen anzuschließen, die Annehmlichkeiten des Friedens, eines wiewohl kärglichen, einzutauschen gegen Schlachtenruhm und Sieg und Macht, denn geschrieben steht, daß eines Tages Gottes Wille einen Messias gebiert, einen Gesandten, auf daß sein Volk endlich die jetzige Bedrückung abschüttelte und sich rüste für die künftigen Schlachten. Ein Hauch irrer Hoffnung und unwiderstehlichen Stolzes umweht, gleichsam Zeichen des heiligen Geistes, die Stirn des Zimmermannssohns, er sieht sich für die Dauer eines jähen Schwindels als Hauptmann, General, oberster Feldherr, das Schwert in die Höhe gereckt, schon sein Erscheinen versetzt Roms Legionen in Panik, wie Herden vom Teufel besessener Schweine stürzen sie sich in die Abgründe, senatus populusque romanus, fürwahr. Aber weh uns, im nächsten Augenblick fiel Jesus ein, daß ihm Macht und Ruhm versprochen sind, allerdings für die Zeit nach seinem Tod, weshalb er denn besser das Leben genießt, und sollte er in den Krieg müssen, würde er sich ausbedingen, in Zeiten der Waffenruhe die Truppe verlassen und Maria aus Magdala für einige Tage besuchen zu dürfen, es sei denn die Streitmacht der Patrioten duldete Marketenderinnen, die einem einzigen Soldaten dienten, denn mehreren, das wäre Prostitution. Maria von Magdala aber hat versichert, für sie sei es damit vorbei. Hoffen wir es, denn Jesus spürt neue Kräfte bei der Erinnerung an jene Frau, die ihm eine schmerzhafte Wunde heilte, im Tausch gegen die nicht zu stillende Wunde der Lustbegierde, und es gilt die Frage, was er tun wird, falls er etwa vor verschlossenem und mit dem bewußten Zeichen versehenen Tor steht, ohne die Gewißheit, dahinter lediglich das vorzufinden, was er meinte, zurückgelassen zu haben, jemanden, der ein einziges Hoffen nährt, das des Leibes und der Seele, denn Maria von Magdala billigt das eine nicht ohne das andere. Der Abend naht, schon sieht er in der Ferne Magdalas Häuser, gedrängt wie eine Herde, Marias Haus aber gleichsam ein abgesondertes Lamm, von hier nicht recht auszumachen zwischen den Steinblöcken, die den Weg säumen, Biegung auf Biegung. Für Augenblicke erinnerte sich Jesus jenes Schafs, das er hatte töten müssen, um den ihm vom Herrgott auferlegten Pakt mit Blut zu besiegeln, und sein Geist, nun losgelöst von Schlachten und Siegen, erwärmte sich am Gedanken, daß er einmal mehr auf der Suche nach einem Schaf war, nicht um es zu töten oder um es der Herde wieder zuzuführen, sondern damit sie zwei hinaufzögen zu den jungfräulichen Weiden, denn die gibt es noch, sofern wir nur strebsam suchen in der stürmischen weiten Welt, und nicht minder die unerforschten Pässe in uns, den Schafen, falls wir noch gründlicher forschen. Jesus hielt vor dem Tor inne, mit fühlvoller Hand vergewisserte er sich, daß es von drinnen verschlossen war. Das Zeichen hängt noch da, Maria von Magdala empfängt nicht. Es würde langen, wenn Jesus riefe, Ich bin es, und drin erhöbe sich Jubelgesang, Horch, mein Geliebter, sieh da, er kommt, er springt über die Berge, hüpft über die Hügel, ja, draußen steht er, hinter unseren Mauern, hinter diesem Tor, doch Jesus wird es vorziehen, mit der Faust dagegen zu schlagen, einmal, zweimal, wortlos, und wird warten, daß sie ihm auftut. Wer da, und was sein Begehr, wurde er von drinnen gefragt, da hatte Jesus den närrischen Einfall, seine Stimme zu verstellen und wie ein mit Geld reich versehener drangvoller Kunde beispielsweise zu rufen, Öffne, meine Blume, sollst es nicht bereuen, wirst gut bezahlt und trefflich bedient, und in der Tat kam seine Rede verstellt hervor, die Worte aber waren echt, Ich bin Jesus, aus Nazareth. Maria von Magdala zögerte, erschien nicht gleich, in Zweifeln über diese Stimme, die nicht in eins mit dem, was sie sagte, auch konnte er unmöglich schon zurück sein, nach erst einer Nacht und einem Tag, jener Mann, der ihr versprochen hatte, In den nächsten Tagen irgendwann besuche ich dich, Nazareth ist nicht weit fort von Magdala, wie oft schon sagte einer solches, rein aus Gefälligkeit, in den nächsten Tagen kann heißen irgendwann binnen drei Monaten, nie aber schon morgen. Maria von Magdala öffnet das Tor, wirft sich Jesus in die Arme, sie wagt es kaum zu glauben, dieses unsägliche Glück, und so über die Maßen ist sie bewegt, daß sie, unsinnig, den Einfall hat, er sei zurückgekehrt, weil die Fußwunde wieder aufgeplatzt ist, und über diesem Gedanken führt sie ihn hinein, setzt ihn hin, kommt mit einem Licht. Dein Fuß, zeig mir deinen Fuß, aber Jesus spricht, Mein Fuß ist heil, du siehst doch. Maria von Magdala hätte erwidern können, Nein, ich sehe nicht, dann das ist die bare Wahrheit, sie sieht nichts vor lauter Tränen. Mit den Lippen mußte sie den staubigen Spann berühren, sie löste achtsam die seine Sandale am Knöchel festhaltenden Schnüre, ihre Fingerspitzen streichelten die zarte neue Haut, sie vergewisserte sich der Heilwirkung ihrer Salbe und, im tiefsten Innern, daß ihre Liebe zur Genesung einiges beigetragen hatte.

Während sie zu Abend aßen, stellte Maria von Magdala keine Fragen, sie mochte, was aber keine Frage war, nur eben wissen, ob er eine gute Reise gehabt, ob ihm unterwegs nicht Böses widerfahren war, Plattheiten dies, schlichte Dinge. Nach dem Essen sagte sie kein Wort, schwieg eine ganze Weile, denn nun war es schon nicht mehr an ihr zu reden. Jesus schaute sie fest an, wie wenn einer hoch vom Fels seine Kräfte mit denen des Meeres vergleicht, nicht daß er fürchtete, unter der glatten Oberfläche lauerten gefräßige Tiere oder scharfe Riffe, sondern als einer, der sich fragt, ob er Mut hat zu springen. Er kennt diese Frau seit einer Woche, das ist Zeit und Leben genug, um zu wissen, daß wenn er auf sie zugeht, offene Arme und ein anbötiger Leib ihn empfangen, allein ihn ängstigt, ihr jetzt kundzutun, und der Augenblick ist zweifellos nun da, was noch vor etlichen Stunden jene anderen verwarfen, die, weil seines Blutes, auch seines Geistes sein müßten. Jesus zögert, er überlegt, wie er die Worte vorbringen soll, doch was er dann sagt, ist nicht die erforderliche lange Erklärung, sondern ein Satz, der ihm erlaubt, Zeit zu gewinnen oder, vielleicht treffender ausgedrückt, Zeit zu verlieren, Warst du nicht überrascht, mich so früh zurück zu sehen, Ich wartete seit deinem Fortgang, die Stunden bis zu deiner Wiederkehr habe ich nicht gezählt, das täte ich nicht, selbst wenn du zehn Jahre fortbliebest. Jesus lächelte, er machte eine Bewegung aus den Schultern, er hätte wissen müssen, daß bei dieser Frau ein Heucheln oder Ausflüchte nichts fruchteten. Sie saßen auf dem Fußboden einander gegenüber, zwischen ihnen ein Licht und was vom Mahl übrig war. Jesus griff ein Brot, brach es in zwei Teile, reichte eines davon Maria und sprach. Dies sei das Brot der Wahrheit, essen wir es, auf daß wir glauben und nie zweifeln, was immer einer hier sagt oder hört, So sei es, sagte Maria von Magdala. Jesus aß sein Brotstück, wartete bis auch sie es getan, dann sagte er, nun zum viertenmal, Ich habe Gott gesehen. Maria von Magdala zeigte sich in nichts überrascht, nur ihre im Schoß gefalteten Hände bewegten sich etwas. War es dies, was du mir sagen wolltest, falls wir uns wieder träfen, fragte sie, Ja, und andere Dinge mehr, die mir widerfahren sind, seit ich vor vier Jahren von zu Hause fortging, denn ich meine, daß all das irgendwie im Zusammenhang steht, auch wenn ich nicht weiß, wie und warum, Ich bin dein Mund und deine Ohren, entgegnete Maria von Magdala, was immer du sagst, du sagst es zu dir, ich bin in dir. Nun kann Jesus reden, da beide vom Brot der Wahrheit gegessen haben, und eigentlich gibt es in ihrem Leben nicht viele solche Stunden. Aus der Nacht wurde früher Morgen, das Licht der Lampe erstarb zweimal und erstand zweimal neu, Jesu gesamte Geschichte, die wir bereits kennen, wurde da erzählt, auch Einzelheiten, die wir seinerzeit für unerheblich hielten, und viele, viele Gedanken, die außer acht blieben, nicht daß Jesus sie uns vorenthalten hätte, sondern lediglich weil wir, der Evangelist, nicht überall sein konnten. Als Jesus mit plötzlich müde gewordener Stimme berichten wollte, was seit seiner Ankunft daheim geschehen war, hemmte ihn Verdruß, so wie jene dumpfe Ahnung ihn am Tor hatte zögern lassen, bevor er dann doch klopfte. Und Maria von Magdala, erstmals ihr Schweigen brechend, fragte, allerdings als kennte sie die Antwort bereits, Deine Mutter hat dir nicht geglaubt, So ist es, antwortete Jesus, Und also bist du in dieses andere Haus zurückgekehrt, Ja, Was gäbe ich darum, dir einreden zu können, daß auch ich dir nicht glaubte, Warum das, Dann würdest du abermals tun, was du getan hast, du gingest fort von hier, wie du von daheim fort bist, und ich, da ich dir nicht glaubte, müßte dir nicht folgen, Das ist keine Antwort auf meine Frage, Stimmt, Also dann, Wenn ich dir nicht glaubte, brauchte ich all das Schreckliche, das deiner harrt, nicht mit dir zu durchleben, Woher willst du wissen, daß mich Schreckliches erwartet, Über Gott weiß ich allenfalls, daß das, was er bevorzugt, so erschreckend ist wie das, was er verachtet, Wo nimmst du diesen gar merkwürdigen Gedanken her, Weib müßtest du sein, um begreifen zu können, was es heißt, Gottes Verachtung zu erleiden, nun wirst du weit mehr als nur Mann sein müssen, um als der von ihm Erwählte zu leben und zu sterben, Willst mich wohl erschrecken, Ich erzähle dir einen Traum, den ich hatte, eines Tages erschien mir im Schlaf ein Knabe, tauchte aus dem Nichts auf, kam und sprach, Gott ist schrecklich, sagte es und verschwand, ich weiß nicht, wer das Kind war, woher es kam, wem es gehörte, Ausgerechnet du sagst das und in diesem Ton, Was geschah dann, Von da an war ich Hure, Du bist es nicht mehr, Aber der Traum hat nichts widerlegt, auch nicht unsere jüngste Begegnung, Wiederhole, was sagte der Knabe, Gott ist schrecklich, Jesus sah vor sich die Wüste, das tote Lamm, das Blut im Sand, er hörte die Rauchsäule einen genüßlichen Seufzer tun und bemerkte, Mag sein, mag sein, doch es ist ein Unterschied, ob man ihn im Traum hört, oder ihn vielleicht leibhaftig erlebt, Gebe Gott, daß dir das erspart bleibt, Jedem sein Schicksal, Deines hat dir bereits erste feierliche Warnung erteilt. Über Magdala und die Welt dreht sich langsam eine mit Sternen bespickte Himmelskuppel. Irgendwo im Unendlich, oder dieses Unendlich ausfüllend, setzt Gott die Figuren anderer seiner Spiele vor und zurück, noch ist es zu früh, sich hierüber Gedanken zu machen, jetzt gilt es lediglich, den Dingen ihren natürlichen Lauf zu lassen, sie ab und an mit der Kuppe des kleinen Fingers anzutippen, damit nicht irgendein Mißgriff oder abirrender Gedanke die unabdingbare Harmonie der Geschicke zerstört. Darum auch ist der Rest des Gesprächs zwischen Jesus und Maria von Magdala unerheblich, Und was gedenkst du nun zu tun, fragte sie ihn, Du sagtest, du gingest mit mir wohin auch immer, Ich sagte, dort sein will ich, wo du bist. Was ist der Unterschied, Kein Unterschied, jedenfalls kannst du hierbleiben, solange du magst, falls es dir nichts ausmacht, mit mir in jenem Hause zu wohnen, in dem ich Hure war. Jesus dachte nach, überlegte, sagte dann, Ich suche mir Arbeit in Magdala, und dann leben wir zusammen wie Mann und Frau, Du versprichst zuviel, es langt schon, daß du bei mir bist.

Arbeit fand Jesus keine, doch erntete er, und er hätte es

gewärtigen müssen, Gelächter, Hohn und Beleidigung, wahrlich ein starkes Stück, tut sich da ein Mann, halb noch ein Jüngling, zum Leben mit Maria von Magdala zusammen, mit jenem Lotterweib, Geduldigt euch ein paar Tage, und ihr werdet erleben, wie er auf der Straße sitzt und wartet, daß der Freier das Haus verläßt. Zwei Wochen ertrugen sie diesen Spott, dann sagte Jesus zu Maria, Ich gehe fort, Wohin, Zum See. Früh am Morgen brachen sie auf, und zu spät kamen die Leute von Magdala, als daß sie aus dem brennenden Haus für sich noch etwas Dienliches hätten retten können.

Monate später, an einem regnerischen kalten Winterabend, trat ein Engel in das Haus der Maria von Nazareth, trat ein wie nicht vorhanden, die Familie zeigte keine Regung, nur Maria gewahrte ihn, und es hätte auch nicht anders sein können, der Engel richtete das Wort eigens an sie und sprach, Wisse, Maria, der Herr mischte seinen Samen damals zu Josefs Samen, an jenem Frühmorgen, als du erstmals geschwängert wurdest, und also ging aus ihm, dem Samen des Herrn, und nicht dem des dir anvermählten Mannes, dein Sohn Jesus hervor. Maria entsetzte diese Mitteilung, deren Sinngehalt zum Glück nicht verlorenging in der gestelzten und wirren Rede des Engels. Maria fragte, demnach ist Jesus mein und Gottes Sohn, Weib, welch ein Mangel an guter Erziehung, beachte Rang und Hierarchie, Gottes und mein Sohn, müßtest du sagen, Gottes und deiner, Nein, Gottes und deiner, Verwirr mich nicht, beantworte meine Frage, ist Jesus ein Sohn, Sohn eigentlich nur des Herrgotts, du, in diesem Falle, warst lediglich austragende Mutter, Also hat Gott mich nicht erwählt, Ach, woher, er kam nur eben vorbei, ein aufmerksames Auge hätte ihn wahrgenommen an der eigentümlichen Farbe des Himmels, dann aber sah Gott, daß ihr, du und Josef, robuste gesunde Menschen wart, hierauf Josef, falls dir noch erinnerlich, wie sich jene Bedürfnisse äußerten, Lust ankam, und das

Ergebnis, neun Monate später, war Jesus, Ist es gewiß, was man so Gewißheit nennt, daß wirklich Gottes Same meinen ersten Sohn zeugte, Heikle Frage, du verlangst von mir nichts geringeres als eine Vaterschaftsermittlung, während wir doch bei diesem Mischmasch an Vermengungen wahrlich nie absolute Gewißheit erlangen, soviel wir auch analysieren, Tests durchführen, Blutkörperchen zählen. Und ich Ärmste, als ich dich so hörte, bildete mir ein, Gott habe sich meine Person an jenem Morgen zur Braut erkoren, doch es war reiner Zufall, hätte so gut nein wie ja sein können, wahrlich, besser du wärst Nazareth fern geblieben, hättest mich nicht in diesen Zweifel versetzt, und im übrigen, offen gesagt, wäre er ein Gottessohn, und selbst mit mir als Mutter, hätten wir das schon bei der Geburt merken müssen, und beim Heranwachsen hätte er von Gott Aussehen, Statur und Stimme annehmen müssen, jedoch, und mag man auch sagen, Mutterliebe mache blind, mein Sohn hat nichts von alledem, Aber Maria, dein erster großer Irrtum ist, zu glauben, ich sei gekommen, um mit dir über jene im Geschlechtsleben des Herrgotts weit zurückliegende Episode zu plauschen, und dein zweiter großer Irrtum ist, du meinst, der Menschheit Wohlgestalt und Beredsamkeit seien nach dem Bildnis Gottes geformt, ich versichere dir als Kenner des Hauses, das System des Herrgotts ist stets das Gegenteil dessen, was sich die Menschen vorstellen, und, hier ganz im Vertrauen, ich finde, anders könnte der Herr gar nicht bestehen, das seinem Munde am meisten entquellende Wort ist nicht Ja, sondern Nein, Immer hörte ich sagen, der Teufel sei der Geist, der stets verneint, Mitnichten, meine Tochter, der Teufel ist jener Geist, der sich selbst verneint, sofern sich dir aber im Herzen dieser

Unterschied nicht auftut, wirst du nie wissen, wem du angehörst, Dem Herrgott gehöre ich an, Na bitte, das sagst du und erlagst dem dritten und größten deiner Irrtümer, der darin besteht, daß du deinem Sohn nicht glauben wolltest, Jesus, Ja, ihm, denn keiner sonst sah Gott oder wird ihn je sehen, Sage mir, Engel des Herrn, hat mein Sohn Gott wirklich gesehen, Ja, und wie ein Kind, das sein erstes Vogelnest fand, eilte er herbei, um es dir zu zeigen, du aber, zweifelnd und mißhellig, du sagtest, das könne nicht sein, und falls ein Nest, so sei es leer, und falls Eier, seien sie faul, und wenn keine Eier, so weil die Schlange sie gefressen habe, Mein Engel, vergib mir die Zweifel, Jetzt weiß ich nicht, sprichst du zu mir oder zu deinem Sohn. Zu dir, zu ihm, zu beiden, wie nur kann ich meinen Fehler beheben, Was riete dir dein Mutterherz, Ihn zu suchen und ihm zu versichern, daß ich an ihn glaube, er möge mir verzeihen, und möge heimkehren, wohin auch immer der Herr ihn zu gegebener Stunde befiehlt. Ehrlich, ich hege Zweifel, ob du da mit der Zeit mitgehst, niemand ist so sehr vom Gefühl geleitet wie der junge Mensch, dir droht Schelte von deinem Sohn, und daß er dir die Tür vor der Nase zuschlägt, Dann aber wäre es die Schuld jenes Dämons, der ihn behext und verdorben hat, ich verstehe nicht, warum Gott, sein Vater, ihm so viel Freiheit gab, so die Zügel schleifen ließ, Von welchem Dämon sprichst du, Vom Schäfer, dem mein Sohn vier Jahre diente, ihm die Herde hütete, von der niemand weiß, wozu sie da ist, Ah, vom Hirten sprichst du, Kennst du ihn, Wir haben dieselbe Schule besucht, Und der Herr läßt es zu, daß ein Dämon wie er gewinnlich fortbesteht, Das verlangt die gute Ordnung der Welt, doch das letzte Wort spricht der Herr, mögen wir auch nicht wissen wann, erleben wirst du, eines Morgens wachst du auf, und siehe, das Böse ist von dieser Erde getilgt, aber jetzt muß ich fort, falls du noch Fragen hast, nutze die Gelegenheit, Eine Frage noch, Nun denn, Wozu benötigt Gott meinen Sohn, Dein Sohn, das ist eine Redensart, In den Augen der Welt ist Jesus mein Sohn, Wozu er ihn benötigt, fragtest du, eine gute Frage dies, allein ich weiß keine Antwort darauf, es ist, augenblicklich, eine Angelegenheit, die nur zwischen ihnen beiden steht, und Jesus selbst weiß wohl auch nicht mehr, als was er dir gesagt hat, Er sagte, nach dem Tode erntet er Macht und Ruhm, Ist mir ebenfalls bekannt, Aber was muß er bei Lebzeiten tun, damit er die vom Herrn versprochenen Wunderdinge verdient, Verdienen, sagst du, aber, aber, du unwissendes Weib, du meinst, dieses Wort gilt und es könnte, was ihr dünkelhaft Verdienste nennt, in den Augen des Herrn irgendeinen Wert, irgendwie Bedeutung haben, wofür haltet ihr euch denn, seid ihr doch nur jämmerliche Sklaven von Gottes unumschränktem Willen, Ich sage weiter nichts, ich, in der Tat, bin dem Herren Sklavin, möge sich sein Wort an mir erfüllen, sage mir indes noch, wo ich nach all diesen Monaten meinen Sohn finden kann, Suche ihn, es ist deine Pflicht, auch er ging auf die Suche nach dem verlorenen Lamm, Um es zu töten, Gemach, dich wird er nicht umbringen, aber du ihn, weil du in seiner Todesstunde abwesend sein wirst, Und woher weißt du, daß ich nicht vor ihm sterbe, ich bin den Entscheidungszentren nah genug, um es zu wissen, und nun leb wohl, du fragtest nach deinem Belieben, vielleicht unterblieb manch nötige Frage, doch das geht mich schon nicht mehr an, Erkläre mir, Erkläre es dir selbst, Beim letzten Wort entschwand der Engel, und Maria schlug die

Augen auf. Die Kinder schliefen, die Burschen in zwei Dreiergruppen, Jakob, Josef und Judas, also die älteren, in der einen Ecke, Simon, Justus und Samuel in einer anderen Ecke, und zu Seiten der Mutter, wie üblich, Lysia und Lydia. Maria, noch verwirrt von den Ankündigungen des Engels, schaute doch gleich wieder nüchtern drein und entsetzt, als sie Lysia ganz entblößt daliegen sah, praktisch nackt, die Tunika oberhalb der Brüste, sie lag in tiefem Schlaf, seufzte, mit einem Lächeln im Gesicht und leichtem Glanz von Schweiß auf der Stirn und auf der Oberlippe, die von Küssen bedeckt schien. Wäre Maria nicht gewiß, daß ein nur redender Engel hier gewesen, müßte Lysias Gebaren sie zum Aufschreien veranlassen, einen nächtlichen Dämon bezichtigend, jener einen, die sich schändlich über das schlafende Weib hermachen, er hatte an dem wehrlosen jungfräulichen Leib das Seine getan, unterdessen die Mutter sich vom Gespräch ablenken ließ, vielleicht ist dies seit jeher so, daß die Engel überall paarweise erscheinen, und während der eine zur Ablenkung Ammenmärchen erzählt, betreibt der andere, unter der Hand, den actus nefandus, eine Redensart dies, denn nefandus ist er eigentlich nicht, dieser Akt, sieht es ja ganz danach aus, daß beim nächstenmal die Rollen und Positionen vertauscht werden, damit weder im Träumenden noch im Geträumten die gewinnliche Zweiheit von Fleisch und Geist Einbuße erleidet. Maria verhüllte ihre Tochter leidlich, zog ihr die Tunika herab bis über das, was es schicklicherweise verdeckt zu halten gilt, und als es wieder manierlich aussah, weckte sie die Tochter, fragte leise und sozusagen stracks draufzu, Was hast du geträumt. Lysia, ertappt, konnte nicht schwindeln, sie erklärte, ihr sei im Traum ein Engel erschienen, der aber habe kein Wort gesagt, sondern sie nur angeschaut, so zärtlich und traut wie es Paradiesblicke nicht besser vermögen, Hat er dich angefaßt, Aber Mutter, dazu taugen die Augen nicht, erwiderte Lysia. Maria schwankte, wußte nicht, ob sie sich Sorgen machen sollte um das, was da an ihrer Seite geschehen war, und noch leiser sagte sie, Auch mir träumte von einem Engel, Und hat deiner gesprochen, fragte Lysia, unschuldhaft, Er redete, er unterrichtete mich, dein Bruder habe die Wahrheit gesagt, als er behauptete, Gott gesehen zu haben, Ach, Mutter, schlecht haben wir getan, daß wir seinen Worten nicht glaubten, er aber ist ein guter Mensch, aus Ärger hätte er das Geld, meine Mitgift, für sich behalten können, tat es aber nicht, Nun haben wir das in Ordnung zu bringen, Wir wissen nicht, wo er ist, Nachricht hat er keine gegeben, da hätte der Engel helfen können, Engel wissen ja alles, Er hat aber nicht geholfen, er sagte nur, wir sollten deinen Bruder suchen, es sei unsere Pflicht, Ach, Mutter, sollte unser Bruder Jesus dem Herrgott wirklich begegnet sein, ist unser Leben künftig ein anderes, Mag sein, aber zum Schlimmeren hin, Wieso, Nicht einmal wir glaubten seinen Worten, wie sollten da andere es tun, Erwartest ja wohl nicht, daß wir auf Nazareths Plätzen ausrufen, Jesus hat Gott gesehen, Jesus hat Gott gesehen, sie würden uns jagen und uns mit Steinen bewerfen, Der Herr, der ihn erwählte, würde uns schützen, wir sind die Angehörigen des Erwählten, Sei dir dessen nicht so sicher, als Gott seine Wahl traf, waren wir nicht mit einbezogen, denn Gott kennt nicht Eltern noch Kinder, erinnere dich an Abraham, denk an Isaak, Ach Mutter, wie ist das schlimm, Das Klügste, meine Tochter, ist, wir verwahren diese Dinge tief in unserem

Herzen, reden möglichst wenig davon, Also, was tun wir, Morgen schicke ich Jakob und Josef aus, sie sollen Jesus suchen, Aber wohin schicken, Galiläa ist groß, und auch Samaria, sofern er hin ist, oder nach Judäa, oder nach Idumäa, alles so fern, Noch am ehesten ist dein Bruder am See Genezareth, erinnere dich, er habe mit Fischern verkehrt, erzählte er, Ob er vielleicht zur Herde zurückgekehrt ist, Das schon nicht mehr, Wie kannst du das wissen, Schlafe, der Morgen ist noch fern, Vielleicht träumen wir wieder von diesen unseren Engeln, Vielleicht. Ob Lysias Engel seinem Gefährten entwischt war und ihr neuerlich im Traum erschien, blieb dahingestellt, der Engel der Verkündigung indes könnte, selbst wenn er etwas vergessen hätte, nicht zurückkehren, weil Maria die Augen da mitten in der Finsternis des Hauses unverwandt offenhielt, was sie wußte, langte ihr vollauf, und was sie ahnte, machte ihr angst.

Es kam der Tag, die Schlafmatten wurden eingerollt, und Maria, vor versammelter Familie, erklärte, sie habe in letzter Zeit viel darüber nachgedacht, wie schlecht sie an Jesus gehandelt hätten, Angefangen bei mir, ich als seine Mutter hätte gütiger und verständiger sein müssen, darum mein klarer und sehr gerechter Beschluß, wir müssen ihn suchen, müssen ihn bitten, heimzukehren, weil wir an ihn glauben, und da es Gottes Wille, werden wir glauben, was er uns sagt, dies waren die Worte Marias, die sich nicht eingestand, daß sie hier wiederholte, was ihr Sohn, auch er zugegen, in der dramatischen Stunde der Zurückweisung gesagt hatte, vielleicht würde Jesus jetzt noch hier sein, wäre jenes Gemurmel damals, denn das war es gewesen, wiewohl wir es nicht eigens vermerkten, wäre jenes Gemurmel damals zur Stimme aller geworden. Maria ließ den Verkündigungsengel unerwähnt, sprach nur von der Pflicht aller gegenüber dem Erstgeborenen. Jakob wagte es nicht, die neuen Gesichtspunkte in Zweifel zu ziehen, obwohl fest überzeugt, daß der Bruder einen Rappel hatte, mindestens aber, dies mußte man stets gewärtigen, das Opfer irgendeiner schändlichen Mystifikation gottloser Leute war. Die Antwort schon ahnend, fragte Jakob, Und wer von uns hier soll Bruder Jesus suchen gehen, Du, weil ihm im Alter am nächsten, und Josef begleitet dich, zu zweit, das ist sicherer, Wo beginnen wir die Suche, Am Galiläischen Meer, ich bin gewiß, ihr findet ihn dort, Wann brechen wir auf, Schon vor Monaten ist er fort, keinen Tag dürfen wir säumen, Mutter, es regnet, das Wetter ist nicht zum Reisen, Mein Sohn, die Gelegenheit öffnet sich der Not allemal, und ist die Not übergroß, hat sie sich die Gelegenheit selber zu schaffen. Die Kinder schauten Maria überrascht an, solche Reden aus dem Munde der Mutter waren sie nicht gewohnt, so vollendete Sprüche, sie sind noch sehr jung, wissen nicht, daß der Umgang mit Engeln solche und noch bessere Früchte zeitigen kann, die Bestätigung kommt, in nichts verdächtigt von den anderen, soeben von Lysia, denn genau das bedeutet ihr langsames, träumerisches Kopfnicken. Der Familienrat hat getagt, Jakob und Josef versicherten sich draußen, daß es mit dem Wetter so schlecht nicht stand, wenn sie über Land müßten, um den Bruder zu finden, wollten sie es wenigstens einigermaßen trockenen Fußes tun, und in der Tat schien der Himmel sie erhören zu wollen, denn just in der Richtung des Galiläischen Meeres kam jetzt wäßriges Blau auf, versprach einen regenfreien Nachmittag. Als man sich verabschiedet hatte, drin im Haus und still, weil Maria meinte, die Nachbarn sollten nur das ihnen Zuträgliche erfahren, zogen die zwei Brüder endlich von dannen, nahmen aber nicht den Weg nach Magdala, da Jesus jene Richtung gewiß nicht gewählt hatte, sie wanderten stracks und sehr bequem der neu gegründeten Stadt Tiberias entgegen. Barfuß gingen sie, denn bei den schlammigen Wegen würden ihnen die dann aufgeweichten Sandalen bald in Stücken von den Füßen fallen, der Ranzen barg die Sandalen, in Erwartung schöneren Wetters. Zwei gute Gründe hatte Jakob, Tiberias anzustreben, zum einen war da die Neugierde des Dörflers, der von Palästen, Tempeln und sonstigen dort im Entstehen begriffenen Prachtbauten hatte reden hören, zum anderen lag die Stadt dem Vernehmen nach etwa gleich fern vom nördlichsten wie vom südlichsten Punkt des Sees, am hiesigen Ufer. Da sie sich während der Suche ihr Brot verdienen müßten, hoffte Jakob, sie fänden auf den Bauplätzen der Stadt mühelos Anstellung, auch wenn Nazareths fromme Juden behaupteten, der Ort sei unrein, wegen der krank machenden Lüfte und der schwefeligen Wasser nahebei. Tiberias erreichten sie an diesem Tag nicht mehr, weil der Himmel seine Versprechungen nicht hielt, denn noch waren sie keine Stunde unterwegs, da setzte Regen ein, und groß war ihr Glück, daß sie in einer geräumigen Höhle Unterschlupf fanden und der Regen sie nicht bis auf die Knochen durchweichte. Dort übernachteten sie, und am Morgen, nun um eine Erfahrung reicher, hielten sie erst einmal gründlich Ausschau nach dem Wetter, damit sie Tiberias einigermaßen trocken erreichten. In der Stadt verdingten sie sich als Steineschlepper, denn zu mehr langten ihre Fertigkeiten, des einen wie des anderen, nicht. Nach etlichen Tagen wollte ihnen glücklicherweise scheinen, sie hätten genug verdient, nicht etwa, daß König Herodes Antipas hohen Lohn zahlte, sondern weil ihre Ansprüche gering und ihre Not nicht drängend war, mit ihnen konnte man leidlich leben. Gleich hier in Tiberias hielten sie forschend Umschau, nach einem gewissen Jesus aus Nazareth, er ist nämlich unser Bruder, von Angesicht so und so im Gebaren, ob in Begleitung, das wissen wir nicht, Also auf dieser Baustelle nicht, beschied man ihnen, und sie machten die Runde, besuchten alle Bauplätze der Stadt, hatten dann endlich die Gewißheit, daß Jesus nie hier gewesen war, was ja auch gar nicht verwunderlich, denn sollte sich der Bruder für sein neues Tun, das Fischen, entschieden haben, würde er, den See so nah vor Augen, doch nicht hier zwischen harten Steinen und steinharten Aufsehern schuften wollen. Nun das Geld verdient war, wenn auch wenig, galt es zu entscheiden, ob sie die Suche längs des Ufers, von Siedlung zu Siedlung, Boot zu Boot, Mannschaft zu Mannschaft, nordwärts oder südwärts fortsetzen wollten. Jakob letztlich entschied sich für den Weg nach Süden, weil die Ufer da fast eben, nach Norden hin dagegen bewegter, bergiger waren. Das Wetter hielt sich, die Kühle war erträglich, der Regen hatte sich verzogen, und wer von größerer Naturerfahrung als diese beiden Burschen, hätte beim Riechen der Lüfte und Betasten der Erde die zagen ersten Anzeichen von Frühling gespürt. Die Suche nach dem Bruder, höherer Gründe halber, gestaltete sich zur Vergnügungsreise, wurde Landpartie, ein Strandurlaub. Fast vergaßen Jakob und Josef, was sie hergeführt hatte, doch schon die erste Begegnung mit Fischern brachte ihnen Kunde über Jesus, in allerdings merkwürdigen Worten, Ja, wir haben ihn gesehen, sagten die

Männer, kennen ihn, und falls ihr ihn findet, sagt ihm, wir erwarten ihn hier so dringlich wie das Brot aller Tage. Baff waren die zwei Suchenden, mochten nicht glauben, daß die Fischer ihren Bruder meinten, vielleicht kannten sie einen anderen Jesus, Euren Angaben nach, sagten die Fischer, ist es eben jener, ob er aus Nazareth stammt, wissen wir nicht, das sagte er nicht, Und warum erwartet ihr ihn so dringlich wie das tägliche Brot, fragte Jakob, Weil das Boot, auf dem er jeweils fährt, mehr Fisch denn je einholt, Aber unser Bruder hat herzlich wenig Ahnung vom Fischen, demnach ist es ein anderer, Wir haben nicht behauptet, daß er Ahnung vom Fischen hat, er fischt nicht, er sagt nur, Werft das Netz nach dieser Seite aus, wir tun es, und herauf kommt das Netz prallvoll, Wieso ist er da nicht bei euch, Weil er, so sagte er vor etlichen Tagen, auch anderen Fischern beistehen müsse, und recht hat er, mit uns war er dreimal draußen und versicherte jedesmal, er käme wieder, Und wo ist er jetzt, Wissen wir nicht, letztens zog er südwärts, er könnte aber auch, von uns unbemerkt, nordwärts marschiert sein, er geht und kommt nach seinem Belieben, Wählen wir also den Weg nach Süden, sagte Jakob zu Josef, jedenfalls wissen wir, daß unser Bruder am hiesigen Ufer umherstreift. Das schien einfach, doch mußten sie gewärtig sein, daß Jesus, wenn sie vorbeikämen, vielleicht draußen auf einem Boot war, bei einem seiner wunderbaren Fischzüge, gemeinhin schenken wir diesen Einzelheiten keine Beachtung, doch das Schicksal hält es ganz anders, uns dünkt alles von einem bestimmten Prinzip her festgelegt, aber nein, man beachte, Voraussetzung für die Begegnung einer Person mit einer anderen, wie im angestrebten Fall, ist, daß sie am selben Ort zur selben Zeit aufeinandertreffen, was gar nicht so einfach, es langte eine winzige Verspätung, etwa daß wir eine Wolke am Himmel betrachten, dem Gesang eines Vogels lauschen, die Eingänge und Ausgänge eines Ameisenhaufens zählen oder daß wir, im Gegenteil, aus Unachtsamkeit nicht hören, nicht sehen, nicht zählen und dennoch nicht weiter streben, und schon ist in die Binsen, was da so gut auf den Weg gebracht schien, das Schicksal ist das Allerheikelste auf Erden, Bruder Josef, das wirst du erleben, wenn du erst in meinem Alter bist. So gewarnt, spähten die zwei Brüder mit tausend Augen, hielten unterwegs inne, warteten die Rückkehr eines verspäteten Bootes ab, kehrten etliche Male unversehens um, gewärtig, an unvermutetem Fleck den da vielleicht aufgetauchten Jesus von hinterrücks zu überraschen. So gelangten sie zur Ausmündung des Sees. Sie setzten über den Jordan, auf die andere Seite, und gleich die ersten Fischer dort fragten sie nach Jesus. O ja, sie hatten von ihm reden hören, von ihm und seinen Zaubern, doch hier sei er nie erschienen. Jakob und Josef wandten sich zurück und jetzt nordwärts, doppelt aufmerksam, nun auch sie wie Fischer mit Schleppnetz, in der Hoffnung, den König der Fische einzufangen. Eines Nachts, am Wegrand, lösten sie einander im Wachen ab, auf daß Jesus nicht, einen anderen Ort wählend, etwa die Mondeshelle nutzte und unbemerkt an ihnen vorbeizog. Wandernd und fragend gelangten sie nach Tiberias, wo sie nicht erst Arbeit aufnahmen, da sie noch etwas Geld besaßen, denn die Fischer hatten sie gastlich mit Fisch versehen, was Josef einmal zur Bemerkung veranlaßte, Bruder Jakob, ist dir je der Gedanke gekommen, daß diesen Fisch, den wir essen, unser Bruder eingebracht haben könnte, Trotzdem schmeckt er nicht besser, hatte Jakob geantwortet, schäbige Rede dies, die man aus dem Munde eines liebenden Bruders nicht erwarten würde, jedoch entschuldbar bei einem, der, unberufen, eine Nadel im Heuhaufen sucht.

Sie fanden Jesus eine Stunde Wegs hinter Tiberias, eine unserer heutigen Stunden. Als erster gewahrte ihn Josef, der von vorzüglichem Weitblick, Er ist es, dort, rief er. In der Tat, ihnen kommen da zwei Personen entgegen, ein Mann und allerdings eine Frau. Jakob sagt, Das ist er nicht. Ein jüngerer Bruder widerspricht dem älteren nie, Josef aber, vor Freude, mißachtet Regel und Sitte, Ist er doch, beharrt er, Aber da kommt eine Frau, Eine Frau und ein Mann, und der Mann ist Jesus. Auf dem Fahrweg längs des Ufers, auf ebenem Gelände hier, zwischen zwei Hügeln, die fast bis ans Wasser reichten, wandelten Jesus und Maria von Magdala herbei. Jakob hielt inne, wartend, und befahl Josef, ebenfalls stehenzubleiben. Der Bursche gehorchte, widerstrebend, er wäre dem endlich gefundenen Bruder am liebsten entgegengelaufen, hätte ihn umarmt, wäre ihm um den Hals gefallen. Jakob war verwirrt von dem Geschöpf an der Seite von Jesus, wer mochte sie sein, nicht denkbar, daß sich der Bruder mit einem Weib hielt, doch er spürte, daß diese schlichte Augenscheinlichkeit ihn selbst unendlich weit vom Erstgeborenen absetzte, so als gehörte Jesus, der sich brüstete, Gott gesehen zu haben, einzig weil er mit einem Weib Bekanntschaft hatte, einer gänzlich anderen Welt an. Einer Überlegung folgt die nächste, und oft, ohne daß man gewahr wird, was sie verbindet, als querten wir einen Fluß von Ufer zu Ufer auf überdachter Brücke, wir kamen daher, erkannten nicht, wohin das ging, passierten den Fluß, ohne ihn überhaupt zu bemerken, so gelangte

Jakob unverhofft zu dem Schluß, es zieme sich für ihn nicht, hier wie ein Pflock zu stehen, als wäre er der Erstgeborene, den der Bruder zu begrüßen hätte. Er schritt weiter, befreite somit Josef, und dieser rannte mit ausgebreiteten Armen Jesus entgegen, unter Jubelrufen einen Schwarm Vögel aufscheuchend, die, von den hohen Raingräsern verdeckt, im Uferschlick Nahrung gesucht hatten. Jakob legte einen Schritt zu, damit nicht etwa Josef Botschaften entgegennahm, die nur ihm zustünden, und schon stand er vor Jesus und sagte, Gelobt sei Gott, der es hat fügen wollen, daß wir den gesuchten Bruder finden, und Jesus erwiderte, Gelobt sei er, daß ich euch wohlauf und gesund sehe. Maria von Magdala war stehengeblieben, etwas im Hintergrund, Jesus fragte, Was führt euch in diesen Landstrich, Brüder, und Jakob sagte, Laß uns etwas beiseite treten, damit wir ungestört reden können, Wir sind ungestört, sagte Jesus, und falls du es wegen dieser Frau sagst, wisse, daß alles, was du mir mitteilen möchtest, und was ich von dir hören will, sie ebensogut hören darf. Dem folgte ein so dichtes, gewaltiges, tiefes Schweigen, als hätten sich die Stille des Meeres und die Stille der Berge zusammengetan, nicht die Stummheit von vier einander gegenüberstehenden kräftesammelnden Menschen. Jesus wirkte nun noch mannhafter, noch gebräunter, nicht mehr so fiebrig indes der Glanz seiner Augen, und sein Antlitz hinter dem dichten schwarzen Bart mutete friedvoll an, ruhig, obschon sichtlich gespannt ob des unerwarteten Aufeinandertreffens. Wer ist diese Frau, fragte Jakob, Sie heißt Maria und ist mit mir, antwortete Jesus, Hast du geheiratet, Ja, vielmehr nein, nein, oder doch, Versteh ich nicht, Das habe ich auch nicht erwartet, Ich muß mit dir reden, Sprich,

Ich bringe dir eine Botschaft von unserer Mutter, Ich lausche, Ich möchte es lieber nur dir anvertrauen, Hast gehört, was ich sagte. Maria von Magdala tat zwei Schritte, Ich kann mich ja zurückziehen, damit ich nichts höre, sagte sie, Meine Seele birgt kein Wort, das du nicht kenntest, erwiderte Jesus, und so mögest du denn auch erfahren, was die Überlegungen meiner Mutter zu meiner Person sind, da ist mir die Mühe erspart, es dir später erzählen zu müssen. Die Erregung trieb Jakob das Blut ins Gesicht, er tat einen Schritt zurück, wie um dem hier zu entweichen. Maria von Magdala maß er mit Zornesblick, der aber auch Verwirrung ausdrückte, Argwohn und Begehren in einem. Josef, zwischen den beiden, streckte die Arme vor, gleichsam beschwörend, mehr konnte er nicht tun. Schließlich beruhigte sich Jakob, und nach kurzer Sammlung, sich besinnend, hob er an, Mutter hat uns ausgeschickt, wir sollen dich suchen und dich bitten, heimzukehren, wir glauben an dich und soweit es Gottes Wille, glauben wir auch das, was du zu uns sagtest, Mehr nicht, Das waren ihre Worte, Heißt dies, ihr selbst werdet nichts dazutun, um das zu glauben, was ich euch erzählte, werdet lediglich darauf harren, daß Gott euer Verständnis wandelt, Verstehen oder nicht verstehen, alles ist in Gottes Hand, Du irrst, Gott gab uns Beine, damit wir gehen, und also gehen wir, soweit mir bekannt, hat kein Mensch je gewartet, daß Gott ihm befiehlt, Gehe, nicht anders ist es mit dem Verständnis, Gott gab es uns, damit wir davon Gebrauch machten, nach unserem Willen und Begehr, Ich diskutiere nicht mit dir, Recht so, du würdest den kürzeren ziehen, Also, wie lautet deine Antwort an unsere Mutter, Sage ihr, ihre Botschaft erreicht mich zu spät, Josef wußte diese Worte zur rechten

Zeit zu sagen, sie aber hat sie damals abgewiesen, und selbst wenn jetzt ein Engel vor ihr erschiene und ihr all das bestätigte, was ich euch sagte, und sie endlich überzeugt wäre, daß all dies Gottes Wille, heim komme ich dennoch nicht, Du bist der Sünde des Hochmuts verfallen, Ein Baum stöhnt, wenn man ihn fällt, ein geschlagener Hund winselt, ein Mann aber, wenn beleidigt, wächst, Sie ist deine Mutter, wir sind deine Brüder, Wer ist meine Mutter, und wer sind meine Brüder, meine Brüder und meine Mutter sind jene, die im selben Augenblick an mein Wort glauben, da ich es verkündige, meine Brüder und meine Mutter sind jene, die auf mich bauen, wenn wir hinaus auf das Meer fahren, dort reicheres Mahl zu fischen als es zuvor je gespeist wurde, meine Mutter und meine Brüder sind jene, die nicht erst meinen Tod abwarten, um sich meines Lebens zu erbarmen, Hast du keine andere Botschaft mitzugeben, Eine andere Botschaft habe ich nicht, doch werdet ihr von mir erzählen hören, schloß Jesus, und sich Maria von Magdala zuwendend, Gehen wir, Maria, die Boote stehen zur Ausfahrt bereit, die Fische sammeln sich, es ist an der Zeit, die Ernte einzufahren. Schon hatten sie sich abgewandt, als Jakob rief, Jesus, ich muß unserer Mutter sagen, wer diese Frau ist, Sag ihr, sie begleitet mich und sie heißt Maria, hallte es zwischen den Hügeln und über den See. Josef, auf der Erde liegend, weinte vor Gram.

Wenn Jesus mit den Fischern auf den See hinausfährt, harrt Maria von Magdala seiner, sie sitzt üblicherweise auf einem Stein am Wasser oder auf einem Erdhügel, falls einer da, und beobachtet die Fahrt der Boote. Die Fangzüge dauern nicht lange, nie hatte dieser Teil des Sees solche Mengen an Fisch, Uneingeweihte würden sagen, es ist, als fischte die Hand aus vollem Eimer, doch dann merkt man, es gelingt nicht allen gleichermaßen, denn ist Jesus anderswo, dann ist der Eimer, wie sonst, beinahe leer, es ermüden die Arme und Hände über dem anstrengenden Auswerfen, der Mut versackt, wenn das Netz mit nur hier und da einem Fisch in der Masche auftaucht. Dies der Grund, weshalb die Fischer vom Westufer des Galiläischen Meeres so begierig sind auf Jesus, sie bitten ihn, flehen, fordern ihn auf, manchenorts schon empfingen sie ihn festlich mit Palmwedeln und Blumen, wie zum Passahfest. Nun aber, der Menschen Brot ist, was es ist, eine Mischung aus Mißgunst und Neid, untermengt zuweilen ein bißchen Nächstenliebe, und als treibende Hefe Angst, die das Böse quellen läßt und das Gute überwuchert, geschah es denn auch, daß Bootsmannschaften widereinander stritten, und Siedlungen gegen Siedlungen, ein jeder beanspruchte Jesus für sich, mochten die anderen zusehen, wie sie zurechtkämen. In solchen Fällen dann entwich

Jesus in die Wüste und kehrte erst zurück, wenn die Unruhestifter reuig kamen und baten, ihnen ihr Eifern zu vergeben, es rühre ja alles nur daher, daß sie ihn so sehr liebten. Gesagt sein soll aber einmal für immerdar, warum die Fischer vom Ostufer nie Vertreter herentsandten, eine gerechte Vereinbarung auszuhandeln, die allen gleiche Gunst einräumte, ausgenommen den Heiden unterschiedlicher Farbe und Glaubens, woran es hier nicht mangelt. Auch hätten die von der anderen Seite mit einer Kampfflottille, und bewehrt mit Netzen und Piken, im Dunkel einer mondlosen Nacht kommen und Jesus denen im Westen rauben können, die, an die Fettlebe schon wohlig gewöhnt, den einstigen Nöten wieder anheimgefallen wären.

Noch ist es der Tag, an dem Jakob und Josef ihren Bruder Jesus bitten kamen, er möge heimkehren, sich abwenden vom Vagabundenleben, wie sehr Fischgewerbe und angrenzende Bereiche hieraus auch Nutzen gehabt haben mochten. Zur Stunde marschieren die zwei Brüder, ein jeder seinem Gefühl hingegeben, Jakob zornig und weinerlich Josef, im Eilschritt über Berge und durch Täler, hin nach Nazareth, wo sich die Mutter zum hundertstenmal fragt, ob sie, die zwei Söhne fortziehen sah, deren nun drei zurückkehren sehen wird, und allerdings ist sie im Zweifel. Der Rückweg, den die Brüder zu nehmen hatten, führte sie, weil ab dem Fleck der Begegnung mit Jesus der kürzeste, durch Magdala, von dem Jakob andeutungsweise wußte, Josef aber gar nichts, führte sie durch einen Ort, der dem Augenschein nach wenig gastlich, wenig einlud zu genüßlichem Verweil. Sie erfrischten sich nur im Vorübergehen, eilten weiter. Ausgangs der Siedlung, dieser Begriff steht hier lediglich als logische und einhellige Entgegensetzung zu Wüste, die alles umschließt, ausgangs der Siedlung sahen sie, etwas weiter fort, linker Hand, ein Haus mit Brandspuren. Es ragten da nur noch die vier Mauern auf. Das sicherlich später, bei einem Einbruch, halb zertrümmerte Hoftor war nicht verbrannt, das Feuer hatte lediglich im Haus gewütet. In Fällen wie diesen meint ein Vorbeikommender allemal, daß da unter den Trümmern vielleicht noch ein Schatz liegen könnte, und fürchtet er nicht, ein Sparren könnte ihm auf den Kopf fallen, tritt er hin, sein Glück zu versuchen, wagt sich behutsam vor, wühlt mit der Fußspitze in der Asche, in Resten von Feuerbrand, von verkohltem Holz, gewärtig, daß da blinkend die Goldmünze auftaucht, der unzerstörbare Diamant, das Smaragddiadem. Jakob und Josef lockte nur die bare Neugier herbei, so naiv sind sie nicht, sicherlich haben gierige Nachbarn längst geholt, was die Bewohner des Hauses nicht retten konnten, und zumal das Haus gar klein, ist wohl nichts auszumachen, da sind nur noch die Mauern, und deren neue lassen sich sonstwo hochziehen. Das Ofengewölbe in der Ruine ist eingestürzt, die Ziegel des Fußbodens sind geborsten, haben sich gelöst, krachen unter den Füßen, Hier ist nichts, gehen wir, sagte Jakob, aber Josef fragte, Und das da, was ist das. Es war eine Art Holzpodest von angebrannten Beinen, halb verkohlt, ein irgendwie breiter flacher Thron, an dem noch verschmorte Lappen hingen. Das ist ein Bett, sagte Jakob, es gibt Leute, die auf so etwas schlafen, die Reichen, die Herrschaften, Auch unsere Mutter hat eines, O ja, aber in nichts vergleichbar dem, was dieses gewesen sein mag, Scheint dennoch nicht reicher Leute Haus gewesen zu sein, Der Augenschein trügt oft, sagte Jakob, hell. Beim Hinausgehen sah Josef am Hoftor draußen eine Stange hängen, wie sie zum Abernten der Feigen benutzt werden, einst sicherlich viel länger und dann gekappt, Was soll dies, fragte er, und ohne erst die Antwort abzuwarten, seine oder die des Bruders, griff er sich den jetzt unnützen Stab, nahm ihn mit, zur Erinnerung an einen Brand, an ein eingeäschertes Haus, an ihm unbekannte Menschen. Niemand hatte sie kommen sehen, niemand sah sie gehen, zwei Brüder nur, die heimstrebten, in geschwärzten Tuniken und mit finsterer Nachricht. Einem von ihnen boten die Gedanken zur Zerstreuung, willig hingenommen, Erinnerung an die Maria von Magdala, des anderen Gedanken sind reger und heiterer, vielleicht läßt sich der Stecken seinen Spielen einverleiben.

Maria von Magdala sitzt auf dem Stein, harrt auf Jesu Rückkehr vom Fischen, und ihre Gedanken sind bei Maria von Nazareth. Bis zu eben diesem Tag war Jesu Mutter für sie nur eben dies, seine Mutter, inzwischen nun weiß sie, da sie ihn danach gefragt, daß jene ebenfalls Maria heißt, an und für sich bedeutungslos, dieses Land hat viele Marias und wird derer noch viel mehr haben, wenn der Name erst in Mode kommt, wir gingen allerdings zu weit, wenn wir annähmen, unter Namensgleichen herrsche innigeres Verbundensein, das wäre ja wie wenn sich Josef bei der Erinnerung an den anderen Josef, seinen Vater, nicht als dessen Sohn, sondern als dessen Bruder fühlte, Gottes Problem eben dieses, daß niemand seinen Namen trägt. Dies alles ist recht ins Extrem getrieben und wohl nicht die Art der Maria aus Magdala, ihre Überlegungen anzustellen, obschon wir wissen, daß sie in anderen Dingen, von nicht geringerem Belang, sehr imstande ist, Unterscheidung zu treffen, bei ihr allerdings geht es in eine besondere Richtung, hier haben wir den Fall, daß eine Frau einen Mann liebt, jedoch an die Mutter des Mannes denkt. Maria von Magdala kennt die Mutterliebe aus eigener Erfahrung nicht, wohl aber, seit jüngst, die Liebe der Frau gegenüber ihrem Manne, nachdem sie zuvor die falsche Liebe erfuhr und ausgeübt hat, die zweitausend Arten des Nichtliebens. Sie liebt Jesus als Weib, möchte ihm aber auch Mutterliebe widmen, vielleicht weil sie an Jahren nicht gar so fern seiner leiblichen Mutter, die dem Sohn bestellen ließ, er solle heimkehren, und der Sohn versagte sich ihr. Maria von Magdala bewegt die Frage, wie groß der Schmerz der Maria von Nazareth sein mag, wenn sie die abschlägige Nachricht erhält, und wie erst litte sie selbst, wenn Jesus nun ihr fehlte, da vermißte sie den Mann, nicht den Sohn, Herr laß mich zur Not beiderlei Schmerz spüren, murmelte Maria von Magdala, ihres Geliebten harrend. Und als das Boot herbeikam, es an Land gezogen wurde, man die an Fisch prallvollen Körbe forttrug, und Jesus, im Wasser stehend, mithalf und wie ein Kind lachte, da wähnte Maria von Magdala sich die Maria von Nazareth, sie stand auf von ihrem Fleck, trat ans Ufer und hinein ins Wasser, wollte bei ihm sein, sie gab ihm einen Kuß auf die Schulter und sagte zu ihm, Mein Sohn. Niemand hörte, daß Jesus etwa Meine Mutter sagte, für die aus dem Herzen kommenden Worte ist keine Zunge da, und ein Kloß hält sie im Schlund zurück, nur von den Augen kann man sie ablesen. Aus den Händen des Bootseigners nahmen Maria und Jesus den Korb voller Fische entgegen, den Lohn für ihren Dienst, und wie stets zogen sich die beiden in ihre Behelfsunterkunft zurück, wo sie nächtigen würden, denn dies war ihr Leben, sie hatten keine feste Bleibe, wechselten von Boot zu Boot, von Matte zu Matte, manchmal, anfangs, hatte Jesus zu Maria gesagt, Dieses Leben ist nichts für dich, suchen wir uns ein Haus irgendwo, das uns gehören möge, und ich will zu dir kommen, sooft es möglich, und Maria erwiderte, Ich will nicht warten müssen, ich will dort sein, wo du bist. Ob sie nicht Angehörige hätte, die sie aufnehmen könnten, fragte Jesus sie eines Tages, O doch, antwortete sie, einen Bruder und eine Schwester, Lazarus und Martha, im Dorfe Bethanien, in Judäa, sie habe diese aber verlassen, als sie Hure geworden, und weit fort sei sie gegangen, um jenen die Schande zu ersparen, weit über Land, bis her nach Magdala, Demnach solltest du Maria von Bethanien heißen, sofern dort geboren, sagte Jesus, Ja, in Bethanien bin ich geboren, aber in Magdala hast du mich gefunden, darum will ich weiterhin Maria von Magdala sein, Mich nennen sie nicht Jesus von Bethlehem, obwohl ich in Bethlehem zur Welt gekommen, aus Nazareth bin ich nicht, denn die dort mögen mich nicht, und ich sie nicht, vielleicht sollte ich Jesus von Magdala heißen, wie du, aus gleich gutem Grund, Erinnere dich, unser Haus haben wir eingeäschert, unsere Erinnerungen nicht. Von Marias Rückkehr nach Bethanien war dann keine Rede mehr gewesen, dieses Ufer des Sees ist ihnen gewissermaßen die ganze Welt, wo immer der Mensch geht, ist die Pflicht ihm zur Seite.

Es sagt der Volksmund, und so sagen auch wir und sicherlich alle Völker, da die Erfahrung des Bösen ja allgemein und weltumspannend, es sagt der Volksmund, daß unter den Füßen die Mühen aufwuchern. Diesen Spruch konnte sich wohl nur ein Landvolk ausgedacht haben, als Frucht von Straucheln und Stolpern, von Mißgeschick,

Hinterhalt und mörderischen Stacheln. Dann war der Spruch, wie gesagt die Welt umspannend, Allgemeingut und zum Gesetz geworden, indes, vermuten wir, widerwillig hingenommen von den Seeleuten und den Fischern, die ja wissen, welche Abgründe da klaffen zwischen ihren Fußsohlen und der Sohle des Meers, nicht selten unauslotbare. Den Menschen der Wasser wuchern die Mühen nicht vom Erdboden auf, sie fallen vom Himmel über sie, heißen Wind und Dauerbrise, sie werfen Wellen und Wogen auf, entfachen Stürme, da reißt ein Segel, bricht der Mast, taucht unter das Splitterholz, Fischer und Fahrensmann sterben in Wahrheit zwischen Himmel und Erde, dem von den Händen nicht greifbaren Himmel und der vom Fuß nicht erreichbaren Erde. Das Galiläische Meer ist in der Regel ein friedvoll stiller, sanftmütiger See, an manchen Tagen indes heimgesucht von den ozeanischen Furien, dann wird es ein Rette-sich-wer-kann, und nicht immer, leider, gelingt es allen. Von einem dieser Fälle ist hier zu reden, doch ehedem wenden wir uns Jesus von Nazareth als auch einigen seiner jüngsten Besorgnisse zu, anhand derer sich zeigt, ein wie ewiges Unzufrieden des Menschen Herz ist, und daß redliche Pflichterfüllung letztlich nicht so hoch befriedigt als uns jene einreden möchten, die sich mit wenig bescheiden. Freilich, da Jesus immerzu wandert, zwischen oberem Lauf des Jordans und dessen unterem Lauf, hat es da keine Not, selbst nicht gelegentlichen Mangel, am ganzen Westufer nicht, ja es profitierten vom Überfluß sogar jene, die nicht Fischer, weil das reiche Angebot aus dem See die Preise drückte, was augenscheinlich mehr Menschen mehr und besseres Essen bescherte. Wahr ist, es gab diesen oder jenen Versuch, die Preise hochzuhalten, daß da in bekannter zünftiger Manier ein Teil der Ernte ins Meer geschüttet wurde, Jesus jedoch, von dem letzten Endes das große oder geringe Fangglück abhing, hatte gedroht, er werde sich fortbewegen, und die Verletzer des neuen Gesetzes kamen und baten um Vergebung, bis auf weiteres. Alle also hätten guten Grund, glücklich zu sein, Jesus aber ist es nicht, Dies ist auf Dauer kein Leben, sagt er sich, immer hin und her, sich einschiffen, sich ausschiffen, stets die gleichen Gesten, die selben Worte, und da er die Gabe den vielen Fisch aufzuspüren ja vom Herrn hat, ist nicht einzusehen, warum selbiger Herr ihm ein so langweiliges, ewig gleiches Leben auferlegt, bis zum verabredeten Tag, da er ihn dann gütigst zu sich rufen wird. Jesus zweifelt nicht, daß der Herrgott mit ihm ist, denn wann immer er den Fisch ruft, kommt der. Dies aber führte ihn mit der Zeit in einem Prozeß zwingender Gedankengänge, deren Folge wir nicht im einzelnen darlegen müssen, zu der Frage, ob Gott ihn denn nicht bereitwillig auch mit anderen Wunderkräften versehen könnte, nicht mit für immer und ewig gewährten, sondern geliehenen, unter der Maßgabe, daß er von ihnen redlich Gebrauch macht, was Jesus, wie wir erlebten, treu zu tun gewillt ist, sahen wir ihn doch kräftig Hand anlegen, obwohl ihm nichts als Intuition zu Gebote stand. Sich der Geneigtheit Gottes zu vergewissern, wäre ein leichtes, so leicht wie wenn man Ach sagt, es kam schlicht auf einen Versuch an, und gelänge es, dann bedeutete das, Gott war einverstanden, und falls nicht, dann wäre er halt dagegen. Blieb nur noch offen, was er, Jesus, im einzelnen zu unternehmen hatte, er könnte Gott nicht draufzu fragen, welche neue Wunderfähigkeit er ihm denn verlieh, er selbst müßte wägen und probieren, hätte unter all dem zu wählen, was wohl geringeren Widerstand bot und einerseits nicht gar zu sehr ins Auge spränge, andererseits aber auch nicht so wenig auffällig war, daß es unbemerkt bliebe für die Nutznießer und die Welt überhaupt, und also geschmälert bliebe Gottes Ruhm, dem aller Vorzug gebührt. Jesus fehlte der rechte Mut, er fürchtete, Gott würde ihm zürnen und ihn demütigen, wie er es in der Wüste getan hatte und es auch später hätte tun können, noch jetzt schaudert ihn der Gedanke, es wäre, als er erstmals befahl, Werft das Netz nach dieser Seite aus, es wäre, o Schande, das Netz leer geblieben. So sehr beschäftigte ihn dies, daß ihm eines Nachts träumte, eine Flüsterstimme raune ihm zu, Fürchte nichts, erinnere dich, Gott braucht dich. Beim Aufwachen rätselte er über den Ratgeber, es konnte ein Engel gewesen sein, einer von den vielen Boten des Herrn, oder ein Teufel, der vielen einer, die dem Satan in allem zu Gebote, Maria von Magdala an seiner Seite schlief offenbar tief und fest, sie, ohnehin nicht in Verdacht, schied hier aus. Dies der Stand der Dinge. Eines Tages nun aber, einem wohl üblichen, in nichts abweichenden, fuhr Jesus hinaus auf den See, um das gewöhnliche Wunder zu vollbringen. Schwüle herrschte, die Wolken hingen tief, Regen drohte, doch solcher Dinge wegen bleibt kein Fischer zu Haus, gut ginge es uns, wenn im Dasein alles nur Bequemlichkeit und Wohllebe wäre. Er fuhr, ein Zufall, auf dem Boot von Simon und Andreas, jener beiden Brüder, die Zeugen des ersten Wunders gewesen waren, und sie begleitete das Boot der Zebedäus-Söhne Jakob und Johannes, denn mag die Wunderwirkung da auch geringer sein, für ein beiliegendes Boot fällt etliches ab. Die steife Brise treibt sie rasch auf Sees Mitte hinaus, und dort, bei eingeholten Segeln, beginnen die Fischer des einen und des anderen Bootes, die Netze zu entfalten, warten, daß Jesus verfügt, in welche Richtung diese auszuwerfen seien. Hierüber, plötzlich ist der Ärger da, kommt ein Sturmgewitter auf, sozusagen aus heiterem Himmel, denn als Warnung hatten sie den zuvor leichten Wolkenaufzug nicht verstehen wollen, ein schlimmes Unwetter dies, die Wellen so hoch wie echte Meereswogen, riesig wie Häuser, getrieben von einem irren Wind, hierhin, dorthin, mittendrin schaukelten führerlos jene Nußschalen, gegen die wild tobenden, entfesselten Elemente war kein Ankommen. Die Menschen am Ufer erkannten, in welch großer Gefahr sich jene wehrlosen armen Kreaturen befanden, ein Kreischen und Jammern hob an, Ehefrauen und Mütter und Schwestern und Kinder, auch manche Schwiegermutter der guten Art, ein Schreien, das selbst im Himmel hätte vernommen werden müssen, Ach, mein liebster Mann, Ach, mein geliebter Sohn, Ach, mein lieber Bruder, Ach, mein Schwiegersohn, Verfluchter See du, Herrin der Gepeinigten, hilf uns, Herrin der Guten Fahrt, steh uns bei, die Kinder wußten nur zu weinen, doch nichts fruchtete. Auch Maria von Magdala stand da, sie murmelte, Jesus, Jesus, sagte es aber nicht seinethalben, wußte sie doch, daß Gott ihn sich für ein anderes Abenteuer aufhob, nicht für ein plattes Regengewitter auf dem See, ohne weitere Folgen, außer daß da einige ertränken, sie sagte Jesus, Jesus, als könnte das den Fischern nützen, deren Geschicke sich da unabwendbar zu erfüllen schienen, Jesus im Boot sah die Verzagtheit und Verzweiflung der Besatzungen ringsum, und daß die Wogen über die Bordwand schlugen, alles überspülten, daß die Masten brachen und die Segel diese durch die Lüfte forttrugen, und vom Himmel schossen Sturzbäche nieder, die allein schon ein kaiserliches Schiff hätten zu Grunde schicken können. Jesus sah dies, sagte sich, Nicht recht, daß alle diese Männer sterben, hingegen ich am Leben bleibe, im übrigen wird mich Gott schelten, Du hättest deine Gefährten retten können, unterließest es aber, ein toter Vater ist dir wohl noch nicht Genüge. Bei der schmerzvollen Erinnerung an den Vater sprang Jesus in die Höhe, da stand er, aufrecht, kernig, sicher, als trüge ihn der feste Boden, Verstumme, rief er, und dies galt dem Wind, Mäßige dich, rief er, und es galt dem See, und kaum waren diese Worte vorgebracht, beruhigten sich der See und der Wind, die Wolken am Himmel trieben auseinander, und die Sonne erschien als Glorie, die sie ist und immer sein wird, zumindest für den, der weniger lange lebt als sie. Nicht zu schildern die Freude auf den Booten und die Küsse, Umarmungen und Freudentränen an Land, jene nicht im Bilde, wieso der Sturm plötzlich aufgehört hatte, diese hier, gleichsam zu neuem Leben erweckt, spürten nur eben, sie waren gerettet, und falls da welche Ein Wunder, ein Wunder riefen, dann zunächst noch nicht gewahr, daß es einen Urheber gab. Dann trat Stille ein auf dem See, die anderen Boote umringten jenes von Simon und Andreas, all die Fischer schauten auf Jesus, sprachlos vor Überraschung und Entgeisterung, trotz des Gewittertosens hatten sie die Worte vernommen, Verstumme, Mäßige dich, und da nun war er, Jesus, der es gerufen hatte, jener Mann, der die Fische aus den Wassern zu den Menschen befahl, der den Wassern untersagte, die Menschen zu den Fischen zu tragen. Jesus saß auf der Ruderbank, hielt den Kopf gesenkt, verwirrt und zerquält schaute er drein, in seiner Miene Triumph und Verzweiflung, als hätte er den höchsten Gipfel eines Berges erklommen und nun begänne, unabwendbar, der traurig stimmende Abstieg. Die Männer da rings um ihn erwarteten nun aber ein Wort aus seinem Munde, es langte nicht, den Wind bezwungen und die Wasser besänftigt zu haben, er mußte ihnen erklären, wie ein schlichter Galiläer, Sohn eines Zimmermanns, dies hatte meistern können, da doch, schien es, Gott selbst sie den kalten Armen des Todes überantwortet hatte. Da stand Jesus auf und sprach, Was ihr hier soeben erlebt habt, ist nicht mein Werk, die das Unwetter abweisende Stimme kam nicht von mir, Gott sprach durch meinen Mund, ich bin lediglich die Zunge, deren Gott sich zur Mitteilung bediente, erinnert euch der Propheten. Simon, im selben Boot, sagte, Gott sah das Unwetter, er hätte es abweisen können, und wir würden lediglich sagen, Der Herr hat es gegeben, der Herr hat es genommen, allein dein Wille und dein Wort haben uns das Leben wiedergeschenkt, als wir es vor Gottes Angesicht verloren glaubten, Das hat Gott vollbracht, fürwahr, nicht ich. Hierauf sagte Johannes, der jüngere Sohn des Zebedäus, und bewies, daß er im Geiste so schlicht nicht war, Zweifellos, es ist Gottes Werk, denn in ihm ruht alle Kraft und alle Macht, doch durch dich tat er es, und also schließe ich daraus, Gott wünscht, daß wir dich kennenlernen, Ihr kennt mich doch aber, Du kamst, und wir wissen nicht woher, du füll- test unsere Boote mit Fischen, und wir wissen nicht wie, Ich bin Jesus aus Nazareth, Sohn eines Zimmermanns, den die Römer ans Kreuz schlugen, eine Weile hütete ich die größte Herde an Schafen und Ziegen, die man je gesehen, und bei euch nun, und vielleicht bis zur Stunde meines Todes, bin ich Fischer. Andreas, Simons Bruder, sprach, Wir, wir haben bei dir zu sein, denn wenn dir gemeinem Manne, wie du dich bezeichnest, solche Kräfte gegeben sind, und das Vermögen, dich ihrer zu bedienen, dann, Ärmster, wird die Einsamkeit noch schwerer an dir hängen als ein Stein dir am Hals. Jesus erwiderte, So bleibt denn bei mir, falls das Herz euch darum bittet, doch bewahrt, was hier vorgefallen ist, still für euch, noch ist die Zeit nicht gekommen, daß der Herr kundtut, was er mit mir vorhat, bleibt also, sofern es, wie Johannes sagt, Gott angelegen ist, daß ihr mich kennenlernt. Nun sprach Jakob, der älteste Sohn des Zebedäus, er so wenig von schlichtem Gemüt wie sein Bruder, und sagte, Denke nur nicht, das Volk wird schweigen, sieh die Leute am Ufer, sie warten auf dich, wollen dir zujubeln, einige gar, vor Ungeduld, stoßen die Boote ins Wasser, möchten sich uns zugesellen, doch selbst wenn wir ihre Begeisterung dämpften und sie veranlaßten, soweit möglich, das Geheimnis zu wahren, könntest du denn sicher sein, daß nicht sonstwann, und gar gegen deinen Willen, Gott sich äußert, und eher als durch deine Gegenwart durch dich als Mittler. Jesus ließ den Kopf hängen, war nun das leibhaftige Bild der Trauer und des Verlassenseins, er sagte, Alle sind wir in Gottes Hand, Du mehr als wir, entgegnete Simon, auf dich ist seine Wahl gefallen, wir aber sind mit dir, Bis zum Ende, rief Johannes, Solange du uns magst, sagte Andreas, Soweit wir nur können, sagte Jakob. Es näherten sich die Boote vom Ufer her, die Insassen winkten, fuchtelten mit den Armen, es vervielfachten sich Lob und Preisungen, und Jesus, bekümmert, sprach, Wohlan, der Wein ist eingeschenkt, es gilt, ihn zu trinken. Er hielt nicht Ausschau nach Maria von Magdala, wußte er doch, daß sie an Land seiner harrte wie stets, kein Wunder nähme diesem Warten die Beständigkeit, und dankbares, demutvolles Zufrieden besänftigte sein Herz. Als er aus dem Boot stieg, mehr denn daß er sie umarmte, legte er sich in ihre Arme, lauschte er dem, was Maria von Magdala ihm zuraunte, nah seinem Ohr, das Gesicht gegen seinen benäßten Bart gedrückt, Du wirst den Krieg verlieren, unabwendbar, aber alle Schlachten gewinnen, und dann, indessen er nach der einen und nach der anderen Seite die ihn jubelnd umringenden Menschen grüßte wie ein aus seinem ersten Kampf siegreich heimgekehrter General, stiegen beide, begleitet von den Freunden, den steilen Weg nach Kafarnaum hinan, den Ort über dem See, wo Simon und Andreas lebten, und in deren Haus jetzt das Paar.

Recht gehabt hatte Jakob, als er Jesu Hoffnung, das Wunder der Sturmbesänftigung werde über den Kreis der unmittelbaren Zeugen hinaus nicht bekannt, in Zweifel zog. Binnen Tagen war im weiten Umkreis nur noch hiervon die Rede, allerdings, merkwürdiger Fall dies, obwohl der See, wie schon gesagt, von erhöhtem Punkt und bei klarer Sicht eine in Gänze überschaubare Fläche bot, von Ufer zu Ufer, von einem Ende zum anderen, hatte in Tiberias zum Beispiel jenes Unwetter keiner wahrgenommen, und als jemand mit der Neuigkeit kam, ein Mann, der sich bei den Fischern in Kafarnaum befände, habe einem Sturmgewitter mit seiner Stimme Einhalt geboten, wurde er gefragt, Was für ein Sturmgewitter, und wußte keine Antwort. Daß es ein Gewitter gegeben hatte, war indes unbezweifelbar, bestätigen und beschwören konnten dies die erschrockenen Zeugen der Episode, unmittelbare und mittelbare, zu letzteren gehörten einige Lasttiertreiber aus Safed und Kana, die sich geschäftehalber nah am Ort aufgehalten hatten. Sie trugen die Nachricht ins Landesinnere, verbrämt je nach Begeisterung und Phantasie des einzelnen, konnten die Mitteilung aber nicht in ihrer ganzen Tragweite überbringen, wissen wir doch, wie das mit Meldungen ist, über Zeit und Raum hin büßen sie an Überzeugung ein. Als die Neuigkeit, die schon kaum mehr eine war, Nazareth erreichte, konnte einer schwanken, ob das da tatsächlich ein Wunder gewesen oder ob die Anrufung des Windes und dessen Erschlaffung nur eben glücklich in eins gefallen waren. Ein Mutterherz aber irrt sich nicht, Maria langten die fast verhallten Echolaute jenes schon bezweifelbaren Wunders zur festen Gewißheit, daß dies ihr abwesender Sohn erwirkt hatte. Insgeheim grämte sie ihr aus Überheblichkeit hervorgekehrtes karges mütterliches Herrschaftsgebaren, auch daß sie Jesus das Erscheinen des Engels und dessen Kunde verschwiegen hatte, statt dessen gemeint hatte, eine Anweisung aus einem halben Dutzend steifer Wörter könnte jenen heimbringen, der blutenden Herzens fortgezogen war. Um ob der bitteren, schmerzlichen Bekümmernisse ihr Herz ausschütten zu können, hätte Maria jetzt gern ihre Tochter Lysia bei sich gehabt, die aber hatte unlängst geheiratet und lebte seither im Dorfe Kana. Sohn Jakob würde die Mutter nicht anzusprechen wagen, er war von der Begegnung mit Jesus wutschnaubend zurückgekehrt, eiferte fortgesetzt über jenes Weib in des Bruders Begleitung, Mutter, sie könnte seine Mutter sein, und dann ihr Aussehen, viel gelebt und viel Erfahrung in Dingen, auf die ich nicht eingehen will, rief er, ausgerechnet er, mit seiner gar schmächtigen Erfahrung, da in diesem Winkel der Welt behaust, den sein Dorf darstellte. Also suchte Maria bei Josef Erleichterung, der sie in Name und Naturell am ehesten an ihren Ehemann erinnerte, doch seine Worte waren ihr kein Trost, Mutter, wir büßen die Unterlassung, und ich, der ich Jesus gesehen und gehört habe, fürchte, von dort, wo er jetzt ist, kehrt er nie mehr zurück, Denk an, man erzählt sich, er habe einen Gewittersturm angerufen und gebändigt, Auch erfuhren wir, daß es in seiner Macht steht, die Boote mit Fischen zu füllen, die Fischer selbst erzählten es uns, Recht hatte der Engel, Welcher Engel, fragte Josef, und Maria erzählte, was ihr alles widerfahren war, seit dem Auftauchen des Bettlers, der da glitzernde Erde in einen irdenen Napf gestreut hatte, bis hin zum Engel ihres Traums. Dieses Gespräch fand außer Haus statt, weil die Familie noch so zahlreich war, diese Menschen, sooft es sich um Verschwiegenheiten handelt, gehen in die Wüste hinaus, wo man vielleicht sogar Gott begegnet. Während sie so sprachen, sah Josef, irgendwann, ferner fort auf den Hügeln, denen die Mutter den Rücken zuwandte, eine Herde Schafe und Ziegen, mit ihrem Hirten. Josef fand die Herde nicht groß und den Hirten nicht stattlich, er sah sie und schwieg. Und als die Mutter sagte, Jesus werde ich nie wiedersehen, entgegnete er, gedankenvoll, Wer weiß.

Recht hatte Josef. Nach geraumer Zeit, etwa ein Jahr später, erhielt die Mutter von Lysia Botschaft, eingeladen wurde sie, im Namen der Schwiegereltern, nach Kana, zur Hochzeit einer Schwägerin, der Schwester ihres Ehemannes, und sie könne mitbringen, wen sie wünsche, alle seien gern gesehen. Freigestellt war es ihr, die Begleitung zu wählen, doch da sie feinfühlig war und nicht belästigen wollte, denn nichts deprimiert mehr als eine Witwe mit ihrer Kinderschar, entschied sie, deren nur zwei mitzunehmen, den jetzt von ihr bevorzugten Josef als auch Lydia, die, da sie ein junges Mädchen, närrisch auf Festtrubel und heitere Zerstreuung aus war. Kana ist nicht weit fort von Nazareth, wenig mehr als eine unserer Wegstunden, und bei diesem linden Herbstwetter war es, selbst wenn am Ende keine Hochzeit stünde, allemal ein vergnüglicher Marsch. Das Haus verließen sie gleich nach Sonnenaufgang, um in Kana so zeitig einzutreffen, daß Maria noch mit Hand anlegen könnte bei den letzten Vorbereitungen zu einem feierlichen und festlichen Akt, bei dem der Aufwand im direkten Verhältnis steht zum Frohsinn und Vergnügen der Leute. Lysia kam der Mutter und den Geschwistern herzlich gewogen entgegen, die eine Seite empfing Mitteilung über das Wohlbefinden und die Gesundheit, die andere über Gesundheit und Familienglück, und da die Arbeit drängte, eilten Lysia und Maria in das Haus des Bräutigams, wo, nach gutem Brauch, das Fest stattfände, sie würden sich mit den übrigen Frauen der Sippe um die Kochkessel kümmern. Josef und Lydia blieben im Hof, zum Spiele mit ihren Altersgefährten, die Knaben tobten mit den Knaben, die Mädchen tanzten mit den Mädchen, bis die Zeremonie anhob. Alle liefen, nun ohne größere Zurücksetzung irgendeines Geschlechts, den Männern hinterdrein, die den Bräutigam begleiteten, dessen Freunden, die brauchgemäß gezündete Fackeln trugen bei so hellichtem Tage, denn selbst bei gleißender Sonne ist ein Lichtlein mehr, und sei es das der Fackel, nicht unwillkommen. Die Nachbarn, mit heiteren Mienen, traten aus den Häusern, grüßten, hoben sich die Segnungen aber für später auf, wenn der Zug dann mit der Braut zurückkäme. Josef und Lydia erlebten jedoch nicht den Rest, was für sie ja auch nichts gänzlich Neues, hatten sie doch vor gut einem Jahr in der eigenen Familie Hochzeit gehabt, da klopfte der Bräutigam an die Tür und bat um die Braut, diese erschien inmitten ihrer Freundinnen, die ebenfalls Lichter trugen, bescheiden schlichte Lämpchen, wie es Frauen ziemt, denn Fackel ist Männersache, des Loderfeuers und Ausmaßes wegen, dann hob der Bräutigam den Schleier der Braut und tat einen Jubelschrei im Angesicht des Schatzes, den er da gefunden, als hätte er sie nicht in den letzten zwölf Monaten, denn so lange währte das Verlöbnis, nicht tausendmal gesehen und wäre mit ihr nach Belieben oft zu Bett gegangen. Bei diesem Ablauf hier fehlten Josef und Lydia, denn Josef hatte von ungefähr in eine Seitengasse hineingespäht und dort hinten zwei Männer und eine Frau nahen sehen, mit dem Empfinden von Wiedererkennen. Wahrhaftig, da kamen Bruder Jesus und dessen Begleiterin. Der Schwester rief er zu, Da, schau, Jesus, und beide rannten hin, plötzlich aber hielt Josef inne, ihm war die Mutter eingefallen, und auch, daß der Bruder ihn am See barsch abgewiesen hatte, nicht eigentlich ihn, sondern die von ihm und Jakob genötigterweise überbrachte Botschaft, und mit der Überlegung, daß er sein Tun später Jesus gegenüber rechtfertigen müsse, trat er den Rückzug an. Bevor er um die Ecke entwischte, wandte er sich um und sah, von Eifersucht gepackt, wie Jesus seine Schwester Lydia in die Arme schloß und hochhob, mühelos, als sei sie eine Feder, und Lydia bedeckte ihm das Gesicht mit Küssen, während die Frau und der zweite Mann lächelten. Josef, mit tränenverschleierten Augen und in schalem Groll, lief, rannte ins Haus, überquerte in Hüpfern den Hof, um nicht auf die am Boden und auf niederen Tischen ausgebreiteten Tücher und Speisen zu treten, Mutter, Mutter, rief er. Was uns rettet, ist das Unverwechselbare einer jeden Stimme, sonst würde manche Mutter einem Sohn entgegenschauen, der nicht der ihre, doch hier merkte nur Maria auf, sie sah, und sie begriff, bevor Josef sagte, Da kommt Jesus. Sie erbleichte, errötete, lächelte, wurde ernst, dann wieder blaß im Gesicht, und im Ergebnis all dieser Wechsel legte sie eine Hand über die Brust, ihr schien das Herz zu versagen, und sie tat zwei Schritte zurück, als wäre sie gegen eine Mauer geprallt, Wer begleitet ihn, fragte sie, denn sie war gewiß, er käme nicht allein, Ein Mann und eine Frau, und Lydia, die bei ihm ist, Jene Frau, die du schon gesehen hast, Ja, Mutter, aber den Mann kenne ich nicht. Lysia trat heran, nur eben neugierig, nichtsahnend, Was ist, Mutter, Dein Bruder ist hier, zur Hochzeit gekommen, Jesus in Kana, Josef hat ihn gesehen. Lysias Freude war nicht ungestüm, doch ihr Gesicht überspannte ein Lächeln ohne Ende, sie murmelte, Mein Bruder, man beachte, wer noch nicht im Bilde, dies eben ist Wohlgefühl, ein Lächeln wie das von Lysia und ein Murmeln, das ein weiteres aufwiegt, Gehen wir ihm entgegen, sagte sie, Geh du, ich bleibe hier, wehrte die Mutter ab, und an Josef gewandt, Begleite deine Schwester. Josef aber mochte nicht erst als zweiter, nach Lydia, Umarmung erfahren, und da Lysia sich allein nicht zu ihm wagte, blieben sie alle drei da, wie Beschuldigte in Erwartung des Richtspruchs, in Zweifel, ob der Richter Gnade walten lassen werde, sofern die Begriffe Richter und Gnade anwendbar auf diesen Fall.

Im Tor erschien Jesus, mit Lydia auf dem Arm, und

hinter ihm kam Maria von Magdala, doch vor ihr trat Andreas herein, der zweite Begleiter, ein Verwandter des Bräutigams, wie sich gleich herausstellte, zu den Herbeieilenden sagte er lächelnd, Aber nein, Simon konnte nicht mitkommen, und unterdessen dieses Familientreffen die einen so glücklich stimmte, wähnten andere sich hier über einem Abgrund, sie fragten sich, wer von ihnen den ersten Schritt tun werde auf die zerbrechliche schmale Brücke, die immerhin doch die eine Seite mit der anderen noch verband. Wir werden nicht sagen, wie ein Dichter es getan, das beste auf der Welt seien die Kinder, ihnen jedoch ist es zu danken, daß die Erwachsenen manchmal, ohne ihrem Stolz Abbruch zu tun, gewisse heikle Schritte tun können, mag sich später auch zeigen, daß der Weg nur bis hierher führte. Lydia entschlüpfte Jesu Armen und lief zur Mutter, und es war wie Marionettentheater, eine Bewegung erzwang die zweite, die beiden eine dritte, Jesus trat vor die Mutter, grüßte sie und ebenso die Geschwister, tat es mit den Worten derer, die sich täglich begegnen, nüchtern und bar an Gefühl. Dann schritt er weiter, ließ Maria wie eine Salzsäule dastehen und verloren die Geschwister. Maria von Magdala folgte ihm, schritt an Maria von Nazareth vorbei, und die beiden Frauen, die ehrbare und die unreine, musterten einander raschen Blicks, nicht feindlich, nicht verächtlich, eher einverständig und achtungsbereit, was nur begreift, wer sich in den labyrinthartigen Mäandern des Frauenherzens auskennt. Schon war der Brautzug nahe heran, Rufe und Händeklatschen, das Vibrieren und Tremolieren der Tamburine, die schwirrenden feinen Laute der Harfen, das Gestampfe der Tanzenden, ein Reden und Rufen, und schon füllte sich der Hof mit Menschen, das Brautpaar trat gleichsam gestoßen herein, unter Hochrufen und Applaus, schritt vor und empfing den Segen der ihrer harrenden beiden Elternpaare. Auch Maria, da am Fleck geblieben, segnete sie, wie sie vormals Tochter Lysia und Bräutigam gesegnet hatte, auch hier ohne den Ehemann an ihrer Seite und ohne den Erstgeborenen, der in Macht und Befehlsgebaren dessen Stelle einzunehmen hätte. Man setzte sich zu Tisch, und Jesus wurde ein Vorzugsplatz angeboten, weil Andreas die Eltern des Brautpaares unter der Hand hatte wissen lassen, er sei jener Mann, der die Fische in die Netze befahl und Unwetter bändigte. Jesus nahm die Ehre nicht an, verfügte sich zu den anderen, setzte sich an das äußerste Ende einer der Gästereihen. Maria von Magdala bediente ihn, und keiner hier fragte, wer er sei, etliche Male näherte sich Lysia, und er benahm sich beiden gegenüber gleich. Mutter Maria bediente an anderer Seite, und beim Hin und Her begegnete sie Maria von Magdala wiederholt, sie wechselten den gleichen Blick, aber kein Wort, bis Jesu Mutter der anderen mit einem Wink bedeutete, ihr in einen Winkel des Hofes zu folgen, und da sprach sie zu ihr, ohne weitere Einleitung, Kümmere dich gut um meinen Sohn, ein Engel verkündete mir, ihn erwarten große Mühen, und ich kann nichts für ihn tun, Ich werde schon für ihn einstehen, und sei es mit meinem Leben, falls es dessen würdig, Wie heißt du, Ich bin Maria aus Magdala, und bevor ich deinem Sohn begegnete, war ich Hure. Maria erwiderte nichts, in ihrem Kopf ordneten sich, eines um das andere, Vorkommnisse der Vergangenheit, da waren jene Münzen und was Jesus in Andeutungen zu diesen wohl hatte sagen wollen, war der eifernde Bericht von Sohn Jakob und dessen Auslassungen über die Begleiterin des Bruders, nun war sie über alles im Bilde, sie sprach, Ich segne dich, Maria aus Magdala, weil du meinem Sohn Gutes getan hast, für heute und für immer dir meinen Segen. Maria aus Magdala trat an sie heran, wollte ihr zum Zeichen ihrer Achtung einen Kuß auf die Schulter geben, doch die andere Maria tat die Arme weit auf, drückte sie an sich, und da standen die zwei in stummer Umarmung, bis sie sich endlich voneinander lösten und an die Arbeit zurückkehrten, die nicht Aufschub duldete.

Das Fest nahm seinen Fortgang, aus der Küche, in währendem Fluß, kamen die Speisen, aus den Krügen ergoß sich der Wein, die Freude barst in Gesängen und Tänzen, doch mit einemmal, unter der Hand und aufgeregt, vom Speisemeister an die Eltern des jungen Paares die Meldung, Der Wein geht zur Neige. Betroffenheit und arge Verwirrung erfaßte jene, als drohe ihnen das Dach auf den Kopf zu fallen, Und nun, was tun, wie bringen wir unseren Gästen bei, daß kein Wein mehr da, morgen ist in Kana von nichts anderem die Rede, Ach meine Tochter, jammerte die Brautmutter, wie werden sie fortan spotten, daß bei deiner Hochzeit sogar der Wein fehlte, diese Schande haben wir nicht verdient, ein schlechter Beginn für euer Glück. An den Tischen waren die Becher bald leer bis auf den Grund, mancher Gast schaute schon suchend in die Runde, nach irgendwem, der ihm einschenken würde, und eben hier, nun sie ihre Verantwortung, Pflicht und Schuldigkeit gegenüber dem abweisenden Sohn einer anderen Frau übertragen hatte, kam Maria blitzartig der Gedanke, sie selbst könnte jetzt Probe anstellen, ob ihrem Sohn die ihm nachgesagten Wunderkräfte tatsächlich eigen, und in dem Falle dann dürfte sie sich getrost in ihr Haus und Schweigen zurückziehen als eine, die ihren Auftrag an der Welt erfüllt hat und lediglich noch ihrer Abberufung aus dieser harrt. Sie suchte mit den Augen Maria von Magdala, sah jene die Lider senken zum Zeichen der Zustimmung, und unverzüglich trat sie vor den Sohn und sagte im Tone dessen, der gewiß ist, nicht alles sagen zu müssen, um voll verstanden zu werden, Sie haben keinen Wein mehr. Jesus wandte das Gesicht träge der Mutter zu, als hätte sie von sehr fern zu ihm gesprochen, Was willst du von mir, Frau, fragte er, schockierende Worte dies für die Anwesenden, jedoch die Verwunderung, Verwirrung und Bestürzung, So spricht ein Sohn nicht und nimmer zur Mutter, die ihm das Leben schenkte, werden das Ihre beigeben, auf daß, mit Zeit und Abstand, hierfür tunlich Übersetzungen, Deutungen und Auslegungen gefunden werden, die das Brutale daran mildern, Gesagtes möglichst ungesagt machen oder in sein Gegenteil verkehren, und also wird man künftig lesen, daß Jesus sagte, Warum behelligst du mich mit solchen Dingen, oder, Was haben wir miteinander gemein, oder, Was mischst du dich da ein, Frau, oder, Was geht das uns an, Frau, oder, Laß mich nur tun, brauchst nicht extra zu bitten, oder, Warum verlangst du es nicht klar und offen, ich bin nach wie vor dein folgsamer Sohn, oder, Ich werde tun, wie du möchtest, wir sind uns einig. Maria war es wie Ohrfeige mitten ins Gesicht, doch sie hielt seinem abweisenden Blick stand, es sah sich da der Sohn zwischen Wand und Degenspitze, sie aber krönte ihre Herausforderung mit der Anweisung an die Diener, Was er euch sagt, das tut. Jesus sah die Mutter zurückweichen, sagte kein Wort, hielt sie mit keiner Geste zurück, er begriff, daß sich Gott ihrer bedient hatte wie seinerzeit des Unwetters oder der in Not befindlichen Fischer. Er hob seinen Becher, der noch einen Rest Wein enthielt, und sprach zu den Dienern, Füllt die Krüge mit Wasser, sechs Steinkrüge waren es, die zur Reinigung dienten, diese füllten sie bis obenan, und ein jeder barg zwei oder drei Maß, Reicht sie mir her, sprach er, und sie taten es. Da goß Jesus in jeden Krug etwas von dem Wein aus seinem Becher und sagte, Bringt sie dem Speisemeister hin. Dieser nun aber wußte nichts um die Bewandtnis, er kostete von dem Wasser, das die kleine Menge Weins in nichts verfärbt hatte, rief den Bräutigam und sprach zu ihm, Jeder setzt zuerst den guten Wein vor und erst wenn die Gäste bezecht sind den weniger guten, du aber hast den guten Wein bis jetzt zurückbehalten. Der Bräutigam, der noch nie Wein in solchen Krügen erlebte, im übrigen aber vom Notstand wußte, kostete ebenfalls und setzte die bescheidene Miene dessen auf, der nur eben bestätigt, was er für gewiß hält, daß dies ein vorzüglicher Tropfen, der reine Nektar, ein Jahrgangswein. Wäre da nicht Volkes Stimme gewesen, in Gestalt der Diener, die tags darauf mit Plappermaul umherliefen, hätte es dieses Wunder so gut wie nicht gegeben, denn der Speisemeister, falls in Unkenntnis der Verwandlung, würde es weiterhin gewesen sein, der Bräutigam freilich würde die fremde Tat weidlich für sich genutzt haben, Jesus selbst war nicht von denen, die umherposaunen, Ich habe die und die Wunder vollbracht, Maria aus Magdala, von Anbeginn in die Sache verwickelt, hätte nicht werbekräftig gerufen, Er hat ein Wunder vollbracht, er hat ein Wunder vollbracht, und Maria, die Mutter, desto weniger, ihr Anliegen den Sohn betreffend war grundsätzlicher Natur, und was des weiteren geschah, von ihr aus lediglich Zugabe, in jedwedem Sinne des Wortes, was die Gäste, nun sie wieder vor vollen Bechern saßen, bestätigen mögen.

Maria von Nazareth und der Sohn wechselten kein Wort mehr. Gegen Abend nahm Jesus mit Maria aus Magdala den Weg nach Tiberias, ohne sich von den Angehörigen verabschiedet zu haben. Heimlich folgten Josef und Lydia ihnen bis vor das Dorf, und da standen sie und schauten dem Bruder hinterdrein, bis er in einer Wegbiegung verschwand.

Da begann die Zeit des großen Wartens. Die Zeichen, durch die Gott sich in der Person Jesus bisher kundgetan hatte, waren allenfalls vom Wert hausgemachter Wunder, geschickter Zauberstückchen, der Art Schneller-als-das-Auge, im Grunde nicht viel unterschieden von den geübten verfeinerten Tricks gewisser Magier des Orients, die zum Beispiel ein Tau in die Höhe warfen und dann flink an ihm hinaufkletterten, ohne daß erkennbar, ob das obere Ende an einem soliden Haken hing oder die unsichtbare Hand eines helfenden Geistes es festhielt. Um derlei zu vollführen, langte es für Jesus, dieses zu wollen, hätte man ihn indes nach dem Beweggrund gefragt, wäre er um die Antwort verlegen gewesen, oder er würde schlicht auf die Not verwiesen haben, daß da Fischer ohne Fische, ein abzuwendendes Gewitter, eine Hochzeit ohne Wein, in der Tat, noch war die Stunde nicht gekommen, daß Gott durch seinen Mund spräche. Allerdings erzählte man sich in den Ortschaften des hiesigen Galiläa, ein Mann aus Nazareth spiele hier Kräfte aus, die nur göttlichen Ursprungs sein könnten, und er bestritte es noch nicht einmal, behaupte aber, das Wieso, Wozu und Wogegen nicht zu kennen, die Leute sollten diesen Überfluß genießen und keine Fragen stellen. So freilich dachten Simon und Andreas nicht, ebensowenig die Söhne des Zebedäus, diese waren Jesu Freunde, und sie bangten um ihn. Jeden Morgen beim Erwachen fragte sich Jesus stumm, wird es heute sein, mitunter auch laut, damit Maria von Magdala es hörte, sie indes sagte nichts, seufzte nur, umschlang ihn mit den Armen, küßte ihn auf die Stirn und die Augen, und er atmete den süßen, wohligen Duft, der von ihren Brüsten aufstieg. An manchen Tagen schlief er so wieder ein, an anderen Tagen vergaß er die Frage und das Bangen, flüchtete sich in den Leib der Maria von Magdala, als gälte es, sich in einen Kokon einzuspinnen, aus dem er nur verwandelt wieder hervorkäme. Dann begab er sich zum See, zu den Fischern, die seiner harrten, deren viele, so sagten sie auch, nie verstünden, warum er sich nicht a conto künftiger Gewinne ein Boot kaufe und auf eigene Rechnung arbeitete. Gelegentlich, mitten auf dem See, in Pausen zwischen den Arbeitsgängen, die es ja geben muß, und wäre das Fischen so leicht und einfach wie ein Gähnen, überkam Jesus ein jähes Ahnen, sein Herz bebte, doch die Augen blickten nicht zum Himmel hoch, wo ja Gottes Wohnstatt, er starrte vielmehr gebannt auf die stille Fläche des Sees, auf die glatten Wasser, die da glänzten wie blanke Haut. Worauf er die Ohren spitzte, bang und begierig, das mußte wohl aus den Tiefen kommen, unser Fisch, würden die Fischer sagen, die säumende Stimme, sann Jesus vielleicht. Dann war die Arbeit getan, das Boot landete voll beladen an, und wieder wanderte Jesus mit hängendem Kopf am Ufer hin, ihm hinterdrein Maria von Magdala, jenen entgegen, die seiner kostenlosen Seherdienste bedurften. Hierüber verstrichen die Wochen und die Monate, vergingen auch die Jahre, sichtbare Veränderungen mochte nur Tiberias bieten, dort sprossen die Bauten und die Erfolge, allenfalls noch waren es die gewohnten vertrauten Jahreszeiten, Wechsel einer Erde, die in Winters Armen zu sterben scheint und im Frühling neu aufersteht, eine irrige Feststellung, grobe Sinnestäuschung, denn ein Nichts wäre die Kraft des Frühlings, gäbe es den Winterschlaf nicht.

Endlich aber, Jesus ging in seinem fünfundzwanzigsten Jahr, schien das Universum mit einem Mal gründlich in Bewegung zu geraten, neue Zeichen folgten einander, eines um das andere, als mühte einer sich, in jäher Eile vertane Zeit aufzuholen. Eigentlich war das erste Zeichen so recht kein Wunder, ist es doch sehr eine Sache von dieser Welt, daß da Simons Schwiegermutter mit einem unerklärlichen Fieber im Bett liegt und Jesus an ihr Lager tritt und ihr die Hand auf die Stirn legt, solche Gesten hat schon ein jeder von uns geübt, eine Herzensanwandlung dies, ohne Ansinnen, mit so rudimentärem und ein bißchen magischem Getue den Kranken heilen zu wollen, doch was uns noch nie widerfahren, hier unter Jesu Fingern schwand das Fieber, wie ein übles Wasser, das die Erde aufsaugt und tilgt, und schon erhob sich die Frau und sprach, gewiß unbeabsichtigt, Wer meines Schwiegersohnes Freund, ist auch mein Freund, und ging an ihr Tagwerk, als ware nichts gewesen. Dieses war das erste Zeichen, ein häusliches, auf das Innen begrenzt, das zweite dann aber machte schon mehr her, weil Jesus mit ihm in härtester Weise gegen ein gut gewahrtes geschriebenes Gesetz anging, ein vielleicht gerechtfertigtes, sofern auf übliches menschliches Betragen ausgerichtet, Jesus allerdings lebte mit Maria von Magdala ungetraut, obendrein sie Hure gewesen war, weshalb es nicht verwundern mochte, daß, als es da eine Ehebrecherin nach dem Gesetz Mose zu steinigen und zu töten galt, Jesus dazwischentrat und rief, Halt, wer von euch ohne Sünde ist, der werfe den ersten Stein, wie wenn er sagte, Auch ich, wenn ich nicht, wie ich es tue, in wilder Ehe lebte, wenn ich nicht befleckt wäre vom Makel unreinen Tuns und Denkens, auch ich würde mich beteiligen an der Ausführung dieses Richtspruchs. Viel wagte da unser Jesus, es hätten ja einer oder etliche der Steiniger, weil harten Herzens und versteinert in der Übung der Sünden allgemein, taube Ohren für diese Zurechtweisung zeigen und im mannhaften Steinigen fortfahren können, sie selbst ja ohne Furcht vor dem Gesetz, das sie anwandten, da es nur für Frauen galt. Jesus mochte vielleicht mangels Erfahrung nicht bedacht haben, daß, wenn wir warten wollten, bis an Sünden bare Richter auf der Welt erschienen, die seiner Meinung nach als einzige moralisch berechtigt wären, abzuurteilen und zu strafen, das Verbrechen unterdessen gewaltig überhand nähme, die Sünde wuchernd sprösse, die Ehebrecherinnen frei herumliefen, mal mit diesem, mal mit dem, und wer Ehebrecherinnen sagt, meint auch den Rest, schließt all die tausend schändlichen Laster ein, deretwegen Gott einen Regen aus Feuer und Schwefel über die Städte Sodom und Gomorrha schickte, daß nur Asche von ihnen übrig bliebe. Doch das Böse, das mit der Welt aufkam und von ihr all das lernte, was es weiß, liebe Brüder, das Böse ist wie der berühmte nie gesehene Vogel Phönix, der dem Anschein nach im Loderfeuer starb, doch aus dem einen Ei, das seine Aschen erschufen, wiederersteht. Das Gute ist zerbrechlich, ist zart, denn sobald das Böse ihm den heißen Hauch barer Sünde ins Gesicht bläst, ist seine Reinheit für immer verdorben, geknickt der Lilienstengel, verwelkt die Apfelsinenblüte. Jesus sprach zu der Ehebrecherin, Gehe hin und sündige fortan nicht mehr, doch im Innersten war er voller Zweifel.

Ein zweiter bemerklicher Fall trug sich auf der anderen Seite des Sees zu, wohin sich Jesus klüglich hin und wieder begab, damit es nicht hieß, seine Liebe und Aufmerksamkeit gälte nur dem Westufer. Er rief also Jakob und Johannes und sprach zu ihnen, Laßt uns hinübersegeln zu den Gadarenern, vielleicht stellt sich uns da ein Abenteuer, und auf der Rückfahrt nehmen wir uns der Fische an, und also wird es keine vergebliche Reise. Die Söhne des Zebedäus fanden den Einfall gut, sie richteten das Boot aus und legten sich in die Riemen, gewärtig, daß weiter fort eine Brise sie dann bei geringerer Anstrengung dem Ziel entgegenführte. So geschah es, doch dann packte sie das Entsetzen, wollte ihnen ja plötzlich scheinen, daß ein Sturm drohte, der mit dem von vor Jahren wetteifern könnte, Jesus aber redete auf die Wasser und die Lüfte ein, sagte, Na, na, wie zu einem mutwilligen Kind, und schon wurde der See sanft, und der Wind blies mit gebotenem Maß und in die gewünschte Richtung. Die drei schifften sich drüben aus, voran Jesus, gefolgt von Jakob und Johannes, die hier noch nie gelandet waren und alles neu und überraschend fanden, doch das Aufregendste, ach du Schreck, ihnen sprang ein Mann in den Weg, sofern der Kerl überhaupt ein Mensch war, denn er starrte vor Dreck, Kopfhaare und Bart wucherten wild, und er stank nach Fäulnis der Gräber, in denen er sich, wie später zu erfahren, jedesmal versteckte, wenn es ihm gelang, die Ketten und die Fesseln zu sprengen, die ihn in den Kerker bannen sollten. Wäre er nur eben ein Verrückter gewesen, obschon wir wissen, daß deren Kräfte sich im Zorn verdoppeln, dann hätte man ihn mit der doppelten Menge an Ketten und Fesseln schon bändigen können. Vergebens hatten sie es getan und vergebens noch und noch wiederholt, der unreine Geist, der in dem Manne nistete und ihn beherrschte, spottete aller Fesseln. Bei Tag und bei Nacht rannte und hüpfte der Verrückte hin über Berg und Tal, er floh vor sich selbst und vor seinem Schatten, immer wieder aber versteckte er sich zwischen den Gräbern, und oft in ihnen, von wo sie es hervorholten, dieses Entsetzen erregende Scheusal. So kam der Mann denn Jesus entgegengerannt, die Wärter ihm hinterdrein, um ihn einzufangen, unter Armgefuchtel bedeuteten sie Jesus, sich vor der Gefahr in Sicherheit zu bringen, Jesus aber war eines Abenteuers wegen gekommen und wollte es um nichts verpassen. Johannes und Jakob, obwohl in Angst vor dem Gespenst, blieben bei ihrem Freund, wurden erste Zeugen der unglaublichsten, bezweifelbarsten Worte, die je gesprochen und vernommen würden, denn sie waren, wie sich alsbald beweist, wider Gott und Gottes Gesetze. Es kam die Bestie gerannt, reckte die Krallen vor und zeigte die Hauer, an denen noch Fetzen von Aasfleisch hingen, Jesus standen vor Entsetzen die Haare zu Berge, doch da, zwei Schritte vor ihm, warf sich der Besessene vor ihm nieder und kreischte, Was habe ich mit dir zu tun, Jesus, du Sohn des höchsten Gottes, ich beschwöre dich bei Gott, quäle mich nicht. Nun, dies war das erstemal, daß öffentlich, und nicht in den eigenen Träumen, die in Frage zu stellen die Vorsicht und der Zweifel ja seit jeher anraten, eine Stimme sich erhob, eine wahrhaft diabolische, um zu verkünden, daß dieser Jesus von Nazareth der Sohn Gottes war, was Jesus selbst bisher nicht gewußt hatte, denn bei seinem Gespräch mit Gott in der Wüste war von Vaterschaft nicht die Rede gewesen, Zur rechten Zeit erfährst du, was ich von dir begehre, mehr hatte der Herr nicht gesagt, und man konnte sich noch nicht einmal an die äußere Ähnlichkeit halten, da der Vater sich ihm in Gestalt einer Rauchsäule gezeigt hatte. Der Besessene wälzte sich vor Jesu Füßen, die Stimme in ihm hatte das bis zu diesem Tag Unausgesprochene verkündet, schwieg nun, und in diesem Augenblick, so, als erkennte er sich endlich in einem anderen, dünkte Jesus sich gleichfalls besessen von Kräften, die ihn weiß einer wohin führten, gewiß aber, am Ende von allem, zum Grab und zu den Gräbern. Er fragte den Geist, Wie heißt du, und der Geist antwortete, Mein Name ist Legion, denn wir sind viele. Jesus sprach, gebieterisch, Hinweg aus diesem Menschen, unreiner Geist. Kaum war es gesagt, erhob sich ein Chor teuflischer Stimmen, fein und schrill die einen, andere dumpf und rauh, einige sanft wie die eines Weibes, andere muteten Steinsägen an, einige anzüglich hämisch, andere vom unterwürfigen Falsch der Bettler, einige stolz, andere jammernd, einige wie brabbelndes Kleinkind, wieder andere, die nur Gespensterschrei und Ächzen und Schmerzgekreische waren, alle aber flehten Jesus an, baten inständig, sie in diesen Gefilden zu lassen, die ihnen vertraut, es genüge, er befähle ihre Austreibung, und sie verließen den Leib des Mannes, doch er solle sie von diesen Fluren nicht verbannen. Und Jesus fragte, Wohin wollt ihr. Es weidete aber da am Berge eine große Herde Säue, und die unreinen Geister baten ihn und riefen, Laß uns in die Säue fahren, Jesus überlegte, und es schien ihm eine gute Lösung, meinte er doch, diese Tiere gehörten Heiden, da Juden Schweinefleisch für unrein halten. Auf den Gedanken, die Heiden könnten zugleich mit den Schweinen die in ihnen gefangenen Dämonen verspeisen und würden besessen, kam Jesus nicht, so wenig wie er voraussah, was sich im folgenden dann leider zutrug. Fürwahr, selbst ein Sohn Gottes, und dieser im übrigen noch nicht gewöhnt an eine so hohe Abkunft, vermag, wie beim Schachspiel, nicht alle Folgen eines einfachen Zuges, einer schlichten Entscheidung, vorauszusehen. Die Dämonen, im äußersten erregt, lauerten auf Jesu Antwort, schlossen Wetten ab, und als er beschied, Ja, ihr könnt in die Säue fahren, war es ein einziger Freudenschrei, und wild ungestüm fuhren sie in die Schweine. Nun, ob es der unverhoffte Aufprall war, oder daß die Tiere die Dämonen nicht gewärtig, die Schweine jedenfalls schnappten auf der Stelle über, stürzten den Hang hinab, warfen sich in den See, es waren ihrer zweitausend, und alle ertranken. Nicht beschrieben wird der Zorn der Besitzer dieser unschuldigen Geschöpfe, die soeben noch friedvoll das weiche Erdreich durchwühlt hatten, so vorhanden, auf der Suche nach Wurzeln und Gewürm, oder die kargen harten Halme der versengten Grasflächen knabbernd. Jetzt, von oben gesehen, taten einem die Schweinchen leid, die einen, schon leblos, trieben obenauf, andere waren am Verenden, mühten sich titanisch, die Ohren über Wasser zu halten, wissen wir ja, daß Schweine nicht imstande, die Gehörgänge zu schließen, da dringt ihnen das Wasser im Schwall ein, und ehe einer Amen sagt, sind sie von innen her ertrunken. Die Schweinehirten, in wildem Grimm, bewarfen Jesus von fern mit Steinen, und jeden anderen bei ihm, schon kamen sie gelaufen, um dem Schadenstifter, sehr zu Recht, Entgelt abzuverlangen, soundsoviel pro Haupt, zu multiplizieren mit zweitausend, und die

Rechnung ist perfekt. Nicht aber das Bezahlen. Fischer sind arm an Geld, leben von Gräten, und Jesus noch nicht einmal Fischer. Der Nazarener wollte auf die Forderer einreden, wollte ihnen erklären, das Schlimmste auf der Welt ist der Teufel, verglichen mit ihm sind zweitausend Säue mehr oder weniger ein Pappenstiel, und alle haben wir im Leben Verluste hinzunehmen, materielle und andere, Geduld, nur Geduld, Brüder, würde Jesus sagen, wenn sie ins Gespräch kämen. Jakob und Johannes aber mochten nichts wissen von einer Begegnung, die dem Augenschein nach gewalttätig enden müßte, nichts nutzten gute Erziehung und redlichste Absicht der einen Seite wider die Rohheit und die guten Gründe der anderen. Zwangsläufig fügte sich Jesus den mit jedem nahebei niedergehenden Stein desto überzeugenderen Argumenten. Nun rannten sie den Hang hinunter zum Wasser, waren mit einem Satz im Boot, ruderten wild irre drauflos, waren binnen kurzem außer Gefahr. Die Leute dieser Seite bestritten ihr Leben offenbar nicht mit Fischfang, und falls sie Boote besaßen, war jetzt doch keines zu sehen, Eingebüßt etliche Säue, gerettet eine Seele, Gott zum Gewinn, sagte Jakob. Jesus schaute ihn an, schien in Gedanken aber anderswo, bei irgend etwas, das die zwei Brüder, ihm da vor Augen, gern ergründet und beredet hätten. Da war die einzigartige Enthüllung von seiten der Dämonen, daß Jesus Gottes Sohn war, der jedoch wandte sich nach dem von ihnen fluchtartig verlassenen Ufer um, er sah Wasser, sah die Säue auf den Wellen wogen, zweitausend unschuldige Tiere, Unruhe kam in ihm auf, drängte irgendwie hervor, und mit einem Mal, Die Dämonen, wo sind die Dämonen, rief er, und dann, mit Gelächter himmelwärts, Höre mich, Herr, du hast schlechte

Wahl getroffen mit dem Sohn, für den ich gehalten werde und der deine Pläne zu befolgen hat, oder unter deinen tausend Fähigkeiten fehlt dir eine, die Schläue, den Teufel zu besiegen, Was sagst du da Schändliches, was meinst du damit, rief Johannes, entsetzt, Sagen will ich, die zuvor im Besessenen nistenden Dämonen sind nun frei, die Dämonen, wissen wir längst, sterben nicht, meine Freunde, selbst Gott kann sie nicht auslöschen, und meins hier war wie ein Schlag ins Wasser. Von dort hinten eilten nun viele Menschen ans Ufer herab, manche warfen sich in die Fluten, um die näher treibenden Schweine einzuholen, andere sprangen in die Boote, die nun doch vorhandenen, eilten zum Beutefang.

An diesem Abend trafen sich im Hause des Simon und des Andreas, dem neben der Synagoge gelegenen, die fünf Freunde zur insgeheimen Erörterung der äußerst bewegenden Frage, ob Jesus, der Enthüllung der Dämonen gemäß, Sohn Gottes war. Nach dem mehr als seltsamen Abenteuer hatten die drei Zeugen das unbedingt erforderliche Gespräch für den Abend anberaumt, und nun war der Augenblick da, die Dinge ins reine zu bringen. Jesus hob an und sagte, Nicht so ohne weiteres glauben darf man, was der Vater der Lüge behauptet, er meinte freilich den Teufel, Wahrheit und Lüge, sagte Andreas, gehen durch das eine und selbe Mundloch, ohne eine Spur zu hinterlassen, und Teufel bleibt Teufel, auch wenn er manchmal die Wahrheit spricht. Simon sagte, Daß du ein Mensch von anderem Schlag bist als wir, wußten wir bereits, man denke an den Fisch, den wir nicht einbrächten ohne deine Hilfe, an das Unwetter, das uns getötet hätte, an das von dir in Wein verwandelte Wasser, an die Ehebrecherin, die du vor der Steinigung bewahrtest, und nun hast du einem Besessenen die Dämonen ausgetrieben. Das haben andere auch getan, hielt Jesus dagegen, Stimmt, aber dir als erstem haben sie Demut bezeigt, sie nannten dich Sohn des höchsten Gottes, Was nutzte es mir, am Ende war ich der Gedemütigte, Nicht das zählt, mischte sich Johannes ein, ich war Augen- und Ohrenzeuge, sag, warum hast du uns verschwiegen, daß du Gottes Sohn bist, Ich weiß nicht, ob ich Gottes Sohn bin, Wie kann es sein, daß der Teufel es weiß und du nicht, Gute Frage, die Antwort aber können nur sie beide dir geben, Wer, Gott, für dessen Sohn der Teufel mich hält, und der Teufel, der es nur von Gott erfahren haben kann. Stille trat ein, eine Pause, als wollten alle hier jenen zweien Gelegenheit geben, sich zu äußern. Nach einer Weile meldete sich Simon, stellte die entscheidende Frage, Was ist zwischen dir und Gott. Jesus tat einen Seufzer, Auf diese Frage war ich bei meinem Eintreffen hier gefaßt, Nie hätten wir uns vorstellen können, daß es einem Sohn Gottes angelegen sei, Fischer zu sein, Wie ich euch schon sagte, ich weiß nicht, ob ich Sohn Gottes bin, Was denn dann. Jesus legte die Hände vor das Gesicht, suchte in seiner Erinnerung nach einem Anknüpfungspunkt für das ihm abverlangte Geständnis, unvermittelt betrachtete er sein Leben mit den Augen eines Fremden, jawohl, dies ist es, Sollten die Dämonen die Wahrheit gesagt haben, müßte alles, was ihm bisher widerfahren war, anders gesehen und gedeutet werden, als es den Anschein gehabt, und einige der Vorkommnisse hellten sich im Lichte dieser Offenbarung endlich auf. Jesus nahm die Hände vom Gesicht, schaute die Freunde der Reihe nach an, mit flehender Miene, als erkennte er, daß dies, was er ihnen abverlangte, bei weitem überstieg, was ein Mensch einem anderen an Vertrauen gewähren kann. Langes Schweigen, dann sprach er, Ich habe Gott gesehen. Die anderen stumm, schauten lediglich. Er, mit gesenktem Blick, fuhr fort, Ich begegnete ihm in der Wüste, und er kündigte mir an, zu gegebener Zeit würden mir Ruhm und Macht gewährt, im Tausch für mein Leben, doch er sagte nicht, ich sei sein Sohn. Wieder unterbrach sich Jesus. Jakob fragte, Wie hat Gott sich deinen Augen dargeboten, In Gestalt einer Wolke, einer Rauchsäule, Nicht etwa Feuersäule, Nein, Rauchsäule, Und sagte er weiter nichts, Er werde wiederkehren, wenn der Zeitpunkt da sei, Welcher Zeitpunkt, Ich weiß nicht, vielleicht, wenn er dann mein Leben einfordert, Und diesen Ruhm und diese Macht, wann gibt er sie dir, Weiß ich nicht. Neuerliches Schweigen, in diesem Haus kam man um vor Hitze, doch alle fröstelten. Endlich fragte Simon gemessen, Bist du etwa der Messias, den wir Gottes Sohn zu nennen haben, weil du kommen wirst, das Volk des Herrn aus dieser Knechtschaft zu befreien, Ich und Messias, Kein Grund, sich mehr zu entsetzen als beim Gedanken, daß du der leibhaftige Sohn des Herrn, erwiderte Andreas, nervös lächelnd. Jakob warf ein, Messias oder Sohn Gottes, mir ist nicht begreiflich, wieso der Teufel es weiß, wenn Gott es noch nicht einmal dir gesagt hat, Wer weiß, was es für Abmachungen zwischen Teufel und Gott gibt, von denen wir uns keine Vorstellung machen, sagte Johannes nachdenklich. Sie musterten einander argwöhnisch, lieber wüßten sie es nicht. Simon fragte Jesus, Was gedenkst du zu tun, und Jesus antwortete, Nur eben das, was ich kann, den Zeitpunkt abwarten.

Er war schon sehr nahe, der Zeitpunkt, ehedem aber hatte Jesus noch zweimal Gelegenheit, seine Wunderkräfte unter Beweis zu stellen, obschon man über den zweiten Fall lieber den Schleier des Vergessens breiten sollte, da die Sache gründlich danebenging, denn es starb ein Feigenbaum, der so wenig Schuld an irgend etwas hatte wie die von den Dämonen in den See gejagten Säue. Die erste der beiden Taten dagegen verdiente es sehr wohl, Jerusalems Priestern vermeldet und mit Goldlettern in den Giebel des Tempels geschnitten zu werden, denn solches hatte man noch nie erlebt und sollte man auch nie wieder erleben, bis auf den heutigen Tag nicht. Uneins sind die Historiker über die Gründe, die so viele und so vielverschiedene Menschen an jenem Fleck zusammenführten, dessen Lokalisierung, nebenher und eigens gesagt, ebenfalls seine Schwierigkeit hat, behaupten doch manche, die Gründe betreffend, es sei dies lediglich ein Wallfahrtsfest von fern in der Nacht der Zeiten verlorenen Ursprüngen gewesen, andere, aber nein, es habe das sich später allerdings als haltlos erweisende Gerücht gegeben, in Gesandter Roms werde hier Senkung der Steuern verkünden, während dritte, mit keiner Hypothese oder Problemlösung aufwartend, einwenden, nur Naivlinge könnten an eine Verringerung der fiskalischen Lasten glauben, an eine Revidierung der Tributauflagen zum Vorteil der Zahlpflichtigen, und was die vermeintlich im Dunkel liegenden Anfänge der Wallfahrt beträfe, lasse sich für alles und immer ein Hinweis auf Urgründe finden, sofern jene, die gern alles fix und fertig vorfinden, sich die Mühe machten, die kollektiven Vorstellungen zu erforschen. Tatsache und bekannt ist, daß da ihrer vier- bis fünftausend zusammengekommen waren, die Frauen und die Kinder nicht mitgerechnet, und daß sich alle diese Menschen in einem bestimmten Augenblick ohne

Verpflegung sahen. Wie es geschehen konnte, daß ein so vorbedachtes Volk, so sehr ans Reisen gewöhnt und sich, selbst von hier nach nur hin, mit Wegzehr zu versehen, plötzlich ohne einen Kanten Brot und ein bißchen Aufschnitt dastand, das vermag und versucht sich heute keiner vorzustellen. Aber Tatsache ist Tatsache, und die besagt, es befanden sich da so auf dem Haufen zwischen zwölf- und fünfzehntausend Menschen, Frauen und Kinder diesmal nicht vergessen, mit leerem Magen seit wer weiß wieviel Stunden, denen noch, eher oder später, der Heimweg bevorstünde, bei Gefahr, unterwegs an Entkräftung zu sterben, oder angewiesen auf die Milde und Barmherzigkeit derer, die ihren Weg kreuzten. Die Kinder, sie in diesen Fällen immer die ersten, meldeten sich schon bittend und bettelnd, manche quengelten, Mutter, ich habe Hunger, Gefahr bestand, daß die Situation unversehens sozusagen aus dem Griff geriete. Jesus, mit Maria von Magdala, befand sich mitten in der Menge, bei ihnen die Freunde Simon, Andreas, Jakob und Johannes, die seit der Episode mit den Säuen und dem, was in der Folge zu erfahren gewesen, Jesus kaum mehr von der Seite wichen, doch hatten sie, anders als der Rest der Leute, einige Fische und etwas Brot eingesackt. Sie waren gewissermaßen bedient. Da vor Augen all der Leute nun aber auspacken und essen, das wäre schäbiger Egoismus und im übrigen nicht ganz ungefährlich, denn Not kennt kein Gebot, und am ehesten Gerechtigkeit schafft einer sich, wissen wir seit Kain, mit den eigenen Händen. Jesus hegte nicht im mindesten den Gedanken, er könnte den vielen Menschen in ihrer Bedrängnis irgendwie dienlich sein, Jakob und Johannes aber, mit der Selbstgewißheit jener, die schon Augenzeugen großer Vorkommnisse gewesen, sprachen ihn an und sagten, Wenn du imstande bist, dem Leib eines Menschen die ihn umbringenden Dämonen auszutreiben, dann doch wohl auch imstande, den Leibern dieser Menschen die ihr Überleben sichernde Nahrung einzugeben, Aber wie denn, an Essen haben wir nur unser geringes Mitbringsel, Du bist Gottes Sohn, du kannst das. Jesus schaute Maria von Magdala fragend an, diese sagte, Bist an dem Punkt, wo dir Umkehr schon nicht mehr möglich. Sie blickte leidvoll drein, und Jesus war sich nicht schlüssig, ob es ihm galt oder den hungrigen Menschen. Da nahm er die sechs Brote, die sie mitgebracht hatten, brach ein jedes in zwei Hälften, reichte sie den Begleitern, tat ein gleiches mit den sechs Fischen, wobei er ein Brot und einen Fisch für sich behielt, Folgt mir, sprach er, und tut, was ich tue. Wir wissen, was er tat, nie aber werden wir erfahren, wie er es vollbrachte. Er schritt von einem zum anderen, brach das Brot und den Fisch, doch jeder faßte einen Fisch und ein ganzes Brot. Gleiches taten Maria von Magdala und die vier, und wo sie vorbeikamen, war es, als striche ein gütiger Wind über das Kornfeld, höbe eine um die andere alle gefallenen Ähren auf, mit lautem Blattrauschen, und das waren die hier kauenden und die Dank sagenden Münder, Er ist der Messias, sagten einige, Er ist ein Magier, sagten andere, doch niemandem hier fiel ein zu fragen, Bist du der Sohn Gottes. Und Jesus sprach zu allen, Wer Ohren hat, der höre, wenn ihr nicht teilt, werdet ihr nicht vervielfachen.

Daß Jesus dies lehrte, war gut, da die Gelegenheit so günstig. Weniger gut ist, daß er selber die Lehre da wortwörtlich nahm, wo es nicht hätte sein sollen, und zwar im Falle des erwähnten Feigenbaumes. Als Jesus einen

Feldweg wandelte, überkam ihn Hunger. Er sah am Weg einen Feigenbaum und ging auf ihn zu, fand aber nur Blätter dran, denn es war nicht die Zeit der Früchte. Da sprach er zum Baum, In Ewigkeit soll keine Frucht mehr auf dir wachsen. Und der Feigenbaum verdorrte auf der Stelle. Maria von Magdala, die mit ihm war, sagte, Geben sollst du den Bedürftigen, nichts abverlangen dem Besitzlosen. Jesus, reuig, befahl dem Feigenbaum, wieder zu grünen, doch der war tot.

Dunstiger Morgen. Der Fischer erhebt sich von seiner Schlafmatte, er späht zum Fenster hinaus in den weißen Raum und sagt zu seinem Weib, Heute fahre ich nicht aus, bei solchem Nebel verirren sich sogar die Fische unter Wasser. Das sagte dieser und sagten so oder ähnlich all die übrigen Fischer am einen und am anderen Ufer, baß, denn das hatte es noch nie gegeben, einen so störenden Nebel zu dieser Jahreszeit. Nur einer, er eigentlich nicht Fischer, der gleichwohl unter Fischern lebt und mit ihnen schafft, erscheint in der Haustür, wie um sich zu vergewissern, daß heut sein Tag ist, er sieht den diesig verhangenen Himmel und sagt ins Haus hinein, Ich fahre. Maria von Magdala, hinter ihm, fragt, Muß das sein, und Jesus erwidert, Höchst an der Zeit, Ißt du nicht, Nüchtern sind die Augen, wenn sie sich am Morgen auftun. Er umarmte sie, sagte, Endlich nun erfahre ich, wer ich bin und wozu auf der Welt, dann, unglaublich sicher, obwohl er bei dem dicken Nebel noch nicht einmal die eigenen Füße sah, ging er den Hang hinunter an den Strand, zu den vertäuten Booten, bestieg eines und ruderte ins Unsichtbare hinaus, auf Sees Mitte. Das Geräusch der den Bootsrand scheuernden und schlagenden Riemen und das Klatschen der triefenden Ruderblätter im aufgewühlten Wasser hallten über den Seespiegel, weit hin, ließen die Fischer aufmerken, denen die braven

Ehefrauen eingeschärft hatten, Wenn du schon nicht ausfahren kannst, nutze es, schlaf dich aus. Die Leute in den Siedlungen zeigten sich ruhelos, nervös, undurchdringlich dünkte ihnen der Nebel in jener Richtung, wo der See sein mußte, irgendwie erwarteten sie, daß die Riemengeräusche und das Platschen des Wassers aussetzten, es drängt sie ins Haus zurück und all die Türen mit Schlüssel, Riegel und Kette zu verschließen, obwohl sie wissen, daß, falls jener dort der Gewähnte ist und sich entschließt, herwärts zu blasen, schon ein einfacher Hauch sie aufstoßen wird. Der Nebel gewährt Jesus Durchlaß, doch sein Blick dringt allenfalls bis zu den Enden der Ruderblätter und bis zum Heck mit dem als Bank dienenden schlichten Querbrett vor. Alles sonst ist zunächst aschig trübe Wand, dann, je näher das Boot seinem Ziel kommt, macht diffuse Helligkeit den Nebel weiß und schillernd, der nun vibriert, als ränge er sich, mitten im Schweigen, vergebens einen Laut ab. In einem größeren Lichthof hält das Boot inne, in Sees Mitte. Und auf der Heckbank sitzt Gott.

Anders als bei erstenmal ist er jetzt nicht Wolke und nicht Rauchsäule, die könnten sich heute, bei einem solchen Wetter, verlieren, im Nebel aufgehen. Er ist ein stattlicher alter Mann, mit über der Brust wallendem Bart, barhäuptig, das Haar lose, das Gesicht breit und kräftig, der Mund mit vollen Lippen, die sich beim Sprechen nicht zu bewegen scheinen. Seine Kleidung ist die des wohlhabenden Juden, er trägt eine karminfarbene lange Tunika, einen goldbestickten blauen Umhang mit Ärmeln, an den Füßen aber bäuerisch derbe Sandalen, zum Gehen gemachte sozusagen, woraus erkennbar, daß Sitzen wohl nicht seine Gepflogenheit. Wenn er wieder fort sein wird, fragen wir gewiß, Wie waren seine Haare, und wir werden uns nicht erinnern ob weiß, schwarz oder brünett, dem Alter nach müßten sie weiß sein, bei manchen stellt sich das Silber erst spät ein, vielleicht trifft das hier zu. Jesus hatte die Riemen ins Boot gelegt, wie einer langen Unterredung gewärtig, er sagte nur, Da bin ich. Gott, ohne Hast, wohlbedacht, legte sich die Mantelschöße über den Knien zurecht und sagte, Da sind wir. Dem Ton nach zu urteilen, würden wir meinen, er habe gelächelt, doch der Mund hat sich nicht bewegt, nur die langen Fäden des Schnurrbartes und des Kinns hatten gezittert, hatten gebebt wie eine Glocke. Jesus sagte, Ich bin gekommen, um zu erfahren, wer ich bin und was ich zu tun habe, um den mit dir geschlossenen Pakt zu erfüllen, Das sind zwei Fragen, sprach Gott, gehen wir einzeln vor, mit welcher willst du beginnen, Mit der ersten, wer denn bin ich, Weißt du es nicht, fragte Gott, Ich glaubte es zu wissen, ich meinte, meines Vaters Sohn, Welchen Vaters, Meines Vaters, des Zimmermanns Josef, Sohn des Eli, oder Jakobs, ich weiß nicht, Des gekreuzigten, Einen anderen habe ich ja wohl nicht, Ein tragischer Irrtum seitens der Römer, dieser Vater starb ohne Schuld, Du sagtest dieser Vater, heißt das, es gibt einen weiteren, Da schau, ein heller Bursche, intelligent, In diesem Falle half mir nicht die Intelligenz, ich erfuhr es aus dem Munde des Teufels, Hast du Umgang mit dem Teufel, Ich nicht, er kam zu mir, Und was erfuhrst du aus dem Munde des Teufels, Ich sei dein Sohn, Gott nickte bedächtig, Ja, du bist mein Sohn, Aber wie kann ein Mensch der Sohn Gottes sein, Wenn du Gottes Sohn bist, bist du kein Mensch, Ich bin ein Mensch, leibhaftig, ich esse, schlafe, liebe nach Menschenart, also bin ich ein Mensch, und wie ein

Mensch werde ich auch sterben, Ich an deiner Stelle wäre mir dessen nicht so sicher, Was willst du damit sagen, Das betrifft die zweite Frage, doch wir haben Zeit, was entgegnetest du dem Teufel, der da sagte, du seiest mein Sohn, Diesbezüglich nichts, ich habe den Tag abgewartet, an dem ich dich treffen würde, den Teufel trieb ich dem Besessenen aus, dem Gemarterten, der sich Legion nannte und behauptete, er sei ihrer viele, Wo ist er jetzt, Weiß ich nicht, Ihn ausgetrieben habest du, höre ich, Mit Sicherheit bist du besser im Bilde, daß man von ausgetriebenen Teufeln nicht weiß, wohin sie verschwinden, Warum sollte ich in Teufelsdingen Bescheid wissen, Du bist Gott, du mußt alles wissen, Bis zu einem gewissen Punkt, nur bis zu einem gewissen Punkt, Bis zu welchem, Ab da es interessant wird, etwas nicht zu wissen, Weißt ja wohl aber wenigstens, wieso ich dein Sohn bin, und wozu, Ei, du dünkst mir jetzt von viel hellerem Geist als bei unserer ersten Begegnung, gar auch ein bißchen keck, Damals war ich ein verschüchterter Jüngling, heute bin ich ein Mann, Hast keine Angst, Nein, Wirst sie schon noch haben, keine Bange, die Angst holt jeden ein, selbst einen Sohn Gottes, Hast du deren noch andere, Andere was, Söhne, Ich benötigte einen einzigen, Und warum bin ich dein Sohn, Hat deine Mutter es dir nicht gesagt, Weiß sie es, Ich schickte einen Engel zu ihr, damit er sie aufklärte, wie die Dinge gelaufen sind, ich dachte, sie hätte es dir erzählt, Wann hat jener Engel meine Mutter aufgesucht, Laß mich überlegen, wenn ich richtig rechne, muß es nach deinem zweiten Weggang von daheim gewesen sein, und bevor du zu Kana Wasser in Wein verwandeltest, Also wußte meine Mutter und hat mir nichts gesagt, ich hatte ihr von unserer Begegnung in der Wüste erzählt, sie aber wollte mir nicht glauben, nun, nachdem ihr der Engel erschienen, mußte sie es glauben, dennoch hat sie es mir gegenüber nicht eingestehen wollen, Du kennst ja die Frauen, soviel ich weiß, lebst du selbst mit einer zusammen, sie haben ihre Empfindlichkeiten, ihre Skrupel, anders als ein Mann. Was für Empfindlichkeiten, was für Skrupel, Nun, ich hatte meinen Samen dem deines Vaters beigemengt, unmittelbar vor deiner Zeugung, die bequemste Art, die unauffälligste, Und bei vermengten Samen, wie kannst du gewiß sein, daß ich dein Sohn bin, Stimmt, in dieser Sache sollte man sich klugerweise nicht so sicher sein, schon gar nicht absolut sicher, ich bin es aber, ein klein bißchen nützt es mir doch, Gott zu sein, Und warum wolltest du einen Sohn haben, Da ich im Himmel keinen besaß, mußte ich ihn mir auf der Erde besorgen, das ist nicht neu, sogar in Religionen mit Göttern und Göttinnen, die untereinander Kinder zeugen könnten, erlebte man, daß manch ein Gott auf die Erde kam, Abwechslung suchend, vielleicht auch um nebenher ein klein bißchen die Menschenspezies aufzubessern, durch die Zeugung von Helden und derlei mehr, Und dieser Sohn, der ich bin, wozu wolltest du ihn, Nicht der Abwechslung halber, versteht sich, Also warum, Ich brauchte einen, der mir hier auf Erden hülfe, Du als Gott solltest Hilfe nicht nötig haben, Das eben ist die zweite Frage.

Stille trat ein, und da, im Nebel, indes nicht anpeilbar die Richtung, war das Geräusch eines heranschwimmenden Lebewesens zu hören, und es zählte dem Gefauche nach nicht zur Zunft der Meisterschwimmer oder war ziemlich am Ende der Kräfte. Jesus meinte, Gott lächeln zu sehen und bemerkte, daß er die Pause eigens hinauszog, um dem Schwimmer Zeit zu geben, in dem nebelfreien Rund zu erscheinen, dessen Mittelpunkt das Boot darstellte. Es tauchte da, ungewärtigt, weil eher von der anderen Seite erwartet, steuerbords ein dunkler Fleck auf, in dem Jesu Einbildung zunächst ein die Ohren aus dem Wasser reckendes Schwein zu erkennen glaubte, doch nach etlichen Schwimmzügen erwies es sich als Mensch, oder in allem menschähnlich. Gott wandte das Antlitz dem Schwimmer zu, aufmerksam, ja neugierig, ihm gleichsam zu letztem Ansporn, und diese Geste, vielleicht weil von ihm, tat Wirkung, die letzten Armzüge waren schnell und gleichmäßig, und nun schien es nicht, daß der Neue von fern her kam, vom Ufer, meinen wir. Die Hände packten den Bootsrand, während der Kopf noch halb unter Wasser, und es waren Pranken, mit kräftigen Nägeln, waren Hände eines Körpers, der, wie von Gottes Statur, stattlich, groß und alt sein mußte. Das Boot wankte, der Kopf hob sich aus dem Wasser, der Rumpf ihm hinterdrein, schwallartig, dann die Beine, es war der aus den tiefsten Tiefen auftauchende Leviathan, war, nach all den Jahren, der Hirte, Hier bin auch ich, sprach er, nahm Platz auf dem Bootsrand, genau zwischen Jesus und Gott, doch das Gefährt, seltsam, ohne Schlagseite, als hätte der Hirte sein Gewicht abgelegt, oder daß er mit dem Anschein zu sitzen schwebte, Hier bin ich, wiederholte er, hoffentlich noch zeitig genug, um am Gespräch teilzuhaben, Wir sind darin ziemlich weit gediehen, aber noch nicht beim Wesentlichen, sagte Gott, und dann, an Jesus gewandt, Dies ist der Teufel, von dem wir vorhin sprachen. Jesus schaute abwechselnd vom einen zum anderen und sah, daß sie, abzüglich Gottes Bart, einander wie Zwillinge glichen, der Teufel freilich jünger wirkend, von weniger Falten, doch das mochte Augentäuschung sein oder Irreführung seinerseits. Jesus sagte, Ich kenne ihn, vier Jahre lebte ich an seiner Seite, da nannte er sich Hirte, und Gott erwiderte, Mußtest mit jemandem leben, bei mir aber war es nicht möglich, bei deiner Familie wolltest du nicht, da blieb nur der Teufel übrig, Hat er mich zu sich geholt, oder schicktest du mich zu ihm, Eigentlich weder das eine noch das andere, sagen wir eher, es schien mir dies in deinem Fall die beste Lösung, Deshalb wußte er, was er sagte, als er mich durch den Mund des besessenen Gadareners Sohn Gottes nannte, Jawohl, Will heißen, ich wurde von beiden hintergangen, Wie es den Menschen halt widerfährt, Du sagtest, ich sei kein Mensch, Ja, das versichere ich, wir könnten sagen, daß du, wie ist der technische Begriff dafür, daß du Inkarnation erfuhrst, Und jetzt, was begehrt ihr jetzt von mir, Ich, ich begehre, nicht er, Ihr seid beide hier, und mir fiel auf, daß sein Kommen dich nicht überraschte, also hast du ihn erwartet, Nicht unbedingt, obschon im Prinzip, auf den Teufel muß man stets gefaßt sein, Aber wenn die Angelegenheit nur dich und mich betrifft, was sucht er hier, warum schickst du ihn nicht fort, Fort schickt man des Teufels Fußvolk, wenn es durch Tun und Reden zu stören beginnt, den Teufel selbst aber nicht, Also ist er hier, weil ins Gespräch einbezogen, Mein Sohn, merke dir, was Gott interessiert, das auch den Teufel. Der Hirte, nennen wir ihn ein für allemal so, um nicht immer den Bösling im Munde zu führen, der Hirte lauschte dem Zwiegespräch ohne Aufmerksamkeit hervorzukehren, als sei nicht von ihm die Rede, solcherweise er die soeben geäußerte grundsätzliche Feststellung Gottes anscheinend in Abrede stellte. Gleich aber merkte man, daß dies vorgetäuscht war, Jesus sagte nur, Reden wir nun über die zweite Frage, und schon war der Hirte ganz Ohr. Doch aus seinem Mund kam nicht ein einziges Wort.

Gott holte tief Luft, er betrachtete den Nebel da ringsum und murmelte in einem Ton, als machte er eine unerwartete, merkwürdige Entdeckung, Dies ist ja, als wären wir in der Wüste. Er wandte den Blick Jesus zu, musterte ihn lange stumm, dann, als schickte er sich in das Unabwendbare, hob er an und sprach, Die Unzufriedenheit, mein Sohn, wurde den Menschen von Gott, ihrem Schöpfer, ins Herz gelegt, von mir spreche ich, freilich, doch diese Unzufriedenheit, wie alles, was ich nach meinem Bild und Ebenbild schuf, holte ich von dort, wo sie sich befand, aus meinem eigenen Herzen, und die Zeit, die seither verstrichen ist, hat diese nicht getilgt, im Gegenteil, ich kann dir versichern, daß sie mit der Zeit noch größer geworden ist, drängender, fordernder. Gott machte eine kleine Pause, wie um sich der Wirkung seiner Einleitung zu vergewissern, dann fuhr er fort, Seit viertausendundvier Jahren, die ich nun schon Gott der Juden bin, Leuten, die ihrer Natur nach Hader und Verwicklung zugetan sind, mit denen ich aber, wenn ich unsere Beziehungen abwäge, nicht schlecht gefahren bin, vorausgesetzt, sie nahmen mich ernst, und das werden sie weiterhin tun, so weit mein Blick in die Zukunft reicht, Bist jedenfalls zufrieden, sagte Jesus, Ja und nein, vielmehr, ich würde es sein, wäre nicht dieses mein unruhiges Herz, das Tag für Tag zu mir sagt, Hast dir da ein schönes Geschick bereitet, nach viertausend Jahren der Mühen und Besorgnisse, die dir mit Altaropfern, wie reich und verschieden sie auch ausfallen mögen, nie gelohnt werden, bist weiterhin der Gott eines nur winzigen

Volkes, in einem kleinen Winkel der Welt, die du mit allem, was sie birgt, erschaffen hast, so sage mir, mein Sohn, kann ich zufrieden leben, mit diesem sozusagen offenkundigen Ärgernis stets vor Augen, Ich erschuf keine Welt, ich kann es darum nicht ermessen, sagte Jesus, Nun, ermessen nicht, aber helfen könntest du mir, Helfen wobei, Mir helfen, meinen Einfluß auszuweiten, auf daß ich der Gott von viel mehr Menschen werde, Ich verstehe nicht, Wenn du deine Rolle gut ausführst, will heißen, die Rolle, die ich dir in meinem Plan zugedacht habe, bin ich höchst gewiß, daß ich in wenig mehr als einem halben Dutzend an Jahrhunderten, obschon ich und du mit vielen Widernissen zu kämpfen haben werden, daß ich also vom Gott der Hebräer zum Gott derer aufsteigen werde, die wir dann, von einem griechischen Wort abgeleitet, Katholiken nennen, Und welche Rolle ist in deinem Plan denn mir zugedacht, Die des Märtyrers, mein Sohn, des Opfers, so läßt sich ein Glaube noch am ehesten verbreiten und entfachen. Die Worte Märtyrer und Opfer sprach Gott voll Schmelz, als wäre seine Zunge eitel Milch und Honig, doch ein eisiger Schauer flutete Jesu Glieder, als hätte sich der Nebel über ihm geschlossen, während der Teufel ihn mit rätselvoller Miene betrachtete, halb forsch, halb ungewollt mitleidig. Du versprachst mir Macht und Ruhm, stammelte Jesus, noch zitternd vor Kälte, Sollst du haben, sollst du haben, aber erinnere dich an unsere Abmachung, sie werden dir erst nach deinem Tode zuteil, Und was nutzen mir Macht und Ruhm, wenn ich tot bin, Nun, tot im absoluten Sinne des Wortes wirst du nicht eigentlich sein, denn da du mein Sohn, bist du dann bei mir, oder in mir, noch habe ich nicht endgültig entschieden, In dem von dir genannten Sinne, was heißt da nicht eigentlich tot, Du wirst, zum Beispiel, erleben, für immer und ewig, wie sie dich in Tempeln und auf Altären verehren, in einem Maße, sage ich dir schon jetzt, daß die Menschen den ursprünglichen Gott, also mich, ein bißchen vergessen, doch es ist nicht von Belang, das Viel verträgt Teilung, das Wenig schuldet es nicht. Jesus schaute den Hirten an, sah ihn lächeln, und begriff, Jetzt verstehe ich, warum der Teufel hier ist, wenn deine Herrschaft sich auf mehr Menschen und Länder ausdehnt, weitet sich auch seine Macht über die Menschen, denn deine Grenzen sind seine Grenzen, kein Schritt mehr, kein Schritt weniger, Recht hast du, mein Sohn, sehr recht, mich freut dein Scharfsinn, und den Beweis hast du in der Tatsache, daß, feststellbar, die Teufel des einen Glaubens nie in einem anderen Glauben wirksam werden, so wie ein Gott, angenommen, er würde den Streit mit einem anderen Gott suchen, jenen nicht besiegen kann, noch von ihm zu besiegen ist, Und wie wird mein Tod sein, Einem Märtyrer gebührt schmerzhafte und möglichst entwürdigende Meuchelung, auf daß die Gläubigen desto empfänglicher und entflammter werden, Red nicht drumherum, sage mir draufzu, wie wird mein Tod sein, Peinigend und schmachvoll, am Kreuz, Wie mein Vater, Dein Vater bin ich, vergiß es nicht, Sofern ich mir den Vater noch wählen kann, erwähle ich mir ihn, auch wenn er, wie bekannt, in einer gewissen Stunde seines Lebens schmählich versagte, Du wurdest erwählt, kannst selbst nicht wählen, Ich breche den Vertrag, löse mich von dir, ich will leben als ein beliebiger Mensch, Fruchtlose Worte, mein Sohn, hast wohl noch nicht gemerkt, daß du ganz in meiner Gewalt bist, für all jene unterzeichneten Vereinbarungen, die wir Abkommen,

Pakt, Kontrakt, Vertrag oder Bündnis nennen und an denen ich teilhabe, wäre eine einzige Klausel ausreichend, bei Einsparung von viel Tinte und Papier, und diese Klausel lautet unmißverständlich, Alles, was Gottes Gesetz wünscht, ist zwingend, auch die Ausnahmen, nun, mein Sohn, da du in gewisser und bemerklicher Weise eine Ausnahme bist, darum denn auch so zwingend wie das von mir gemachte Gesetz, Aber wäre es für dich, in deiner Allmacht, nicht einfacher und moralisch sauberer, du selbst bestrittest die Eroberung dieser Länder und dieser Menschen, Das geht nicht an, solches verbietet der unter uns Gottheiten regierende unabänderbare Pakt, dem gemäß von uns keiner eigenhändig in die Konflikte eingreift, stell dir vor, ich, von Ungläubigen und Heiden auf öffentlichem Platz umringt, versuchte, diese zu überzeugen, daß ihr Gott ein Betrug sei, ich aber der wahre Gott, solches tut ein Gott einem anderen nicht an, auch gefällt es keinem Gott, daß man in seinem Haus tut, was er selbst, schicklicherweise, in fremdem Hause nicht tun sollte, Also bedient ihr euch der Menschen, Ja, mein Sohn, der Mensch ist Holz zu jederart Löffel, ab der Geburt bis zum Tode stets zu dienen bereit, man schickt ihn hin und er geht, man befiehlt ihm Halt und er steht, man heißt ihn kommen, und er kommt, der Mensch, im Frieden wie im Krieg, allgemein gesprochen, ist das Beste, was den Göttern widerfahren konnte, Und das Holz, aus dem ich Mensch gemacht bin, für welchen Löffel soll es herhalten, nun ich dein Sohn bin, Du wirst der Löffel sein, den ich in die Menschheit tauche, um aus ihr, gehäuft, Kreaturen zu schöpfen, die an den neuen Gott glauben, der ich ihnen sein werde, Löffelweise Menschen, die du verschlingst, Wer sich selbst verschlingt, den brauche ich nicht zu verschlingen.

Jesus senkte die Ruderblätter ins Wasser und sagte, Ade, ich begebe mich heim, nehmt den Weg, den ihr gekommen seid, du schwimmend, und du, der du so einfach da warst, verschwinde irgendwie. Gott und Teufel rührten sich nicht vom Fleck, Ah, die Herren möchten lieber Bootsfahrt machen, bemerkte Jesus ironisch, Wohlan, ich bringe euch ans Ufer, damit endlich alle Gott und den Teufel in ihrer wahren Gestalt sehen, und wie gut die beiden sich verstehen, wie sehr sie einander gleichen. Jesus wendete, hielt auf das Ufer zu, von wo er gekommen, und mit kräftigen, langen Zügen tauchte er in den Nebel, der so dicht war, daß er Gott plötzlich nicht mehr sah, und vom Teufel nicht einmal die Umrisse. Er fühlte sich belebt, frohgemut und forsch wie selten, von seinem Platz her war der Bug nicht zu erkennen, der sich indes, spürte er, bei jedem Riemenzug wie das Haupt eines Rennpferdes hob, das sich beim Galoppieren, meint man, immerfort vom schweren Rumpf lösen möchte und doch bis ins Ziel nur an ihm zerrt. Jesus ruderte, ruderte, das Ufer muß schon recht nahe sein, wie, so fragt er, werden die Leute reagieren, wenn er ihnen verkündet, Der Bärtige, das ist Gott, der andere ist der Teufel. Jesus äugte über die Schulter, hin zum Strand, er nahm eine Helligkeit wahr, rief, Da sind wir, ruderte noch kräftiger. Jeden Augenblick gewärtigte er das weiche Gleiten des Kiels durch den dicken Uferschlamm, das lustige Knirschen der losen Steinchen, doch der Bug des Bootes, den er nicht sah, wies in Sees Mitte, und die Helligkeit, das war nur eben wieder das glänzende magische Rund, die gleißende Falle, der Jesus entwischt zu sein geglaubt hatte. Erschöpft ließ er den Kopf auf die Brust sinken, stützte die Arme auf die Knie, die Fäuste aneinandergelegt, als wartete er, daß ihm jemand Fesseln anlegte, und er holte noch nicht einmal die Riemen ein, so überwältigend und einzig seine Einsicht, wie ganz unnütz all sein Bemühen gewesen war. Er wollte nicht als erster reden, seine Niederlage nicht laut vernehmlich eingestehen, nicht um Vergebung bitten, daß er Gottes Willen und Befehl zuwider gehandelt hatte und indirekt auch den Interessen des Teufels, des natürlichen Nutznießers der Zweitwirkungen, nicht der zweitrangigen, wann immer Gott etwas wollte und auch durchsetzte. Das Schweigen nach diesem mißlungenen Versuch währte nur kurz, Gott da auf seiner Bank, nachdem er sich den Schoß seiner Tunika und den Kragen seines Umhangs zurechtgelegt hatte, mit dem feierlichen Gehabe des Richters, der ein Urteil verkünden wird, sprach, Fahren wir fort, nehmen wir das Gespräch an jener Stelle auf, wo ich sagte, daß du in meiner Gewalt bist, denn wann immer du diese Wahrheit nicht ergeben und friedvoll hinnimmst, ist es Zeitverlust, den du dir und mir tunlichst ersparen solltest, Ja, fahren wir fort, sagte Jesus, nimm indes schon jetzt zur Kenntnis, daß ich Wunder nur ausführe, wenn ich selbst sie für dienlich halte, ohne Wunder aber ist dein Vorhaben ein Nichts, ist ein Platzregen vom Himmel, der wahren Durst nicht stillt, Recht hättest du, wenn es in deiner Macht stünde, Wunder zu vollführen oder nicht, Ist es etwa nicht so, Weit gefehlt, die Wunder, ob kleine oder große, vollführe ich, bei deiner Anwesenheit freilich, damit du die mir zustehenden Gewinne einstreichst, im Grunde bist du abergläubisch, meinst, der Wundertäter müsse am Lager des Kranken stehen, damit das Wunder stattfindet, allein, stünde es mir danach, einen einsam auf den Tod darniederliegenden Menschen zu retten, einen Menschen in größter Einsamkeit, ohne Arzt, ohne Pflegerin, ohne einen lieben Angehörigen, der erreichbar und ansprechbar, ich wiederhole, stünde mir hiernach, dann erführe dieser Mensch Rettung und würde weiterleben, als sei nichts geschehen, Warum tust du es da nicht selbst, Weil jener dann meinen würde, die Heilung sei sein eigenes Verdienst, vielleicht verfiele er darauf zu sagen, Jemand wie ich konnte ja gar nicht sterben, nun, es gibt schon zu viel Dünkel in der Welt, die ich erschuf, es soll nicht auch noch der Menschen Einbildung Blüten treiben, Demnach sind alle Wunder dein Werk, Die du vollbracht hast und noch vollbringen wirst, und nehmen wir gar an, reine Hypothese, nur eben zur Klärung der Frage, die uns an diesen Fleck geführt hat, nehmen wir an, du riefest, zum Beispiel, in alle Welt hinaus, du seist nicht Gottes Sohn, dann ließe ich auf deinem Wege so viel der Wunder geschehen, daß du dich notgedrungen den Danksagungen fügen müßtest und folglich mir. Also habe ich keine Wahl, Keine, und gebärde dich nicht wie das störrische Lamm, das nicht zum Opferaltar will, es zappelt, es stöhnt zum Herzerbarmen, doch das Schicksal ist ihm vorbestimmt, der Opferer harrt seiner mit dem Messer in der Hand, Dieses Lamm bin ich, Du, mein Sohn, bist das Lamm Gottes, das Gott selbst zu seinem Altar führt, und das eben bereiten wir hier vor.

Jesus musterte den Hirten, als erwartete er von ihm zwar nicht Hilfe, doch da der wohl zwangsläufig die Dinge der Welt anders versteht, denn ein Mensch ist er nicht und war er nicht, auch kein Gott, noch wird er es je sein, könnte er vielleicht einen Blick oder ein Zwinkern bereit haben, das ihm, Jesus, zumindest eine kluge, Aufschub erwirkende Antwort eingäbe, die ihn, und sei es für eine gewisse Zeit, aus der Lage des in die Enge getriebenen Tieres befreite, Aber in den Augen des Hirten liest er die Worte, mit denen jener ihn damals von seiner Herde verwies, Nichts hast du gelernt, geh. Und nun begreift Jesus, daß es nicht langt, Gott den Gehorsam nur ein einziges Mal zu versagen, wer ihm das Lamm nicht opferte, darf ihm auch das Schaf nicht opfern, zu Gott kann man nicht Ja und hernach Nein sagen, so als wären Ja und Nein die linke Hand und die rechte Hand, und gut nur die Arbeit, die beide verrichteten. Gott hatte, trotz seiner üblichen Kraftbeweise, obwohl er das Universum und die Sterne war, die Blitze und die Donnerschläge, die Stimmen und das Feuer hoch auf dem Berge, Gott hatte nicht die Macht, dir das Töten des Lamms aufzuzwingen, doch du hast es getan, aus Ehrgeiz, stachst es ab, und die Wüstenerde saugte das vergossene Blut nicht in Gänze auf, sieh, es ist bis zu uns gekommen, ist jener rote Faden auf dem Wasser, der, wenn wir von hier abgehen, unserer Spur folgen wird, dir, Gott, und mir. Jesus sprach zu Gott, Verkünden werde ich den Menschen, daß ich dein Sohn bin, der einzige Sohn Gottes, doch das wird sicherlich selbst in diesen deinen Ländern nicht genügen, um deine Macht in dem Maße zu erweitern, wie du es wünschst, Endlich erkenne ich in dir meinen Sohn, hast deine mich beinahe verwirrenden Gelüste zu leidigem Widerstreit endlich abgelegt und trittst eigenen Fußes in den modus faciendi, nun, unter den zahllosen Dingen, die den Menschen, gleich welcher Rasse, Farbe, Glaubenszugehörigkeit oder Philosophie, eigen, trifft nur eines, ein einziges, auf alle zu, in dem Sinne, daß keiner dieser Menschen, ob gelehrt oder dumm, jung oder alt, mächtig oder arm, dir gegenüber zu behaupten wagte, Was du da sagst, ist auf mich nicht anwendbar, Und das wäre, fragte Jesus, diesmal seine Neugierde nicht verhehlend, Jedweder Mensch, erwiderte Gott in belehrendem Ton, wer immer er sei, wo auch immer, und was immer er tue, ist ein Sünder, die Sünde ist vom Menschen gewissermaßen so wenig zu trennen wie der Mensch trennbar von der Sünde, eine Münze ist der Mensch, wende sie, und du siehst die Sünde, Du hast meine Frage nicht beantwortet, O doch, ich antworte, vernimm das einzige Wort, das ein Mensch nicht zurückweisen kann, weil es ihn voll betrifft, ist die Aufforderung Bereue, denn jeder Mensch hat gesündigt, und wäre es ein einziges Mal gewesen, er hatte einen bösen Gedanken, verstieß gegen irgendeine Gepflogenheit, beging ein kleineres oder größeres Verbrechen, schmähte jenen, der seiner bedurfte, vernachlässigte die Pflichten, beleidigte die Religionen und deren Walter, verleugnete Gott, einem solchen Menschen brauchst du nur zu sagen, Bereue, tue Buße, tue Buße, Solcher Geringfügigkeit halber brauchtest du aber nicht das Leben dessen zu opfern, als dessen Vater du dich ausgibst, es langte, du ließest einen Propheten auftreten, Die Zeiten, da man denen Gehör schenkte, sind vorbei, heute wirken nur noch radikale Mittel, etwas, das schockiert, das die Gefühle mitreißt, Ein Gottessohn am Kreuz, Zum Beispiel, Und was habe ich den Leuten überdies zu sagen, außer daß ich von ihnen eine bezweifelbare Buße fordere, falls sie sich, deiner Botschaft leid, von dir abwenden wollten, Ja, von ihnen Buße fordern langt wohl nicht, du wirst Phantasie aufbieten müssen, sage nicht, daß sie dir fehlt, noch heute bewundere ich, wie du es schafftest, mir das Schaf nicht zu opfern, Es war ein leichtes, das Tier hatte nichts zu bereuen, Köstliche Erwiderung, aber bar an Sinn, doch selbst das ist gut, es gilt, die Menschen in Unruhe zu belassen, in Zweifeln, in der irrigen Annahme, daß es ihre Schuld, wenn sie etwas nicht verstehen, Also soll ich ihnen Geschichten erzählen, Ja, Geschichten, Gleichnisse, tugendvolle Beispiele, selbst auf die Gefahr hin, daß du das Gesetz ein klein bißchen verdrehst, scher dich nicht drum, so viel Kühnheit rechnen die Furchtsamen einem hoch an, mir selbst, doch nicht weil ich furchtsam wäre, gefiel deine Art, wie du die Ehebrecherin vor dem Tode bewahrtest, und das will schon was heißen, wenn ich es sage, ich habe diesen Fall von Ahndung eigens in die euch gegebenen Gesetze eingebaut, Du gestattest es also, daß man deinen Geboten zuwiderhandelt, ein schlechtes Zeichen dies, Ich gestatte es, wenn es mir dient, und ich mag es, wenn mir etwas von Nutzen, erinnere dich meiner Worte über das Gesetz und die Ausnahmen, was mein Begehr, wird sofort zur Pflicht, Am Kreuz werde ich sterben, sagtest du, Das ist mein Wille. Jesus musterte den Hirten verstohlen, der aber machte abwesende Miene, wie in Betrachtung eines künftigen Augenblicks und als koste es ihn Mühe zu glauben, was er da gerade sah. Jesus ließ die Arme sinken und sagte, So geschehe denn an mir dein Wille.

Gott wollte sich beglückwünschen, er machte Anstalt, von seiner Bank aufzustehen und den geliebten Sohn zu umarmen, doch der hielt ihn mit einer Geste auf Abstand, Unter der einen Bedingung, Weißt sehr gut, daß du keine Bedingungen stellen kannst, erwiderte Gott mit etwas verdrossener Miene, Nennen wir es nicht Bedingung, nennen wir es Bitte, die schlichte Bitte eines zum Tode Verurteilten, Sag an, Du bist Gott, und Gott kann auf jede Frage an ihn nur lauter und wahr antworten, und da Gott eben Gott ist, kennt er das Vergangene in Gänze, insgleichen das Leben hier und heute, so sehr wie die gesamte Zukunft, Jawohl, so ist es, ich bin die Zeit, die Wahrheit und das Leben, Nun, so sage mir, im Namen all dessen, was du vorgibst zu sein, wie ist die Zukunft nach meinem Tode, was birgt sie, und was würde sie nicht bergen, hätte ich mich nicht bereitgefunden, das Opfer deiner Unzufriedenheit zu sein, diesem deinem Wunsch, über die Menschen und über mehr Länder zu herrschen. Gott machte eine Unmutsbewegung, wie einer, der sich im Netz der eigenen Worte gefangen findet, und er suchte, ohne rechte Überzeugung, Ausflüchte, Nun, mein Sohn, die Zukunft ist riesig, sie zu erzählen, würde viel Zeit erfordern, Wie lange sitzen wir nun schon hier, mitten auf dem See, von Nebel umschlossen, fragte Jesus, einen Tag, einen Monat, ein Jahr, von mir aus mögen wir ein weiteres Jahr bleiben, einen weiteren Monat oder einen weiteren Tag, soll der Teufel gehen, falls ihm danach steht, sein Anteil ist ihm ja in jedem Falle sicher, und sofern die Gewinne proportional, was ja wohl gerecht, je mehr Gott wächst, desto mehr wächst auch der Teufel, Ich bleibe, sagte der Hirte, es war sein erstes Wort seit dem Auftauchen hier, Ich bleibe, wiederholte er, und dann, Auch ich vermag einige künftige Dinge zu sehen, doch nicht immer gelingt es mir, zu unterscheiden, ob es Wahrheit oder Lüge ist, was ich da zu sehen glaube, will sagen, meine Lügen sehe ich so, wie sie sind, als Wahrheiten meiner Art, nie jedoch weiß ich, inwieweit die Wahrheiten anderer deren Lügen sind. Um diese labyrinthische Tirade zu krönen, hätte der Hirte auch noch sagen müssen, was an künftigen Dingen er sah, doch er schloß seinen Mund so plötzlich wie einer, der merkt, daß er schon zu viel geredet hat. Jesus, Gott weiterhin fest im Blick, bemerkte in einer Art trauriger Ironie, Warum tust du, als wüßtest du nicht, was du weißt, bekannt war dir, daß ich mit dieser Bitte käme, du weißt, du wirst mir sagen, was ich hören möchte, also zögere den Beginn meines Sterbens nicht weiter hinaus, Dein Sterben begann schon mit deiner Geburt, So ist es, doch jetzt werde ich darin rascher voranschreiten. Gott betrachtete Jesus mit einer Miene, die wir bei einem Menschen jäh von Achtung erfüllt genannt haben würden, seine ganze Art erfuhr Vermenschlichung und, mag es auch scheinen, daß dieses eine mit jenem anderen nicht zu tun hat, obschon wir in die urgründigen Bindungen zwischen all den Dingen und den Handlungen nimmer Einsicht gewinnen, hier jetzt drängte der Nebel auf das Boot ein, umringte es wie eine unüberwindbare Mauer, auf daß Gottes Worte hier gefangen blieben, nicht Verbreitung fänden in der Welt, festgehalten hier seine Worte über die Wirkungen, Ergebnisse und Folgen der Opferung dieses Jesus, seines vorgeblichen Sohnes, und Sohn der Maria, dessen wahrer Vater aber Josef ist, gemäß jenem ungeschriebenen Gesetz, das befiehlt, nur zu glauben, was man sieht, auch wenn wir Menschen bekanntermaßen selbige Dinge unterschiedlich sehen, was sich im übrigen als gewinnlich erwiesen hat für das Überleben und die relative geistige Gesundheit der Spezies.

Gott sagte, Es wird eine Kirche geben, was, wie du weißt, Versammlung bedeutet, eine Glaubensgemeinschaft, die du gründen wirst, oder die in deinem Namen Gründung erfährt, was mehr oder weniger das gleiche, sofern wir uns an das Belangvolle halten, und diese Kirche wird sich in der Welt ausbreiten, bis in die Winkel, die es noch zu entdecken gilt, katholisch wird sie sich nennen, allgemein und universal, was, leider, Zwistigkeiten und Spaltungen nicht verhindern wird unter denen, die sich, wie schon angedeutet, eher auf dich denn auf mich beziehen, doch das dauert nur eine gewisse Zeit, etliche tausend Jahre, denn ich war vor dir da und werde bleiben, nachdem du längst aufgehört hast zu sein, was du bist und sein wirst, Sprich klar, unterbrach Jesus ihn, Das ist nicht möglich, sagte Gott, die Worte der Menschen sind wie Schatten, und die Schatten könnten das Licht nie erklären, zwischen sie und das Licht stellt sich der undurchsichtige Körper, der sie gebiert, Ich befrage dich über die Zukunft, Über die Zukunft rede ich, Wissen möchte ich von dir, wie die Menschen leben, die nach mir kommen, Du meinst deine Gefolgsleute, Ja, ob sie glücklicher sein werden, Glücklicher, was man halt glücklicher nennt, eigentlich nicht, aber mit der Hoffnung auf ein Glück im Himmel, wo ich ewig wohne, demnach mit der Hoffnung, immerdar bei mir zu wohnen, Mehr nicht, Mit Gott leben dünkt dir wohl wenig, Wenig, viel oder alles, es beweist sich erst nach dem Jüngsten Gericht, wenn du die Menschen nach dem beurteilst, was sie Gutes und Böses getan haben, bis dahin aber lebst du im Himmel allein, Mit meinen Engeln und den Erzengeln mir zur Seite, Es fehlen die Menschen, Ja, sie fehlen mir, und damit sie zu mir kommen, bedarf es deiner Kreuzigung, Ich möchte noch mehr wissen, sagte Jesus, beinahe heftig, als wehrte er die bildliche Vorstellung von sich selbst ab, wie er da an einem Kreuz hing, blutend und tot, Erfahren will ich, wie es kommt, daß die Menschen dann an mich glauben und mir folgen, und sage mir nicht, es lange hierzu das, was ich ihnen sagen werde, und sage mir nicht, es lange, was in meinem Namen nach mir jene dann sagen, die schon an mich glauben, ich nenne dir ein Beispiel, die Heiden und die Römer, die ja andere Götter haben, willst du mir einreden, sie tauschten die ihren so mir nichts dir nichts gegen mich ein, Gegen dich nicht, gegen mich, Gegen mich oder gegen dich, du selbst sagst, es bleibt sich gleich, spielen wir nicht mit Wörtern, antworte auf meine Frage, Wer glaubte, der kommt zu uns, Einfach so, So einfach, wie du das grad eben sagst, Die anderen Götter werden Widerstand bieten, Und du wirst gegen sie kämpfen, gewiß, Welch ein Unsinn, was geschieht, das trägt sich auf Erden zu, der Himmel ist ewig und friedvoll, ihr Menschenschicksal durchleben die Menschen dort, wo sie gerade sein mögen, Klar gesagt, auch wenn die Worte dunkel, die Menschen werden für dich und für mich sterben, Die Menschen sterben seit jeher für die Götter, sogar für falsche und lügenhafte, Können Götter lügen, Und ob sie es können, Und du bist von ihnen allen der einzige und wahre. Einzig und wahr, Und obzwar wahr und einzig, kannst du es dennoch nicht abwenden, daß die Menschen für dich sterben müssen, sie, die geboren sein sollten, um für dich zu leben, auf Erden, ich meine, nicht im Himmel, wo du für sie keine Freuden des Lebens bereit hast, Falsche Freuden auch diese, denn sie kamen mit der Ursünde auf, frage du hier deinen Hirten, er wird dir erklären, wie das war. Falls es Geheimnisse gibt, die ihr, du und der Teufel nicht miteinander teilt, hoffe ich, zählt zu ihnen jenes eine, das ich vom Teufel weiß, auch wenn er behauptet, ich habe nichts gelernt. Schweigen trat ein. Gott und der Teufel blickten einander erstmals an, beide schienen sprechen zu wollen, doch nichts geschah. Jesus sagte, Nun, ich warte, Worauf, fragte Gott wie zerstreut, Daß du mir sagst, mit wieviel Leiden und Tod dein Sieg über die anderen Götter bezahlt wird, wieviel Leid und Tod all jene Kämpfe kosten werden, die, in deinem Namen und in meinem, die Menschen, welche dann an uns glauben, gegeneinander ausfechten werden, Willst du es unbedingt wissen, Ich bestehe darauf, Nun, zustande kommen wird jene Vereinigung, die ich dir schon nannte, doch ihre Fundamente, um recht solid zu sein, gilt es ins Fleisch einzugraben, der Zement ihrer Grundmauern wird ein Gemisch sein aus Verzicht, Tränen, Schmerzen und Peinigungen, und aus allen Toden, die heute nur vorstellbar sind, und weiteren, die man erst in Zukunft kennen lernen wird, Endlich nun wirst du klar und deutlich, fahre fort, Ich beginne mit einem, den du kennst und liebst, mit Fischer Simon, den du Petrus nennen wirst, er wird, wie du, gekreuzigt, aber mit dem Kopf abwärts, gekreuzigt auch Andreas, an einem Martergerüst in Form eines X, den Sohn des Zebedäus, der Jakob heißt, werden sie enthaupten, und Johannes und Maria von Magdala, die sterben eines natürlichen Todes, wenn ihre Erdentage enden, doch du wirst weitere Freunde haben, wie jene anderen, die der Meuchelung nicht entgehen, so der Fall eines Philippus, den sie ans Kreuz fesseln und dann zu Tode steinigen, und Bartholomäus, den sie bei lebendigem Leib abbalgen, und ein Thomas von Lanze durchbohrt, und Matthäus, der, ich erinnere mich jetzt nicht wie, stirbt, ein weiterer Simon wird in zwei Hälften zersägt, ein Judas mit dem Streitkolben erschlagen, ein weiterer Jakob gesteinigt, ein Matthias mit der Streitaxt enthauptet, und auch Judas Iskariot, doch über den wirst du besser im Bilde sein als ich, ausgenommen was seinen Tod betrifft, er wird sich selbst erhängen, an einem Feigenbaum, Sie alle sterben deinethalben, fragte Jesus, Wenn du so fragst, ja, alle werden meinethalben sterben, Und dann, Dann, mein Sohn, sagte ich dir schon, wird es eine nicht endende Geschichte an Eisen und Blut, an Feuer und Asche, ein unendliches Meer an Leiden und Tränen, Erzähl, ich will alles wissen. Gott seufzte, und monoton wie einer, der es vorzog, Erbarmen und Mitleid einzuschläfern, begann er die Litanei, in alphabetischer Reihe, um Peinlichkeiten in der Rangfolge zu vermeiden, Adalbert von Prag, getötet mit einer siebenzackigen Pieke, Hadrian auf einem Amboß zu Tode gehämmert, Afra von Augsburg auf dem Scheiterhaufen verbrannt, Agapitus von Präneste an den Füßen aufgehängt und verbrannt, Agrikola von Bologna gekreuzigt und mit Nägeln durchbohrt, Agatha von Sizilien, Brüste abgeschnitten und getötet, Elphegus von Canterbury mittels Ochsenknochen erschlagen, Anastasius von Salona gehenkt und geköpft, Anastasia von Sirmius, Brüste abgeschnitten und auf dem Scheiterhaufen verbrannt, Ansanus von Siena die Eingeweide herausgerissen, Antonius von Pamiers gevierteilt, Antonius Ripolanus gesteinigt und verbrannt, Apollinaris von Ravenna mit dem Streitkolben erschlagen, Apollonia von Alexandrien auf dem Scheiterhaufen verbrannt, nachdem man ihr die Zähne ausgerissen, Augusta von Treviso enthauptet und verbrannt, Aura von Ostia mit einem Mühlstein am Hals ersäuft, Aurea von Syrien auf einem nägelbespickten Stuhl ausgeblutet, Auta von Pfeilen durchbohrt, Babilas von Antiochien enthauptet, Barbara von Nikomedien enthauptet, Barnabas von Zypern gesteinigt und verbrannt, Beatrix von Rom erhängt, Benignus von Dijon mit Lanzen niedergestochen, Blandina von Lyon von einem wilden Stier zu Tode gestoßen, Blasäus von Sebaste mit Eisenhecheln zu Tode gemartert, Kalixtus mit einem Mühlstein am Hals ertränkt, Kassian von Imola von seinen Schülern erdolcht, Kastulus lebendig begraben, Katharina von Alexandrien enthauptet, Cäcilia von Rom, Kehle durchschnitten, Cyprianus von Karthago enthauptet, Cyrus von Tarsus noch als Kind getötet, von einem Richter, der ihm den Kopf an den Stufen des Tribunals zerschmetterte, Klarus von Nantes enthauptet, Klarus von Wien enthauptet, Klemens ertränkt, mit einem Anker um den Hals, Krispin und Krispinian von Soissons enthauptet, Christina von Bozen getötet nach allen Arten, die der Einsatz von Mühlstein, Rad, Zange, Pfeilen und Schlangen ermöglicht, Kukuphas von Barcelona ausgeschächtet, und hier nun ans Ende des Buchstabens C gelangt, sagte Gott, Weiterhin ergibt sich kaum Neues, gering sind die Abwandlungen, und die feinen Einzelheiten herauszustreichen, würde viel Zeit beanspruchen, weshalb ich es hierbei belasse, Fahre fort, beharrte Jesus, und Gott fuhr fort in der Aufzählung, indes abkürzend, wo es möglich, Donatus von Arezzo geköpft, dem Elpidius von Rampillon die Hirnschale geknackt, Emerita verbrannt, Ämilius von Trevi enthauptet, Emmeram von Regensburg fesselten sie an eine Leiter und töteten ihn dann, Enkratis von Saragossa geköpft, Erasmus von Gaeta, auch Elmus genannt, mittels Spill zu Tode gezerrt, Escubiculus enthauptet, Eskil von Schweden gesteinigt, Stephan gesteinigt, Euphemia von Chalcedon mit dem Schwert durchbohrt, Eulalia von Mérida enthauptet, Eutropius von Saintes enthauptet mit einer Streitaxt, Fabian mit Schwert und Eisenrechen getötet, Fe von Agen die Kehle durchschnitten, Felicitas und die Sieben Söhne mittels Schwert geköpft, Felix und sein Bruder Adauktus item, Ferreolus von Besançon enthauptet, Fidelis von Sigmaringen mit dem Morgenstern erschlagen, Philomena, Pfeil und Anker, Firminus von Pamplona enthauptet, Flavia Domitilia item, Fortunatus von Évora vielleicht item, Fruktuosus von Tarragona verbrannt, Gaudentius von Frankreich geköpft, der gehörnte Gengoulph von Burgund vom Liebhaber seines Weibes ermordet, Gerardo Sagredo von Budapest Lanze, Gereon von Köln enthauptet, die Zwillinge Gervasius und Protasius item, Godeleine von Ghistelles erdrosselt, Maria Goretti item, Gratus von Aosta enthauptet, Hermenegildo mit der Axt erschlagen, Hieron Schwert, Hippolyt hinter einem Pferd zu Tode geschleift, Ignacio de Azevedo von den Kalvinisten getötet, die nicht Katholiken sind, Ines von Rom ausgeschächtet, Januarius von Neapel enthauptet, doch zuvor den wilden Tieren vorgeworfen und in einen Ofen gesteckt, Jeanne d'Arc lebendig verbrannt, João de Brito enthauptet, John Fisher enthauptet, Johannes Nepomuk von Prag ertränkt, Juan de Prado mit einem Messerstich in den Kopf getötet, Julia von Korsika, Brüste abgeschnitten und gekreuzigt, Juliana von Nikomedien enthauptet, Justa und Rufina von Sevilla, die eine gerädert, die andere erdrosselt, Justina von Antiochien mit siedendem Pech übergossen und enthauptet, Justus und Hirte, allerdings nicht unserer hier, sondern jener von Alcalá de Henares, enthauptet, Kilian von Würzburg enthauptet, Leodegar von Autun item, nachdem man ihm die Augen und die Zunge ausgerissen, Leokadia von Toledo von einem Fels in die Tiefe gestürzt, Livinus von Gent Zunge herausgerissen und enthauptet, Longinus enthauptet, Laurentius auf dem Rost gegrillt, Ludmila von Prag erdrosselt, Lucia von Syrakus geblendet und dann gemeuchelt, Maginus von Tarragona mit einer Zackenhippe enthauptet, Mamertus von Kappadokien Bauch aufgeschlitzt, Manuel, Sabel und Ismael, Manuel rechte und linke Seite der Brust von je einem Nagel durchbohrt und item den Kopf von Ohr zu Ohr, und alle drei dann geköpft, Margarita von Antiochien Pechfackel und Eisenkamm, Marius von Persien Schwert und die Hände abgehackt, Martina von Rom enthauptet, die Märtyrer von Marokko Bernardus von Calvi, Petrus von San Geminianus, Otho, Adjutus und Akkursius alle geköpft, die Märtyrer von Japan, sechsundzwanzig an der Zahl, gekreuzigt, von Lanzen durchbohrt und verbrannt, Mauritius von Agaunum mit dem Schwert abgestochen, Meinrad von Einsiedeln Streitkolben, Mennas von Alexandrien Schwert, Merkurius von Kappadokien enthauptet, Thomas Morus item, Nikasius von Reims item, Odilia von Huy durch Pfeile getötet, Paphnutius gekreuzigt, Paius gevierteilt, Pankratius enthauptet, Pantaleon von Nikomedien item, Patroklus von Troyes und Soest item, Paulus von Tarsus, dem du deine erste Kirche verdanken wirst, item, Petrus von Rates Schwert, Petrus von Verona Messer in den Kopf und Dolch in die Brust, Perpetua und Felicitas von Karthago, Felicitas, die Sklavin der Perpetua, beide von einer wilden Kuh aufgespießt, Piaton von Tournai Schädel geknackt, Polykarp erdolcht und verbrannt, Priska von Rom den Löwen zum Fraß vorgeworfen, Processus und Martinianus item, vermute ich, Quintinus Nägel in den Kopf und in andere Körperteile, Quirinus von Rouen die Schädeldecke aufgesprengt, Quiteria von Coimbra vom eigenen Vater enthauptet, gräßlich, Renatus von Dortmund mit Steinklopfhammer erschlagen, Regina von Alise Schwert, Restituta von Neapel Scheiterhaufen, Roland durch das Schwert, Romanus von Antiochien Zunge ausgerissen, dann erdrosselt, hast du noch nicht genug, fragte Gott, und Jesus antwortete, Diese Frage müßtest du dir selbst stellen, fahr fort, und Gott fuhr fort, Sabinianus von Sens gemeuchelt, Sabinus von Assisi gesteinigt, Saturninus von Toulouse von einem Stier zu Tode geschleift, Sebastian Pfeile, Sigismund, König der Burgunder, in einen Brunnen gestürzt, Sekundus von Asti enthauptet, Servatius von Tongern und Maastricht, so unglaublich es klingt, mit einer Holzpantine erschlagen, Severus von Barcelona einen Nagel in den Kopf, Sidwel von Exeter enthauptet, Sinforianus von Autun item, Sextus item, Tharsicius gesteinigt, Thekla von Ikonien Glieder abgeschlagen, dann verbrannt, Theodorus Scheiterhaufen, Tiburtius enthauptet, Timotheus von Ephesus gesteinigt, Tirsus in Teile zersägt, Thomas Becket von Canterbury Stichwaffe ins Hirn, Torquatus und die Siebenundzwanzig von General Mussa vor den Toren von Guimarães getötet, Tropez von Pisa enthauptet, Urbanus item, Valeria von Limoges item, Valerian item, Venantius von Camerino gemeuchelt, Vincenz von Saragossa Schleifstein und Dornengrill, Virgil von Trient ebenfalls mit Holzpantinen erschlagen, Vitalis von Ravenna Lanze, Viktor enthauptet, Viktor von Marseille Kehle durchschnitten, Viktoria von Rom Zunge ausgerissen, dann gemeuchelt, Wilgefortis, oder Liberata, oder Eutropia, bärtige Jungfrau, gekreuzigt, und andere, weitere, viele, item, item, item, das langt nun aber, Es langt nicht, welche anderen meinst du da, Muß es unbedingt sein, O ja, Ich meine jene, die nicht gequält wurden und nicht ihren Tod starben, wohl aber Marterung erfuhren durch die Versuchungen des Fleisches, durch die Welt und den Teufel, und die, um die Peinigungen zu überwinden, ihren Leib kasteiten mit Fasten und Gebet, es gibt sogar den interessanten Fall eines John Schorn, der so viel im Knien betete, daß er Schwielen bekam, wo, an den Knien natürlich, auch heißt es, und das hier gilt für dich, daß er den Teufel in einen Stiefel sperrte, ha, ha, ha, Ich in einem Stiefel, fragte der Hirte zweifelnd, bare Legende, um mich zu fassen, müßte ein Stiefel so groß wie die Welt sein, und in dem Fall möchte ich erleben, wer ihn anziehen und dann wieder ausziehen könnte, Kasteien sie sich nur durch Fasten und Gebet, fragte Jesus, und Gott erwiderte, Auch werden sie dem Leib hart zusetzen mit Schmerz und Blut und Schweinereien, und sonstigen vielen Selbstzüchtigungen, sie werden Büßerhemden tragen und Peitschungen an sich vornehmen, manch einer wird sich sein Leben lang nicht waschen, oder beinahe, manch einer wirft sich mitten ins Dorngesträuch und wälzt sich im Schnee, um die vom Teufel geweckten Fleischeslüste abzuwehren, denn dem Teufel obliegt das Versuchen, er hat die Seelen vom geraden Weg in den Himmel abzulenken, nackte Weiber, erschreckende Monster, Kreaturen der Verirrung, Geilheit und Angst, das sind die Waffen, mit diesen Waffen quält der Teufel die armen Menschenleben, All das wirst du tun, fragte Jesus den Hirten, Mehr oder weniger, erwiderte dieser, ich nehme halt, was Gott nicht mochte, das Fleisch in seiner Freude und Trauer, in Jugend und Alter, in Frische und Fäulnis, doch es stimmt nicht, daß ich mir die Angst zur Waffe mache, kann mich nicht entsinnen, daß ich etwa die Sünde und deren Bestrafung erfunden hätte, und die ihnen stets innewohnende Angst,

Schweig, unterbrach Gott ihn, ungeduldig, Sünde und Teufel, das sind Begriffe für ein und dieselbe Sache, Welche Sache, fragte Jesus, Das Abwesendsein vor mir, Und was heißt Abwesendsein von dir, daß etwa du dich zurückgezogen hast, oder sie sich von dir, Ich ziehe mich nie zurück, Aber erlaubst es den anderen, dies zu tun, Wer mich verläßt, sucht mich, Und falls er dich nicht findet, ist es, wissen wir schon, Teufels Schuld, Nein, meine Schuld, denn dann vermag ich nicht dorthin zu gelangen, wo man mich sucht. Diese Worte sprach Gott unerwartet schmerzvoll und traurig aus, als hätte er jäh die Grenzen seiner Macht entdeckt, Fahre fort, beharrte Jesus, Andere, so nahm Gott den Faden bedächtig wieder auf, andere ziehen sich in rauhe, unwirtliche Gefilde zurück und verbringen in Grotten und Höhlen, bei den Wildtieren, ein einsames Leben, andere lassen sich einmauern, oder sie hausen auf hohen Säulen, jahrelang, ohne Ende, während andere, hier senkte sich seine Stimme, erstarb fast, Gott sah einen nicht endenden Zug von Menschen, Tausende und Tausende, Abertausende von Männern und Frauen, die überall auf dem Erdenrund in Klöster und Klosterkirchen eintraten, deren einige bäuerisch derbe Bauten waren, andere aber stolze Paläste, Dort werden sie leben, um uns zu dienen, fuhr er fort, mir und dir, von morgens bis in die Nacht, sie werden uns dienen mit Vigilien und Gebeten, und obwohl sie alle den einen Vorsatz haben, das gleiche eine Ziel vor Augen, nämlich uns anzubeten und mit unseren Namen auf den Lippen zu sterben, werden sie unterschiedliche Namen tragen, nennen werden sie sich Benediktiner, Bernhardiner, Karthäuser, Augustiner, Gilbertiner, Trinitarier, Franziskaner, Dominikaner, Kapuziner, Karmeliterinnen, Jesuiten, und es werden viele sein, viele, viele, ach, am liebsten möchte ich ausrufen dürfen, Mein Gott, warum ihrer so viele. Hier wandte sich der Teufel an Jesus und sprach, Beachte, in dem, was ich soeben erzählte, gibt es zwei Möglichkeiten, sein Leben zu verlieren, erstens durch das Martyrium, zweitens durch Lebensverzicht, es langte nicht, daß sie zu ihrer fälligen Stunde stürben, sie müssen ihrem Tod, in dieser oder anderer Weise, auch noch entgegeneilen, gekreuzigt dann, geschächtet, gemeuchelt, verbrannt, gesteinigt, ertränkt, gevierteilt, erhängt, abgebalgt, erstochen, gehörnt, lebendig begraben, zersägt, erschossen, amputiert, gehechelt, oder aber, indem sie sich in oder außerhalb der Zellen, Kapitel und Klöster selbst strafen, für den Umstand strafen, daß sie mit einem Körper geboren worden, den Gott ihnen gab und ohne den sie nicht wüßten, wohin mit der Seele, all diese Qualen hat nicht dieser Teufel ersonnen, der hier zu dir spricht, Ist das alles, fragte Jesus den Herrgott, Nein, es fehlen die Kriege, Auch Krieg wird es geben, Und Tötungen, Über Metzelei bin ich im Bilde, um ein Haar hätte es mich selber erwischt, und recht bedacht, ist es schade, daß ich ihr entkam, denn jetzt würde meiner nicht das Kreuz harren. Ich führte deinen anderen Vater an den rechten Fleck, damit er dort hörte, was die Soldaten meinem Wunsche gemäß sagten, jedenfalls habe ich dir das Leben bewahrt, Bewahrtest es mir, um mich dann umzubringen, wenn es dir gefiele und gut von Nutzen, also ist es, als hättest du mich zweimal getötet, Der Zweck heiligt die Mittel, mein Sohn, Dem nach, was ich, seit wir hier sind, aus deinem Munde hörte, nehme ich dir das ohne weiteres ab, Entsagung, Eingesperrtsein, Erleiden, Tod, und nun die Kriege und Metzeleien, was werden das für Kriege sein,

Viele, ein nicht endendes Viel, sonderlich aber jene, die man gegen dich und gegen mich führt, im Namen eines Gottes, der erst noch erscheinen wird, Wie kann ein Gott erst nachträglich erscheinen, ein Gott, sofern er ein solcher, existiert doch seit jeher und für immer, Ich räume ein, so leicht ist das nicht zu begreifen, auch nicht zu erklären, doch es wird geschehen, wie ich dir sage, ein Gott tritt auf den Plan und wird gegen uns und gegen jene, die unsere Anhänger sein werden, dann ganze Völker werfen, nein, mir langen die Worte nicht, um dir das wilde Schlachten zu schildern, jenes Blutvergießen zu beschreiben, denke dir meinen Altar zu Jerusalem tausendfach vergrößert, setze Menschen anstelle der Tiere, und selbst so wirst du noch keine rechte Vorstellung gewinnen, was die Kreuzzüge waren, Kreuzzüge, was ist das, und warum sagst du, daß sie waren, wenn sie erst sein werden, Erinnere dich, ich bin die Zeit, und also ist für mich alles, was geschehen wird, schon geschehen, und alles was geschah, geschieht alle Tage, Erzähle mir das von den Kreuzzügen, Nun gut, mein Sohn, diese Orte, an denen wir uns jetzt befinden, inbegriffen Jerusalem, und alle Landstriche nach dem Norden und dem Westen werden dann erobert von den Gefolgsleuten jenes erwähnten späten Gottes, und die Unseren, jene von unserer Seite, werden alles unternehmen, um sie von jenen Orten zu vertreiben, auf die dein Fuß trat und die ich so eifrig aufsuche, Um die Römer von hier zu vertreiben, heute, hast du aber nicht viel unternommen. Ich erzähle von der Zukunft, lenke mich nicht ab, Fahr also fort, Hinzu kommt, daß du hier geboren wurdest, daß du hier lebtest und hier starbst, Na, noch bin ich nicht tot, Für unseren Fall bleibt sich das gleich, eben erst erklärte ich dir, was von meinem

Standpunkt aus geschehen und geschehen sein heißt, und bitte, unterbrich mich nicht immerzu, wenn du nicht möchtest, daß ich ein für allemal schweige, Ich, ich werde schweigen, Nun gut, diese Landstriche hier wird man die Heiligen Stätten nennen, weil du hier geboren wurdest, lebtest und starbst, jenem Glauben aber, der du sein wirst, stand es damals nicht gut zu Gesicht, daß sich seine Wiege in den unwürdigen Händen der Ungläubigen befand, ein, wie du also siehst, mehr als hinlänglicher Grund, um während etwa zweihundert Jahren den Einfall von riesigen Heeren aus dem Westen zu rechtfertigen, die mit der Absicht kamen, unserem Glauben die Höhle zu erobern und zu bewahren, in der du geboren worden, und ebenso den Berg, auf dem du sterben wirst, um nur von den hauptsächlichen Stätten zu reden, Sind diese Heere die Kreuzfahrer, Ja, Und eroberten sie das Beabsichtigte, Nein, aber sie töteten viele Menschen, Und die Kreuzfahrer selbst, Von denen kamen ebensoviele um, wenn nicht gar mehr, Und all das in unserem Namen, Sie werden sich in die Schlacht werfen mit dem Ruf, Es ist Gottes Wille, Und sterben wohl mit den Worten, Es war Gottes Wille, Eine schöne Art, so zu enden, Und einmal mehr lohnte sich das Opfer nicht, Die Seele, mein Sohn, um Rettung zu erfahren, bedarf der Aufopferung des Leibes, In diesen und anderen Worten habe ich es von dir bereits gehört, und du, Hirte, was ist denn deine Meinung zu diesen künftigen entsetzlichen Dingen, Ich sage, wer reiflich überlegt, wird nie folgern, daß der Teufel die Schuld hatte, hat und haben wird an solchem Gemetzel und derlei Friedhöfen, außer mir unterstellte irgendein Schurke verleumderisch, für das Aufkommen jenes Gottes, der dem unseren feindlich gesonnen, sei ich verantwortlich, Mir scheint es einhellig und klar, daß nicht du der Schuldige bist, und was deine Furcht vor solcher Bezichtigung anbelangt, wirst du erwidern, der Teufel, da Lüge, könne nie die Wahrheit erschaffen, die Gott darstellt, Aber wer hat denn dann den feindlichen Gott erschaffen, fragte der Hirte, Jesus wußte hierauf keine Antwort. Gott, der stumm dasaß, blieb stumm, doch aus dem Nebel herab sprach hallend eine Stimme, Vielleicht sind dieser Gott und der später kommende lediglich Heteronyme, Von wem und von was, fragte neugierig eine andere Stimme. Jesus, Gott und Teufel taten, als hätten sie nichts gehört, musterten einander aber erschrocken, so ist das mit der gemeinsamen Furcht, leicht eint sie die Unterschiede.

Die Zeit verstrich, der Nebel sprach nicht wieder, und Jesus fragte, nun wie einer, der nur noch auf die bestätigende Antwort wartete, Das ist alles. Gott zögerte und sagte dann in müdem Tonfall, Da ist auch noch die Inquisition, doch von der, falls es dir nichts ausmacht, reden wir ein andermal, Was ist die Inquisition, Die Inquisition ist eine weitere Geschichte ohne Ende, Ich möchte es wissen, Besser, du erführest es nicht, Ich beharre, Du wirst in deinem heutigen Leben Gewissensbisse spüren, die von der Zukunft herrühren, Du etwa nicht, Gott ist Gott, er kennt keine Gewissensbisse, Nun, ich mit dieser Last auf mir, daß ich für dich zu sterben habe, ich werde ja wohl auch noch jene Gewissensbisse verkraften, die du dir zu eigen machen müßtest, Ich möchte dich lieber schonen, Wahrlich, nichts anderes hast du getan seit meiner Geburt, Du bist undankbar wie aller Eltern Kinder, Unterlassen wir weitere Verstellung, sage mir, was die Inquisition sein wird, Die Inquisition, auch Tribunal des Heiligen Offiziums genannt, ist das notwendige Übel, das höchst grausame Instrument, mit dem wir die Anstekkung abwehren, die sich eines Tages, und für lange, im Körper deiner Kirche einnistet, als ruchlose Ketzerei allgemein und deren mindere Ableger und Folgen, denen sich noch etliche Perversionen im Physischen als auch im Moralischen zugesellen, was alles in allem ein ganzer Sack von Abscheulichkeiten, als da ohne Rangfolge und Ordnung zu nennen wären Lutheraner und Kalvinisten, Molinisten und Judenanhänger, Sodomiten und Zauberer, etliche dieser ein Schandfleck der Zukunft, andere ein Schandfleck seit jeher, Und da die Not so groß ist, wie du sagst, was unternimmt die Inquisition zur Minderung dieser Übel, Die Inquisition ist eine Polizei und ist ein Tribunal, darum hat sie zu häschen, zu richten und zu verurteilen, wie Gericht und Polizei dies eben tun, Verurteilen wozu, Zu Haft, Verbannung, Scheiterhaufen, Zum Scheiterhaufen, sagst du, Ja, verbrannt werden künftig Tausende und Tausende, Abertausende Männer und Frauen, Etliche erwähntest du ja schon, Die da wurden ins Feuer geworfen, weil sie an dich glaubten, den anderen wird dies widerfahren, weil sie zweifelten, Sind Zweifel an mir etwa nicht statthaft, Nein, Aber wir dürfen zweifeln, ob der Jupiter der Römer ein Gott ist, Ich allein bin Gott, ich bin der Herr, und du bist mein Sohn, Es werden Tausende sterben, Hunderttausende, Sterben werden Hunderttausende von Männern und Frauen, die Erde dann erfüllt von Schmerzensschreien, Kreischern, Geheul und Todesröcheln, der Rauch der Verbrannten wird die Sonne verdecken, das Fett der Opfer wird über der Kohlenglut prasseln, ein Gestank zum Erbrechen, und alles meiner Schuld wegen, Nicht deiner Schuld wegen, sondern der Sache halber, die du darstellst, Vater nimm diesen Kelch von mir, Daß du ihn trinkst, ist Voraussetzung für meinen Ruhm und deinen, Ich will diesen Ruhm nicht, Aber ich will diese Macht. Der Nebel zog sich auf seine alte Umgrenzung zurück, zu sehen war ein bißchen Wasser rings um das Boot, der Spiegel glatt und trüb, von keinem Windhauch und keiner vorbeistreichenden Flosse gekräuselt. Hierauf bemerkte der Teufel, Gott muß man sein, um an so viel Blut Gefallen zu finden.

Der Nebel drängte wieder vor, irgend etwas stand noch aus, eine weitere Enthüllung, ein weiterer Schmerz, ein weiterer Gewissensbiß, Nun aber war es der Hirte, der sprach, Ich hätte einen Vorschlag, sagte er an Gott gewandt, und Gott überrascht, Einen Vorschlag, du, und was soll das denn sein, es klang spöttisch, erhaben, hätte jeden anderen zum Verstummen gebracht, jedoch nicht den Teufel, den langher mit allem bekannten und vertrauten. Der Hirte machte eine Pause, als suchte er nach den treffenden Worten, dann erklärte er, Sehr aufmerksam habe ich all den in diesem Boot vorgebrachten Worten gelauscht, und schon hatte ich selber in der Zukunft einiges an Helligkeiten und an Schatten ausgemacht, nicht geahnt aber hätte ich, daß all das Licht von lodernden Scheiterhaufen herrührte, und die Schatten von so viel getöteten Menschen, Und das beunruhigt dich wohl, Es sollte mich nicht beunruhigen, da ich ja der Teufel bin, allemal Nutzen aus dem Tod zieht der Teufel, und sogar mehr als du, denn es bedarf nicht erst der Beweise, daß die Hölle reger bevölkert ist als der Himmel, Na, worüber beschwerst du dich denn dann, Ich beschwere mich nicht, ich hätte nur eben einen Vorschlag, Laß hören, schnell, ich kann nicht ewig hier hocken, Du weißt, und niemand weiß es besser als du, auch der Teufel hat ein Herz, Ja, aber du machst schlechten Gebrauch davon, Heute nun möchte ich guten Gebrauch machen, ich nehme es hin und wünsche es, daß deine Macht sich bis in die fernsten Winkel der Erde ausbreitet, ohne daß da so viele Menschen sterben müssen, und weil, wie du sagst, alles was unbotmäßig und dich verleugnet, die Frucht des Bösen ist, das ich verkörpere und in der Welt verwalte, schlage ich vor, daß du mich wieder in deinen Himmel aufnimmst, mir die Übel der Vergangenheit nachsiehst, da ich sie künftig unterlasse, und daß du meinen Gehorsam deiner Person gegenüber billigst und schätzt, wie in den glücklichen Zeiten, als ich noch einer deiner bevorzugten Engel war, Luzifer nanntest du mich, Träger des Lichts, ehe mein Ehrgeiz, dir gleich sein zu wollen, mir die Seele verdarb, mich aufbegehren ließ gegen deine Herrschaft, Und weshalb ich dich aufnehmen und dir vergeben sollte, sagst du mir ja wohl auch, Im Falle du es tust und mir, jetzt, in gleicher Weise vergibst, wie du es für die Zukunft mit leichter Hand nach rechts und links zu tun versprichst, endet hier und heute das Böse, dein Sohn muß nicht sterben, dein Reich dann wird nicht auf dieses Land der Hebräer begrenzt sein, sondern die ganze erschlossene und noch zu erschließende Welt umfassen, und mehr als die Welt, das ganze Universum, überall wird das Gute walten, und singen werde ich im letzten Glied jener Engel, die dir treu geblieben, ich treuer als alle, weil reuig, ich werde dein Lobpreis singen, alles wird enden wie nie gewesen, alles wird fortan so sein, wie es stets hätte sein sollen, Na, daß du ein geschickter Umgarner und Verderber der Seelen bist, wußte ich ja, solche Rede aber hörte ich von dir noch nie, diese oratorische Begabung, diese Lippe, fast hättest du mich überredet, Nimmst mich also nicht an, vergibst mir nicht, Ich nehme dich nicht an, ich vergebe dir nicht, ich will dich so, wie du bist, und möglichst noch schlimmer, Warum, Weil dieses Gute, das ich bin, nicht sein würde ohne das Böse, das du bist, ein Gut, ohne daß es dich gäbe, wäre undenkbar, in solchem Maße, daß selbst ich es mir nicht vorstellen könnte, also, wenn du aufhörst zu sein, dann ich ebenso, und folglich, damit ich das Gute sei, mußt du weiterhin das Böse sein, wenn der Teufel nicht wie der Teufel lebt, so Gott nicht wie Gott, des einen Tod wäre der des anderen, Ist dies dein letztes Wort, Mein erstes und mein letztes, das erste, weil ich es zum erstenmal sagte, und das letzte, weil ich es nicht wiederholen werde. Der Hirte hob die Schultern und sprach zu Jesus, Möge es nicht heißen, der Teufel habe Gott nie versucht, er erhob sich, wollte mit einem Bein über die Bordwand setzen, verhielt aber mitten in der Bewegung und sagte, In deinem Ranzen hast du einen Gegenstand, der mir gehört. Jesus konnte sich nicht erinnern, daß er den Ranzen auf das Boot mitgenommen hatte, doch er lag da, vor seinen Füßen, Was soll es sein, fragte Jesus, öffnete den Ranzen und fand drin nur jenen aus Nazareth mitgebrachten schwarzen Napf, Etwa dies da, Ja, antwortete der Teufel und nahm ihm den Napf aus den Händen, Eines Tages gelangt er wieder in deinen Besitz, doch du wirst nicht erfahren, daß du ihn hast. Er steckte das Gefäß in sein grobes Hirtengewand und stieg ins Wasser. Gott blickte er nicht an, sprach nur wie an eine unsichtbare Hörerschaft gewandt, Wohlan denn auf immerfort, da er es halt so gewollt, Jesus schaute dem Hirten hinterdrein, der langsam in den Nebel hinein verschwand, nicht eingefallen war ihm, jenen zu fragen, aus welcher Laune heraus er gekommen war und sich nun wieder zurückzog, schwimmend, auf die Entfernung mutete er abermals ein Schwein mit gespitzten Ohren an, zu hören war sein viehisches Schnaufen, feine Lauscher aber hätten leicht herausgehört, daß da irgendwie auch Furcht mitschwang, nicht die Angst zu ertrinken, welch ein Einfall, der Teufel, erfuhren wir gerade eben, endet nie, ihn gibt es immer und ewig. Schon verlor sich der Hirte im fransigen Nebelrand, da sprach Gott hastig, wie schon im Aufbruch begriffen, Ich werde einen Mann namens Johannes schicken, auf daß er dir hilft, doch du mußt ihn erst überzeugen, daß du bist, was du zu sein vorgibst. Jesus merkte auf, Gott aber war schon nicht mehr da. Im selben Augenblick hob sich der Nebel, löste sich auf in den Lüften, da war nur die blanke, glatte Spiegelfläche des Sees, von Ufer zu Ufer, zwischen Bergen und Bergen, und im Wasser nicht das mindeste Zeichen von Teufel, in den Lüften kein Zeichen von Gott.

Am Ufer, dorther er gekommen, gewahrte Jesus trotz der Entfernung eine große Menschenansammlung, und dahinter viele Zelte, als wäre jener Fleck nun ein Dauerlager herbeigeströmter Leute, die sich ihre Schlafgelegenheit behelfsmäßig hatten einrichten müssen. Jesus fand es nur eben merkwürdig, tauchte die Riemen ins Wasser und lenkte das Boot hin. Später schaute er über die Schulter, sah, daß dort Boote ins Wasser geschoben wurden, und bei genauerem Hinschauen erkannte er unter ihnen Simon und Andreas, und Jakob neben Johannes, im Verein mit anderen, und gar nicht wenigen, die er hier, meinte er sich zu erinnern, noch nie gesehen hatte. Eifrig rudernd kamen sie näher, und als sie auf Rufweite heran waren, schrie Simon, Wo bist du gewesen, doch freilich nicht dies begehrte er zu wissen, es war nur zur Gesprächsaufnahme, Na hier auf dem See, antwortete Jesus in gleichermaßen unnützen Worten, wahrhaftig, nicht gerade originell der Informationsaustausch, mit dem die neue Lebensphase des Gottessohnes und Sohnes von Maria und Josef hier anhebt. Dann aber sprang Simon hinüber in Jesu Boot, und es offenbarte sich das Unbegreifliche, Unmögliche, Aberwitzige, Weißt du, wie lange du auf dem See warst, mitten im Nebel, ohne daß wir unsere Boote hätten zu Wasser lassen können, weil eine unüberwindbare Kraft uns jedesmal zurückstieß, Nun, den ganzen Tag, antwortete Jesus, einen Tag und eine Nacht, fügte er hinzu, um auf Simons Erregung mit angemessener Übertreibung zu antworten, Vierzig Tage, rief Simon, und weniger laut, Vierzig Tage warst du hier draußen, vierzig Tage hat sich der Nebel kein bißchen gelichtet, als wollte er vor uns verbergen, was sich hier abspielte, was du hier tatest, geschlagene vierzig Tage konnten wir keinen einzigen Fisch aus den Wassern bergen. Jesus hatte einen der Riemen Simon gegeben, nun ruderten die zwei einträchtig und im Gespräch, Schulter an Schulter, gemach, wie es einem Geständnis am dienlichsten, und bevor andere Boote heran waren, sagte Jesus, Ich war mit Gott zusammen, nun kenne ich meine Zukunft, die Zeit, die ich noch leben werde, und das Leben nach meinem Leben, Wie ist er, ich meine Gott, wie ist er, Gott zeigt sich nicht lediglich in einer einzigen Gestalt, er kann als Wolke erscheinen, als Rauchsäule, als reicher Jude, eher erkennen wir ihn an seiner Stimme, falls wir sie schon einmal vernommen haben, Was sagte er zu dir, Daß ich sein Sohn bin, Bestätigte er es, Ja, das tat er, Demnach hatte der Teufel recht im

Falle der Säue, Auch jetzt im Boot war der Teufel anwesend, nahm an allem teil, er weiß von mir offenbar so viel wie Gott selbst, in manchen Dingen vielleicht aber noch mehr als Gott, Und wo, Was wo, Wo waren sie, Der Teufel saß auf der Bordwand, hier, zwischen dir und Gott, der auf dem Heckbänkchen saß, Was sagte Gott zu dir, Daß ich sein Sohn bin und gekreuzigt werde, Gehst du in die Berge, um dich den Banditen anzuschließen, falls ja, gehen wir mit dir, Ihr werdet mit mir gehen, aber nicht in die Berge, nicht Caesar gilt es mit Waffen zu bezwingen, sondern Gott mittels Wort zum Sieg zu verhelfen, Allein durch das Wort, Auch durch das gute Beispiel, auch indem wir, falls es nötig, unser Leben aufopfern, Sind dies Worte deines Vaters, Ab heute sind alle meine Worte seine Worte, und wer an ihn glaubt, wird an mich glauben, denn nicht möglich ist es, an den Vater zu glauben und an den Sohn nicht, wenn der Vater für sich einen neuen Weg wählte, kann der nur beim Sohn, der ich bin, beginnen, Du sagtest, wir gingen mit dir, wen meinst du, Dich an erster Stelle, dann deinen Bruder Andreas, die beiden Söhne des Zebedäus, Jakob und Andreas, im übrigen sagte Gott, er werde mir einen Mann namens Johannes zur Unterstützung schicken, doch das muß ein anderer sein, Mehr benötigen wir nicht, dies ist kein Festzug des Herodes, Andere werden kommen, und etliche sind vielleicht schon da, harren des Zeichens, eines Zeichens, das Gott durch mich kundtut, damit jene mir glauben und mir folgen, denen er sich nicht zeigt, Was gedenkst du den Leuten zu sagen, Daß sie ihre Sünden bereuen sollen, rüsten mögen sie sich für die neue Zeit Gottes, die da kommt, die Zeit, da sein flammendes Schwert jene den Kopf zu neigen zwingt, die sein Wort zurückweisen und es bespien haben, Wirst ihnen sagen, daß du Gottes Sohn bist, das wenigstens mußt du tun, Sagen werde ich, daß mein Vater mich seinen Sohn nannte, und daß ich diese Worte seit meiner Geburt im Herzen trage, und daß nun gar Gott zu mir sagte, Mein Sohn, ein Vater bringt den anderen nicht in Vergessenheit, heut indes befiehlt Gott Vater, also gehorchen wir ihm, Nun, das werde ich besorgen, sagte Simon, ließ das Ruderblatt fahren, eilte vor zum Bug, und da die Stimme nun schon ausreichte, rief er, Hosanna, hier kommt der Sohn Gottes, der vierzig Tage auf dem See weilte und mit dem Vater gesprochen hat, nun kehrt er zu uns zurück, auf daß wir Buße zeigen und uns rüsten, Verrate nicht, daß der Teufel mit dabei war, sagte Jesus hastig, damit nicht öffentlich bekannt würde, was zu erklären ihm hernach schwerfiele. Simon stieß einen weiteren Schrei aus, einen noch lauteren diesmal, der die Menschen am Ufer in Aufregung und Jubel versetzte, dann eilte er auf seinen Platz zurück, zu Jesus sagte er, Laß mich an die Riemen, du stellst dich aufrecht im Bug hin, sagst aber kein Wort, solange wir noch nicht an Land springen, sagst du nichts. So hielten sie es. Jesus stand aufrecht im Bug, in seiner alten Tunika, den leeren Ranzen über der Schulter, die Arme halb erhoben, als wollte er grüßen oder einen Segen erteilen, und er empfände Scheu oder sei in Zweifel, ob er der Sache würdig. Unter den Wartenden waren drei besonders Ungeduldige, die schritten bis zur Hüfte ins Wasser, packten das herbeigleitende Boot, zerrten und stießen es an Land, indessen einer von draußen Jesu Tunika zu erhaschen suchte, nicht etwa weil er Simons Versicherung voll geglaubt hätte, sondern weil er es für einen bemerklichen Fall hielt, daß ein Mann vierzig Tage da mitten auf dem See geharrt hatte, nicht anders, als wäre er in der Wüste auf der Suche nach Gott gewesen, und nun kehrte er hier zurück aus den kalten Eingeweiden eines Nebelberges, wobei es unerheblich, ob er Gott gesehen hatte oder nicht. Im übrigen war in all diesen Siedlungen samt Umgebung eher nur vom einzigartigen meteorologischen Phänomen die Rede gewesen, die Leute hatten nur so nebenbei gehört, dort drin befinde sich ein Mensch, und da hatte es geheißen, Der Ärmste. Das Boot jetzt lief ganz sanft auf, wie von Engelsschwingen herbeigetragen. Simon half Jesus beim Aussteigen, mit schlecht verhehltem Unmut jene drei abweisend, die sich, weil ins Wasser gewatet, eines besonderen Lohnes würdig glaubten, Laß sie, eines Tages werden sie hören, daß ich gestorben bin, und es wird sie schmerzen, daß sie meinen Leichnam nicht tragen konnten, so mögen sie mir wenigstens zu meinen Lebzeiten helfen. Jesus erstieg einen Erdhügel und fragte die Seinen, Wo ist Maria, im selben Augenblick sah er sie, als hätte die Nennung ihres Namens sie ihm aus dem Nichts oder aus einem Nebel herbeigezaubert, sie schien abwesend, doch es langte, ihren Namen zu nennen, und sie war da, Hier bin ich, mein Jesus, Komm zu mir, auch Simon und Andreas, und ebenso Jakob und Johannes, die Söhne des Zebedäus, kommt zu mir, diese sind es, die mich kennen und an mich glauben, die mich kannten und schon an mich glaubten, als ich zu ihnen noch nicht sagen konnte, und erst recht nicht zu euch, Ich bin der eingeborene Sohn Gottes, dieser Sohn, den der Vater zu sich rief, bei ihm war ich vierzig Tage auf dem See, und von dort komme ich, um euch zu verkünden, die Zeit des Herrn ist nun da, tut Buße, ehe der Teufel erscheint, um die faulen Ähren einzusammeln, die niedergefallen sein mögen bei der Ernte, die der Herrgott in seinem Schoße führt, und jene verlorenen Ähren seid ihr, falls ihr euch, zu eurem Übel, der liebevollen Umarmung durch Gott entziehen wollt. Ein Gemurmel ging durch die Menge, schwang über die Köpfe hin, jenen kleinen Wellen gleich, die sich auf dem See nun wieder kräuselten, im Grunde hatten viele der Anwesenden von Wundern reden hören, die dieser Mann da vor ihnen an verschiedenen Orten erwirkt hatte, einige gar waren Augenzeugen und sogar deren Nutznießer gewesen, Ich habe von jenem Brot und jenem Fisch gegessen, sagte einer, Ich habe von jenem Wein getrunken, sagte ein anderer, Ich war Nachbar jener Ehebrecherin, sagte ein dritter, doch zwischen solchen Unternehmungen, so übernatürlich sie gewesen sein mochten oder zu sein schienen, und diesem verkündeten obersten Wunder, daß er Sohn Gottes sei, und also er selber Gott, ist die Entfernung so gewaltig wie zwischen Himmel und Erde, die, sofern bekannt, bis auf den heutigen Tag nicht vermessen wurde. Mitten aus der Menge hallte eine Stimme, Gib uns einen Beweis dafür, daß du Gottes Sohn bist, und ich werde dir folgen, Du würdest mir allemal folgen, wenn dein Herz dich mir zutrüge, doch es ist gefangen in deiner verschlossenen Brust, deshalb begehrst du von mir einen Beweis, der deinen Sinnen zugänglich, nun gut, auf der Stelle gebe ich dir einen Beweis, der deine Sinne befriedigt, den dein Kopf aber abwehren wird, und so, gespalten und verwirrt dein Kopf und deine Sinne, wirst du letztlich keine andere Wahl haben, als mit dem Herzen zu mir zu kommen, Mag das verstehen, wer will, ich verstehe es nicht, sagte der Mann, Wie heißt du, Thomas heiße ich, So komm her, Thomas, begleite mich an den Strand, schau mir zu, wie ich Vögel forme aus diesem Lehm, den ich mit vollen Händen aufnehme, sieh wie einfach es ist, ich forme und modelliere den Rumpf und die Flügel, nun den Kopf und den Schnabel, ich drücke diese Steinchen auf als Augen, glätte die langen Schwanzfedern, richte die Füße und die Zehen aus, und nach diesem einen forme ich weitere elf Vögel, hier hast du sie, einen, zwei, drei, vier, fünf, sechs, sieben, acht, neun, zehn, elf, zwölf Vögel aus Lehm, schau an, und wir können ihnen, falls du möchtest, gar Namen geben, dieser heißt Simon, dieser Jakob, dieser Andreas, dieser Johannes, und dieser, sofern du es erlaubst, möge Thomas heißen, während wir im Falle der anderen warten, daß ihre Namen auftauchen, Namen sind unterwegs oft säumig, kommen verspätet, und nun schau, ich werfe dieses Netz über die Vögelchen, damit sie, falls wir unachtsam sind, nicht entfliehen, Willst mir etwa weismachen, daß die Vögel, wenn das Netz hochgeht, fortfliegen, fragte ungläubig Thomas, Ja, sie werden entfliehen, Und mit diesem Beweis wolltest du mich überzeugen, Ja und nein, Wie denn ja und nein, Der beste Beweis wäre, doch das hängt nicht von mir ab, du höbest das Netz nicht hoch und glaubtest einfach, daß die Vögel fortflögen, wenn du es tätest, Sie sind aus Lehm, sie können nicht entfliehen, Probiere es, auch unser Urvater Adam war aus Lehm, und du stammst von ihm ab, Adam, dem schenkte Gott das Leben, Zweifle nicht länger, Thomas, heb das Netz hoch, ich bin Gottes Sohn, Du wolltest es und sollst es haben, diese Tiere werden nicht fliehen, mit einem Ruck hob Thomas das Netz in die Höhe, und die Vögel, nun frei, schwangen sich in die Lüfte auf, flogen zwitschernd zwei Runden über der verzückten Menge und entschwanden in den Äther. Jesus sagte, Sieh Thomas, dein Vogel ist fort, und Thomas erwiderte, Nein, Herr, er kniet hier zu deinen Füßen, ich bin es.

Aus der Menge traten etliche Männer vor, hinter ihnen, jedoch für sich, einige Frauen. Sie kamen und nannten ihre Namen, Ich bin Philippus, und Jesus sah in ihm die Steine und das Kreuz, Ich bin Bartholomäus, und Jesus sah einen abgebalgten Leib, Ich bin Matthäus, und Jesus sah ihn tot unter dem Barbarenvolk, Ich bin Simon, und Jesus sah, wie die Säge ihn zerschnitt, Ich bin Jakob, Sohn des Alphäus, und Jesus sah, wie sie ihn steinigten. Ich bin Judas Thaddäus, und Jesus sah die Streitkeule über seinem Haupt, Ich bin Judas Iskariot, und Jesus spürte Bedauern mit ihm, sah er doch, wie jener sich eigenhändig an einem Feigenbaum erhängte. Dann rief Jesus die anderen und sprach, Nun sind wir vollzählig, und die Stunde ist gekommen. Und zu Simon, dem Bruder des Andreas, sagte er, Da wir einen weiteren Simon unter uns haben, sollst du, Simon, ab heute Petrus heißen. Sie wandten sich vom See fort und begaben sich auf den Weg, ihnen hinterdrein die Frauen, deren Namen wir nicht erfuhren, im Grunde bleibt sich das gleich, fast alle sind sie Marias, selbst jene, die nicht so heißen, werden auf diesen Namen hören, wir sagen Frau, wir rufen Maria, sie schauen, und sie kommen, um uns zu dienen.

Jesus und die Seinen wandelten auf Wegen hin und durch die Orte, und Gott redete durch Jesu Mund, und dies hier sagte er, Die Zeit hat sich erfüllt und das Reich Gottes ist nahe, tut Buße und glaubt der neuen Botschaft. Die gemeinen Leute in den Dörfern, die dies hörten, hielten die Erfüllung der Zeit für das Ende der Zeiten und wähnten das Ende der Welt gekommen, da die Zeit gemessen und getilgt wird. Alle dankten dem Herrgott inbrünstig für die Gnade, daß er jemanden hier vorausgeschickt hatte, der das Ereignis als unmittelbar bevorstehend förmlich verkündete und der sich Gottes Sohn nannte, was durchaus zutreffen konnte, weil er so mir nichts dir nichts Wunder erwirkte, wo immer er vorbeikam, die einzige Bedingung, falls man es so nennen kann, und diese unerläßlich, war allerdings der feste Glaube dessen, der sich das Wunder erbat, wie im Falle jenes Aussätzigen, der Jesus angefleht hatte, Herr, wenn du willst, kannst du machen, daß ich rein werde. Jesus, den der Wundenmann sehr dauerte, berührte ihn und sprach, Ich will es, werde rein, und kaum hatte er die Worte gesprochen, war das faule Fleisch wieder gesund, was an ihm schon fehlte, befand sich wieder am Fleck, und wo soeben noch ein Kerl voll ekligen, schmutzigen Grinds gewesen war, den alle Welt floh, stand jetzt ein sauber gewaschener, vollkommener Mann, sehr fähig zu allem. Ein anderer Fall, und bemerklich auch er, war der jenes Gelähmten, den sie, weil die Menge den Eingang versperrte, auf den Söller trugen und samt Pritsche durch eine Luke ins Haus abseilten, in dem Jesus sich gerade aufhielt, wohl Simons Haus, des Petrus geheißenen, und da ein so fester Glaube Belohnung verdiente, sprach Jesus, Mein Sohn, deine Sünden sind dir vergeben, Nun aber hatten sich da einige zweiflerische Schriftgelehrte eingefunden, die in allem einen Grund zu Vorhaltung und Tadel finden und das Gesetz auf der Zungenspitze mitführen. Diese, als sie Jesu Worte vernahmen, konnten sich des Einspruchs nicht erwehren, Was sagst du da, das ist Gotteslästerung, Sünden kann nur Gott vergeben, Jesus aber antwortete mit einer Frage, Was ist leichter zu sagen, Deine Sünden sind dir vergeben, oder aber Stehe auf, nimm dein Bett und gehe heim, und ohne erst die Erwiderung irgendeines der anderen abzuwarten, schloß er, Wohlan, damit du weißt, daß ich auf Erden die Macht habe, Sünden zu vergeben, befehle ich dir, und das sagte er zum Gelähmten, Stehe auf, nimm dein Bett und gehe heim, Worte dies von solcher Kraft, daß alle hier erlebten, wie sich der Mann, o Wunder, auf die Beine erhob, strotzend wieder vor Kraft, trotz zehrender langer Lähmung, wie er die Bettstelle schulterte und sich hinausbegab in sein Leben, dem Herrgott tausendfach dankend.

Es liegt auf der Hand, daß nicht alle Menschen um Wunder bitten, ein jeder von uns gewöhnt sich mit der Zeit an seine kleinen oder mittleren Gebrechen, und mit ihnen lebt er, ohne je den Gedanken, er müßte deswegen die hohen Mächte bemüßigen. Im Falle der Sünden ist das anders, die martern unterhalb dessen, was man sieht, sie sind kein Hinkebein und Krüppelarm, sind nicht Lepra außen, sondern Lepra innen. Sehr recht hatte darum Gott, als er Jesus gegenüber äußerte, jeder Mensch habe zumindest eine einzige Sünde, die es zu bereuen gälte, und üblich und normal ist, daß man deren sehr viele vorweist. Nun aber, da die Welt an ihr Ende gelangt ist und also Gottes Reich kommt, ist es wichtiger, daß uns, eher denn dank Wunder, der Einzug in dieses, mit wiederhergestelltem Körper, vermöge einer Seele sichergestellt wird, unserer Seele, die sich durch Reue geläutert hat und Heilung erfuhr dank Vergebung. Wenn der Gelähmte von Kafarnaum im übrigen einen Teil seines Lebens auf einer elenden Pritsche verbrachte, so weil er gesündigt hatte, weiß man doch, daß jedes Leiden die Folge von Sünde ist, und also läßt sich sehr logisch folgern, wahrhaftige Vorbedingung für gute Gesundheit, außer daß sie von der Unsterblichkeit des Geistes herrührt, wenn nicht gar, wer weiß, von der des Körpers, ist die höchste und vollständige Reinheit, ist die totale Abwesenheit der Sünde, erlangt durch deren wirkungsvolle passive Nichtbeachtung oder durch aktive Zurückweisung, im Denken wie im Tun. Doch meine man nicht, unser Jesus sei auf den Streifzügen durch jene Landstriche des Herrn mit seiner Heilfähigkeit und der ihm eigens vom Herrgott eingeräumten Erlaubnis zu vergeben verschwenderisch umgegangen, obwohl es ihm freilich schon von Herzen her näher gelegen hätte, sich in ein universelles Heilmittel zu verwandeln, anstatt, wie es ihm von Gott auferlegt war, allen Menschen das Ende der Zeiten anzukündigen und einem jeden Buße abzufordern. Und damit die Sünder nicht zuviel Zeit verlören in Überlegungen, die nur darauf abzielten, das schwerer wiegende Eingeständnis hinauszuschieben, Ich habe gesündigt, legte der Herrgott seinem Sohn gewisse prophetische Schreckensworte in den Mund, wie etwa, Wahrlich, ich sage euch, einige von euch hier werden den Tod nicht erfahren, ehe sie die Ankunft von Gottes Reich und seiner Allmacht erlebt, man bedenke die niederschmetternde Wirkung einer solchen Ankündigung auf das Gewissen der Leute, von überall liefen sie in Scharen herbei, bang, und folgten Jesus, als führte er sie stracks ins neue Paradies, das der Herr auf Erden einrichten würde und das sich vom ursprünglichen dadurch unterschied, daß viele hier in dessen Genuß kämen, weil mittels Gebet, Buße und Reue Adams Sünde, auch Erbsünde genannt, getilgt wäre. Und zumal diese Menschen mehrheitlich aus niederen Schichten waren, Handwerker, Platthackeschwinger, Fischer und leichte Weiber, erkühnte sich Jesus eines Tages, an dem Gott ihm freiere Hand gab, zu einer Stegreifrede, die seine Zuhörer überwältigte, sie dermaßen zu Tränen der Freude hinriß wie im Angesicht einer schon nicht mehr erhofften Erlösung, Selig ihr Armen, denn euch gehört das Reich Gottes, selig, die ihr jetzt hungert, denn ihr werdet satt werden, selig, die ihr jetzt weint, denn ihr werdet lachen, doch in diesem Augenblick merkte Gott, was da vorging, und weil er Jesu Rede nicht ungeschehen machen konnte, zwang er dessen Zunge ganz andere Worte ab, die diese Tränen des Glücks in schwarze Bekümmernis um eine finstere Zukunft wandelten, Selig seid ihr, wenn euch die Menschen hassen und aus ihrer Gemeinschaft ausschließen, wenn sie euch beschimpfen und euch in Verruf bringen um des Menschensohnes willen. Als Jesus dies vorgebracht hatte, meinte er, ihm sei die Seele vor die Füße gefallen, denn jählings hatte er vor Augen die tragische Vision jener Folterungen und Tode, die Gott ihm auf dem See angekündigt hatte. Auf die Knie fiel er, im Angesicht der Menge, die ihn entgeistert anstarrte, da kniete er, betete er, stumm, und niemand hier ahnte, daß er sie alle um Vergebung bat, er, der sich rühmte, der Sohn Gottes zu sein, und mächtig, anderen zu vergeben. Diese Nacht, zurückgezogen im Zelt, das Jesus und Maria von Magdala zum Schlafen diente, sagte Jesus, Ich bin der Hirte, der mit selbigem Stock die Schuldlosen und die Schuldigen zum Opferaltar treibt, die Erlösten und die Verlorenen, die Geborenen und die noch zu Gebärenden, wer aber erlöst denn mich von dieser Gewissenspein, der ich mich heute in der gleichen Verfassung sehe wie mein Vater einst, er hat zwanzig Leben zu verantworten, ich allerdings zwanzig Millionen. Maria von Magdala weinte da mit Jesus und sprach zu ihm, Du hast es nicht gewollt, Desto schlimmer, erwiderte er, und sie, als kennte sie von Beginn an, in Gänze, all das, was wir andeutungsweise gesehen und gehört haben, sagte, Gott selbst zeichnet die Wege vor und sendet jene, die diesen zu folgen haben, dich bestimmte er dazu, in seinem Dienste eine Straße unter all den Straßen aufzutun, du aber wirst sie nicht wandeln und wirst auch keinen Tempel bauen, das tun andere über deinem Blut und deinem Herzen, also nimm denn lieber das dir von Gott verfügte Schicksal auf dich, all dein Tun ist vorgeplant, die Worte, die du zu sagen hast, erwarten dich an den betreffenden Orten, dort sein werden die Lahmen, denen du gesunde Beine gibst, die Blinden, denen du das Augenlicht gibst, die Tauben, denen du Gehört gibst, die Stummen, denen du Stimme gibst, die Toten, denen du Leben geben könntest, Gegen den Tod bin ich machtlos, Du hast dich dessen nie vergewissert, O doch, der Feigenbaum blieb tot, Die Zeit, jetzt, ist eine andere, du hast zu wollen, was Gott will, er aber kann dir nicht vorenthalten, was du begehrst, Daß er mich von diesem Auftrag entbindet, mehr will ich nicht, Du begehrst das Unmögliche, mein Jesus, nur eines vermag Gott wahrhaftig nicht, nämlich sich selbst nicht zu lieben, Woher weißt du das, Frauen haben eine andere Art zu denken, vielleicht weil unser Körper anders ist, dies mag es sein.

Eines Tages, weil die Erde allemal zu groß ist für die Kraftanstrengung eines einzelnen Menschen, auch wenn es sich um eine so winzige Parzelle handelt wie hier Palästina, beschloß Jesus, seine Freunde auszusenden, paarweise, in den Städten, Dörfern und Weilern sollten sie die baldige Ankunft von Gottes Reich verkünden, sollten überall lehren und predigen, gleich ihm. Und da Jesus sich mit Maria von Magdala bald allein gelassen sah, weil die übrigen Frauen den Männern folgten, je nach Geschmack und Vorzug der einen wie der anderen Seite, hatte Jesus den Einfall, sie könnten Bethanien besuchen, das nahe Jerusalem gelegene, und so, mit Verlaub die respektlose Redensart, zwei Fliegen mit einer Klappe schlagen, zum einen würden sie Marias Angehörige besuchen, denn es war an der Zeit, daß die Geschwister sich versöhnten und die Schwäger einander kennenlernten, später würde sich die dann wieder vereinte Gruppe nach Jerusalem begeben, hatte Jesus doch bestimmt, daß nach Ablauf von drei Monaten alle seine Freunde in Bethanien zusammenkämen. Über das Tun und Lassen der anderen zwölf im Lande Israel ist nicht viel zu vermerken, erstens weil wir, abgesehen von Einzelheiten aus ihrem Leben als auch Umständen ihres Todes, nicht gerufen sind, ihre

Geschichte zu erzählen, und zweitens weil sie lediglich im Vermögen, die Lehren und die Werke des Meisters, allerdings ein jeder auf eigene Weise, zu wiederholen, will heißen, sie predigten wie er, und heilten, wie es ihnen halt möglich. Schade, daß Jesus, einschränkend, befohlen hatte, weder die Wege zu den Heiden zu nehmen, noch irgendeine Stadt der Samariter zu betreten, denn Bekundungen solcher Glaubensintoleranz, das brüskierte von seiten so gut gebildeter Menschen, das erschwerte und verlängerte künftige Einsätze, gedachte doch Gott, recht einhellig, seine Gebiete und seinen Einfluß zu erweitern, es kämen früher oder später nicht nur die Samariter dran, sondern auch und vor allem die Heiden, die von hier und von sonstwo. Jesus hatte ihnen aufgetragen, Kranke zu heilen, Tote zu erwecken, Aussätzige zu reinigen, Dämonen auszutreiben, im Grunde aber gibt es außer spärlichen, sehr allgemeinen Andeutungen, keine Aufzeichnung von solchen Taten oder Erinnerungen daran, falls es sie überhaupt je gegeben, was letztlich unterstreicht, daß sich Gott nicht jedem beliebigen anvertraut, wie vorzüglich seine Empfehlungen auch sein mögen. Wenn die zwölf dann wieder bei Jesus sind, werden sie, ohne Zweifel, manches zu erzählen haben, über den Anklang ihrer sonstwo ausgestreuten Bußpredigten, sehr wenig über erwirkte Heilungen, einmal abgesehen von der gelegentlichen Austreibung niederer Geister, jener, die nicht sonderlich gebieterischer Beschwörung bedürfen, um von einer Person auf die andere zu springen. Wohl aber werden sie berichten, daß sie selbst wiederholt vertrieben wurden oder schlecht empfangen auf Wegen, die nicht heidnisch, und in Städten, die nicht samaritanisch, mit dem Trost allenfalls, daß sie sich beim Abzug den Staub von den Füßen schüttelten, als wäre es die Schuld armen Staubs, den alle treten, ohne daß er sich über irgend etwas beklagt. Eben diese Haltung hatte Jesus seinen Jüngern angeraten, jenen gegenüber, die ihnen zuzuhören nicht gewillt, in wahrhaft beklaglicher Abwehr, erfuhr hier ja nichts weniger als Gottes Wort Zurückweisung, schon gar weil Jesus sehr ausdrücklich gewesen war, Sorgt euch nicht um das, was ihr reden werdet, im rechten Augenblick wird euch schon das Richtige eingegeben. Nun, vielleicht ist das nicht gar so leicht, vielleicht hängt, in diesem wie in anderen Fällen, die Solidheit der Doktrin, die über allem steht, auch vom untergeordneten Faktor Persönlichkeit ab, die Lehre jedenfalls dünkt einen gut, sofern es nicht verwegen ist, dies schon hier herauszustellen, und also bedienen wir uns ihrer.

Zufällig war das Wetter von wohligster Frische, wie jüngst geschnittene duftende Rosen, und die Straßen sauber und angenehm, als schritten die Engel voraus und besprühten den Weg mit Tau, um ihn alsdann mit Besen aus Lorbeer und Myrte zu kehren. Jesus und Maria von Magdala reisten inkognito, sie mieden zur Nacht die Karawansereien und schlossen sich keiner Karawane an, damit sie nicht zufällig von irgend jemand erkannt würden. Keinesfalls vernachlässigte Jesus seine Pflicht, das würde Gottes wachsames Auge ohnehin nicht zulassen, eher schien eigens Gott ihm etliche Urlaubstage bewilligt zu haben, denn auf der Straße begegneten ihm weder Heilung erflehende Aussätzige noch Besessene, die dies von sich wiesen, und die Orte, durch die sie kamen, gefielen sich bukolisch im Frieden des Herrn, als wären sie, aus eigenem Tugenddrang, auf dem Pfade der Reue und

Buße vorausgeeilt. Sie schliefen dort, wo es sich gerade ergab, als Bequemlichkeit nur gut und gern den Schoß des jeweils anderen, als Dach manchmal das Firmament, Gottes riesiges schwarzes Auge dann bespickt mit jenen Lichtern, dem Widerschein von Menschenblicken, die zum Himmel aufgeschaut hatten, Generation um Generation, die das Schweigen befragt und der einzigen Antwort gelauscht hatten, die das Schweigen gibt. Später einst, wenn Jesus schon nicht mehr auf Erden, wird sich Maria von Magdala dieser Tage und Nächte gern entsinnen und jedesmal dann die sie anspringenden Erinnerungen aus Schmerz und Bitternis abwehren müssen, als gälte es eine Liebesinsel gegen die anbrandende stürmische See und deren Ungeheuer zu verteidigen. Jene Zeit ist nun schon nicht mehr fern, doch betrachtet man Erde und Himmel, sind Zeichen ihres Nahens nicht zu erkennen, etwa ein Vogel schwebend im freien Raum, und nichts zu erkennen von einem schnellen Falken, der mit vorgereckten Krallen wie ein Stein herabschießt. Jesus und Maria von Magdala, auf ihren Wegen, singen, die anderen Reisenden, denen sie unbekannt, sagen, Glückliche Menschen, und im Augenblick gibt es keine wahrere andere Wahrheit. So gelangten sie nach Jericho, und von da, nach zwei Tage währendem Marsch, weil die Hitze groß und an Schatten gar nichts, erreichten sie Bethanien. Zwei Jahre war Maria von Magdala fort gewesen und darum nicht gewiß, wie ihre Geschwister sie empfangen würden, sie, die von daheim Entwichene und auf die schiefe Bahn Geratene, Vielleicht halten sie mich für tot oder wünschen es gar, sagte sie, Jesus jedoch bemühte sich, ihr die trüben Gedanken zu verscheuchen. Die Zeit heilt alles, bemerkte er, und war nicht gewahr, daß jene

Wunde, die für ihn die eigene Familie darstellte, weiterhin offen war und immerfort blutete. Sie kamen nach Bethanien hinein, Maria, das Gesicht vor Scham halb verdeckt, mochte von den Nachbarn nicht erkannt werden. Jesus schalt sie sanft, Vor wem versteckst du dich, bist nicht mehr die Frau, die jenes andere Leben führte, die gibt es nicht mehr, Stimmt, aber was ich bin und was ich einst war, ist noch verbunden durch das, was ich zwischendrin gewesen bin, Nun bist du, was du bist, und bist in meiner Begleitung, Gelobt sei darum Gott, der dich mir eines Tages aber dennoch nehmen wird, und Maria ließ den Umhang sinken, zeigte ihr Antlitz, und niemand sagte, Da geht die Schwester des Lazarus, die Hure geworden ist.

Dies ist das Haus, sagte Maria von Magdala, wagte indes nicht, an die Tür zu klopfen oder zu rufen. Jesus stieß das nur angelehnte Gattertor ein bißchen auf und fragte, Ist jemand da. Von drin meldete sich eine Frauenstimme, Wer ruft, ihre eigene Erwiderung schien sie an die Tür zu führen, und da kam sie, Martha, Marias Schwester, Zwillingsschwestern waren sie, jedoch nicht gleich aussehend, Martha wirkte vom Alter stärker gezeichnet, oder von der Arbeit, oder es war ihre Art, sich zu geben und zu sein. Zunächst musterten ihre Augen Jesus, und, als höbe sich da eine Wolke fort, ihr trübes Antlitz jäh hell und strahlend, doch als sie die Schwester gewahrte, kam der Zweifel, ihre Miene gewann einen mürrischen Zug, Wer ist er, daß er mit ihr geht, mochte ihr Gedanke sein, oder vielleicht, Wie nur kann er mit ihr gehen, falls er ist, was er zu sein scheint, doch hätte Marta nicht zu sagen gewußt, was das Besondere an diesem Mann war, Vielleicht darum, anstatt die Schwester zu fragen, Wie geht es dir, oder Was führt dich her, fragte sie, Wer ist dieser dein Begleiter. Jesus mußte lächeln, und sein Lächeln drang Martha wie ein Pfeil, geschwind und wuchtig, ins Herz, und da peinigte er, schmerzte er sie als eine seltsam befremdliche Wollust, Jesus von Nazareth heiße ich, sagte er, und ich bin mit deiner Schwester, Worte dies, die, mutatis mutandis, wie die Römer in ihrem Latein zu sagen wüßten, dem entsprachen, was er selbst seinem Bruder Jakob zugerufen hatte, als er sich am Ufer des Sees von jenem fortwandte, Maria heißt sie und ist mit mir. Martha zog das Tor weit auf und sagte, Tretet ein, du bist in deinem Haus, ohne daß zu erkennen war, wen von beiden sie ansprach. Gleich da im Hof hängte sich Maria von Magdala an den Arm der Schwester und sagte zu ihr, Ich gehöre in dieses Haus wie du, und ich gehöre diesem Mann, der dir nicht gehört, ich bin im reinen mit dir und mit ihm, kehre darum deine Tugend nicht hervor und richte nicht über mein Unvollkommen, in Frieden kam ich, und in Frieden will ich hier weilen. Martha sagte, ich empfange dich als meine leibliche Schwester, möge es eines Tages aus Liebe geschehen, heut ist es das nicht, sie wollte in der Rede fortfahren, doch eine Überlegung hielt sie davon ab, Ist dieser Mann hier im Bilde über das Leben, das meine Schwester geführt hat oder noch führt, fragte sie sich. Schamröte und Verwirrung legten sich auf ihr Gesicht, für einen Augenblick verabscheute sie beide, und ebenso sich, endlich aber, denn so schwer sind die Gedanken anderer nicht zu erraten, redete Jesus, gab Martha die geziemende Erwiderung, Gott beurteilt uns alle und jeden Tag unterschiedlich, je nachdem, wie wir an dem betreffenden Tag eben sind, und müßte Gott heute dich, Martha, beurteilen, sähest du in seinen Augen wohl nicht anders aus als Maria, Erkläre dich besser, ich verstehe nicht, Mehr sage ich nicht, bewahre diese meine Worte gut in deinem Herzen und wiederhole sie dir, wann immer du deine Schwester siehst, Bist du es nicht mehr, Maria, Ob ich noch Hure sei, fragst du, fuhr Maria die Schwester barsch an. Martha wich zurück, fuchtelte mit den Händen vor dem Gesicht, Nein, nein, sag es mir nicht, mir langen die Worte von Jesus, und sie brach, unhaltbar, in Weinen aus. Maria trat zu ihr, umarmte sie, gleichsam schirmend. Welch ein Leben, welch ein Leben, schluchzte Martha, und es blieb offen, ob sie das der Schwester oder ihres meinte, Wo ist Lazarus, fragte Maria, In der Synagoge, Wie geht es ihm gesundheitlich, Er hat Erstickungsanfälle, nach wie vor, ansonsten geht es ihm einigermaßen. Am liebsten hätte sie, in abermaliger Anwandlung von Bitternis, hinzugefügt, die Anteilnahme hier stelle sich sehr spät ein, fürwahr, in all den Jahren schuldvoller Abwesenheit, so sann Martha, hatte sich die verlorene Schwester, verschwenderisch umgehend mit Zeit und Leib, nicht ein einziges Mal nach dem Befinden der Angehörigen erkundigt, und das, obwohl hier ein Bruder von heikler, auf den Tod zerbrechlicher Gesundheit war. Martha wandte sich wieder Jesus zu, der, zwei Schritte weit fort, diesen schlecht verhehlten Groll mit ansah, Unser Bruder, sagte sie, kopiert in der Synagoge Bücher, mehr erlaubt sein Zustand nicht, und dem Ton nach, obwohl es nicht so gemeint war, hörte es sich so an, als sei ihr unbegreiflich, daß einer ohne diese eifervolle Kraft, dieses fortgesetzte Tun, bestehen könne, gönnte sie selbst sich doch den lieben langen Tag keinen Augenblick Erholung, Woran leidet er, fragte Jesus, Er hat Erstickungsanfälle, es ist, als wollte ihm das Herz stillstehen, dann wird er immer bleich, kreidebleich, scheint am Ende. Martha unterbrach sich, fuhr dann aber spontan fort, vielleicht weil gewahr, wie jung Jesus war, und wieder überkam sie Verwirrung, irgendwie berührte auch Eifersucht ihr Herz, und das Ergebnis waren Worte, die merkwürdig klangen, in Gegenwart von Maria, denn diese, o ja, hatte die Pflicht und das Recht, sie auszusprechen, Müde siehst du aus, setz dich und laß mich dir die Füße waschen. Ein bißchen später, als Maria mit Jesus allein war, bemerkte sie zu ihm, halb im Ernst, halb lächelnd, Augenscheinlich sind diese zwei Schwestern dazu geboren, sich in dich zu verlieben, und Jesus erwiderte, Martha ist voll Trauer, weil im Gefühl, das Leben versäumt zu haben, O nein, traurig ist sie, weil sie meint, der Himmel waltet nicht gerecht, er belohnt die Unreine und hält den Leib der Tugendsamen leer. Jesus erwiderte, Gott mag für die anderen Ausgleich haben, Gut möglich, doch Gott, der die Welt erschuf, sollte keine Frau um irgendeine Frucht seiner Werke berauben, schon da die Frau gleichermaßen Gottes Werk ist, Sie sollte zum Beispiel einen Mann kennenlernen, Ja, so wie du eine Frau kennenlerntest, und mehr als die eine solltest du nicht nötig haben, da du der Sohn Gottes bist, Wer sich zu dir legt, ist kein Gottessohn, er ist der Sohn des Josef, Seit wir uns kennen, hatte ich in der Tat nie das Gefühl, beim Sohn eines Gottes zu liegen, Des Gottes, willst du sagen, Was gäbe ich darum, du wärst es nicht.

Durch einen Knaben, den Sohn der Nachbarn, ließ Martha ihrem Bruder ausrichten, Maria sei heimgekehrt, tat es aber erst nach langem Zögern, denn so schob sie die unvermeidbare und von den Leuten dann weidlich genossene Kunde hinaus, die hurerische Schwester des Lazarus sei gekommen, somit die Familie nach geraumer Zeit der Ruhe bei aller Welt wieder im Gerede war. Martha fragte sich, mit welcher Miene sie in den nächsten Tagen auf die Straße träte, und schlimmer noch, ob sie es wagte, die Schwester mitzunehmen, gälte es ja, mit den Nachbarinnen und Freundinnen zu sprechen und, beispielsweise, zu sagen, Du entsinnst dich meiner Schwester, hier ist sie, heimgekehrt, und die anderen, hintergründig, O ja, und ob ich mich entsinne. Ereifere sich niemand über diesen platten Gefühlskleinheiten, daß er hier mit Banalitäten seine Zeit vertut, die Geschichte Gottes ist nicht in allem göttlich. Martha zieh sich schändlich schäbiger Gedanken, als Lazarus, nach Hause gekommen, Maria in die Arme schloß und zu ihr schlicht sagte, Willkommen, meine Schwester, als schmerzten ihn nicht die vielen Jahre ihrer Abwesenheit und des stummen Unmuts, und da es Martha nun wohl anstand, irgendein Zeichen freudigen Zugetanseins zu geben, wies sie auf Jesus und sagte zum Bruder, Dies ist Jesus, unser Schwager. Die zwei Männer musterten einander gewogen, dann setzten sie sich hin zum Schwatz, während die Frauen, Handgriffe und Gesten wiederholend, die ihnen aus anderen Zeiten geläufig, das Essen zubereiteten. Nun, nach der Abendspeisung, begaben sich Lazarus und Jesus hinaus in den Hof, um die Kühle des ausklingenden Tages zu genießen, drin im Haus erörterten die Schwestern die wichtige Frage, wie die Schlafmatten auszulegen seien, hatte die Familie doch jetzt eine ganz andere Zusammenstellung. Jesus, die an dem noch hellen Himmel auftauchenden ersten Sterne betrachtend, fragte nach einigem Schweigen, Leidest du, Lazarus, und Lazarus erwiderte mit seltsam gefaßter

Simme, Ja, ich leide, Das wird aufhören, sagte Jesus, Ei gewiß, wenn ich tot bin, Nein, gleich jetzt, Hast mir nicht gesagt, daß du Arzt bist, Bruder, wäre ich Arzt, dann wüßte ich nicht, wie ich dich heilen sollte, Auch so gelingt dir das nicht. Jesus ergriff die Hand des anderen und murmelte sanft, Du bist geheilt. Im selben Augenblick fühlte Lazarus das Leiden aus seinem Körper schwinden, gleichsam ein von der Sonne geschlucktes dunkles Wasser, er spürte Weite in der Brust und das Herz wieder jung, unbegreiflich dies alles, ihn überkam Angst, Was ist dies, fragte er, mit vor Entsetzen brüchiger Stimme, Wer bist du, Arzt bin ich nicht, sagte Jesus, lächelnd, In Gottes Namen, wer bist du, Sollst den Namen des Herrn, deines Gottes, nicht unnütz anrufen, Wie darf ich das verstehen, Rufe Maria, sie wird es dir sagen. Das war nicht nötig, Martha und Maria, angelockt von den plötzlich nun lauteren Stimmen, erschienen in der Tür, stritten die zwei Männer etwa, aber nein, der Hof war in Gänze blau, also die Luft, und Lazarus, bebend, wies auf Jesus, Wer ist dieser Mann, er faßte mich an der Hand, sagte, Du bist geheilt, und ich bin geheilt. Martha eilte herbei, wollte Lazarus beruhigen, wie konnte er geheilt sein, da er doch so heftig zitterte. Lazarus aber stieß sie zurück, sagte, Sprich du, Maria, die ihn hergebracht hat, sag, wer ist er. Maria von Magdala, regungslos dort auf der Schwelle, sagte schlicht, Er ist Jesus aus Nazareth, der Sohn Gottes. Nun, so sehr diese Orte hier und, in ihnen, die Zeit seit Anbeginn der Welt den prophetischen Offenbarungen und apokalyptischen Ankündigungen günstig gestimmt sein mochten, wäre es dennoch das Allernatürlichste gewesen, Lazarus und Martha hätten bei dieser Erklärung Zweifel erkennen lassen, denn eine Sache wohl ist es, sich dank offenkundiger Wunderwirkung als plötzlich geheilt zu erklären, und eine ganz andere, daß man so ohne weiteres die Versicherung hinnimmt, der Mann, der deine Hand berührte und dich von dem Übel befreite, sei kein geringerer als der Sohn Gottes. Doch der Glaube und die Liebe vermögen viel, manche gar behaupten, sie brauchten nicht erst vereint aufzutreten, um alles zu vermögen, jedenfalls warf Marta sich hier Jesus in die Arme, weinend, dann, erschrocken über ihr Wagnis, sank sie zu Boden, und da lag sie und wußte lediglich mit verwandeltem Gesicht zu murmeln, Ich habe dir die Füße gewaschen, ich habe dir die Füße gewaschen. Lazarus aber, entgeistert und wie gelähmt, hatte sich nicht vom Fleck gerührt, denkbar, daß dieses unverhoffte Erlebnis ihn nur deshalb nicht niederschmetterte, weil ein Akt bekennender Zuneigung ihm eine Minute zuvor ein neues Herz an die Stelle des alten eingepflanzt hatte. Jesus ging auf ihn zu, lächelnd, umarmte ihn, sagte, Sei nicht überrascht, daß der Sohn Gottes ein Menschensohn ist, wahrlich, Gott konnte nur unter Menschen wählen, so wie der Mann sich das Weib erwählt und das Weib sich den Mann. Die letzten Worte waren an Maria von Magdala gerichtet, die sie schon recht verstehen würde, nicht bewußt aber machte sich Jesus, daß dies Marthas Pein nur noch vermehrte und ihre Verzweiflung über das Einsamsein, das ist der Unterschied zwischen Gott und einem Sohn von ihm, Gott handelte absichtsvoll, der Sohn lediglich erzmenschlich ungeschickt. Nun aber, die Freude heute in diesem Haus ist groß, morgen dann wird Martha wieder leiden und seufzen, eines allerdings steht fest, niemand mehr auf Bethaniens Straßen, Plätzen und Märkten wird es wagen, das einstige Flittchen von

Schwester in den Dreck zu ziehen, sobald sich herumspricht, und Martha will selbst kräftig dafür Sorge tragen, daß der Mann, der mit Maria gekommen ist, Lazarus von seinem Leiden geheilt hat, ohne Sud und ohne Arzneitrank. Sie saßen im Haus, genossen traut die Stunde, und Lazarus sagte, Hin und wieder erfuhr man, in Galiläa wirke ein Mann Wunder, nicht aber daß er Gottes Sohn sei, Manche Nachrichten sind schneller als andere, sagte Jesus, Bist etwa du jener Mann, Du sagst es. Da erzählte Jesus sein Leben von Beginn an, jedoch nicht alles, der Hirte blieb unerwähnt, von Gott sagte er lediglich, er sei ihm erschienen und habe ihm verkündet, Du bist mein Sohn. Ohne jene erste Nachricht von fernen Wundern, die durch das Handgreifliche, Augenscheinliche dieses Wunders Bestätigung erfahren hatten, ohne die Kraft des Glaubens und ohne die Macht der Liebe, hätte Jesus Lazarus und Martha wohl schwerlich mit einem einzigen, obschon Gott in den Mund gelegten lakonischen Satz überzeugen können, daß er von göttlichem Geist war, dieser Mann, der sich binnen kurzem samt ihrer Schwester ins Bett verfügte, mit seinem menschlichen Fleisch sich ihr näherte, ihr, die so viele Männer gehabt hatte, bar an Gottesfurcht. Verzeihen wir es Martha, daß sie in ihrem Dünkel, den Kopf unter der Decke verborgen, um nicht zu hören und nicht zu sehen, vor sich hinmurmelte, Ich an ihrer Stelle wahrte da mehr Würde.

Am nächsten Morgen ging die Nachricht wie ein Lauffeuer um, ganz Bethanien lobte und pries den Herrgott, und selbst jene Zweifler, die ihren Erdenfleck für zu unbedeutend hielten, als daß sich auf ihm große Dinge abspielen könnten, mußten es glauben beim Anblick des wundersam Geheilten, der nun gleichsam, wie man so sagt, strotzende Gesundheit hätte verkaufen können, vielmehr, da von so liebem Herzen, diese allerdings in Gänze verschenkt haben würde. Schon scharten sich am Tor Neugierige, die mit untrüglichen eigenen Augen den Vollbringer dieser Ruhmestat sehen und ihm, sofern möglich, zur letzten und endgültigen Vergewisserung, die Hände auflegen wollten. Auch kamen, sei es auf eigenen Füßen, auf Tragen gebracht oder von ihren Angehörigen auf dem Buckel herbeigeschleppt, die heilbaren Kranken, drängten und zwängten, pferchten sich in der engen Gasse, in der Lazarus und seine Schwester wohnten, daß kein Durchkommen war. Jesus, vom Auflauf unterrichtet, ließ sagen, er werde zu ihnen allen auf dem großen Dorfplatz sprechen, sie sollten sich hinbegeben, er werde folgen. Nun, wer einen Vogel in der Hand hält, wird so dumm nicht sein, ihn fliegen zu lassen, eher formt er ihm mit den Fingern einen sicheren Käfig. Niemand wich von der Stelle, da mußte Jesus sich zeigen, wie ein Beliebiger trat er hinaus auf die Schwelle, ohne Musik und Glanz, ohne daß die Erde bebte oder der Himmel sich verkehrte, Hier bin ich, sprach er möglichst natürlich, doch selbst falls ihm das gelang, waren die Worte schon an sich, und zumal aus dem Munde dieses Mannes, angetan, ein Dorf samt und sonders auf die Knie sinken zu lassen. Die Leute hier flehten um Hilfe und Erbarmen, Rette uns, riefen die einen, Heile mich, baten die anderen. Jesus heilte einen Stummen, der nicht hatte bitten können, die anderen schickte er fort, ihnen mangele es am Glauben, sie sollten in sich gehen, sollten ihre Sünden bereuen und erst anderentags wiederkehren, Gottes Reich sei nahe und die Zeit im Begriff, sich zu erfüllen, eine uns bereits bekannte Verkündung, Bist du Gottes

Sohn, fragten sie ihn, und Jesus antwortete in der seinen Zuhörern schon vertrauten rätselvollen Weise, Wäre ich es nicht, würde Gott dich eher stumm machen, denn daß er dir erlaubte, mich hiernach zu fragen.

So begann Jesu Wirken in Bethanien, für die Zeit bis zum vereinbarten Wiedersehen mit den Jüngern, die an fernen Orten wandelten. Und freilich strömten aus den umliegenden Städten und Dörfern Leute herbei, sobald bekannt war, daß der Mann, der im Norden Wunder vollbracht hatte, sich nun in Bethanien aufhielt. Jesus hätte das Haus des Lazarus nicht erst verlassen müssen, weil alle hindrängten, dorthin wallfahrteten. Jesus aber bestellte sie auf einen Berg außerhalb des Dorfes, und dort predigte er ihnen Buße und nahm etliche Heilungen vor. So sehr war er bald in aller Munde, daß die Kunde bis nach Jerusalem gelangte, und desto mehr schwoll die Menge, Jesus mußte sich fragen, ob er weiter hierbleiben dürfe, bestand doch die Gefahr von Aufruhr, wie bei Aufläufen allemal. Von Jerusalem eilte, Heilung und Rettung erhoffend, sonderlich niederes Volk herbei, doch dann auch Vertreter der oberen Schichten, unter ihnen sogar einige Pharisäer und Schriftgelehrte, denen es rätselhaft hatte scheinen wollen, daß sich ein Mensch bei Verstand sozusagen selbstmörderisch erkühnte, in ihrer Gegenwart wortwörtlich zu behaupten, er sei Gottes Sohn. Die Rückreise traten sie eher verwirrt an, weil Jesus, hierauf angesprochen, sich stets Menschensohn nannte, und redete er von Gott, nannte er diesen Vater, im Sinne von aller Menschen Vater. Wenig umstritten war seine Fähigkeit zu heilen, wovon er fortgesetzt Proben ablegte, und ohne umständliche Finten, er sprach die erzschlichten spärlichen Worte Wandle, Erhebe dich,

Sag, Geh, Sei rein, ein sanftes Streicheln mit der Hand, ein Berühren mit den Fingerspitzen, und schon glänzte die Haut des Aussätzigen wie der Tau in der Morgensonne, die Stummen und die Stotterer berauschten sich am Schwall der entfesselten Worte, die Gelähmten hüpften von der Pritsche, tanzten bis zur Erschöpfung, die Blinden mochten ihren sehenden Augen nicht trauen, die Lahmen rannten und sprangen, taten aus lauter Übermut humpelnd, liefen dann wieder wild ungestüm, Tuet Buße, sprach Jesus zu ihnen, tuet Buße, mehr verlangte er nicht von ihnen. Doch den Hohenpriestern im Tempel war noch am ehesten bewußt, was an Verwirrung und sonstigem geschichtlichen Trubel, zu ihrer Zeit, Propheten und andere Verkünder gestiftet hatten, und nachdem sie alle Worte Jesu bedacht und abgewogen hatten, entschieden sie, religiöse, soziale und politische Konvulsionen wie die der Vergangenheit solle es jetzt nicht geben, es galt darüber zu wachen, was jener Galiläer tat und sagte, im Notfall, und dies deutete sich ernstlich an, müsse man das Übel mit der Wurzel ausreißen, denn, so sagte der oberste aller Priester, Mich führt er nicht hinters Licht, der Menschensohn ist der Gottessohn. Jesus begab sich nicht nach Jerusalem, dort Saatkörner auszustreuen, doch in Bethanien schnitt, schmiedete und schärfte er die Sense, mit der er in Jerusalem Ernte halten wollte.

Mitten in diesem Fest war man, als zwei jetzt, zwei morgen, zu Paaren jedesmal, oder ihrer vier, falls sie unterwegs aufeinandergestoßen, die Jünger dann in Bethanien eintrafen. Alle brachten, nur in Einzelheiten und nebensächlichen Dingen voneinander abweichend, die Nachricht, aus der Wüste sei ein Mann aufgetaucht, der in alter Weise prophetisch aufträte, mit einer Stimme, die

Steine zu rollen, und mit Armen, die Berge zu bewegen schienen, er verkünde dem Volk Bestrafungen als auch das baldige Kommen des Messias. Gesehen hatten sie ihn nicht, es hieße allgemein und übereinstimmend, in Meldungen aus allerdings zweiter Hand, er wandere rastlos umher, und, so sagten die Jünger, sie hätten ihn nur deshalb nicht gesucht, weil die vereinbarte Frist von drei Monaten bald zu Ende gewesen sei und sie pünktlich am Treffpunkt hatten erscheinen wollen. Ob sie den Namen des Propheten wüßten, fragte Jesus. Johannes heiße er, beschied man ihm, Da ist er also, sprach Jesus, denn es war der nämliche, den Gott ihm bei der Verabschiedung zur Hilfe in Aussicht gestellt hatte, doch die Freunde verstanden nicht, ausgenommen Maria von Magdala, die alles wußte. Jesus drängte es, Johannes zu suchen, der ihn seinerseits suchen mochte, doch von den zwölf Jüngern fehlten noch Thomas und Judas Iskariot, und da die vielleicht genauere, umfassendere Nachricht brächten, verdroß ihr Säumen Jesus. Das Warten dann lohnte sich dennoch, die verspätet Eintreffenden hatten Johannes gesehen und mit ihm gesprochen. Es kamen die anderen aus ihren Zelten außerhalb von Bethanien, wo sie untergebracht waren, sie kamen, um dem Bericht des Thomas und des Judas Iskariot zu lauschen, saßen im Innenhof des Anwesens von Lazarus beieinander, von Martha und Maria und den übrigen Frauen geschäftig bedient. Die zwei berichteten, Johannes habe in der Wüste geweilt, als Gott sich in Worten an ihn wandte, hierauf habe er sich an den Jordan begeben, um zur Bußtaufe aufzufordern, zwecks Reinigung von den Sünden, Die zur Taufe erscheinenden vielen Menschen empfing er laut eifernd mit Worten, die wir später selbst vernahmen und die uns erschreckten, Ihr Schlangenbrut, wer hat euch denn gelehrt, daß ihr dem kommenden Gericht entrinnen könnt, bringt Früchte hervor, die eure Umkehr zeigen, und fangt nicht an zu sagen, Wir haben ja Abraham zum Vater, denn ich sage euch, Gott kann aus diesen Steinen Kinder machen, schon ist die Axt an die Wurzel der Bäume gelegt, jener Baum, der keine gute Frucht hervorbringt, wird umgehauen und ins Feuer geworfen, Da fragten ihn die Leute, Was sollen wir tun, und er antwortete ihnen, Wer zwei Gewänder hat, der gebe eines davon dem, der keines hat, und wer zu essen hat, der handle ebenso, und zu den Steuern einnehmenden Zöllnern sprach er, Verlangt nicht mehr als festgesetzt ist, doch glaubt nicht, das Gesetz sei gerecht, nur weil ihr es Gesetz nennt, und zu den Soldaten, die ihn fragten, Was sollen denn wir tun, sagte er, Mißhandelt niemand, erpreßt niemand, begnügt euch mit eurem Sold. Hier verstummte Thomas, der mit dem Bericht begonnen hatte, und Judas Iskariot fuhr in der Rede fort und berichtete, Dann fragten sie ihn, ob er der Messias sei, und er erwiderte, Ich taufe euch nur mit Wasser, es kommt aber einer, der stärker ist als ich, und ich bin es nicht wert, ihm die Schuhe zuzuschnüren, Er wird euch mit dem heiligen Geist und mit Feuer taufen, schon hält er die Schaufel in der Hand, um die Spreu vom Weizen zu trennen und den Weizen in seine Scheune zu bringen, die Spreu aber wird er in nie erlöschendem Feuer verbrennen. Mehr sagte Judas Iskariot nicht, und alle warteten sie, daß Jesus spräche, Jesus aber zog mit einem Finger geheimnisvolle Striche in den Staub, er schien zu warten, daß ein anderer redete. Petrus meldete sich und fragte ihn, Bist du der Messias, den Johannes ankündigt, und Jesus, weiter Striche in den Staub zeichnend, erwiderte, Du sagst das, nicht ich, mich nannte Gott lediglich seinen Sohn, er machte eine Pause, dann schloß er, Ich werde mich auf die Suche nach Johannes begeben, Wir begleiten dich, sagte jener, der ebenfalls Johannes hieß, der Sohn des Zebedäus, Jesus aber wiegte verneinend das Haupt, Ich gehe allein, nur Thomas und Judas Iskariot begleiten mich, weil sie ihn kennen, und an Judas gewandt, Wie sieht er aus, Er ist größer als du und viel kräftiger, einen langen Bart trägt er, der aus lauter Stacheln dünkt, er hüllt sich in derbe Kamelfelle, die eine Lederschnur, rings um die Lenden, zusammenhält, und man erzählt, in der Wüste habe er sich von Heuschrecken und wildem Honig ernährt, Er mutet viel eher als ich der Messias an, sagte Jesus und erhob sich.

Die drei zogen am nächsten Morgen fort, und weil bekannt, daß sich Johannes immer nur wenige Tage am selben Fleck aufhielt, man ihn aber ganz gewiß taufend am Jordan vorfände, wandelten sie von den Höhen Bethaniens hinab zu dem Orte Betabara, der am Toten Meer liegt, mit dem Gedanken, dann flußauf zu wandern, bis ans Galiläische Meer, und noch weiter nordwärts, notfalls bis zur Jordanquelle. Doch es wurde eine unverhofft kurze Reise, denn schon in Betabara fanden sie, als hätte er sie erwartet, Johannes vor, ihn allein. Aus der Ferne gesehen, eine winzige Menschengestalt, die da am Ufer saß, umgeben von bleichen Bergen, die Totenköpfen ähnlich, und Tälern vom Aussehen noch schmerzender Narben, zur Rechten aber, unheilvoll blakend unter der Sonne und dem weißen Himmel, der entsetzliche Spiegel des Toten Meeres, gleichsam geschmolzenes Zinn. Als sie auf einen Steinwurf heran waren, fragte Jesus die

Gefährten, Ist er es, die beiden schauten, schirmten die Augen mit der Hand ab, einer sagte, Es müßte sein Zwillingsbruder sein, wenn er es nicht wäre, Wartet hier, bis ich zurück bin, sagte Jesus, haltet euch fern, was auch immer geschieht, und ohne ein weiteres Wort stieg er zum Fluß hinab. Thomas und Judas Iskariot setzten sich auf den verbrannten Boden, sie sahen Jesus sich entfernen, zwischen dem Geröll auftauchen und verschwinden, dann, schon im Flußeinschnitt, auf Johannes zugehen, der sich die ganze Zeit nicht vom Fleck gerührt hatte. Hoffentlich haben wir uns nicht getäuscht, sagte Thomas, Wir hätten näher herangehen sollen, sagte Judas Iskariot, Jesus allerdings war sich von vornherein gewiß gewesen, hatte nur um des Fragens willen gefragt. Dort unten erhob sich nun Johannes, den nahenden Jesus im Blick, Was wohl werden sie zueinander sagen, erwog Judas Iskariot, Vielleicht erzählt Jesus es uns, oder er schweigt, sagte Thomas. Nun standen die zwei Männer dort, fern, in regem Wortwechsel, erkennbar an den Gesten und an den Bewegungen, die sie mit ihren Wanderstöcken machten, dann gingen sie zum Wasser hinunter und waren nun, von der Uferböschung verdeckt, nicht zu sehen, doch Judas und Thomas wähnten sich im Bilde, auch sie hatten sich, bis zu den Hüften im Wasser stehend, von Johannes taufen lassen, Johannes nahm mit den zur Muschel geformten Händen Wasser auf, hob es himmelan, ließ es Jesus dann über das Haupt rinnen, sagte, Ich taufe dich mit diesem Wasser, möge es dein Feuer nähren. Gesagt, getan, schon entsteigen Johannes und Jesus dem Fluß, sie lasen die Wanderstäbe vom Boden auf, wechselten sicherlich Worte des Abschieds, umarmten einander, dann wandelt Johannes am Ufer gen Norden, und Jesus strebt her zu uns. Thomas und Judas Iskariot erwarteten ihn, stehend, er kommt, und abermals ohne ein Wort schreitet er an ihnen vorbei, in Richtung Bethanien. Ihm hinterdrein gehen, mit rechtem Groll, die Jünger, gepeinigt von ihrer Neugierde, irgendwann konnte sich Thomas nicht mehr beherrschen, und die abwehrende Gebärde des Judas mißachtend, fragte er Jesus, Willst du uns nicht erzählen, was Johannes zu dir sagte, Noch ist es nicht die Stunde, entgegnete Jesus, Hat er dir zumindest versichert, daß du der Messias bist, Noch ist es nicht die Stunde, wiederholte Jesus, und den beiden war nicht klar, ob er sich lediglich wiederholte oder die Ankunft des Messias meinte. Letzteres vermutete Judas Iskariot, während sie sich mutlos zurückfallen ließen, Thomas aber, von Natur ein Zweifler und der Abrede zugetan, hielt es für bare Wiederholung, Obendrein eine aus Ungeduld geäußerte, fügte er hinzu.

Was sich wirklich zugetragen, das erfuhr nur Maria von Magdala, an diesem Abend, sie allein, Es wurde nicht viel geredet, sagte Jesus, kaum hatten wir einander gegrüßt, begehrte er zu wissen, Bist du es, der kommen wird, oder müssen wir auf einen anderen warten, Und du, was hast du ihm geantwortet, Ich sagte, Blinde werden wieder sehen und Lahme gehen, Aussätzige werden rein, Taube hören, und den Armen wird das Evangelium verkündet, Und er, Nicht nötig, daß der Messias all das tut, sofern er tut, was sein muß, Hat er das gesagt, Ja, das genau waren seine Worte, Und was hat der Messias zu tun, Eben das fragte ich ihn, und er antwortete mir, Das mußt du selbst herausfinden, Und dann, Mehr nicht, er führte mich in den Fluß, taufte mich und ging von dannen, Was sprach er, während er dich taufte, Ich taufe dich mit Wasser, möge es dein Feuer nähren. Nach diesem Gespräch mit Maria von Magdala blieb Jesus eine ganze Woche stumm. Er verließ das Haus des Lazarus und wohnte außerhalb Bethaniens, bei den Jüngern, wählte indes ein abseits stehendes Zelt, saß den ganzen Tag drin, allein, selbst Maria von Magdala durfte nicht eintreten, und zu Abend ging er hinaus in die wüsten Berge. Manchmal folgten ihm die Jünger heimlich, redeten sich ein, ihn vor Raubtieren schützen zu wollen, die es hier in Wahrheit nicht gab. Sie sahen ihn eine geräumige Lichtung aufsuchen, wo er dann saß und schaute, jedoch nicht himmelan sondern geradeaus, als erwartete er, daß aus dem beunruhigenden Schatten der Täler oder über den Gipfel eines Hügels her irgendwer auftauchte. Es war mondhelle Nacht, ein Kommender wäre von fern zu sehen gewesen, doch es kam niemand. Beim ersten Lichtstreif des nahenden Morgens kehrte Jesus ins Lager zurück. Von den Speisen, die ihm im Wechsel Johannes und Judas Iskariot brachten, aß er wenig, den Gruß der beiden erwiderte er nicht, einmal gar wies er Petrus barsch von sich, der hatte sich lediglich nach seinem Befinden erkundigen und Befehle entgegennehmen wollen, nicht einmal zu Unrecht, nur hatte er es zu früh getan. Eine Woche später verließ Jesus das Zelt, am hellichten Tag gesellte er sich den Jüngern wieder zu, speiste mit ihnen, dann verkündete er, Morgen gehen wir nach Jerusalem, besuchen den Tempel, und dort tut ihr dann, was ich tue, es ist an der Zeit, daß der Sohn Gottes erfährt, wozu das Haus seines Vaters nütze, und daß der Messias tut, was ihm zu tun obliegt. Die Jünger wünschten deutlichere Erklärung, Lange braucht ihr nicht zu leben, um es zu erfahren, sprach Jesus. Die Jünger waren solche Redeweise von ihm nicht gewohnt, auch nicht diese jetzt so verhärtete Miene. Jesus schien nicht mehr der sanfte und friedfertige Mensch, den sie gekannt, und der sich von Gott willig und ohne Klagen sonstwohin hatte führen lassen. Kein Zweifel, schuld an dieser Veränderung waren jene im Augenblick noch nicht durchschaubaren Gründe, die ihn von der Gemeinschaft der Freunde absonderten und ihn, als sei er den nächtlichen Dämonen verfallen, über diese Hügel und durch diese Schluchten trieben, auf der Suche nach einem Wort, das man stets sucht. Petrus, der älteste der Jünger, fand es allerdings ungerecht von Jesus, daß er einfach befahl, Morgen gehen wir nach Jerusalem, als wären sie seine Knechte, gut zum Tragen und Bringen, nicht aber um den Grund für das Gehen und Kommen zu erfahren, Allemal anerkennen wir deine Macht und deine Autorität, und ihnen fügen wir uns, sprach er, wir halten uns an dein Sagen und Tun, und für uns bist du Gottes Sohn und zugleich Mensch, aber recht ist es nicht, daß du uns wie Kinder oder Greise behandelst, uns deine Gedanken vorenthältst, und daß wir nur zu tun haben, was du tust, ohne daß unser Verstand aufgerufen wäre, einzuschätzen, was du von uns erwartest, Verzeiht mir, ihr alle, sagte Jesus, ich weiß selbst nicht, was mich nach Jerusalem befiehlt, ich weiß nur, ich muß hin, ihr seid nicht genötigt, mich zu begleiten, Wer befiehlt dir, nach Jerusalem zu gehen, Jemand, der sich in meinem Kopf eingenistet hat und da entscheidet, was ich zu tun oder zu lassen habe, Wirkst sehr verändert seit der Begegnung mit Johannes, Ich begriff, es langt nicht der Friede allein, es gilt auch, das Schwert zu bringen, Wozu erst das Schwert, falls das Reich Gottes nahe ist, fragte Andreas, Gott sagte mir nicht, auf welche Weise sein Reich zu euch kommt, Wir haben den Frieden probiert, probieren wir nun das Schwert, möge Gott seine Wahl treffen, und ich wiederhole, ihr seid nicht verpflichtet, mich zu begleiten, Weißt ja aber, daß wir dich wohin auch immer begleiten, sagte Johannes, und Jesus erwiderte, Schwört nur nicht, erfahren werden es jene unter euch, die dorthin gelangen.

Am folgenden Morgen begab sich Jesus in das Haus des Lazarus, weniger um sich zu verabschieden als zum guten Beweis, daß er in die Gemeinschaft aller zurückgekehrt war, und da erfuhr er von Martha, Lazarus sei schon fort in die Synagoge. Da nahm Jesus mit den Seinen den Weg nach Jerusalem, und Maria von Magdala und die anderen Frauen begleiteten sie bis zu den letzten Häusern von Bethanien, wo sie winkend zurückblieben, mehr war nicht nötig, die Männer drehten sich ohnehin nicht ein einziges Mal um. Von Wolken bedeckt ist der Himmel, Regen droht, vielleicht deshalb sind so wenig Menschen unterwegs, wer nicht zwingenden Grund hat, nach Jerusalem zu reisen, ist daheim geblieben, wartet, daß die Sterne entscheiden. So schreiten die dreizehn auf einer bisweilen ganz einsamen Straße hin, während die dicken grauen Wolken über die Berggipfel wallen, als wollten sich Himmel und Erde, endlich und für immer, in eins fügen, die Form und das Geformte, Haken und Öse, Konvex und Konkav. Doch als sie vor die Tore der Stadt gelangten, erwies sich sogleich, daß es ein größeres Viel und Gewimmel nicht geben könnte. Zeit und Geduld, wie ja sonst auch, mußte aufbringen, wer zum Tempel strebte. Da schritten die dreizehn Männer daher, fast alle barfuß, mit langen Wanderstäben bewehrt, von wallenden Bärten und in schweren dunklen Umhängen über

Tuniken, die der Welt Anfang miterlebt zu haben schienen, und bei ihrem Anblick wichen die Leute furchtsam zurück, sie fragten einander, Wer sind diese, wer geht ihnen voran. Keiner wußte Antwort, bis einer, der aus Galiläa herabgezogen war, sagte, Das ist Jesus von Nazareth, der Gottes Sohn zu sein behauptet und Wunder vollbringt, Wohin gehen sie, fragte man, doch die einzige Möglichkeit, es zu erfahren, war, ihnen zu folgen, viele schlossen sich ihnen an, und so waren es, als sie zum Tempeleingang gelangten, dem äußeren, nicht ihrer dreizehn, sondern eintausend, und da verhielten sie, sehr gespannt, was nun geschehen werde. Jesus strebte zu den Ständen der Geldwechsler, und an die Jünger gewandt, sagte er, Deswegen sind wir gekommen, und schon begann er, die Tische umzuwerfen und jene zu rempeln und zu schlagen, die da kauften und verkauften, mit einem Mal war es ein so gewaltiger Tumult, daß seine Worte nicht zu hören gewesen wären, hätte nicht, ein merkwürdiger Fall, seine natürliche Stimme jetzt tönend laut wie eine Bronzeglocke geklungen, Aus diesem Haus, das ein Haus des Gebetes für alle Völker sein soll, habt ihr eine Räuberhöhle gemacht, rief er, warf nacheinander die Tische um, daß die Münzen wild durcheinanderflogen, zum großen Vergnügen etlicher der eintausend, die herbeisprangen und jenes Manna auflasen. Die Jünger taten es Jesus gleich, dann warfen sie die Stände der Taubenverkäufer über den Haufen, und die entwichenen Tiere flogen über dem Tempel, aufgeregt und närrisch, in Kreisen, und weiter fort, rings um den Rauch des Altars, auf dem sie nicht verbrannt würden, weil ihr Retter erschienen war. Es eilten die Tempelwächter herbei, knüppelbewehrt, um die Unruhestifter zu züchtigen, zu fangen oder hinauszujagen, gerieten da aber an dreizehn derbe Galiläer, die, mit Wanderstäben in den Händen, alles fortfegten, was sich ihnen entgegenzustellen wagte, Kommt nur, kommt alle, Gott hält allen stand, sie prügelten auf die Wachen ein, zertrümmerten die Stände, unversehens war eine lodernde Fackel zur Hand, hatte schon die Zeltbahnen in Brand gesteckt, eine weitere Rauchsäule schwang sich in die Lüfte, jemand schrie, Ruft die römischen Soldaten, doch niemand folgte dem, was auch immer geschähe, die Römer hielten sich an das Gesetz, würden den Tempel nicht betreten. Weitere Wächter kamen gelaufen, mit Schwertern und Spießen, denen sich dieser oder jener Wechsler und Taubenverkäufer anschloß, wollten sie die Verteidigung ihrer Interessen ja nicht ausschließlich fremden Händen überlassen, und es begann sich das Waffenglück zu wenden, mochte Gott sich, wie bei den Kreuzzügen, diesen Kampf auch wünschen, schien er doch nicht hinlänglich Eifer darein zu legen, daß die Seinen gewännen. Mitten in der Auseinandersetzung erschien oben auf der Treppe der oberste aller Priester, begleitet von Hohenpriestern, Ältesten und Schriftgelehrten, in der Eile zusammengerufen, und er tönte mit einer Stimme, die jener von Jesus nicht nachstand, Laßt ihn für dieses Mal ziehen, doch wehe, er kommt wieder, dann mähen wir ihn fort, rotten ihn aus wie den die gute Saat überwuchernden und erstickenden Schwindelhafer. Andreas, an der Seite des Meisters fechtend, rief diesem zu, Recht sagtest du, daß du gekommen bist, das Schwert zu bringen und nicht den Frieden, nun wissen wir allerdings, daß Knüppel keine Schwerter sind, und Jesus, Ganz gleich, ob Knüppel oder Schwert, den Unterschied erkennt man am Arm, Was sollen wir tun, fragte Andreas, Kehren wir nach Bethanien zurück, erwiderte Jesus, nicht das Schwert fehlt uns jetzt, sondern der Arm. Sie traten geordneten Rückzug an, die Stäbe gegen die eifernde, keifende Menge gerichtet, die sich zu mehr nicht erkühnte, und binnen kurzem waren sie aus Jerusalem hinaus und nahmen alle erschöpft, und einige übel zugerichtet, den Weg nach Bethanien.

Beim Einzug dort musterten mitleidige und verstimmte Gesichter sie aus den Türen, was ja sehr begreiflich beim Anblick der in kläglichem Zustand daherkommenden Kämpfer. Doch schon beim Einbiegen in die zum Hause des Lazarus führende Gasse erkannten sie, daß es andere Gründe hatte, irgendein Unglück war geschehen. Jesus eilte allen voraus, trat in den Hof des Lazarus, Leute mit bekümmerten Gesichtern gaben ihm den Weg frei, ließen ihn durch, und drin im Haus war es ein Weinen und Jammern, Ach, mein geliebter Bruder, das war Marthas Stimme, Ach, mein geliebter Bruder, das war die Stimme Marias. Ausgestreckt am Fußboden, auf einer Matte, lag Lazarus, friedvoll, wie wenn er schliefe, Körper und Hände wohlgeordnet, doch er schlief nicht, er war tot, fast sein ganzes Leben in Gefahr, daß ihm das Herz versagte, doch er hatte Heilung erfahren, ganz Bethanien konnte es bezeugen, und war nun dennoch tot, das Gesicht indes von einer strahlenden Gefaßtheit, als wäre es aus Marmor, makelfrei wie eingetreten in die Ewigkeit, doch bald werden aus seinem toten Innern erste Zeichen von Verwesung sich außen kundtun, Angst und Schrecken dieser Lebenden dann noch unerträglicher machen. Jesus, als hätte man ihm mit einem einzigen Streich die Fußsehnen durchschnitten, fiel auf die Knie, er stöhnte, weinte, Wie ist es geschehen, wie konnte es nur geschehen, dieser Gedanke befällt uns, sooft wir das Unabänderbare vor Augen haben, wir fragen die anderen, wie es geschehen ist, ein verzweifelter unnützer Fluchtversuch, bevor wir die Wahrheit ja doch hinnehmen müssen, das ist es, wissen wollen wir, wie es geschehen, als könnten wir an die Stelle des Todes noch das Leben setzen, an den Fleck dessen, was gewesen, das, was hätte sein können. Tief aus ihrem ohnmächtigen bitteren Klagen her, sagte Martha zu Jesus, Hätten wir dich hier gehabt, wäre mein Bruder nicht gestorben, aber auch jetzt weiß ich, alles, worum du Gott bittest, wird Gott dir geben, dir gewährte er, daß die Blinden sehend wurden, die Aussätzigen rein, die Stummen Stimme erhielten, und was sonst noch der Wunder, zu denen du imstande bist und die auf dein Wort harren. Jesus sprach, Dein Bruder wird auferstehen, und Martha erwiderte, Ich weiß, daß er auferstehen wird bei der Auferstehung am Letzten Tag. Jesus erhob sich, er spürte, daß eine grenzenlose Kraft seinen Geist fortriß, in dieser äußersten Stunde brächte er alles zuwege, er fühlte sich zu allem imstande, er könnte den Tod aus diesem Leib vertreiben, in ihn das volle Sein zurückbringen, und das Wesen in Gänze, das Wort, die Gebärde, das Lachen, auch die Träne, nicht aber den Schmerz, denn sagen konnte er, Ich bin die Auferstehung und das Leben, wer an mich glaubt, wird leben, auch wenn er stirbt, und Martha würde er fragen, Glaubst du das, und sie würde antworten, Ja, ich glaube, daß du Gottes Sohn bist, der in die Welt kommen sollte, nun, da dies so ist, alles Erforderliche bereit und geordnet, die Kraft und die Macht als auch der Wille, davon Gebrauch zu machen, fehlt lediglich noch, daß Jesus den von der Seele aufgelassenen Körper anschaut, die

Arme gegen ihn ausstreckt, als wären sie jenem der Weg zur Rückkehr, und daß er sagt, Lazarus, erhebe dich, und Lazarus wird aufstehen, weil Gott es wollte, doch in diesem Augenblick, in Wahrheit dem letztmöglichen, allerletzten, legt Maria von Magdala Jesus eine Hand auf die Schulter und sagt, Niemand hat im Leben so viel gesündigt, daß er den Tod zweimal verdiente. Da ließ Jesus die Arme fallen, ging hinaus und weinte.

Wie ein eisiger Hauch, wie eine starr machende Kälte löschte der Tod des Lazarus jene kämpferische Begeisterung, die von Johannes in Jesu Seele entfacht worden, in Jesus, bei dem sich während einer ganzen Woche an Überlegungen und einigen Augenblicken des Handelns der Dienst an Gott und der Dienst an den Menschen in einem einzigen Fühlen vermengt hatten. Nach den ersten Tagen der Trauer dann, als die Pflichten und die Alltagsgewohnheiten ihren Raum allmählich wieder einzunehmen begannen, bei kürzerem Einschläfern des nicht weichenden Schmerzes, wandten sich Petrus und Andreas an Jesus, fragten ihn nach seinen Plänen, ob sie abermals zum Predigen in die Städte ausströmen oder nach Jerusalem zurückkehren sollten zu neuerlichem Überfall, denn schon beklagten die Jünger ihr langes Untätigsein, so war das ja nun doch nicht gedacht gewesen, nicht deshalb haben wir unser Daheim, unsere Arbeit und unsere Familien verlassen. Jesus betrachtete sie in einer Weise, als könnte er sie unter seinen eigenen Gedanken nicht heraushalten, er lauschte, als gälte es, ihre Stimmen aus einem Chor wirrer Schreie herauszuerkennen, und nach langem Schweigen hieß er sie noch etwas warten, er müsse nachdenken, er spüre, da sei irgend etwas im Anzug, das endgültig entscheide über ihr aller Leben und ihren Tod. Auch gedächte er sich ihrem Zeltlager bald wieder zuzugesellen, was Petrus und Andreas nun allerdings nicht gutheißen konnten, da die Schwestern allein blieben, während noch zu entscheiden war, was die Männer täten, Besser, du bleibst dort, sagte Petrus, der nicht ahnte, wie sehr Jesus zwischen zwei Pflichten schwankte, der jenen Männern und Frauen gegenüber, die alles aufgegeben hatten, um ihm zu folgen, und der gegenüber den zwei Schwestern in diesem Hause hier, die einander so gleich und doch so feind waren wie das Gesicht und der Spiegel, eine fortdauernde, ins Kleinste gehende, Schauder bereitende Zerrissenheit. Lazarus war gegenwärtig, war eisern zugegen in Marthas bezichtigenden Worten, die Maria nicht verzieh, daß sie die Auferstehung des eigenen Bruders verhindert hatte, und die Jesus nicht verzieh, daß er eine ihm von Gott verliehene Macht nicht hatte gebrauchen wollen. Zugegen war Lazarus in den untröstlichen Tränen Marias, die, weil sie den Bruder vor einem zweiten Sterben hatte bewahren wollen, nun ihr Leben lang Gewissenspein litte, daß sie ihn nicht von diesem einen Tod befreit hatte. Zugegen war er schließlich als ein riesiger, alle Räume und Winkel füllender Körper, im verwirrten Geist Jesu, der sich im vervierfachten Widerspruch sah, daß er Marias Worten beipflichten und sie zugleich mißbilligen sollte, daß er Marthas vorgebrachten Wunsch verstehen und zugleich tadeln sollte. Jesus betrachtete seine arme Seele, und ihm war, als zögen und zerrten vier wilde ungestüme Pferde an ihr, ihm war, als rissen vier um Spille gewikkelte Taue langsam alle Fibern seines Geistes auseinander, als ergötzten sich die Hände Gottes und die des Teufels, göttlich und diabolisch, über einem Verwechslungsspiel mit dem, was von ihm noch übrig war. Vor dem Tor des Hauses, das Lazarus gehört hatte, drängten sich Krüppel und von Wunden gepeinigte Kranke, erflehten Heilung ihren verunstalteten Leibern, in Abständen erschien Martha, um sie fortzuschicken, gleichsam mit den Worten, Für meinen Bruder war keine Rettung, darum soll auch für euch keine Heilung sein, doch sie kehrten später zurück, kamen immer wieder, bis sie endlich vor Jesus gelangten, der sie heilte und fortschickte, ohne ihnen einzuschärfen, Tuet Buße, geheilt werden, das war wie ein zweites Mal geboren werden, ohne gestorben zu sein, wer geboren wird, ist noch ohne Sünde, er hat nichts zu bereuen. Doch diese Werke der leiblichen Regenerierung, mit Verlaub, sie hinterließen, obwohl von höchstem Erbarmen, in Jesu Herz Bitternis, eine Art bitteren Nachgeschmack, waren sie ja im Grunde nur Hinausschiebung des unaufhaltsamen Niedergangs, wer heute hier gesund und fröhlich von dannen ging, kommt morgen wieder, klagt über neue Schmerzen, für die es kein Heilmittel gibt. So traurig wurde Jesus, daß Maria eines Tages zu ihm sagte, Stirb du mir jetzt nicht auch, sonst erführe ich wahrhaftig, was ein zweimaliges Sterben von Lazarus gewesen wäre, und Maria von Magdala, im Geheimen der finsteren Nacht, murmelte unter der gemeinsamen Decke, gleichsam das Klagen und Stöhnen eines Tieres, das sich verkroch, um zu leiden, Brauchst mich heute mehr denn je, nun bin ich es, die dich nicht erreichen kann, weil du dich hinter einer Tür verschanzt, die Menschenkraft nicht aufzustoßen vermag, und Jesus, der Martha geantwortet hatte, Bei meinem Tode sind alle Tode des Lazarus zugegen, er ist es, der immerzu stirbt und nicht wiedererweckt werden kann, er bat und flehte Maria an, Selbst wenn du nicht zu mir kannst, weiche nicht von mir, reiche mir stets deine Hand, auch wenn du mich nicht siehst, sonst werde ich das Leben vergessen oder das Leben mich. Tage später gesellte Jesus sich den Jüngern zu, und Maria von Magdala begleitete ihn, Ich hefte den Blick auf deinen Schatten, falls du nicht möchtest, daß ich dich anschaue, sagte sie zu ihm, und er erwiderte, Dort sein will ich, wo mein Schatten ist, falls deine Augen dort sind. Sie liebten einander und liebten es, solche Worte zu wechseln, nicht nur weil diese schön und wahr, sofern es möglich, daß sie beides in einem, sondern weil sie spürten, daß die Zeit der Schatten anbrach und sie sich, jetzt noch beieinander, an die Dunkelheit der endgültigen Abwesenheit gewöhnen müßten.

Es traf da auf dem Lagerplatz die Nachricht ein, Johannes der Täufer sei gefangengesetzt. Mehr war nicht zu erfahren, nur daß er im Kerker saß, eigens auf Befehl des Herodes eingesperrt. In Ermangelung anderer Gründe meinten Jesus und seine Leute, es könnte dies nur geschehen sein, weil er, Kern seiner Prophezeiung allenorts, immerfort die baldige Ankunft des Messias verkündet hatte, Es kommt einer, der wird euch mit Feuer taufen, hatte er zwischen Verwünschung und Verwünschung verkündet, Ihr Schlangenbrut, wer hat euch gelehrt, daß ihr dem kommenden Gericht entrinnen könnt. Hierauf mahnte Jesus die Jünger, sich für jede Art von Peinigung und Verfolgung zu rüsten, da doch seit geraumer Zeit im Lande die Rede ging, sie selbst täten und sagten gleiches, da galt es gewärtig zu sein, daß Herodes folgerte, zwei und zwei sind vier, daß er im Sohne eines Zimmermanns, der sich prahlerisch Sohn Gottes nannte, und in dessen Gefolgsleuten das zweite und noch gefährlichere Haupt jenes Drachens erblickte, der ihn vom

Thron zu stürzen drohte. Nun, eine schlechte Nachricht ist nicht besser als gar keine, doch verdient sie es, von jenen mit gefaßter Seele aufgenommen zu werden, die sehnsüchtig auf alles gehofft, sich zuletzt aber vor dem Nichts gesehen hatten. Sie fragten sich gegenseitig, und dann allesamt Jesus, was sie zu tun hätten, sollten sie beieinander bleiben und sich gemeinsam der Bösheit des Herodes stellen, oder sollten sie sich in den Städten zerstreuen, oder gar die Wüste wählen und sich dort vom Honig wilder Bienen und von Heuschrecken ernähren, wie Johannes es getan, bevor er von dort ausgezogen war zu Jesu höherem Ruhme und, wie man jetzt sah, sich selbst zum Unglück. Da von einem Anrücken der Soldaten des Herodes auf Bethanien zwecks Tötung dieser anderen Unschuldigen allerdings nichts zu erkennen war, konnten Jesus und die Seinen in Ruhe die unterschiedlichen Möglichkeiten erörtern, und hierüber waren sie, als auf einem einzigen Fuß die zweite und die dritte Nachricht eintrafen, Johannes sei enthauptet worden, und eingesperrt und dann hingerichtet hatten sie ihn nicht, weil er die Ankunft des Messias und des Reiches Gottes verkündete, sondern weil er wild wetterte gegen den ruchlosen Ehebruch des Herodes, denn dieser hatte seine Nichte und Schwägerin Herodias noch zu Lebzeiten von deren Ehemanne geheiratet. Der Tod des Johannes löste im Lager viele Tränen und viel Wehklagen aus, die Schmerzbekundungen bei Männern und Frauen ununterschieden gleich, daß der Täufer jedoch aus dem erwähnten Grund getötet worden sein sollte, mochte keiner hier begreifen und billigen, ein anderes Motiv, o ja, ein viel gewichtigeres, mußte Herodes zu seinem Richtspruch bewegt haben, Dies hier ist gar zu läppisch und für die Zukunft erst recht nicht von Belang, erregte sich Judas Iskariot, den, so erinnern wir uns, Johannes getauft hatte, Was soll das, fragte er die versammelte Gefolgschaft, inbegriffen die Frauen, da kündigt Johannes den die Menschheit erlösenden Messias an, und man bringt ihn um, weil er Ehebruch und Beischlaf anprangerte, Bett und Heirat von Onkel und Nichte, als wüßten wir nicht, daß dies ohnehin gang und gäbe ist in jener Familie, seit dem ersten Herodes bis heute, Was soll das, wiederholte er, hat doch Gott den Johannes gesandt, damit er den Messias ankündigt, unbezweifelbar, da ja nichts geschieht, ohne daß es Gottes Wille, und wenn es Gott war, dann erkläre mir einer von euch, der es besser wissen mag, warum Gott seine Absichten so herabgewürdigt sehen will, und kommt mir bitte nicht mit der Begründung, Gott weiß und wir können nicht wissen, sonst entgegne ich euch, Ich aber will just wissen, was Gott weiß. Ein Angstschauer überrieselte die Anwesenden, als wäre Gottes Zorn schon im Anzug, um den Dreistling zu zerschmettern, samt allen, die ihm die Lästerung nicht auf der Stelle heimzahlten. Nun, da Gott hier nicht zugegen war, um Judas Bescheid zu tun, konnte nur Jesus diese Herausforderung wettmachen, weil dem obersten Angerufenen am nächsten. Wäre es ein anderer Glaube gewesen, und eine andere Situation, hätte es vielleicht sein Bewenden gehabt mit diesem geheimnisvollen Lächeln Jesu jetzt, in dem man, wiewohl es leicht und flüchtig, dreierlei erkannte, Überraschung, Gewogenheit und Neugierde, was dennoch weiter nichts bedeutete, weil die Überraschung momentan kurz, die Gewogenheit herablassend und die Neugierde höchst mäßig war. Das Lächeln schwand so wie es gekommen, statt dessen nun Totenblässe, das jäh eingefallene Gesicht dessen, der übertragen als auch leibhaftig soeben das eigene Schicksal vor Augen gehabt hatte. Mit träger, fast ausdrucksloser Stimme befahl Jesus schließlich, Mögen sich die Frauen zurückziehen, und Maria von Magdala erhob sich als erste. Dann, als das Schweigen Mauer und Dach geworden war, die Anwesenden gleichsam in tiefster Erdkaverne einschloß, sagte Jesus, Soll Johannes den Herrgott fragen, warum der ihn so sterben ließ, für eine so läppische Sache, ihn, der gekommen war, gewaltige Dinge zu verkünden, sagte es und schwieg. Da aber Judas Iskariot Anstalten machte zu reden, wehrte er mit einem Wink ab und fuhr fort, Meine Pflicht, das habe ich jetzt begriffen, ist es, euch zu sagen, was ich von Gott selbst weiß, sofern er es mir nicht verbietet. Unter den Jüngern erregtes Gemurmel, eifernd, sie glaubten hören zu müssen, was sie im Innersten befürchteten, nur Judas Iskariot schaute herausfordernd drein, wie seit Beginn dieser von ihm angefachten Debatte. Jesus sprach, Ich kenne mein Schicksal und eures, ich kenne das Schicksal vieler, die da auf die Welt kommen werden, ich kenne die Gründe des Herrgotts und seine Pläne, und von alledem muß ich euch erzählen, denn es betrifft euch alle und mehr noch die Zukunft, Warum müssen wir wissen, was Gott dir anvertraut hat, fragte Petrus, besser, du behältst es für dich, Es stünde in Gottes Macht, mir augenblicklich Schweigen zu gebieten, Also ist es Gott wohl ganz gleich, ob du schweigst oder redest, und wenn Gott durch deinen Mund sprach, wird er es weiter tun, selbst wenn du meinst, wie jetzt eben, wider seinen Willen zu handeln, Du, Petrus, weißt, daß ich am Kreuz sterben werde, Hast es schon gesagt, Nicht aber daß auch du, und Andreas, und Philipp, daß auch ihr gekreuzigt werdet, und Bartholomäus wird abgebalgt, Matthäus töten die Barbaren, Jakob, dem Sohn des Zebedäus, wird die Kehle durchschnitten, und den zweiten Jakob, Sohn des Alphäus, steinigen sie, Thomas wird von der Lanze durchbohrt, Judas Thaddäus zerschmettern sie den Kopf, Simon wird in Stücke zersägt, dies wußtest du nicht, jetzt weißt du es und wissen es alle. Die Eröffnung wurde lautlos hingenommen, kein Grund mehr, sich vor der Zukunft zu ängstigen, nun ein jeder diese kannte, es war, als hätte Jesus nur eben versichert, Ihr werdet sterben, und sie hätten ihm im Chor geantwortet, Große Neuigkeit, das wußten wir bereits selbst. Johannes und Judas Iskariot hatten ihren Namen indes nicht vernommen, Und ich, fragten sie, Du, Johannes, wirst alt, stirbst als Greis, sagte Jesus, Du aber, Judas Iskariot, meide die Feigenbäume, bald wirst du dich an einem solchen erhängen, Dann also sterben wir deinethalben, sprach eine Stimme, die unerkannt blieb. Gottes halber, Gottes halber, entgegnete Jesus, Was bezweckt Gott, fragte Johannes, Er wünscht sich eine größere Gemeinde als er sie jetzt hat, er möchte die ganze Welt für sich, Aber wenn Gott das ganze Universum gehört, wieso da nicht die Welt, und zwar seit ewig her, und nicht erst seit gestern und morgen, warf Thomas fragend ein, Das weiß ich nicht, sagte Jesus, Aber du, der du schon so lange mit all diesen Dingen im Herzen lebst, warum erzählst du sie uns jetzt, Nun, Lazarus, den ich heilte, ist gestorben, Johannes der Täufer, der mich ankündigte, ist gestorben, schon wandelt der Tod unter uns, Alles, was lebt, muß sterben, sagte Petrus, die Menschen so sehr wie die anderen Kreaturen, Fortan werden viele Gottes Willen gemäß und seinethalben sterben, Wenn

Gottes Wille, dann ist es eine heilige Sache, Sterben werden sie jetzt, weil sie nicht früher oder aber später das Licht der Welt erblickt haben, Sie werden Eingang finden ins ewige Leben, sagte Matthäus, Doch die Vorbedingungen, um hin zu gelangen, sollten nicht so schmerzhaft sein, Wenn der Gottessohn sagte, was er sagte, hat er sich selbst in Abrede gestellt, wandte Petrus ein, Du irrst, so darf, entgegnete Jesus, nur ein Gottessohn reden, was in deinem Munde Gotteslästerung wäre, ist in meinem nur eben ein anderes Wort Gottes, Du sprichst, als hätten wir zu wählen zwischen dir und Gott, sagte Petrus, Ihr habt stets zwischen Gott und Gott zu wählen, ich bin nichts anderes als ihr, stehe wie die Menschen mittendrin, Was also gebietest du uns zu tun, Helft nach meinem Tode das Leben der Kommenden zu schonen, Du kannst Gottes Willen nicht zuwider handeln, Nein, aber meine Pflicht ist es, dies zu versuchen, Du, da Gottes Sohn, bist gerettet, wir hingegen verlieren unsere Seele, Nein, wer mir gehorcht, gehorcht zugleich Gott. Am Horizont, dort am fernen Ende der Wüste, tauchte der Rand eines roten Mondes hervor, Sprich weiter, sagte Andreas, Jesus aber wartete, bis sich der Mond von der Erde gelöst hatte, riesig und blutig, dann fuhr er fort, Gottes Sohn muß am Kreuz sterben, auf daß sich des Vaters Wille erfülle, setzen wir indes an Sohnes statt einen einfachen baren Menschen, kann Gott diesen nicht als seinen Sohn opfern, Soll etwa einer von uns deinen Platz einnehmen, fragte Petrus, Nein, das tue ich, Im Namen Gottes, erkläre dich verständlicher, Ein barer Mensch, jawohl, allerdings einer, der sich selbst zum König der Juden erklärt, der das Volk aufhetzt, Herodes vom Thron zu stürzen und die Römer aus dem Land zu vertreiben, und um dieses eine bitte ich dich, möge einer von euch in den Tempel eilen und sagen, ich sei dieser Mensch, und vielleicht, falls die Strafung auf dem Fuße folgt, ist Gott dann nicht mehr Zeit gegeben, ins Menschenwerk einzugreifen, so wenig wie er jenem in den Arm fiel, der Johannes enthauptete. Das Entsetzen lähmte allen die Zunge, doch dann entrangen sich den Mündern Worte der Entrüstung, des Widerspruchs, der Ungläubigkeit, Wenn du Gottes Sohn bist, hast du als Sohn Gottes zu sterben, rief einer, Ich habe mit dir das Brot gebrochen, wie könnte ich dich jetzt verraten, rief stöhnend ein anderer, Möge nicht König der Juden werden wollen, wer König der Welt sein wird, sprach ein dritter, Den Tod soll sterben, wer sich hier fortstiehlt, um dich anzuschwärzen, drohte ein vierter. Nun aber, klar und deutlich über dem Geeifer, klang die Stimme des Judas Iskariot, Ich, ich gehe, falls es dein Begehr ist. Doch schon griffen die anderen zu, aus den Falten der Tuniken zogen sie Stichmesser hervor, Laßt ab von ihm, keiner tue ihm Böses an, befahl Jesus. Er stand auf, umarmte Judas, küßte ihn auf beide Wangen, sagte, Geh, meine Stunde ist deine Stunde. Stumm warf Judas Iskariot den Saum seines Umhangs über die Schulter und tauchte wie von der Nacht verschlungen ins Dunkel.

Die Tempelwächter und die Soldaten des Herodes kamen beim ersten Licht des Tages, umstellten lautlos das Nachtlager, ein Trupp fiel über die Zelte her, mit Schwert und Lanze, und der Anführer rief, Wo ist er, der da behauptet, König der Juden zu sein, wo ist er, wiederholte er, der behauptet, der König der Juden zu sein. Da kam Jesus aus seinem Zelt hervor, und mit ihm die weinende Maria von Magdala, Ich bin es, sprach er, ich bin der König der Juden. Da trat ein Soldat vor ihn, fesselte ihm die Hände, flüsterte aber, Falls du, obwohl heute verhaftet, eines Tages mein König wirst, erinnere dich, ich tat es auf eines anderen Befehl, du wirst mir dann befehlen, daß ich ihn fessele, und ich gehorche, so wie jetzt auch. Jesus entgegnete ihm, Ein König setzt einen anderen nicht gefangen, ein Gott tötet einen anderen nicht, hierzu wurden die gemeinen Menschen gemacht. Auch eine Fußfessel legten sie Jesus an, damit er nicht entfliehen könnte, Jesus aber sprach zu sich selbst, Spät kommt er, denn ich bin schon entflohen. Hier stieß Maria von Magdala einen Schrei aus, als zerrisse es ihr die Seele, und Jesus sagte, Meinethalben wirst du weinen, und auch ihr, Frauen, werdet allesamt weinen, wenn die gleiche Stunde den anderen hier gekommen ist und auch euch selbst, doch wißt, für jede eurer Tränen würden in den kommenden Zeiten deren tausend vergossen, wenn ich nicht so endete, wie es mein Wille ist. Zum Hauptmann der Truppe sagte er, Laß diese Menschen, die um mich waren, gehen, ich bin der König der Juden, nicht sie, und ohne ein weiteres Wort trat er mitten unter die Häscher. Inzwischen war die Sonne aufgegangen, stieg über Bethaniens Häusern am Himmel empor, als die Menge der Leute, Jesus vornan, zwischen zwei Soldaten, die den seine Hände fesselnden Strick an den Enden festhielten, die Straße hinauf nach Jerusalem einschlugen. Die Jünger und die Frauen Jesus hinterdrein, in Zorn die Männer, die Frauen schluchzend, doch so wenig taugten die Schluchzer der einen wie der Zorn der anderen, Was sollen wir nur tun, fragten sie einander unter der Hand, etwa bei Gefahr des eigenen Lebens über die Soldaten herfallen und Jesus befreien, oder sollen wir auseinander laufen, bevor sie auch uns verhaften, und da sie sich nicht zu diesem und nicht zu jenem entschließen konnten, taten sie nichts, sie folgten, im Abstand, den Häschern. Irgendwann sahen sie diese, weiter vorn, anhalten, war vielleicht ein Gegenbefehl gekommen, lösten sie Jesus die Fesseln, aber nein, das konnte sich nur ein Narr ausdenken, und einige wenige taten es. Wohl war da, wirklich, ein Faden durchtrennt worden, allerdings der Lebensfaden des Judas Iskariot. Da hing Judas an einem Feigenbaum längs der Straße, die Jesus hatte kommen müssen, mit einem Strick um den Hals, freiwillig hatte dieser Jünger sichergestellt, daß sich des Meisters letzter Wunsch erfüllte. Der Hauptmann der Truppe befahl zwei Soldaten, den Toten abzuschneiden, ihn herunterzuholen, Er ist noch warm, bemerkte einer. Denkbar, daß Judas Iskariot mit der Schlinge um den Hals oben auf dem Ast geharrt hatte, bis Jesus fern in der Biegung auftauchte, hatte sich erst dann herabgestürzt, mit sich im reinen, weil er seine Pflicht getan. Jesus trat heran, die Soldaten verboten es ihm nicht, lange betrachtete er das vom Todeskampf verzerrte Gesicht, Er ist noch warm, wiederholte der Soldat, da überlegte Jesus, er könnte Judas, wenn er nur wollte, gleiches widerfahren lassen wie Lazarus, könnte ihn auferwecken, damit er, eines anderen Tages, anderenorts, den unabwendbaren eigenen Tod stürbe, fern und dunkel, und dann nicht für ewig erinnert als der Verräter. Doch es hat ja nur der Sohn Gottes die Macht, vom Tode zu erwecken, nicht der König der Juden, der hier hinschreitet, stummen Geistes, die Füße und Hände gefesselt. Was zu befehlen gewesen, hatte er befohlen, Laßt ihn hier, damit die von Bethanien ihn bestatten oder die Raben ihn fressen, schaut aber trotzdem nach, ob er

Wertsachen bei sich trägt, und die Soldaten suchten und fanden nichts, Nicht eine einzige Münze, sagte einer, was nicht verwunderlich, denn die Gelder der Gemeinschaft verwaltete Matthäus, und der verstand sich darauf, war er doch Zöllner gewesen zu Zeiten, als er Levi hieß, Sie haben ihm den Verrat nicht bezahlt, murmelte Jesus, und der Soldat, der es gehört hatte, erwiderte, Das wollten sie, doch er hat abgewehrt, er komme für seine Rechnungen selbst auf, sagte er, und nun liegt er da und begleicht sie schon nicht mehr. Sie schritten weiter, einige der Jünger musterten den Leichnam mitleidig fromm, Johannes aber sagte, Laßt ab, er gehörte nicht zu uns, doch der andere Judas, der auch Thaddäus genannte, entgegnete, Ob es uns paßt oder nicht, und wie wenig wir auch wissen mögen, was mit ihm anfangen, er wird für immer als einer von uns gelten. Gehen wir, sagte Petrus, unser Platz ist nicht zu Füßen des Judas Iskariot, Stimmt, sagte Thomas, unser Platz sollte an Jesu Seite sein, der aber ist leer.

Endlich hielten sie Einzug in Jerusalem, und Jesus wurde vor den Rat der Ältesten, Hohenpriester und Schriftgelehrten geführt. Da war der oberste Priester, der nun frohlockte, den Mann vor sich zu haben, Ich hatte dich gewarnt, sprach er, du aber hast nicht hören wollen, nun schützt dich dein Hochmut nicht, und deine Lügen werden dich verdammen, Welche Lügen, fragte Jesus, Zum einen, daß du der König der Juden seist, Ich bin der König der Juden, Zum anderen, daß du Gottes Sohn seist, Wer sagt dir, daß ich behaupte, Gottes Sohn zu sein, Alle hier sagen es, Glaube ihnen nicht, ich bin der König der Juden, Dann versichere, daß du nicht Sohn Gottes bist, Ich wiederhole, ich bin der König der Juden, Sieh dich vor, schon diese einzige Lüge langt hin, dich zu verurteilen, Was ich gesagt habe, habe ich gesagt, Wohlan, ich überstelle dich dem Prokurator der Römer, der ist begierig, jenen Mann kennenzulernen, der ihn von hier vertreiben und diese Besitzungen der Gewalt Caesars entziehen möchte. Die Soldaten führten Jesus in den Palast des Pilatus, und da es sich schon herumgesprochen hatte, daß jener, der sich König der Juden nannte, der die Wechsler vertrieben und die Verkaufsstände angezündet hatte, nun verhaftet war, liefen die Leute herbei, um zu sehen, welche Miene ein König machte, den man vor aller Augen wie einen gemeinen Verbrecher gefesselt durch die Straßen führte, wobei es sich für den Fall gleich blieb, ob er wahrhaftig ein König oder sich lediglich als solcher ausgab. Und wie es immer geschieht, weil die Welt nicht eins ist, bemitleideten ihn manche und andere nicht, Laßt ihn laufen, er ist verrückt, andere aber meinten, ein Verbrechen ahnden heiße ein Exempel statuieren, und wenn erstere ihrer viele, so diese gewiß nicht wenige. Mitten in der Menge irrten, halb verloren, die Jünger umher, auch die sie begleitenden Frauen, die man sogleich an ihren Tränen erkannte, nur eine weinte nicht, Maria von Magdala, weil ihr Jammer ein inneres Lodern war.

Der Weg vom Hause des obersten Priesters zum Palast des Prokurators war nicht weit, doch Jesus schien er endlos, und nicht weil auf dieser Höhe des Geschehens die Schreie und Buhrufe der Menge unerträglich waren, der letztlich enttäuschten, da dieser König gar traurige Figur abgab, sondern weil es ihn zur Begegnung mit dem Tod drängte, hier aber durch ihn selbst Verzögerung eintrat. Es sollte Gott nicht noch herüberschauen und sagen müssen, Was soll mir das, du hältst dich nicht an das Vereinbarte. Vor dem Palasttor standen Soldaten Roms, ihnen übergaben die Männer des Herodes und die Tempelwächter den Häftling, blieben selbst aber draußen, in Erwartung des Ergebnisses, mit dem Gefangenen traten nur wenige hierzu befugte Priester ein. Pilatus, dies der Name des Prokurators, saß auf seinem Amtsthron, er sah einen abgerissenen bärtigen, barfüßigen Menschen hereintreten, in einer Tunika mit älteren und mit neueren Flecken drauf, letztere von zweckentfremdeten reifen Früchten herrührend, von Wurfgeschossen eines zornwütigen, höhnenden Pöbels. Das stand der Gefangene nun vor ihm, harrend, den Kopf hoch erhoben, doch sein Blick verlor sich im Raum, war auf einen nicht ermittelbaren nahen Punkt zwischen den Augen des einen und den Augen des anderen gerichtet. Pilatus kannte nur zwei Arten von Angeklagten, die einen hielten die Augen gesenkt, die anderen bedienten sich ihrer, um das Gegenüber herauszufordern, die einen verachtete er, letztere fürchtete er stets ein bißchen und verurteilte sie darum desto eher. Dieser Mann nun aber, er war hier und irgendwie doch abwesend, er wirkte selbstsicher, wie wahrhaftig und rechtens eine königliche Person, der man, da dies alles ein bedauerliches Mißverständnis, Krone, Zepter und Umhang bald zurückgeben werde. Pilatus entschied, diesen Häftling der zweiten Gruppe zuzurechnen und ihn also entsprechend zu bewerten, hierauf er die Vernehmung begann, Wie heißt du, Mann, Ich bin Jesus, Sohn des Josef, geboren im judäischen Bethlehem, doch man kennt mich als Jesus von Nazareth, weil ich im galiläischen Nazareth wohnte, Wer war dein Vater, Sagte ich schon, Josef, Sein Beruf, Zimmermann, Dann erkläre mir, wie aus dem Zimmermann Josef ein König Jesus hervorging, Wenn ein König Söhne zeugen kann, die Zimmermann werden, so doch wohl auch ein Zimmermann Söhne, die König werden, Hier mischte sich ein Hohepriester ein, Ich erinnere dich, Pilatus, dieser Mann behauptet außerdem, er sei Gottes Sohn, Nein, ich nenne mich lediglich Menschensohn, erwiderte Jesus, und der Priester, Pilatus, laß dich nicht irreführen, in unserer Religion bedeutet Menschensohn soviel wie Gottessohn. Pilatus winkte ab und sagte, Verkündete er hier laut, er wäre der Sohn des Jupiter, müßte mich der Fall, zumal es deren schon welche gegeben hat, allerdings interessieren, ob er indes ein Sohn eures Gottes ist oder nicht, das bleibt ohne Belang, Dann richte ihn, weil er sich König der Juden nennt, denn dies langt uns bereits, Fragt sich nur, ob mir ebenfalls, entgegnete Pilatus. Jesus wartete das Ende dieses Wortwechsels gefaßt ab, Was also behauptest du zu sein, fragte ihn der Prokurator, das Verhör fortsetzend, Ich bin, was ich schon sagte, der König der Juden, Und was beabsichtigt der König der Juden, der zu sein du vorgibst. Alles was eines Königs Pflicht, Zum Beispiel, Sein Volk regieren und es schützen, Schützen wovor, Vor allen Wirrnissen, Schützen gegen wen, Gegen alle, die ihm feind sind, Wenn ich recht verstehe, schützen auch vor Rom, Du sagst es, Und seinethalben würdest du die Römer angreifen, Anders geht es nicht, Und vertreiben würdest du uns aus diesem Land, Eines hat das andere zur Folge, allerdings, Demnach bist du ein Feind des Caesar, Ich bin der König der Juden, Gestehe, daß du den Caesar als deinen Feind betrachtest, Ich bin der König der Juden, und nichts anderes bringt mein Mund hervor. Der Priester warf die Arme in die Höhe, frohlockte, Da siehst du, Pilatus, er bekennt, und einen Mann, der sich vor Zeugen gegen dich und den Caesar erklärt, kannst du nicht am Leben lassen. Pilatus seufzte, Schweig, herrschte er den Priester an, und Jesus fragte er, Hast du sonst noch etwas zu sagen, Nichts, antwortete Jesus, Du zwingst mich, dich zu verdammen, Tue deine Pflicht, Wähle die Art deines Todes, Ich habe bereits gewählt, Sag, welchen Tod, Das Kreuz, Du sollst am Kreuz sterben. Jesu Augen, endlich, suchten die des Pilatus, fixierten sie, Darf ich dich um einen Gefallen bitten, fragte er, Sofern dem gefällten Urteil nicht zuwider, Laß über meinem Kopf eine Tafel anbringen, auf der zu lesen steht, wer ich bin und was ich bin, Mehr nicht, Nur das. Pilatus winkte einen Sekretär mit dem Schreibmaterial herbei, und eigenhändig schrieb er Jesus von Nazareth, König der Juden. Der Priester, eben noch voll Genugtuung, schreckte auf, widersprach, Du kannst nicht schreiben, König der Juden, es muß lauten, Der sich König der Juden nannte. Pilatus aber war sich selbst gram, ihm schien, er hätte diesen Mann laufen lassen müssen, selbst ein erzmißtrauischer Richter würde gewahr, daß dem Caesar von solchem Feind keine Gefahr drohte, weshalb er jenen barsch abwies, Nerv mich nicht, was ich geschrieben habe, habe ich geschrieben. Mit einem Wink bedeutete er den Soldaten, den Verurteilten abzuführen, dann befahl er Wasser zu bringen, um sich, wie es nach dem Richtspruch Sitte, die Hände zu waschen.

Von hier führten sie Jesus zu einer Anhöhe, die Golgotha hieß, und weil ihm, obwohl er von robuster Statur, unter der Last des Kreuzes, die Beine schon versagen wollten, befahl der Hauptmann der Hundertschaft einem Mann am Wege, der kurz stehengeblieben war, um den Vorbeizug zu sehen, das Holz zu schultern. Bereits erwähnt das Wutgeschrei und die Buhrufe der Menge. Auch die spärlichen Mitleidsbekundungen. Die Jünger ihrerseits irrten da umher, soeben wurde Petrus von einer Frau angesprochen, Gehörtest du nicht zu seinen Begleitern, und Petrus erwiderte, Ich nicht, und suchte Dekkung hinter all den anderen, doch wieder begegnete er jener Frau, und wieder versicherte er, Ich nicht, und da der Dinge drei sind, von Gott die Dreiheit geschaffen, wurde Petrus ein drittes Mal gefragt, und zum drittenmal antwortete er, Ich nicht. Die Frauen folgen Jesus, etliche hier, etliche da, Maria von Magdala ihm noch am nächsten, doch ganz nah heran kann sie nicht, die Soldaten halten die Männer und Frauen in gehörigem Abstand von dem Fleck, wo drei Kreuze stehen, zwei schon bestückt, mit Männern, die brüllen, schreien, weinen, während der Pfahl des dritten Kreuzes, in der Mitte, senkrecht aufragend wie eine den Himmel stützende Säule, seines Mannes harrt. Die Soldaten befahlen Jesus, sich auf den Boden zu legen, er tat es, sie zerrten ihm die Arme über das Querbrett, und als der erste Nagel, unter rohem Hammerschlag, seine Handwurzel durchbohrte, zwischen den zwei Knochen, wich die Zeit pfeilgeschwind zurück, Jesus spürte den Schmerz, den sein Vater verspürt hatte, er sah sich so wie er den in Sepphoris gekreuzigten Vater gesehen hatte, dann die andere Hand, dann das erste Ziehen des lastenden Fleisches, als das Querbrett ruckartig gehißt wurde, hinauf an den Schaft, nun das ganze Körpergewicht an den zerbrechlichen Knochen hängend, dann aber war es wie Erleichterung, als sie ihm die Beine in die Höhe stemmten und endlich ein dritter Nagel ihm die Fußwurzelknochen durchbohrte, nun ist schon alles getan, es gilt nur noch den Tod abzuwarten.

Jesus stirbt, stirbt hin, schon will ihn das Leben ganz verlassen, plötzlich tut sich über seinem Haupt der Himmel weit auf, Gott erscheint, gekleidet wie im Boot, er spricht, und seine Stimme hallt über die ganze Erde, er spricht, Du bist mein geliebter Sohn, an dir habe ich Gefallen gefunden. Da begriff Jesus, daß er so hinter das Licht geführt worden war, wie man das Lamm zur Opferbank führt, daß sein Leben und Sterben seit aller Anfänge Beginn vorgezeichnet gewesen war, ihm fiel ein, welch ein Strom an Blut und an Erleiden von ihm ausgehen und die ganze Welt schwemmen werde, und in den offenen Himmel auf, wo Gott lächelte, schrie er, Menschen, vergebt ihm, denn er weiß nicht, was er getan hat. Dann starb er hin, mitten in einem Traum, er sah sich in Nazareth, den Vater, der die Schulter hob und ebenfalls lächelte, hörte er sagen, Ich kann dir nicht alle Fragen stellen und du mir nicht alle Antworten geben. Noch war in ihm ein Rest Leben, da spürte er, wie ein in Essig getränkter Schwamm seine Lippen berührte, er schaute abwärts und sah einen Mann sich entfernen, mit einem Eimer, und über der Schulter ein Rohr. Schon nicht mehr sah er, auf die Erde gesetzt, den schwarzen Napf, in den sein Blut tropfte.